Martin Endreß

Soziologische Theorien kompakt

—

3., vollständig überarbeitete und erweiterte Auflage

DE GRUYTER
OLDENBOURG

ISBN 978-3-11-052885-5
e-ISBN (PDF) 978-3-11-052986-9
e-ISBN (EPUB) 978-3-11-053019-3

Library of Congress Cataloging-in-Publication Data
A CIP catalog record for this book has been applied for at the Library of Congress.

Bibliografische Information der Deutschen Nationalbibliothek
Die Deutsche Nationalbibliothek verzeichnet diese Publikation in der Deutschen Nationalbibliografie; detaillierte bibliografische Daten sind im Internet über http://dnb.dnb.de abrufbar.

© 2018 Walter de Gruyter GmbH, Berlin/Boston
Einbandabbildung: Sergei Popov/Hemera/Getty Images Plus
Druck und Bindung: CPI books GmbH, Leck
♾ Gedruckt auf säurefreiem Papier
Printed in Germany

www.degruyter.com

Martin Endreß
Soziologische Theorien kompakt

Für Moira und Xenia

Vorwort zur dritten Auflage

Veränderte Rahmenbedingungen des Studierens, eine durch fortschreitende Spezialisierung gekennzeichnete Wissenschaftslandschaft sowie der im Kontext forcierter Anforderungen an Interdisziplinarität zunehmend problematischer werdende Rekurs auf disziplinübergreifend geteiltes Wissen haben zu einem steigenden Bedarf an Orientierungswissen auch in den Sozialwissenschaften geführt. Entsprechend gewinnen nicht nur für Studierende Publikationen an Bedeutung, die in prägnanter Form elementare Traditionsbestände etablierter Disziplinen angesichts veränderter Rahmenbedingungen bündeln und schnell verfügbar machen. Diesem Prinzip ist auch diese nunmehr in dritter, vollständig überarbeiteter und erweiterter Auflage vorliegende Publikation verpflichtet.

Wie schon in den beiden vorhergehenden Auflagen verzichtet dieses Lehrbuch auf die Aufnahme jüngster Theorieentwicklungen, da sich deren Profil ausschließlich vor dem Hintergrund klassischer Beiträge gewichten lässt, deren Konturen hier vorgestellt werden. Die Darstellung konzentriert sich *erstens* auf als klassisch anerkannte und für die aktuelle Theoriebildung und empirische Forschung in der Soziologie wesentliche Ansätze. Dabei kann die Erschließungsmächtigkeit der hier behandelten Ansätze für empirische Untersuchungen im vorliegenden Rahmen nur sehr begrenzt dokumentiert werden. Der Band verfolgt sodann *zweitens* die Absicht, die behandelten Autoren selbst hinreichend zu Wort kommen zu lassen, um wenigstens in Ansätzen einen Eindruck von der Sprache und dem Argumentationsprofil ihrer Arbeiten zu vermitteln. Zur Unterstützung dieses Anliegens werden *drittens* im Rahmen der jeweiligen Darstellungen vielfach Hinweise auf weitere Stellen in den Originalschriften der behandelten Autoren gegeben, um die Chancen für ein nachvollziehendes Selbststudium zu erhöhen. Für die Anordnung der zur Darstellung kommenden Ansätze ist *viertens* im Wesentlichen die orientierungsbewährte chronologische Ordnung gewählt. Diese deckt sich zumeist – bis auf wenige Ausnahmen – nicht zuletzt mit dem Beginn des disziplinären Einflusses der jeweilgen Autoren. Alle Erfahrungen zeigen, dass die Chronologie – in Kombination mit systemtischen komparativen Perspektiven – als Leitfaden der Vermittlung wie dem Erlernen am meisten entgegenkommt. Die Darstellungen der einzelnen Ansätze sind zudem *fünftens* in sich geschlossen gehalten und bieten einen verständlichen wie auch hinreichend komplexen Einstieg in die einzelnen Ansätze, der aber regelmäßig um Hinweise auf Weiterentwicklungen, Kritiken etc. auch jenseits der jeweiligen Abschnitte zur Wirkungsgeschichte ergänzt wird. *Sechstens* wird der Band durch ein gesondertes Kapitel in komparativer Absicht abgerundet, um über die zusammenfassenden Übersichten für jeden Ansatz hinaus Varianten und Alternativen der Behandlung zentraler Untersuchungsperspektiven der Soziologie kompakt zur Darstellung zu bringen. Dieser Anlage des Bandes liegt die Überzeugung zugrunde, dass sich analytische Kompetenz gerade in vergleichender Perspektive schulen lässt. Bei sämtlichen Tabellen und Übersichten handelt es sich um eigene Darstellungen. Der Aufbau der einzelnen Kapitel ist *siebtens* aus Gründen der Übersichtlichkeit und der Ermöglichung eines schnellen Zugriffs vollkommen identisch gehalten. Komparative Übungfragen zu den dargestellten Ansätzen, ein zusammenfassendes Literaturverzeichnis mit zentralen Arbeiten der behandelten Ansätze sowie Namen- und Sachregister beschließen den Band.

Der vorliegende Band geht zurück auf Vorlesungen zur Soziologischen Theorie an den Universitäten Tübingen, Duisburg-Essen, Wuppertal und Trier. Den jeweiligen Studierenden an diesen Orten danke ich für ihre kritischen Rückmeldungen bezüglich der Verständlichkeit oder eben Unverständlichkeit des jeweils Präsentierten. In der ersten Auflage konnte ich mich bei meinen Mitarbeiterinnen und Mitarbeitern Oliver Berli, Stefan Nicolae, Andrea Pabst und Benjamin Rampp für ihre umsichtigen Lektüren bedanken, die zu vielfältigen Verbesserungen dieses Textes geführt haben. Benjamin Rampp hatte dankenswerter Weise zudem am Foucault-Kapitel mitgewirkt, und ich konnte ihm für die Erstellung der Register sowie für seine umfassende Hilfe beim abschließenden Feinschliff ebenso danken wie unserer Sekretärin, Frau Mechthild Kesten-Turner, für ihre kontinuierliche Unterstützung. Sascha Soelau hatte mich nochmals mit den Untiefen von Luhmanns Theorie konfrontiert, wofür ich ihm ebenfalls danke. Herzlich bedanken konnte ich mich für zahlreiche Anregungen zu Verbesserungen in der zweiten Auflage bei Oliver Berli, Matthias Hoffmann, Stefan Nicolae und Benjamin Rampp.

Für diese dritte Auflage wurde der gesamte Band vollständig durchgesehen, aktualisiert und korrigiert, um ein einführendes Kapitel zum leitenden Theorieverständnis, der eingenommenen Darstellungsperspektive und eine Orientierung über zentrale sozialphilosophische Vorläufer wie auch um Kapitel zu den Ansätzen von Robert King Merton und Anthony Giddens ergänzt. Für die aktuelle Auflage bedanke ich mich erneut sehr herzlich bei Stefan Nicolae, Benjamin Rampp und Andreas Zerver für zahlreiche Anregungen. Benjamin Rampp hat darüber hinaus nicht nur erneut die mühevolle Arbeit der Textformatierung und Registererstellung übernommen, sondern auch die Überarbeitung zahlreicher Passagen des Textes kritisch begleitet: auch dafür an dieser Stelle mein herzlichster Dank. Bleibt nur zu hoffen, dass die gemeinsamen Anstrengungen auch zu einem verbesserten Ergebnis geführt haben. Verbliebene Fehler gehen dabei selbstverständlich zulasten des Autors.

Martin Endreß, Trier, Juli 2017

Inhalt

1 **Einleitung** — 1
      Literaturhinweise — 9

2 **Karl Marx: Gesellschafts- und Geschichtstheorie des Kapitals** — 10
2.1   Grundzüge — 11
2.2   Biografie — 12
2.3   Methodologisch-methodische Grundlegung: Historischer Materialismus — 13
2.3.1 Handeln und Wissen (Arbeit und Bewusstsein) — 14
2.3.2 Basis-Überbau-Modell — 15
2.3.3 Produktivkräfte und Produktionsverhältnisse — 17
2.4   Zentrale sozial- und gesellschaftstheoretische Konzepte — 17
2.4.1 Werttheorie — 17
2.4.2 Allgemeines historisches Entwicklungsgesetz — 21
2.4.3 Stufentheorie der historischen Entwicklung — 24
2.5   Gegenwartsdiagnose — 25
2.6   Wirkungsgeschichte — 26
2.7   Zusammenfassende Übersicht — 27
2.7.1 Grundbegriffe — 27
2.7.2 Literaturhinweise — 28
2.7.3 Übungsaufgaben — 29

3 **Émile Durkheim: Arbeitsteilung und Solidaritätsformen** — 30
3.1   Grundzüge — 31
3.2   Biografie — 32
3.3   Methodologisch-methodische Grundlegung: Die Emergenz sozialer Tatbestände — 32
3.4   Zentrale sozial- und gesellschaftstheoretische Konzepte — 36
3.4.1 Moderne Gesellschaft und soziale Integration — 36
3.4.2 Funktionszusammenhang: Arbeitsteilung und Solidarität — 39
3.4.3 Frage nach den Ursachen und Bedingungen — 40
3.4.4 Bestimmung pathologischer Folgen — 41
3.4.5 Exemplarische Analyse über den Selbstmord — 43
3.5   Gegenwartsdiagnose — 45
3.6   Wirkungsgeschichte — 47
3.7   Zusammenfassende Übersicht — 48
3.7.1 Grundbegriffe — 49
3.7.2 Literaturhinweise — 49
3.7.3 Übungsaufgaben — 50

4 Georg Simmel: Individualisierte Subjekte in der Moderne —— 51
- 4.1 Grundzüge —— 51
- 4.2 Biografie —— 52
- 4.3 Methodologisch-methodische Grundlegung: Formale Soziologie —— 53
- 4.4 Zentrale sozial- und gesellschaftstheoretische Konzepte —— 56
- 4.4.1 Soziologische Apriori —— 56
- 4.4.2 Gesellschaftstheorie —— 61
- 4.5 Gegenwartsdiagnose —— 62
- 4.6 Wirkungsgeschichte —— 64
- 4.7 Zusammenfassende Übersicht —— 64
- 4.7.1 Grundbegriffe —— 65
- 4.7.2 Literaturhinweise —— 66
- 4.7.3 Übungsaufgaben —— 67

5 Max Weber: Vergesellschaftung als Rationalisierung —— 68
- 5.1 Grundzüge —— 68
- 5.2 Biografie —— 69
- 5.3 Methodologisch-methodische Grundlegung: Verstehende Soziologie —— 70
- 5.4 Zentrale sozial- und gesellschaftstheoretische Konzepte —— 73
- 5.4.1 Herrschaft, Wirtschaft und soziale Ungleichheit —— 73
- 5.4.2 Okzidentaler Rationalisierungsprozess —— 77
- 5.5 Gegenwartsdiagnose —— 82
- 5.6 Wirkungsgeschichte —— 84
- 5.7 Zusammenfassende Übersicht —— 85
- 5.7.1 Grundbegriffe —— 85
- 5.7.2 Literaturhinweise —— 86
- 5.7.3 Übungsaufgaben —— 87

6 Talcott Parsons: Handlungsanalytische Systemtheorie —— 88
- 6.1 Grundzüge —— 88
- 6.2 Biografie —— 90
- 6.3 Methodologisch-methodische Grundlegung: Handlungsanalytische Systemtheorie —— 90
- 6.4 Zentrale sozial- und gesellschaftstheoretische Konzepte —— 93
- 6.4.1 Normative Theorie des Sozialen —— 93
- 6.4.2 Vier-Funktionen-Paradigma und Medientheorie —— 97
- 6.4.3 Gesellschaftlicher Wandel als Evolution —— 103
- 6.5 Gegenwartsanalyse —— 106
- 6.6 Wirkungsgeschichte —— 106
- 6.7 Zusammenfassende Übersicht —— 108
- 6.7.1 Grundbegriffe —— 108
- 6.7.2 Literaturhinweise —— 110
- 6.7.3 Übungsaufgaben —— 110

7 Robert King Merton: Theorien mittlerer Reichweite —— 112
- 7.1 Grundzüge —— 112
- 7.2 Biografie —— 113
- 7.3 Methodologisch-methodische Grundlegung: Funktional-strukturelle Analyse —— 114
- 7.4 Zentrale sozial- und gesellschaftstheoretische Konzepte —— 116
- 7.4.1 Rollenset —— 116
- 7.4.2 Anomie-Theorie —— 118
- 7.4.3 Grenzen des Handlungswissens und nicht intendierte Handlungsfolgen —— 122
- 7.4.4 Manifeste und latente Funktionen —— 124
- 7.4.5 Wissenschaftssoziologie —— 126
- 7.5 Gegenwartsdiagnose —— 127
- 7.6 Wirkungsgeschichte —— 128
- 7.7 Zusammenfassende Übersicht —— 128
- 7.7.1 Grundbegriffe —— 129
- 7.7.2 Literaturhinweise —— 130
- 7.7.3 Übungsaufgaben —— 131

8 Norbert Elias: Figurationen, Macht und Zivilisationsprozess —— 132
- 8.1 Grundzüge —— 132
- 8.2 Biografie —— 133
- 8.3 Methodologisch-methodische Grundlegung: Figurationsanalyse —— 134
- 8.4 Zentrale sozial- und gesellschaftstheoretische Konzepte —— 137
- 8.4.1 Analyse sozialer Prozesse —— 137
- 8.4.2 Zivilisationstheorie —— 138
- 8.5 Gegenwartsdiagnose —— 141
- 8.6 Wirkungsgeschichte —— 142
- 8.7 Zusammenfassende Übersicht —— 143
- 8.7.1 Grundbegriffe —— 144
- 8.7.2 Literaturhinweise —— 144
- 8.7.3 Übungsaufgaben —— 145

9 Alfred Schütz: Sinnhafter Aufbau der sozialen Welt —— 146
- 9.1 Grundzüge —— 146
- 9.2 Biografie —— 147
- 9.3 Methodologisch-methodische Grundlegung: Sinnkonstitutionsanalyse —— 148
- 9.4 Zentrale sozial- und gesellschaftstheoretische Konzepte —— 150
- 9.4.1 Strukturanalyse der Lebenswelt —— 150
- 9.4.2 Theorie der mannigfachen Wirklichkeiten —— 155
- 9.5 Gegenwartsdiagnose —— 157
- 9.6 Wirkungsgeschichte —— 158

9.7	Zusammenfassende Übersicht —— 159	
9.7.1	Grundbegriffe —— 160	
9.7.2	Literaturhinweise —— 161	
9.7.3	Übungsaufgaben —— 162	

10 Peter L. Berger und Thomas Luckmann: Soziale Konstruktion der sozialen Welt —— 163

10.1	Grundzüge —— 163
10.2	Biografien —— 164
10.3	Methodologisch-methodische Grundlegung: Theorie sozialer Konstruktion —— 165
10.4	Zentrale sozial- und gesellschaftstheoretische Konzepte —— 168
10.4.1	Institutionalisierungsprozesse —— 168
10.4.2	Legitimierungsprozesse —— 169
10.4.3	Subjektivierungsprozesse —— 173
10.5	Gegenwartsdiagnose —— 174
10.6	Wirkungsgeschichte —— 175
10.7	Zusammenfassende Übersicht —— 176
10.7.1	Grundbegriffe —— 176
10.7.2	Literaturhinweise —— 177
10.7.3	Übungsaufgaben —— 178

11 Jürgen Habermas: Theorie und Kritik der Moderne —— 179

11.1	Grundzüge —— 180
11.2	Biografie —— 182
11.3	Methodologisch-methodische Grundlegung: Kritische Gesellschaftstheorie —— 182
11.4	Zentrale sozial- und gesellschaftstheoretische Konzepte —— 184
11.4.1	Zweistufige Gesellschaftstheorie —— 184
11.4.2	Rechtstheorie und Politische Theorie —— 188
11.5	Gegenwartsdiagnose —— 192
11.6	Wirkungsgeschichte —— 194
11.7	Zusammenfassende Übersicht —— 195
11.7.1	Grundbegriffe —— 196
11.7.2	Literaturhinweise —— 197
11.7.3	Übungsaufgaben —— 197

12 Niklas Luhmann: Systemtheorie der Gesellschaft —— 199

12.1	Grundzüge —— 199
12.2	Biografie —— 200
12.3	Methodologisch-methodische Grundlegung: Systemtheoretische Soziologie —— 200

12.4	Zentrale sozial- und gesellschaftstheoretische Konzepte —— 204	
12.4.1	Systemtheorie als Gesellschaftstheorie —— 204	
12.4.2	Analyse funktional differenzierter Gesellschaften —— 212	
12.5	Gegenwartsdiagnose —— 215	
12.6	Wirkungsgeschichte —— 216	
12.7	Zusammenfassende Übersicht —— 216	
12.7.1	Grundbegriffe —— 217	
12.7.2	Literaturhinweise —— 218	
12.7.3	Übungsaufgaben —— 218	
13	**Anthony Giddens: Strukturationstheorie —— 220**	
13.1	Grundzüge —— 220	
13.2	Biografie —— 221	
13.3	Methodologisch-methodische Grundlegung: Theorie der Strukturierung —— 221	
13.4	Zentrale sozial- und gesellschaftstheoretische Konzepte —— 224	
13.4.1	Handeln – Struktur – Dualität von Struktur —— 224	
13.4.2	Integrationsformen – Regionalisierungsweisen – Gesellschaft —— 228	
13.4.3	Sozialer Wandel zur Moderne —— 230	
13.5	Gegenwartsdiagnose —— 232	
13.6	Wirkungsgeschichte —— 233	
13.7	Zusammenfassende Übersicht —— 234	
13.7.1	Grundbegriffe —— 234	
13.7.2	Literaturhinweise —— 235	
13.7.3	Übungsaufgaben —— 236	
14	**James S. Coleman: Rationales Handeln und Gesellschaft —— 237**	
14.1	Grundzüge —— 237	
14.2	Biografie —— 238	
14.3	Methodologisch-methodische Grundlegung: Theorie rationaler Wahl —— 239	
14.4	Zentrale sozial- und gesellschaftstheoretische Konzepte —— 240	
14.4.1	Makro-Mikro-Makro-Problem —— 240	
14.4.2	Moderne Gesellschaft —— 243	
14.5	Gegenwartsdiagnose —— 246	
14.6	Wirkungsgeschichte —— 248	
14.7	Zusammenfassende Übersicht —— 249	
14.7.1	Grundbegriffe —— 249	
14.7.2	Literaturhinweise —— 250	
14.7.3	Übungsaufgaben —— 251	

15 Michel Foucault: Analyse der Macht der Sozialdisziplinierung —— 252
- 15.1 Grundzüge —— 253
- 15.2 Biografie —— 253
- 15.3 Methodologisch-methodische Grundlegung: Strukturale Machtanalyse —— 254
- 15.4 Zentrale sozial- und gesellschaftstheoretische Konzepte —— 257
- 15.4.1 Archäologie und Genealogie —— 257
- 15.4.2 Subjektivierungsweisen —— 259
- 15.5 Gegenwartsdiagnose —— 265
- 15.6 Wirkungsgeschichte —— 266
- 15.7 Zusammenfassende Übersicht —— 267
- 15.7.1 Grundbegriffe —— 267
- 15.7.2 Literaturhinweise —— 269
- 15.7.3 Übungsaufgaben —— 269

16 Pierre Bourdieu: Allgemeine Ökonomie der Praxis —— 271
- 16.1 Grundzüge —— 272
- 16.2 Biografie —— 272
- 16.3 Methodologisch-methodische Grundlegung: Strukturalistischer Konstruktivismus —— 273
- 16.4 Zentrale sozial- und gesellschaftstheoretische Konzepte —— 276
- 16.4.1 Nicht ökonomische Ökonomie der Praxis —— 276
- 16.4.2 Symbolische Ordnung, Macht und Gewalt —— 284
- 16.5 Gegenwartsdiagnose —— 288
- 16.6 Wirkungsgeschichte —— 289
- 16.7 Zusammenfassende Übersicht —— 289
- 16.7.1 Grundbegriffe —— 290
- 16.7.2 Literaturhinweise —— 291
- 16.7.3 Übungsaufgaben —— 292

17 Komparative Übersicht —— 293
- 17.1 Komparative Übungsaufgaben —— 303

Literatur —— 305

Personenregister —— 313

Sachregister —— 316

1 Einleitung

Als empirisch arbeitende Disziplin ist die Soziologie im Forschungsprozess auf Begriffe und analytische Konzepte angewiesen. Deren Entwicklung im Rahmen theoretischer Ansätze erfolgt wiederum auf der Basis empirischer Erkenntnisse. Auch für die Soziologie gilt somit Immanuel Kants Absage an einen naiven Realismus: „Gedanken ohne Inhalt sind leer, Anschauungen ohne Begriffe sind blind", so heißt es an einer berühmten Stelle seiner „Kritik der reinen Vernunft" (1781/87: B 75). Aus dieser Einsicht in den notwendig begrifflich angeleiteten und theoretisch gerahmten Blick auf die Vielfalt sozialer Verhältnisse folgt dann zugleich die Einsicht in die unüberbrückbare Spannung zwischen Begriff und Wirklichkeit, wie Max Weber dies im Anschluss an Kant formuliert: „Theoretische Konstruktionen [...] [sind] lauter gedankliche Bildungen, deren Verhältnis zur empirischen Wirklichkeit des unmittelbar Gegebenen in jedem einzelnen Fall problematisch ist" (1904: 205). Erkenntnistheoretisch gesprochen bedeutet diese Einsicht eine Absage an den die philosophische Tradition seit Aristoteles prägenden korrespondenztheoretischen Wahrheitsbegriff.

Aus diesen Einsichten folgen notwendig zwei weitere: zunächst diejenige, dass, da der empirische Blick auf soziale Wirklichkeit stets begriffs- und theoriegeleitet ist, dieser dann konsequent als perspektivisch anzusehen ist. Der Reichtum soziologischer Begriffe und die Vielfalt theoretischer Angebote statten die Disziplin mit einem konzeptionellen Pluralismus aus, der eine multiperspektivische Gegenstandsbeobachtung zu ihrem disziplinären Signum macht. Zugleich verbindet sich damit zweitens notwendig das Erfordernis einer stets selbstreflexiven Untersuchungsausrichtung für jede soziologisch-empirische und soziologisch-theoretische Forschung. Denn diese Einsicht bringt die Erkenntnis mit sich, dass soziologische Forschung zugleich Teil ihres Gegenstandes ist: Vollzieht sich jede Analyse sozialer Wirklichkeit konstitutiv auf der Grundlage von Begriffen und Theorien, dann formieren diese den Gegenstand, den sie in den Blick nehmen, notwendig mit.

Diese Einsicht in die disziplininterne Formierung bzw. Konstitution von soziologischer Forschung hat zugleich eine interdisziplinäre Seite: Soziologie ist eine Beobachtungsperspektive, also eine Form der Deutung der sozialen Welt angesichts spezifischer Relevanzen („Interessen"). Als solche steht auch die soziologische Theoriebildung im Kontext der allgemeinen Wissenschaftsentwicklung und operiert im Rahmen zeitspezifischer (epochaler) Wissenschaftsverständnisse. Das schließt Annahmen über kausale bzw. Wirkungszusammenhänge und Gütekriterien für Evidenzen ebenso ein wie Vorstellungen zum Verständnis von Theorie und zum Verhältnis von Begriff und Gegenstand. Diese – sozusagen metatheoretische – Beobachtung ist durch die weitere zu ergänzen, dass diese Perspektiven ungeachtet dessen, dass sich die in der Geschichte der Soziologie bisher entwickelten theoretischen Perspektiven sämtlichst als Theorien verstehen, diese dennoch keinen Begriff von „Theorie" teilen: Das jeweilige Verständnis von Theorie ist unterschiedlich, und es ist auch nicht zu sehen, wie für die Analyse sinnhaft konstituierter sozialer Phänomene eine Festlegung auf einen einheitlichen Theoriebegriff und ein Modell gesetzförmiger Kausalität denkbar wäre. Bis in die Gegenwart hinein ist die Soziologie eine multiparadigmatische Wissenschaft (vgl. zum hier leitenden Begriff des Paradigma: Merton 1995: 12f.), mit der sich eine Pluralität von Erklärungsprofilen und -ansprüchen ebenso verbindet wie unterschiedliche Vorstellungen des Verhältnisses von theoretischer und empirischer Forschung.

Sind empirische Beobachtungen theoretisch angeleitet, d.h. ist keine Beobachtung voraussetzungslos, und sind Theorien empirisch unterbestimmt, d.h. können empirische Daten mit mehreren, einander durchaus widersprechenden Theorien vereinbar sein, dann lassen sich Theorien als systematische Konstruktionen von begründeten Aussagezusammenhängen über soziale Wirklichkeit verstehen, die sich fortgesetzt mit Blick auf ihr Erschließungspotenzial für soziale Wirklichkeit bewähren müssen. Der sich damit verbindende Gewissheitsgrad lässt sich als „reflektierte Gewissheit" beschreiben: Die Reflexivität ihres Gegenstandes, der immer schon ein alltäglich vorverstandener ist, sowie die Reflexivität ihres eigenen methodischen Verfahrens legen soziologische Forschung auf einen Prozess fortgesetzter Bewährung der Plausibilität ihrer empirischen und theoretischen Erkenntnisse fest. Diese Verwiesenheit ihrer Erkenntnisse auf fortgesetzte Bewährung legt für ihr methodologisches Selbstverständnis kein hartes, eindeutig nomologisches Kausalitätsverständnis, sondern eines des reflektierenden Urteilens über wahlverwandtschaftliche Konstellationen und typische Regelmäßigkeiten nahe, das stets die Perspektivität des eigenen Forschens, die Strategie der Perspektivenverschiebung und den Vergleich der Perspektiven als Gütekriterien im Blick behält.

Soziale Wirklichkeit wird in soziologischer Forschungsperspektive – im Gegensatz zum Alltag, wo dies regelmäßig lediglich aufgrund alltäglich auftauchender Handlungswiderstände und Deutungsprobleme *fallweise* geschieht – als *systematisch* des Befragens bedürftig angesehen aufgrund des „wie" (Sozialität), „wodurch" (Relationalität) und „wann" (Historizität) ihres Gewordenseins. Reflexivität, methodisch kontrollierte Distanz und das Aufdecken und Analysieren von Hintergrundannahmen sind somit soziologisches Kerngeschäft. Zu den zentralen Merkmalen soziologischen Forschens gehört damit ein systematisches Verfremden: Soziologie nimmt ihren Ausgang vom Selbstverständlichen insofern, als sie die Gründe dieser Selbstverständlichkeit gerade aufzudecken sucht. Es geht ihr um die Erkenntnis der sich relativ dauerhaft durchhaltenden Strukturen und Prozesse sozialer Wirklichkeit.

Historisch gesehen bildet sich die Soziologie als eigenständige Forschungs- und Beobachtungsperspektive sozialer Wirklichkeit im Gefolge der neuzeitlichen philosophischen Tradition des aufgeklärten Nachdenkens über soziale Verhältnisse und die Bedingungen der Möglichkeit des Zusammenlebens von Menschen aus. Wirkmächtig geworden sind dabei insbesondere die sozialphilosophischen Werke von Thomas Hobbes (1588–1679), Jean-Jacques Rousseau (1712–1778) und Adam Smith (1723–1790). Man kann in diesen sozialphilosophischen Entwürfen die drei für das soziologische Denken wegweisenden theoretischen Bahnungseffekte identifizieren: Mit Hobbes wird eine individualistische, mit Rousseau eine ‚holistische' und mit

Smith eine im Kern relational-rekursive Denkweise sozialer Verhältnisse auf den Weg gebracht.

Die politische Philosophie von **Thomas Hobbes** (1588–1679) ist immer wieder eine Herausforderung für die Soziologie gewesen. Nicht zuletzt Talcott Parsons eröffnet die theoretischen Überlegungen seines ersten Hauptwerkes „The Structure of Social Action" von 1937 mit einer Exposition des „Hobbesian problem of order" (1937: 89, vgl. Kap. 7.1). Hobbes entwirft seine politische Philosophie angesichts sowohl des von 1618 bis 1648 auf dem europäischen Kontinent wütenden Dreißigjährigen Krieges wie auch der Zeit des englischen Bürgerkrieges von 1642 bis 1649 und der folgenden Jahre der inneren Auseinandersetzungen bis zum Ende der Herrschaft Cromwells 1658. Die Jahre des Krieges stellen für Hobbes grundsätzlich die Frage nach den Bedingungen der Möglichkeit einer friedlichen sozialen Ordnung. Unabhängig von diesem unmittelbaren Erfahrungshorizont steht im Hintergrund von Hobbes' Überlegungen zudem die in seiner Zeit zunehmend bedrängender werdende Erfahrung des Brüchigwerdens der seit dem Mittelalter als naturgemäß und als naturgegeben empfundenen sozialen Ordnung. Damit tritt das Nachdenken über neue Institutionen zur Regelung des gesellschaftlichen Verkehrs und der sozialen Verhältnisse unmittelbar auf die Tagesordnung des sozialen Denkens jener Zeit, und man kann darin so etwas wie den historischen Einsatzpunkt der Soziologie sehen. Entsprechend des rationalen Methodenideals seiner Zeit, eines Denkens „more geometrico" (vgl. Jonas 1968/69: I.67ff.), geht es Hobbes im „Leviathan" von 1651 um die Konstruktion einer neuen Ordnung mittels Vernunft. Hobbes erkennt, dass soziale Integration sich nicht von selbst einstellt, sondern der gezielten Steuerung bedarf. Sein erfahrungswissenschaftlicher Ansatz stellt die Furcht als eines der Grundmotive allen Handelns heraus und macht diese zum Angelpunkt seiner politischen Philosophie. Die Geschehnisse seiner Zeit führen Hobbes somit zu einer negativen Anthropologie, der zufolge „der Mensch des Menschen Wolf" ist („homo homini lupus") und ohne übergeordnete Macht dauerhaft Chaos und Anomie das soziale Leben zerstören würden (vgl. dazu Durkheim, Kap. 3.4) sowie – im Unterschied zu ihm – Merton, Kap. 7.4.2).

Ist der Mensch ursprünglich nicht gesellig, sondern ist Vergesellschaftung als ein notwendiges Mittel (Übel) zur individuellen Zielerreichung zu verstehen, um den „Krieg aller gegen alle" („bellum omnium contra/in omnes") im sog. „Naturzustand" hinter sich zu lassen, dann bedarf es, so Hobbes, einer äußeren Zwangsanstalt zur Befriedung des sozialen Lebens. Mit Hobbes ist damit der Übergang zu einer individualistisch verstandenen Gesellschaft konsequent vollzogen, und sein Kontraktualismus ist die in seinen Augen folgerichtige Antwort darauf. Hobbes' Lösung liegt also in der Konzeption eines die soziale Ordnung verbürgenden absoluten Staates, der den Naturzustand, d.h. den Zustand vor aller Gerechtigkeit, vor jedem Gesetz, vor jedem Eigentum und vor jeder Herrschaft, zu beenden vermag (1651: 98). Ebenso wie seine Idee des Naturzustandes als Problembeschreibung eine konstruktive Übersteigerung der geschichtlichen Realität seiner Zeit ist, so gilt dies auch für Hobbes' Problemlösung einer gemeinsamen Übertragung aller Macht auf eine die soziale Einheit repräsentierende Person: „eine wirkliche Einheit aller in ein und derselben Person, die durch Vertrag eines jeden mit jedem zustande kommt" (1651: 134), wie es im Titelkupfer der Originalausgabe des „Leviathan" plastisch zum Ausdruck kommt. Hobbes' vertragstheoretische Konstruktion stellt also darauf ab, dass es erst der vollständige wechselseitig-freiwillige Rechtsverzicht ist, den er „Vertrag" nennt (1651: 99f., 102), der die prinzipielle Rechtsunsicherheit im Naturzustand in die Rechtssicherheit der bürgerlichen Gesellschaft durch die Begründung einer absoluten Rechtdurchsetzungsmacht (1651: 131) zu transformieren vermag (1651: 108). Dieser Vertrag ist somit in einem zugleich Vergesellschaftungs- und Herrschaftsvertrag. Die mögliche sozialtheoretische Kritik an dieser Konzeption liegt dann nahe, denn mit ihr wird eine Zersplitterung bzw. Aufspaltung und Reduzierung des Sozialen auf die Polarität Individuum–Staat vollzogen, die die gesamte Sphäre gesellschaftlicher Vermittlung ausblendet.

Unter wissenssoziologischer Perspektive ist von besonderem Interesse, dass Hobbes vor dem Hintergrund der Debatte um die Bedeutung der ökonomischen, sozialen, religiös-ideologischen oder Verfassungs- und Steuerungsfragen betreffenden Aspekte für die Eskalation des englischen Bürgerkrieges die ideologischen Kontroversen als entscheidenden Faktor der Konfliktentwicklung bewertet: Danach sind es neben den Konfliktursachen auf staatlicher Ebene, d. h. Leidenschaften wie Faulheit, Verschwendungssucht und Bereicherungsstreben sowie Kriegstreiberei, insbesondere aufrührerische Predigten der Papisten, das Sektenwesen der der antiken politischen Philosophie anhängenden Parlamentarier des Unterhauses, das falsche Vorbild der Niederlande, ein durchgreifender Mangel an politischer Kultur und Standesbewusstsein sowie die universitäre Lehre, die zu einer Eskalationsdynamik beitragen (vgl. 1642/58: Kap. II.8 und III.12, 1651: Kap. 29, 1668: Kap. 13–15).

Für den wechselseitigen Konstitutionszusammenhang von Theoriebildung und empirischer Forschung bietet Hobbes darüber hinaus ein sehr anschauliches Bild: Denn während er seine politische Philosophie im „Leviathan" 1651 noch „more geometrico" entwirft, reflektiert er die Grundlinien dieser theoretischen Entwurfes in seinem Alterswerk „Behemoth" von 1668 vor dem Hintergrund der Erfahrung des englischen Bürgerkrieges erneut, setzt diese also gewissermaßen einer anschauungsgesättigten Bewährung aus.

Es ist der aus Genf stammende Philosoph **Jean-Jacques Rousseau** (1712–1778), der in scharfer Abgrenzung von Hobbes' Kernannahmen die politische Philosophie des Kontraktualismus erneut aufnimmt und zur Grundlage einer systematisch neu ansetzenden Sozialphilosophie macht. Im Gegensatz zu Hobbes setzt Rousseau nicht mit dem Problem der Sicherheit, sondern dem der Freiheit ein und geht von einer positiven Anthropologie aus.

Von wegweisender Bedeutung für die Soziologie sind dabei zunächst Rousseaus Reflexionen zum Phänomen der Ungleichheit. Seiner Auffassung zufolge ist die Ungleichheit unter den Menschen keinesfalls „natürlich", sondern den gesellschaftlichen Umständen geschuldet. Soziale Ungleichheit ist damit eine sozial konstruierte, durch das Handeln und Wissen von Menschen geschaffene Ungleichheit (1755: 185, 219). Rousseau führt damit die Unterscheidung von natürlicher und sozialer Ungleichheit in das sozialphilosophische Denken ein (1755: 77, vgl. Endreß 2013: 33–35) und identifiziert im Phänomen der Monopolisierung nicht beliebig vermehrbarer Güter („Land") den Ursprung von sozialer Ungleichheit (1755: 191f., 213, 223, 229).

Im Unterschied zu Hobbes sieht Rousseau im gesellschaftlichen Zustand somit nicht die Lösung, sondern das eigentliche Problem. Wird als Voraussetzung der negativen sozialen Zustände die Struktur der menschlichen Gemeinschaft als eines Zivilisationszustandes („l'état civil") mit der Institutionalisierung und Legitimierung von Privilegien identifiziert und diese im Gegensatz zum Leben in der guten Ordnung des Naturzustandes(„l'état de nature") begriffen, dann bedarf es eines Vertrages („pacte social"), der die sozialen Verhältnisse im Sinne von quasi ursprünglichen, naturgesetzlich geltenden allgemein-verbindlichen Normen umwandelt in „eine sittliche Gesamtkörperschaft" (1762: I.6). Grundlage eines solchen Vertrages ist der „Gemeinwille" („volonté générale"), der nicht der Summe der Einzelinteressen entspricht, sondern absolut ist. Er geht von allen aus und zielt auf das Wohl aller. Gemeinwille und Gerechtigkeit fallen bei Rousseau damit zusammen. Beide haben ihren gemeinsamen Ursprung in der Vernunft und beruhen auf Gegenseitigkeit. Einem solchen Vertrag, so Rousseau, ordnen sich alle freiwillig unter. Denn da dieser Gemeinwille unfehlbar ist, ist die freiwillige Zustimmung aller selbstverständlich (1762: I.3).

Auch gegen die Konzeption von Rousseau liegen jedoch die sich unmittelbar aufdrängenden Einwände offen zu Tage: Nicht nur liegt seiner Argumentation gegen das Naturzustandsargument von Hobbes eine Idealisierung des „Wilden", d.h. eines vor-gesellschaftlichen Zustandes zugrunde (1762: 91f., 165ff.), sondern sein Argument reflektiert zudem Gesellschaftlichkeit und Moral zu einseitig ausschließlich als Mechanismen der Generierung von Konflikten und Ungleichheiten (1762: 169, 179, 181, 183, 185f., 189, 207, 229f.).

Es ist ein Zeitgenosse von Rousseau, der Schotte **Adam Smith** (1723–1790), der erneut an das von Hobbes begründete Prinzip eines individualistischen sozialphilosophischen Denkens anschließt und die Frage nach den Bedingungen der Möglichkeit sozialer Ordnung mit einer anerkennungstheoretisch angelegten Anthropologie und der Idee der gesellschaftlichen Selbsterzeugung sozialer Ordnung beantwortet. Ausgehend von der Annahme des dominanten menschlichen Handlungsmotivs einer (beständigen) Suche nach Anerkennung und Achtung, also einer tendenziell atomistischen Reflexionsperspektive, entfaltet Smith mit der Einsicht in die dafür konstitutive wechselseitige Ausrichtung und Orientierung der Menschen im Kern die Idee einer Autogenese sozialer Ordnung. Für diese Konzeption steht seine Figur der „unsichtbaren Hand" („invisible hand") als soziales Ordnungsmodell (1759: IV.1, 1776: IV.2).

Smith wird meist als Begründer des systematischen ökonomischen Denkens gewürdigt, und sein 1776 erschienenes Hauptwerk „The Wealth of Nations" hat wie kein anderes Werk als Grundlegung des ökonomischen Individualismus Schule gemacht – dies gilt insbesondere auch für die liberalistische Gesellschafts- und Staatsfassung. Als Schüler des Moralphilosophen Francis Hutcheson legt Smith zunächst jedoch eine systematische Positionsbestimmung der sog. Schottischen Moralphilosophie unter dem Titel „The Theory of Moral Sentiments" (1759) vor: eine Theorie sozialen Verbundenseins, das auf einer Kombination von auf die Mitmenschen gerichteten Empfindungen, Neigungen und (Mit-)Gefühl besteht, die mit dem „idealen Nutzen" der „Freude" verbunden sind. Die „Theorie der ethischen Gefühle" behandelt die Moral somit als ein gesellschaftliches und gesellschaftskonstitutieredes Phänomen.

Es sind dann die Eindrücke einer Frankreich-Reise von 1764 bis 1766, auf der Smith Bekanntschaft mit dem Denken der Physiokraten und ihrem Individualismus macht, die einen nachhaltig prägenden Einfluss auf sein sozialtheoretisches Denken ausüben. Es tritt nun das Handlungsmodell des „sozialverantwortlichen Selbstinteresses" und damit die Analytik selbstbezogenen Verhaltens gleichgewichtig in seine sozialphilosophischen Überlegungen: Das Mitgefühl für andere auf der einen und das individuelle Streben nach sozialer Wertschätzung auf der anderen Seite werden zu gleichrangigen Bausteinen seiner Ordnungstheorie. Zentrales theoretisches Anliegen wird die Explikation der Ursachen, der Ordnung und der Grundsätze, nach denen Einzelne und ein Gemeinwesen Existenzsicherung und Wohlstand anstreben und sichern können.

Smith geht – im Unterschied zum vernunftrechtlichen Ordnungsdenken von Hobbes und Rousseau – von der Annahme einer natürlichen sozialen Ordnung aus, die er als inhärente Eigenschaft der Wirtschaftsform seiner Zeit betrachtet (1776: 569 ff.). Danach ist es das Streben der Menschen nach einer Optimierung ihrer ökonomischen Lebenssituation (der Existenzsicherung, der Steigerung der Annehmlichkeiten und der sozialen Ehre sowie einer Ausweitung der Freizeit, 1759: 70 f., 176), das sie ihre Beziehungen harmonisch gestalten lässt und das deshalb auch als Korrektiv staatlicher Interventionen fungiert. Umgekehrt hat deshalb der Staat vorrangig das freie Spiel der Marktkräfte zu garantieren und das Eigentum zu sichern (1776: 605) – das Modell eines sog. „Nachtwächterstaates" (1776: 582): getragen von der Annahme, dass die soziale Ordnung nicht konstruierbar ist, sondern einer eigenen, quasi naturgemäßen Gesetzlichkeit folgt und diese damit durch menschliches Eingreifen, also staatliche oder juristische Interventionen, in ihrer Struktur und Entwicklungsrichtung nicht veränderbar ist. Für ein Verständnis dieser Konzeption ist zu berücksichtigen, dass Smith – wie andere seiner Zeitgenossen in England: Shaftesbury, Hutcheson, Hume – das Eigeninteresse als sittlich legitimen Antrieb versteht. Dieses Sozialmodell wird von der Annahme getragen, dass durch göttliche Vorsehung auf der einen und durch vier soziale Kontrollinstanzen (Mitgefühl, natürliche Regeln der Ethik, positive Gesetze, evolutorische Konkurrenz) auf der anderen Seite die Neigung des Individuums, seinen eigenen Vorteil zu suchen, letztlich auch auf die Förderung des Gemeinwohls, des gemeinen Nutzens hinausläuft. Im Kern liegt hier also eine individualistische Konzeption des Gemeinwohls vor, insofern die Wohlfahrt des Gemeinwesens als die Summe der Interessen aller Mitglieder konzipiert wird (vgl. das Prinzip des Utilitarismus von Jeremy Bentham: Die Maximierung des Gemeinwohls erfolgt durch die Maximierung des Glückes der größten Zahl).

Aus diesen sozialphilosophischen Grundannahmen folgert Smith zwar, dass das richtige Prinzip staatlichen Handelns aus der Beobachtung des spontanen Handelns des Individuums abzuleiten sei. Aber Smith ist kein doktrinärer Verfechter eines „Laisser-faire", denn er fordert eine durchaus umfangreiche Regierungstätigkeit (bspw. einen gesetzlichen Zinssatz (1776: 289 ff.), Regeln zur Siegelverwendung (1776: 106), die obligatorische Regelung von Hypotheken (1776: 739) und rechtliche Absicherung von Verträgen, staatliche Kontrolle der Geldprägung, die Identifizierung sozialpolitischer Aufgaben (1776: 663) sowie Erziehungs- und Ausbildungspflichten (1776: 664 ff.)). Und zusätzlich zu dieser grundsätzlichen Betonung der Notwendigkeit einer staatlich-rechtlichen Regelungsebene für die bürgerliche Gesellschaft (1759: 568) bleibt die Konzeption von Smith – ungeachtet ihrer individualistischen Komponenten – untrennbar mit der sozialen Grundlegung seiner Ethik und Sozialphilosophie verbunden, der zufolge das dominante Handlungsmotiv die Suche nach sozialer Ehre, Achtung, Anerkennung und Wertschätzung ist (1759: 70 f. 169, 176, 238 f.), wodurch sich quasi-automatisch pro-soziale Motive einstellen. Letztlich ist bei Smith damit der Gedanke der Selbststeuerung eines Systems leitend: Die Art und Weise, wie unter den Bedingungen freier Konkurrenz die verschiedenen Kräfte „automatisch" mittels des Marktmechanismus im Gleichgewicht gehalten werden, ist das zentrale Thema von seiner Idee einer selbstregulierten Wirtschaft. Lediglich ergänzend sei erwähnt, dass Smith angesichts sich rapide verändernder sozialer Verhältnisse eine verstädterungs- und schichtungsbezogene Differenzierung der sozialen Bindungswirkung von Moral reflektiert (1776: 675, 1759: 381), Arbeitsteilung zwar als eigentliche Quelle des Fortschritts ansieht, aber deren Folgen in Form von Entfremdung und Abstumpfung thematisierte (1776: 662 f.) sowie Arbeit als wertschöpfende, produktive Kraft begreift (im Unterschied zu den Physiokraten, die einzig den Boden als Produktivfaktor anerkannten und somit lediglich die Bauern und Pächter als „produktive Klasse" sahen, vgl. zur Auseinandersetzung mit den Physiokraten: Smith 1776: 560 – 583), und dabei von der Unsinnigkeit der Unterscheidung von produktiver und unproduktiver Arbeit überzeugt ist, da so Staatstätigkeiten und das berufliche Handeln der Professionen zur unproduktiven Arbeit gezählt würden.

Im Vergleich zu Hobbes legt Smith somit ein sozial temperiertes Handlungsmodell des „Eigeninteresses" zugrunde. Er geht davon aus, dass es eine natürliche Anlage des Menschen zur Gemeinschaft gibt, er akzentuiert erstmals die Bedeutung ökonomischer Faktoren in der und für die sozio-historische Entwicklung und er verfolgt die Idee eines optimalen Gleichgewichtszustands für soziale Verhältnisse, der aus der Verfolgung von Einzelinteressen hervorgeht. Gerade damit wendet er sich gegen die in der frühbürgerlichen Gesellschaftstheorie (u.a. eben bei Hobbes und Rousseau) dominierende Vorstellung eines zwecks Integration und der Herstellung von sozialer Ordnung erst explizit zu schließenden Gesellschaftsvertrages. Im Gefolge dieser Neuorientierungen liegen bei diesen drei sozialphilosophischen Klassikern dann auch verschiedene Vorstellungen vom Staatszweck bzw. seiner Funktion zugrunde: Während Hobbes die Aufrechterhaltung innerer und äußerer Ordnung in den Blick nimmt, rückt Rousseau die Kollektivperspektive einer integrierten Gesamtheit ins Zentrum der Aufmerksamkeit. Smith stellt demgegenüber als den wesentlichen Staatszweck den Eigentumsschutz heraus. Eine Perspektive, die dann von Karl Marx (vgl. Kap. 2) geradezu invers kritisch gelesen wird, wenn er den Staat lediglich noch negativ in den Blick nimmt, insofern er eine Institution zur Ermöglichung von Ausbeutung sei.

Zusammenfassend lässt sich somit nochmals festhalten, dass mit den drei sozialphilosophischen Entwürfen von Hobbes, Rousseau und Smith im Kern drei für das soziologische Denken wegweisende theoretische Bahnungseffekte identifiziert werden können: Mit Hobbes und seinem Ansatz bei einer radikal singularisierten Interessenverfolgung wird eine individualistische Denktradition eröffnet, mit Rousseaus Gedanken einer im Prinzip auf Gemeinschaftlichkeit hin angelegten Sozialnatur des Menschen verbindet sich methodologisch eine ‚holistische' (‚objektivistische') Perspektive und mit Smiths Idee einer sich selbst über Wechselseitigkeitsorientierungen erzeugenden sozialen Ordnung wird im Kern eine relational-rekursive Denkweise sozialer Verhältnisse auf den Weg gebracht.

Der vorliegende Band „Soziologische Theorien kompakt" konzentriert sich auf die Einführung in klassische theoretische Beiträge der Soziologie. Zur gebotenen Reflexivität gehört dabei auch die Selbstbeobachtung des Aufbaus und Zuschnitts eines Lehrbuches: Entsprechend der zuvor dargelegten Perspektivität gilt ebenso für diese Einführung, dass jeder Blick in die Geschichte und damit die Genese und Veränderung dieser spezifischen Beobachtungsperspektive wiederum seinerseits einer bestimmten Perspektive, also spezifischen Relevanzen geschuldet ist. Klassiker im hier verstandenen Sinn sollten danach in mehrfacher Hinsicht einen exemplarischen Stellenwert haben: Anhand ihrer Arbeiten sollte es möglich sein, im Rückgang auf eine bestimmte Entstehungskonstellation exemplarisch zu lernen, was Soziologie sein kann; ihre Arbeiten sollten für eine spezifische Verbindung von Theoriebildung und empirischer Forschung stehen; sie sollten durch ihre Schriften und ihre Arbeitsweise international und epochenübergreifend zur Formierung der Identität der Soziologie als wissenschaftlicher Disziplin beigetragen haben und aus diesem Grunde aus der Entwicklung sämtlicher soziologischer Richtungen nicht wegzudenken sein; ihre Ansätze sollten für spätere innovative Theoriebildungen maßgeblich geworden sein; sie sollten Schlüssel- oder Grundbegriffe prägen, die sowohl in der disziplinären Diskussion als auch in der interdisziplinären wie auch öffentlichen Diskussion Resonanz erzeugen, d. h. es sollte ihnen gelingen, für gesellschaftlich als relevant angesehene Problem- oder Fragestellungen anschlussfähige und rezipierte Begriffe, Ideen oder Konzepte bereitzustellen; schließlich sollten sie auch in der aktuellen Diskussion der Disziplin weiterhin eine Rolle für Forschungsorientierungen spielen.

Sinn und Zweck dieses Lehrbuches ist daher eine Orientierung über klassisch gewordene zentrale analytische Werkzeuge der Soziologie zu geben: Die Kapitel beginnen mit einführenden Bemerkungen zum zentralen Forschungsinteresse und der leitenden soziologischen Perspektive sowie zu wesentlichen Kontexten und intellektuellen Hintergründen der jeweiligen Ansätze. An kurze biografische und bibliografische Hinweise schließt sich dann eine Orientierung über die methodologisch-methodischen Grundzüge des jeweiligen Ansatzes und der sie leitenden Erklärungsvorstellung an. Es folgen Darstellungen der zentralen Konzepte und Beiträge zur Sozial- und Gesellschaftstheorie der Autoren, die die Kernelemente der theoretischen

Konzeption wie die herausgestellten Tendenzen sozialen Wandels (die zentralen dynamisierenden Faktoren) vorstellen. Weitere Abschnitte sind den Gegenwartsanalysen der jeweiligen Ansätze und Aspekten der Wirkungsgeschichte gewidmet. Die einzelnen Kapitel werden durch zusammenfassende Übersichten, Erläuterungen wichtiger Grundbegriffe, ausgewählte Hinweise zu weiterer Sekundärliteratur sowie Übungsaufgaben zur Vergewisserung der Verständnisfortschritte abgerundet. Das abschließende Kapitel bietet eine komparative Übersicht über die in der Darstellung der einzelnen Ansätze fokussierten Aspekte: In tabellarischer Form werden der jeweils vertretene Ansatz, das leitende Soziologieverständnis, die Methodik sowie die leitende Erklärungsvorstellung, der Gesellschaftsbegriff (bzw. die leitende Perspektive auf soziale Wirklichkeit) und die Unterscheidung von Gesellschaftstypen sowie sechs zentrale analytische Forschungsfragen der Soziologie vergleichend dargeboten: Macht und Herrschaft, Soziale Ungleichheit, Sozialer Wandel, Soziale Differenzierung, Soziale Integration und die Gegenwartsdiagnose (das Verständnis der jeweils zeitgenössischen Gesellschaft und ihrer Veränderungstendenzen).

Jenseits dieses – wenn man so will – materialen Zuschnitts der Darstellungen der behandelnden Ansätze ist für ihre Präsentation vor allem eine Unterscheidung von analytischen Ebenen, von Untersuchungs- bzw. Reflexionsebenen leitend: Es wird unterschieden zwischen Überlegungen, die generell (1) auf einer sozial- bzw. grundlagentheoretischen Reflexionsebene, spezifischer (2) auf einer gesellschafts- bzw. historisch-prozesstheoretischen Ebene oder (3) auf einer gegenwartsdiagnostischen, eine Theorie der modernen Gesellschaft entfaltenden Ebene angesiedelt sind (vgl. Endreß 2002: 66 f.).

Literaturhinweise

Endreß, Martin (2002) Vertrauen, Bielefeld: transcript.
Endreß, Martin (2013) Zur Theorie der Deutung sozialer Ungleichheit, in: ders./Oliver Berli (Hg.), Wissen und soziale Ungleichheit, Weinheim/Basel: Beltz/Juventa, S. 23–53.
Farzin, Sina/Laux, Henning (Hg.) (2014) Gründungsszenen soziologischer Theorie, Wiesbaden: Springer VS.
Joas, Hans/Knöbl, Wolfgang (2004) Was ist Theorie?, in: dies., Sozialtheorie. Zwanzig einführende Vorlesungen, Frankfurt/M.: Suhrkamp, S. 13–38.
Jonas, Friedrich (1968/69) Geschichte der Soziologie. Mit Quellentexten (2 Bde.), Opladen: Westdeutscher Verlag 1976.
Kneer, Georg (2014) Wissenschaftstheoretische Positionen: Wie verhält sich die Soziologie zu ihrem Gegenstand?, in: Jörn Lamla/Henning Laux/Hartmut Rosa/David Strecker (Hg.), Handbuch der Soziologie, Konstanz/München: UVK/Lucius, S. 45–60.
Lepenies, Wolf (Hg.) (1981) Geschichte der Soziologie. Studien zur kognitiven, sozialen und historischen Identität einer Disziplin (4 Bde.), Frankfurt/M.: Suhrkamp.
Zima, Peter V. (2017) Was ist Theorie? Theoriebegriff und Dialogische Theorie in den Kultur- und Sozialwissenschaften, Tübingen: Francke, 2. überarb. Aufl.

2 Karl Marx: Gesellschafts- und Geschichtstheorie des Kapitals

Ist Marx aktueller denn je? Zwei Beobachtungen geben zu dieser Frage Anlass: Eine OECD-Studie des Jahres 2007 bescheinigte Deutschland eine überdurchschnittlich hohe Zunahme von Armut und im Jahr 2010 führte die Banken- und Finanzkrise einen spekulativen Kapitalismus *ad absurdum*. Lässt erstere Entwicklung an Marx' Diagnose einer Verelendung der Arbeiter denken, so letzteres Szenario an seine Rede vom „Zerplatzen der Seifenblasen von nominellem Geldkapital". Nun ist Marx kein Soziologe: Weder lebte er zu Zeiten einer akademisch institutionalisierten Soziologie noch bezeichnete er sich selbst je als Soziologen. Im Gegenteil: Sein Spott galt dem, was sich in seiner Gegenwart unter dem Etikett „Soziologie" insbesondere im Werk von Auguste Comte (1798–1857) entwickelte. Gleichwohl ist Marx' Bedeutung für die Soziologie und sein Beitrag zu einigen ihrer zentralen Forschungsfragen kaum zu überschätzen. Dieser Ertrag lässt sich in *fünf Punkten* zusammenfassen:

- **Ökonomisch:** Marx begreift Gesellschaft als eine Produktionsweise (durch Arbeit und ihre Organisation) und verbindet diese Analyse mit einer Kritik an den Folgen der Industrialisierungsprozesse.
- **Herrschaftsanalytisch**: Er versteht Gesellschaft als Ungleichheitszusammenhang und kritisiert sowohl die radikal unterschiedlichen materiellen Lebenschancen wie die gesellschaftlich grundlegend ungleich verteilte Deutungsmacht (Klassenanalyse).
- **Evolutionistisch:** Gesellschaft wird von ihm als historisches Produkt verstanden (Theorie sozialen Wandels und sozialer Prozesse); ein Befund, den er mit einer Kritik an gesellschaftlicher Ausbeutung zu einer Revolutionstheorie verbindet.
- **Kulturell:** Gesellschaft wird von ihm als Ort der Erzeugung von Ideen und Bewusstsein begriffen, also als sozialer Kontext der Wissensproduktion und mit einer Kritik herrschenden Wissens zu einer Ideologiekritik verbunden.
- **Zeitlich:** Gesellschaft wird von Marx als Kontext der sozialen Regulierung von Zeit verstanden und mit einer Kritik an der zeitlichen Disziplinierung verbunden.

Im Kern geht es Marx im Zuge seiner Analysen zur politischen Ökonomie um die Formulierung einer Theorie sozialen Wandels. Und diese Theorie sozialen Wandels ist durchzogen von einem systematischen Schwanken zwischen der Betonung der Handlungsmächtigkeit des Menschen auf der einen und deren Einschränkung durch gesellschaftliche „Fesseln" auf der anderen Seite (1859: 9).

2.1 Grundzüge

Historische Hintergründe der Gesellschaftsanalyse von Marx bilden die industrielle Revolution in England (im 18. Jahrhundert), die politische Revolution in Frankreich (1789) sowie die unmittelbaren Erfahrungen der bürgerlichen (Gegen-)Revolutionen in Frankreich, Österreich und Preußen (1848/49). Marx erlebt die dramatische Frühphase der Industrialisierung insbesondere in England seit Mitte des 18. Jahrhunderts (mit bemerkenswertem technischen Fortschritt, einer Expansion der Verkehrswege, forcierter Maschinenentwicklung – flankiert von einem enormen Bevölkerungswachstum und markanten Urbanisierungsprozessen) und die damit einhergehende eklatante Verschlechterung der sozialen Lage der neuen Industriearbeiter. Ebbenso ist er Zeitgenosse der Revolution des Jahres 1848, die – geprägt durch den Aufstieg des Bürgertums zu einer neuen sozialen ‚Klasse' – eine gesamteuropäische war und von den Monarchien Europas im Jahr 1851 letztlich niedergeschlagen wurde. Für die Formierung von Marx' Werk ist diese kurze historische Periode von entscheidender Bedeutung. Das Jahr 1848 ist für ihn das Jahr der Erhebung des vierten Standes (der Proletarier) nach dem vorherigen Sieg des dritten Standes (der Bürger) in der französischen Revolution. Das Zentrum der Analysen von Marx liegt deshalb in dem Versuch der analytischen Durchdringung des sich entwickelnden und installierenden kapitalistischen Systems der Warenproduktion mit seinen gesellschaftlichen, also institutionellen Folgen wie seinen Konsequenzen für die Ebene individueller Lebensführung für die Arbeiter.

Marx entwickelt seine gesellschaftstheoretischen Überlegungen insbesondere vor dem Hintergrund der Philosophie von Georg Wilhelm Friedrich Hegel (1770–1831). Hegels historisch-dialektischen Idealismus reformuliert Marx durch die Umkehrung dieses Idealismus zu einem historisch-dialektischen **Materialismus**: Hegel wird von Marx „vom Kopf auf die Füße gestellt" (so 1843/44: 511 f., 571–574, 584 f.):

> Meine dialektische Methode ist der Grundlage nach von der Hegelschen nicht nur verschieden, sondern ihr direktes Gegenteil. […] Bei mir ist […] das ideelle nichts andres als das im Menschenkopf umgesetzte und übersetzte Materielle. […] Die […] Dialektik […] steht bei ihm [Hegel] auf dem Kopf. Man muss sie umstülpen, um den rationellen Kern in der mystischen Hülle zu entdecken. (1873: 27)

Im Unterschied zu Hegels Idealismus, der Geschichte im Kern als Geistesgeschichte (im Sinne eines dialektischen Bewegungsgesetzes des Bewusstseins vom subjektiven über den objektiven zum absoluten Geist) konzipiert, ist für Marx der historische Prozess eine Geschichte der Arbeit, ihrer gesellschaftlichen Organisation und der Auseinandersetzung um ökonomische Ressourcen, also um materielle Lebensbedingungen (Materialismus) generell. Eine Auseinandersetzung, die Marx zufolge historisch jeweils die konkrete Gestalt von Klassenkämpfen annimmt. Die Analyse der kapitalistischen Wirtschaftsform und ihrer Entwicklungsgesetze für die moderne Gesellschaft bilden den Hauptgegenstand von Marx' Arbeit sowie den Hintergrund seiner politischen Aktivitäten als Publizist und Organisator insbesondere in den Jahren zwischen 1842 und 1848.

2.2 Biografie

Marx wird am 5. Mai 1818 in Trier geboren, studiert 1835/36 Rechtswissenschaften in Bonn, von 1836 bis 1841 Philosophie in Berlin und schließt sein Studium 1841 mit einer philosophischen Promotion an der Universität Jena ab. Marx' weiterer Weg lässt sich in zwei Phasen gliedern: Ab 1842 arbeitet er für die „Rheinische Zeitung", tritt nach Konflikten mit der preußischen Zensur im März 1843 von der Position des Chefredakteurs zurück, zieht nach Paris und widmet sich ökonomischen Studien. In Paris beginnt die lebenslange Freundschaft mit Friedrich Engels (1820 – 1895). Ende 1844 wird Marx aus Paris ausgewiesen und siedelt im Februar 1845 nach Brüssel über, da ihn in Deutschland ein Prozess wegen Hochverrats erwartet hätte. Auf die Zeit in Brüssel datieren die Anfänge einer sich als kommunistisch verstehenden politischen Aktivität zur Koordinierung des Zusammenschlusses der Arbeiterbewegungen verschiedener europäischer Länder, die im Februar 1848 mit dem Erscheinen des gemeinsam mit Engels anlässlich des Anfang Juni 1847 in London stattfindenden Gründungskongresses des „Bundes der Kommunisten" verfassten „Manifest der Kommunistischen Partei" ihren vorläufigen Höhepunkt erreichen. Im Februar/März 1848 beteiligt sich Marx an Aufständen in Brüssel und wird aus Belgien ausgewiesen; nach kurzem Aufenthalt in Paris wird er nach der dortigen März-Revolution ebenso aus Frankreich ausgewiesen und geht zurück nach Deutschland, wo er in Köln die „Neue Rheinische Zeitung" gründet, die ab Anfang Juni 1848 erscheint. Obwohl Marx in einem Prozess wegen „Aufreizung zur Rebellion" freigesprochen wird, erhält er nach dem Erstarken restaurativer Tendenzen im Mai 1849 einen Ausweisungsbefehl der Regierung in Köln und wird zum Staatenlosen erklärt. Insgesamt sind es diese Jahre von 1843 bis 1849, in denen Marx sich sowohl über eine Kritik an philosophischen Positionen (wie der Hegels und der Junghegelianer) als auch in Auseinandersetzung mit dem ökonomischen Denken seiner Zeit, eine intellektuelle Position erarbeitet, die politisch ihren Ausdruck im „Manifest der Kommunistischen Partei" findet.

Die zweite Phase beginnt mit dem Kölner Ausweisungsbefehl und Marx' Emigration im August 1849 über Paris nach London, wo er bis zu seinem Tod am 14. März 1883 mit seiner Familie im Exil lebt und als Journalist und Privatgelehrter tätig ist. Seine häufigen Geldnöte werden primär durch Zuwendungen von Engels gemildert. In London widmet Marx sich intensiv dem Studium der Britischen Politischen Ökonomie, als dessen Resultat 1867 der erste Band des Hauptwerkes „Das Kapital" erscheint. Politisch beteiligt sich Marx 1864 an der Gründung der „Internationale Arbeiter-Assoziation" („Erste Internationale") und verfasst 1875 anlässlich der Gründung der „Sozialistischen Arbeiterpartei Deutschlands" (ab 1890 dann SPD) seine „Kritik des Gothaer Programms" (posthum 1891 publiziert).

2.3 Methodologisch-methodische Grundlegung: Historischer Materialismus

Prägend für Marx' Denken sind vornehmlich drei intellektuelle Hintergründe: *Erstens* die Philosophie des Deutschen Idealismus mit (a) ihrem Verständnis von **Geschichte** als eines vernünftigen (sinnvollen) sozialen Prozesses, (b) der **Dialektik** als Methode des Denkens in Widersprüchen zwischen unterschiedlichen Deutungen der Welt (Theorien) einerseits und Widersprüchen zwischen den Deutungen und der Wirklichkeit selbst andererseits, (c) ihrer Akzentuierung der Rolle der **Arbeit** sowie (d) der in der Philosophie von Ludwig Feuerbach (1804–1872) vorgenommenen Materialisierung des Denkens, die **Sinnlichkeit** zu einem Erkenntnisprinzip erhebt. Prägend ist *zweitens* der französische Sozialismus und Utopismus von Charles Fourier (1772–1837) und Claude Henri de Saint-Simon (1760–1825), sowie schließlich *drittens* die britische politische Ökonomie (also die klassische Nationalökonomie) von Adam Smith (1723–1790) und David Ricardo (1772–1823), die Arbeitsteilung als Basis wirtschaftlicher Entwicklung begreift und eine Arbeitswerttheorie der Ware entwickelt. Für Marx ergab sich eine unmittelbare sachliche Übereinstimmung zwischen Hegel und der Britischen Politischen Ökonomie. Denn die bürgerliche Gesellschaft ist dem Verständnis Hegels zufolge auch die Welt der ökonomischen Sachbeziehungen, stellt sich also im Prinzip dar als der mit den Augen von u. a. Adam Smith gesehene Markt mit seinen Gesetzmäßigkeiten der Arbeitsteilung und des Güterverkehrs.

Drei Aspekte sind es, die das Denken von Marx im Gefolge von Georg Wilhelm Friedrich Hegel (1769–1831) besonders prägen:

Erstens die Annahme von konstitutiven Widersprüchen der bürgerlichen Gesellschaft:
- das Gesetz der Konkurrenz beherrscht die Gesellschaft (individuelle Interessen vs. gemeinschaftliche Solidarität), d. h. Konfliktfaktoren in Hegels Modell sind: Bedürfnisse Einzelner und ihre Sonderinteressen im Gegensatz zum allgemeinen Interesse (Sittlichkeit);
- die Vorstellung von isolierten Subjekten als „homines oeconomici", die gleichwohl eine soziale Gemeinschaft bilden sollen (Vereinzelung und ökonomischer Reduktionismus);
- ein Begriff von Freiheit, der aufs engste mit der Vorstellung von Eigentum verbunden ist: Besitzindividualismus (ökonomistische Zuspitzung);
- ein rationalistisch zugespitzter Vernunftbegriff, der sich aufs engste mit einem Mangel an wirklicher, d. h. sozial realisierter Sittlichkeit, also einem Mangel an Gemeinschaftsorientierung verbindet.

In spezifisch deutscher Denktradition seit Hegels Rechtsphilosophie wird *zweitens* Gesellschaft auch von Marx als unterschieden vom Staat konzipiert. Der Staat wird als die soziale Einheit stiftende politische und sittliche Kraft verstanden, sodass die Vorstellung einer politischen Konstitution gesellschaftlicher Einheit leitend ist

(Herrschaft). Ein Gedanke, der dann letztlich erst bei Niklas Luhmann, also im späten 20. Jahrhundert, verabschiedet wird (vgl. Kap. 12.4.2).

Systematisch wird für Marx zudem *drittens* Hegels Geschichtstheorie bedeutsam: Hegel hatte eine „dialektische" Entwicklungstheorie (eine teleologische Geschichtsphilosophie) sowohl für die historische Entfaltung von Wissensformen (in der Phänomenologie des Geistes) als auch für die historische Veränderung der menschlichen Gesellschaft und ihre Integrationsmechanismen entwickelt (in der Rechtsphilosophie). Diese Vorstellung „dialektischer" und zielgerichteter Entwicklung läuft letztlich auf ein Modell des spiral- bzw. schraubenförmigen Aufstiegs zu jeweils ‚höheren sozialen Formen' hinaus. Ein Gedanke, der schon bei Hegel als Strukturtheorie und nicht als empirische Analyse des realen Geschichtsverlaufs zu verstehen ist. Dabei werden von Marx regelmäßig – insbesondere in den zu politischen Zwecken zugespitzten Texten – analytische Unterscheidungen als reale Gegebenheiten ‚missverstanden'. Eine Kritik, die von soziologischer Seite Max Weber mit dem Argument stark machen wird, Marx hätte seine Modelle besser als idealtypische Begriffe begreifen sollen, um so die normativen Implikationen seines Ansatzes zu vermeiden.

Vor dem Hintergrund dieser intellektuellen Anregungen sind es dann drei zentrale Argumentationsfiguren, die für Marx historisch-materialistische Gesellschaftsanalyse leitend sind: das Verhältnis von Handeln und Wissen (Kap. 2.3.1), das Basis-Überbau-Modell (Kap. 2.3.2) und das Zusammenspiel von Produktivkräften und Produktionsverhältnissen (Kap. 2.3.3).

2.3.1 Handeln und Wissen (Arbeit und Bewusstsein)

Für Marx ist die Einsicht in den **Doppelcharakter menschlicher Arbeit** leitend. Insofern menschliche Arbeit die Form der Weltverarbeitung ist (Handeln schafft Strukturen), schafft sie in diesem Prozess zugleich objektive Strukturen, die die Spielräume und Gestaltungsmöglichkeiten des Handelns einschränken (Strukturen prägen das Handeln) – dieses Spannungsverhältnis von Strukturen als Restriktionen und Ressourcen des Handelns wird von Marx letztlich als Motor der geschichtlichen, gesellschaftlichen Entwicklung begriffen.

> Die Menschen machen ihre eigene Geschichte, aber sie machen sie nicht aus freien Stücken, nicht unter selbstgewählten, sondern unter unmittelbar vorgefundenen, gegebenen und überlieferten Umständen. Die Tradition aller toten Geschlechter lastet wie ein Alp auf dem Gehirne der Lebenden. (1852: 115)

Sowohl die Handlungsmächtigkeit als auch die Deutungsmächtigkeit des Menschen stellt Marx damit ins Zentrum: Erstens entdecken Menschen nicht einfach einen vorderhand verborgenen, womöglich göttlichen Sinn der Welt, sondern sie interpretieren die soziale Welt und bringen so deren Sinn hervor, der damit zugleich auch notwendig einem Wandel unterliegt (Historizität). Zweitens finden Menschen nicht nur keine immerwährend gleiche Naturgrundlage als Ausgangspunkt ihres Handelns vor (Historizität), sondern sie verändern diese Grundlage selbst durch ihr Eingreifen in die Natur ((Re-)Produktivität). Und diese – gewissermaßen selbst (als zweite Natur) produzierte – Grundlage bestimmt ihr Handeln, ihr Bewusstsein, ihr Wissen und ihre Deutungen sozialer Wirklichkeit (s. die Überlegungen zum äußeren Zwang bei Durkheim (vgl. Kap. 3.4.1) und zur Objektivierung bei Berger und Luckmann (vgl. Kap. 10.4.1)). Auch in diesem Sinne also ist für Marx klar: „Das menschliche Wesen ist [...] das Ensemble der gesellschaftlichen Verhältnisse" (1845: Sechste These).

Für Marx geht es damit immer auch um das Verhältnis von gesellschaftlicher Realität („**Sein**") und deren individueller wie sozialer Interpretation („**Bewusstsein**"). Und bei diesem Verhältnis geht es Marx zugleich immer auch um die Frage von Herrschaft, um Deutungsmacht (Interpretationshoheit), genauer: um den Gegensatz („Antagonismus") von Herrschenden und Beherrschten. Insofern Marx also davon ausgeht, dass (wie es in einer seiner berühmt gewordenen Formulierungen heißt) „das Sein das Bewusstsein bestimmt", impliziert seine Kritik an den herrschenden Verhältnissen eine Kritik an den „Ideen", den kulturellen Deutungsschemata (Interpretationsweisen) der Herrschenden. Denn, so Marx „die Gedanken der herrschenden Klasse sind in jeder Epoche die herrschenden Gedanken, d. h. die Klasse, welche die herrschende materielle Macht der Gesellschaft ist, ist zugleich ihre herrschende geistige Macht" (1846: 46). An anderer Stelle formuliert Marx: „Die herrschenden Ideen einer Zeit waren stets nur die Ideen der herrschenden Klasse" (1848: 44). Das ist der Geburtsort der klassischen wissenssoziologischen Figur der Ideologiekritik. Dieser geht es um die Entlarvung jeden Wissens, das mit Objektivitätsansprüchen auftritt, welches also ungeachtet seiner jeweils historisch-spezifischen, gesellschaftlich-situierten Entstehungs- und Gültigkeitsbedingungen absolute Wahrheitsansprüche für sich reklamiert.

2.3.2 Basis-Überbau-Modell

Zentral für das Verhältnis dieser beiden Dimensionen sozialer Wirklichkeit, des Handelns und des Deutens, ist für Marx' gesellschaftsanalytische Grundkonzeption das sogenannte **Basis-Überbau-Modell**. Ausgehend von der Beobachtung, dass soziale Orientierungen und Aktivitäten von gesellschaftlichen Akteuren eine bestimmte Gleichartigkeit aufweisen, folgt für deren Analyse, so Marx, dass die politischen, staatlichen, rechtlichen und kulturellen Verhältnisse „weder aus sich selbst zu begreifen [sind] noch aus der sogenannten allgemeinen Entwicklung des menschlichen Geistes, sondern vielmehr in den materiellen Lebensverhältnissen [wurzeln]" (1859: 8). Entsprechend seiner These, dass „das Sein das Bewusstsein bestimmt", geht Marx von einem Korrespondenzverhältnis aus, d. h. von der Annahme, dass die zu beobachtende Gleichartigkeit von Bewusstseinsformen und Denkhaltungen strukturellen, d. h. gesamtgesellschaftlichen Rahmenbedingungen geschuldet ist. Strukturellen Vorgaben, die, so Marx, in der „Produktionsweise" von Gesellschaften ihren Ursprung haben, d. h. genauer: im Verhältnis von Produktivkräften und Produktionsverhältnissen (vgl. 1849: 407). Jürgen Habermas – unter den Titeln „Arbeit und Interaktion" (vgl. Kap. 11.3) – und Pierre Bourdieu (vgl. Kap. 16.4) werden später für diesen Zusammenhang vom Verhältnis der materiellen und symbolischen Reproduktion von Gesellschaften sprechen.

> In der gesellschaftlichen Produktion ihres Lebens gehen die Menschen bestimmte, notwendige, von ihrem Willen unabhängige Verhältnisse ein, Produktionsverhältnisse, die einer bestimmten Entwicklungsstufe ihrer materiellen Produktivkräfte entsprechen. Die Gesamtheit [der] Produktionsverhältnisse bildet die ökonomische Struktur der Gesellschaft, die reale Basis, worauf sich ein juristischer und politischer Überbau erhebt und welcher bestimmte gesellschaftliche Bewusstseinsformen entsprechen. Die Produktionsweise des materiellen Lebens bedingt den sozialen, politischen und geistigen Lebensprozess überhaupt. Es ist nicht das Bewusstsein der Menschen, das ihr Sein, sondern umgekehrt ihr gesellschaftliches Sein, das ihr Bewusstsein bestimmt. (1859: 8 f.)

Mit dem Begriff der **„Basis"** wird im Denken von Marx also die ökonomische Struktur einer Gesellschaft beschrieben, während der Begriff **„Überbau"** für die kulturell-geistigen Produkte und Formen menschlichen Zusammenlebens steht, zu denen neben Kunst, Literatur etc. auch das Recht oder Normen und Werte gehören. Mit dem Konzept „Überbau" bezeichnet Marx das gesellschaftliche Bewusstsein der zu einem bestimmten historischen Zeitpunkt herrschenden Klasse und der dadurch geprägten kulturellen Ausdrucksformen. Für die Analyse der „ökonomischen Struktur" einer Gesellschaft ist dann das Zusammenspiel von „Produktivkräften" und „Produktionsverhältnissen" zentral. Der Begriff der **„Produktivkräfte"** bezeichnet die Gesamtheit der für den materiellen Produktionsprozess erforderlichen Elemente: (a) Produktionsmittel wie Bedingungen der natürlichen Umwelt, technologischer Stand (Werkzeuge, Maschinen, technische Ausrüstung), Arbeitsmaterialien (Rohstoffe, Werkstoffe, Naturkräfte: Wind, Wasser, Holz), Infrastruktur (Transportwege, -mittel, Kommunikationsmittel) sowie (b) die produktiv Tätigen (Arbeitskräfte) und deren Gesundheitszustand (Körper) sowie Schulungsstand (Wissen, Kenntnisse, Fertigkeiten). Der Begriff der **„Produktionsverhältnisse"** zielt demgegenüber auf die gesellschaftlich etablierte Besitzverteilung, die Formen der Arbeitsteilung (Produktion), Kooperationsformen, Formen der Güterverteilung (Distribution), Formen des Verbrauchs von Gütern (Konsumtion) [mit Habermas: Interaktionen und ihre institutionellen Rahmenbedingungen]. Produktivkräfte und Produktionsverhältnisse in ihrem Zusammenspiel bilden schließlich die für Gesellschaftsformationen typische Produktionsweise, also die Art und Weise der Produktion und des Austausches der für das Überleben und den Lebensstandard einer Gesellschaft erzeugten Güter und Dienstleistungen, d. h. die ökonomische Struktur als Basis einer Gesellschaft.

Insgesamt legen zahlreiche Formulierungen von Marx selbst wie auch seiner Nachfolger zwar ein geradezu undialektisches Verhältnis von Basis und Überbau (von Sein und Bewusstsein) nahe, aber ein solches Verständnis würde die dialektische Methode, zu der sich Marx ausdrücklich bekennt, letztlich ad absurdum führen. So ist zwar zu „unterscheiden zwischen de[n] materiellen [...] und den [...] ideologischen Formen", aber man muss „dies Bewusstsein aus den Widersprüchen des materiellen Lebens, aus dem vorhandenen Konflikt zwischen gesellschaftlichen Produktivkräften und Produktionsverhältnissen erklären" (1859: 9).

2.3.3 Produktivkräfte und Produktionsverhältnisse

Für das jeweilige historisch-spezifische Zusammenspiel von Produktivkräften auf der einen und Produktionsverhältnissen auf der anderen Seite steht bei Marx der Begriff der **„Gesellschaftsformation"**. Der Begriff bezeichnet das typische Zusammenspiel der Grundelemente des ökonomischen Gesetzes auf den verschiedenen Entwicklungsstufen der Menschheit, das eine soziologische Strukturanalyse von Gesellschaftstypen erlaubt. Unterscheidungskriterium der verschiedenen Gesellschaftsformationen ist die jeweils unterschiedliche Organisation der Produktionsverhältnisse, genauer: die Form, in der der Mehrwert der Arbeit seinem Produzenten, dem Arbeiter, „abgepresst wird" (1867: 231). Die Analyse von Gesellschaftsformationen erhält bei Marx dabei eine gesellschaftskritische Zuspitzung, die in der Diagnose der „Entfremdung" ihren Ausdruck findet. Der Begriff der **„Entfremdung"** bezeichnet das Phänomen, dass der Mensch seine ursprüngliche Einheit mit der Natur und mit anderen Menschen zerstört, indem er durch seine Arbeit eine künstliche Welt der Produktivkräfte und Produktionsverhältnisse schafft. Dabei handelt es sich letztlich um einen dreifachen Entfremdungsprozess:
- hinsichtlich der Produktivkräfte: eine Entfremdung von der Natur, die nicht mehr die selbstverständliche Produktionsgrundlage darstellt („Domestizierung" der Natur),
- hinsichtlich der Produzierenden: eine Entfremdung von den Mitmenschen, da ein Naturalientausch in kleinen Gemeinschaften nicht mehr vorherrscht, sondern Anonymisierung und Vermassung,
- hinsichtlich der Produktionsverhältnisse: eine Entfremdung vom Arbeitsprozess selbst (da dieser arbeitsteilig vonstatten geht und eine Arbeitskraft nicht mehr ein ganzes Produkt erzeugt), der sich historisch gesehen in zwei Stufen vollzieht: der Entfremdung in der einfachen Warenproduktion und der Entfremdung in der erweiterten Warenproduktion (vgl. Kap. 2.4.1).

2.4 Zentrale sozial- und gesellschaftstheoretische Konzepte

2.4.1 Werttheorie

Den analytischen Kern von Marx' Gesellschaftsanalyse wie seiner Konzeption sozialen Wandels bildet die „Werttheorie", die die Produktion von Mehrwert durch die Nutzung (und damit Ausnutzung und „Vernutzung") von menschlicher Arbeitskraft auf den Begriff bringt.

Grundlegender Mechanismus, der diesen Prozess vorantreibt, ist die durch die Notwendigkeit der materiellen Absicherung der bloßen menschlichen Existenz und damit der Beseitigung von Knappheitszuständen bedingte Produktion und Reproduktion des Menschen durch seine materielle Arbeit, also durch den Einsatz von Arbeitskraft. Demzufolge zielt das grundlegende Differenzierungskriterium der historischen Unterscheidung von verschiedenen Stufen von Gesellschaftsformationen auf die jeweils historisch spezifische Regelung der Verfügung über das Mehrprodukt, den „Mehrwert" ab, dessen Quelle das Recht auf die Nutzung von Arbeitskraft zu Produktionszwecken ist (1859: 9).

Weit davon entfernt, **Arbeit und Tausch** naiv als natürliche Handlungsformen zu verstehen, ist es Marx' Grundgedanke, beide als historisch, d. h. als gesellschaftlich bestimmte Verhältnisse zu denken. Jede historische Epoche richtet aufgrund der in ihr dominierenden Herrschaftsverhältnisse je neu die Verhältnisse des Arbeitens und Tauschens ein. Arbeit wird dann im Kapitalismus, so Marx, zur „Ware" (also ein Verhältnisbegriff) insofern der Preis der Waren rein durch die Produktionskosten (Arbeitszeit, Materialkosten) bestimmt wird. Daraus folgt, dass im Prinzip die steigende Widerwärtigkeit der Arbeit (u. a. durch maschinell ermöglichte Massenproduktion mit der entsprechenden Zeittaktung) konsequent zur fortgesetzten Senkung des dafür gezahlten Lohns führt, nämlich aufgrund der durch diese Maschinisierung möglichen Verkürzung des zeitlichen Aufwandes für die Erzeugung der Produkte (1848: 31). Ein Prozess des fortschreitenden Sinkens der Entlohnung, der für Marx notwendig zur Entstehung eines sogenannten „Lumpenproletariates" führt (1848: 35), also eine grundlegende Verarmung, ja Verelendung weiter Teile der Bevölkerung unabdingbar nach sich zieht (1848: 36). Darüber hinaus führt die fortschreitende Ersetzung von menschlicher Arbeitskraft durch Maschinen aufgrund der damit gegebenen „Freisetzung" von Arbeitern auch zur Entstehung einer sogenannten „industriellen Reservearmee". Ein Prozess, der dann zugleich den Preis der Arbeit kontinuierlich niedrig hält. Klassentheoretisch gesprochen bedeuten beide Entwicklungen, dass die Bourgeoisie als herrschende Klasse noch nicht einmal in der Lage ist, wenigstens die knechtischen Existenzbedingungen (also die reinen Überlebensbedingungen) der beherrschten Klasse der Proletarier zu sichern. Deshalb, so Marx, ist sie unfähig, weiterhin die herrschende Klasse zu bleiben (1848: 36 f.). Um diesen Zusammenhang zu verdeutlichen, muss die analytische Verbindung von Gebrauchswert-Tauschwert-Mehrwert genauer bestimmt werden:

Unter dem „**Gebrauchswert**" versteht Marx den Nutzen, den eine Ware für den Konsumenten in Abhängigkeit von seinen Bedürfnissen hat – und zwar in historischer Perspektive:

a) Unter (primitiven) einfachen Produktionsbedingungen (Verteilungs- und Konsumtionsbedingungen) bestimmt sich der Wert eines Produktes vollständig durch seinen Nutzen für die unmittelbare Befriedigung von Bedürfnissen, d. h. in Gebrauchszusammenhängen. Kennzeichnend ist somit die Tauschlogik: Warenverkauf

(Eigenprodukte) – Geld – Warenerwerb (zur Bedürfnisbefriedigung): **W–G–W**. D.h. unter dieser ökonomischen Struktur kommt es zu keiner Produktion von Mehrwert, der Wert einer Ware ist einfach ihr Gebrauchswert.

b) Unter entwickelten Produktionsbedingungen, die arbeitsteilig organisiert sind und in deren Rahmen im Prinzip voneinander unabhängige (wechselseitig füreinander anonym bleibende) Warenbesitzer (auf einem Markt) Warentauschprozesse vollziehen, kommt es demgegenüber zur Trennung von Gebrauchswert und Tauschwert einer Ware (Doppelcharakter der Ware, des Wertes und damit der Arbeit). Tauschrelevant wird nun der Produktwert einer Ware, also der Tauschwert eines Produkts, der sich durch das Maß der eingesetzten Arbeitskraft bestimmt (abstrakte Arbeit schafft den Tauschwert, also den Wert als gesellschaftliche Form, d.h. als „Ware"). Und dieser ist naturgemäß unter fortgeschrittenen und stetig fortschreitenden, d.h. technisch avancierten Produktionsbedingungen nicht deckungsgleich mit dem Gebrauchswert (der Nützlichkeit), den die konkrete Arbeit schafft.

Im Hintergrund dieser Arbeitswerttheorie steht die Annahme, dass es die Summe der Zeit ist, die im Durchschnitt für die Produktion einer Ware auf einer bestimmten Stufe der technologischen Entwicklung benötigt wird, die ihren Tauschwert auf dem Markt bestimmt. Unter dem „**Tauschwert**" versteht Marx also das Quantum an Arbeitszeit, das auf einem bestimmten gesellschaftlichen Entwicklungsniveau für die Herstellung einer Ware erforderlich ist (vgl. 1867: 62–85). Arbeit wird zur Ware; und der Tauschwert der Ware Arbeitskraft ist der Lohn, der für ihren Einsatz gezahlt wird, d.h. dieser Tauschwert ist erneut ein Verhältnis. Unter Bezug auf die erforderliche Arbeitszeit ist also ein formales Kriterium gewonnen, mittels dessen sich der Tauschwert (also der gesellschaftlich durchgesetzte Wert) einer Ware bestimmen lässt. Spezifischer lässt sich dann natürlich auch das jeweils verarbeitete Material als Maßeinheit für den Wert eines Produkts heranziehen; also bspw. 20 m Leinen im Unterschied zu 10 m Leinen. Unter den Bedingungen einer Geldwirtschaft wird das Geld zur allgemeinen Äquivalenzform für die Bestimmung des Wertes einer jeden Ware. Geld dient als Wertmaßstab (also als einheitliches Maß der Wertbestimmung), als Zahlungsmittel und als Wertaufbewahrungsmittel (aufgrund prinzipieller Unverderblichkeit), was logisch und historisch bisher unbekannte Chancen zur Reichtumssteigerung eröffnet.

Das Stadium einer erweiterten Warenproduktion wird eingeleitet durch die für Marx historisch außerordentlich bedeutsame Einführung der „ursprünglichen **Akkumulation**" (1867: 161–191, 741–788), d.h. durch die fortgesetzte Umwandlung von Geld in Kapital. Die Arbeitskraft selbst wird – wie gezeigt – zur Ware; Akteur ist der Kapitalist, der lediglich für seinen Profit produziert, sodass nun folgende Tauschlogik kennzeichnend ist: Geld (Investitionen) – Warenproduktion und -verkauf – Geldgewinn (Profit): **G–W–G'** lautet der Mechanismus unter entwickelten Produktionsbedingungen, d.h. für den Fall einer Tauschrelation, die die Produktion von Mehrwert ermöglicht.

„Akkumulation" meint nach Marx damit den Prozess der Anhäufung von Kapital durch kapitalistisch organisierte Unternehmen im Zuge der Produktion von Mehrwert.

Dieser Mehrwert, der für den Kapitalisten aus der Struktur der kapitalistischen Gesellschaftsformation resultiert, entspringt Marx zufolge aus dem Unterschied zwischen dem Tauschwert und dem Gebrauchswert der Arbeitskraft des Proletariers (generell der arbeitenden Menschen auf einer bestimmten Stufe der gesellschaftlichen Entwicklung). Kauft der Kapitalist die Arbeitskraft für deren Tauschwert, d. h. bezahlt er den Arbeitseinsatz in der Höhe, der zum Erwerb der zum Lebensunterhalt für den Arbeiter (den Proletarier) notwendigen Güter erforderlich ist (bspw. 8 Stunden), lässt den Arbeiter aber gleichwohl 12 Stunden arbeiten (d.i. der Gebrauchswert der Arbeitskraft), so ist diese Mehrarbeit des Arbeiters von 4 Stunden zugleich der Mehrwert (also der Profit) des Kapitalisten. Denn in dieser Zeit werden weitere Produkte produziert, die der Kapitalist veräußern kann, ohne dieses Geld in die Bezahlung von Arbeitskraft investieren zu müssen. Also ist die Differenz zwischen dem investierten Kapital und dem auf dem (Konsum-)Markt realisierten Kapital der Profit des Kapitalisten.

„Mehrwert" nennt Marx somit den über die Kosten der Arbeitskraft und der für die Erzeugung einer Ware aufzuwendenden Produktionsmittel hinausgehenden Erlös des Unternehmers (Kapitalisten). Dabei unterscheidet Marx den „absoluten Mehrwert", der durch die Verlängerung der Arbeitszeit (anstatt 8 bspw. 12 Stunden) entsteht, von dem „relativen Mehrwert", der sich aus einer Produktivitätssteigerung (zumeist qua technologischer Innovation) bei konstant bleibender Arbeitszeit ergibt. Das bestätigt nochmals Marx' Grundeinsicht: Wert ist eine gesellschaftlich erzeugte ‚Eigenschaft'.

Entsprechend dieser Logik ist die industriell-kapitalistische Produktionsweise für Marx durch einen doppelten **Widerspruch** gekennzeichnet: einmal durch den Widerspruch zwischen der *gesellschaftlichen* Produktion und der *privaten, individuellen* Aneignung des Profits und sodann durch den Widerspruch (Konflikt) zwischen den Trägergruppen dieser Organisationsform der Produktion (dieser Gesellschaftsformation): den Lohnarbeitern (Proletariern) auf der einen und den Kapitalisten auf der anderen Seite. Mit der Konsequenz einer Entfremdung zwischen Lohnarbeit und Kapital: Immer mehr privates Kapital sammelt sich in immer weniger Händen und die Lohnarbeiter verarmen relativ dazu immer mehr. Es entstehen damit notwendig zwei sich einander antagonistisch gegenüber stehende Klassen.

Man könnte angesichts dieser Argumentation auf den Gedanken kommen, dass Marx im Kern der Auffassung ist, dass der Arbeiter unter diesen gesellschaftlichen Bedingungen übervorteilt, also ungerecht entlohnt würde. Dieser Auffassung jedoch ist Marx keineswegs, sondern er betont regelmäßig, dass der Arbeiter exakt den Gegenwert für die von ihm angebotene Ware Arbeitskraft erhalte. Dieser Hinweis ist für Marx deshalb so wichtig, weil für ihn der Kapitalismus (ein Begriff, der bei Marx selbst übrigens nicht vorkommt) „nicht deswegen problematisch ist, weil der Arbeiter etwa unter seinem Wert bezahlt wird, sondern weil die Ware Arbeitskraft die Eigenschaft hat, unter voller Wahrung der Tauschsymmetrie Asymmetrien zu produzieren: Sie schafft mehr Wert, als sie wert ist" (Breuer 1995: 217 f.). Das ist die wahre zugrunde liegende Paradoxie. Marx geht es also grundsätzlicher um eine Kritik am vermeintlich so egalitären bürgerlichen Ideal des gerechten Tausches.

2.4.2 Allgemeines historisches Entwicklungsgesetz

Aus den werttheoretischen Überlegungen ergibt sich die zentrale zeitdiagnostische These von Marx, sein Grundgedanke für die Analyse der modernen **kapitalistischen Gesellschaft:** In der modernen bürgerlichen Gesellschaft, der Epoche der Bourgeoisie, sind die Klassengegensätze keineswegs aufgehoben, sondern lediglich in neuer historischer Gestalt wiederum auf einen Antagonismus zugespitzt: „Die ganze Gesellschaft spaltet sich mehr und mehr in zwei große Lager, in zwei große, einander direkt gegenüber stehende Klassen: Bourgeoisie und Proletarier" (1848: 24). Parallel dazu ereignen sich Marx zufolge politische Entwicklungsschritte bis zu dem Moment, zu dem sich die Bourgeoisie „endlich seit der Herstellung der großen Industrie und des Weltmarktes im modernen Repräsentativstaat die ausschließliche politische Herrschaft" erkämpft hat (1848: 25). Die revolutionäre Bedeutung der Bourgeoisie in dieser Beschreibung oder analytischen Stilisierung der menschlichen Geschichte (1848: 26 f.) ist für Marx deshalb unausweichlich: „Die Bourgeoisie kann nicht existieren, ohne die Produktionsinstrumente, also die Produktionsverhältnisse, also sämtliche gesellschaftlichen Verhältnisse fortwährend zu revolutionieren" (1848: 26). Im Prinzip leitet Marx hier die Annahme eines Strebens nach ‚Beute': Raffgier als handlungsleitendes Motiv, so wird es Max Weber später nennen, wenn er vom „Raubtier-Kapitalismus" spricht. Die moderne bürgerlich-kapitalistische Gesellschaft „gleicht dem Hexenmeister, der die unterirdischen Gewalten nicht mehr zu beherrschen vermag, die er heraufbeschwor" (1848: 29). „Die Gesellschaft findet sich plötzlich in einen Zustand monumentaler Barbarei zurückversetzt" (1848: 30). So hat „die Bourgeoisie [...] nicht nur die Waffen geschmiedet, die ihr den Tod bringen; sie hat auch die Männer gezeugt, die diese Waffen führen werden – die modernen Arbeiter, die Proletarier" (1848: 30). Ein klassisches Argument einer Nebenfolgen- bzw. Paradoxien-Logik: Akteure *er*schaffen Verhältnisse, die sie selbst *ab*schaffen.

Kernstück von Marx' Konzeption sozialen Wandels ist somit der Zusammenhang zwischen einer Logik der Produktion von Mehrwert und der historischen Entwicklungslogik, einer Geschichtsdeutung, die zu einer Revolutionstheorie führt. Die historische Logik, die Marx zufolge aus diesem strukturellen Widerspruch für die kapitalistische Gesellschaft resultiert, lautet, dass die fortschreitende Zentralisierung der Produktion notwendig zu einer höheren Interaktionsdichte der Masse der Lohnarbeiter führt, damit deren interne Kommunikation, ihre Organisationsoptionen und ihr Klassenbewusstsein potenziell stärkt, wodurch sich eine „Klasse an sich" in eine real sich als solche verstehende Gemeinschaft, also eine „Klasse für sich" verwandeln wird, die sich ihrer historischen Situation und ihrer Rolle im historischen Entwicklungsprozess bewusst und entsprechend zum Akteur einer revolutionären Umwälzung wird (vgl. 1867: 640–740).

Historisch setzt sich für Marx die moderne Bourgeoisie aus den industriellen Millionären, den international operierenden Bourgeois zusammen (1848: 24 f.), während in der historischen Genealogie des Proletariats ebenso eine Entwicklung von Einzelkämpfern über Assoziationen hin zu einer Klasse festzustellen sei (1848: 32 ff.). Eine Entwicklung für die Marx die Bedeutung von Kommunikationsmitteln, das Entstehen einer Avantgarde sowie eine fortschreitende Internationalisierung ausmacht (1848: 33 ff., 44). Insofern liegt in beiden von Marx' unterschiedenen Klassenperspektiven auf der Entwicklungsstufe der kapitalistischen Gesellschaft eine Perspektive auf eine „Weltgesellschaft": Aufgrund des in seiner Gegenwart aktuellen kapitalistischen Entwicklungsstadiums werden hier konzeptionell weit reichende Entwicklungsszenarios letztlich bis hin zur Globalisierung im Prinzip von Marx angedacht (1848: 25, 27, 44). So verweist Marx auf den sich so einstellenden Autarkie-Verlust von Nationen, Gesellschaften, auf die Entwicklung einer globalen Kulturindustrie und die Bedeutung globaler Kommunikationsmittel und -muster (1848: 27 f., 33, 44). Und er verbindet diese Vorstellung (Ahnung) mit der Vermutung, dass mit diesen (Globalisierungs-)Prozessen zugleich neue Abhängigkeiten geschaffen werden: Land – Stadt, (Halb)Barbaren – Zivilisierte, Bauernvölker – Bourgeoisievölker, Orient – Okzident (1848: 28).

Im Gefolge dieser Entwicklung der kapitalistischen Produktionsweise liegt zudem notwendig das Phänomen des „**Warenfetischismus**" (1867: 85 – 98): Denn im Prozess der ökonomischen Produktion und Reproduktion haben die Menschen ein System errichtet, über das nicht mehr sie selbst, sondern das letztlich seinerseits Macht über sie ausübt. Der Begriff des Warenfetischismus umschreibt also den Umstand, dass Gegenstände in den Augen derer, die sie erstreben, eine über ihren Gebrauchswert hinausgehende Bedeutung bekommen, also typischerweise symbolisch aufgeladen werden.

> Das geheimnisvolle der Warenform besteht also einfach darin, dass sie den Menschen die gesellschaftlichen Charaktere ihrer eigenen Arbeit als gegenständliche Charaktere der Arbeitsprodukte selbst, als gesellschaftliche Natureigenschaften der Dinge zurückspiegelt, [und] daher auch das gesellschaftliche Verhältnis der Produzenten zur Gesamtarbeit als ein außer ihnen existierendes gesellschaftliches Verhältnis von Gegenständen. (1867: 86)

Damit wird nochmals die Strukturanalogie zwischen den Argumentationen von Hegel und Marx deutlich. Während es Hegel um Bewegungsformen des Bewusstseins geht und er einen dialektischen Entwicklungsprozess der Bewusstseinsformen bis hin zum absoluten Wissen, in dem alle Widersprüche aufgehoben sind, konzipiert, analysiert Marx die inhärenten Bewegungsgesetze des modernen Kapitalismus: Akkumulation (aus Geld wird Kapital), Zentralisation des Kapitals, tendenzieller Fall der Profitrate (aufgrund des ständig steigenden Kapitaleinsatzes für Arbeitsmittel und Maschinen etc.). Insgesamt entwickelt er die Vorstellung eines dialektischen Entwicklungsprozesses der Gesellschaftsformationen bis hin zur klassenlosen Gesellschaft des **Kommunismus**. Marx' historische Entwicklungsvorstellung übernimmt die dialektische Methode Hegels und wendet sie auf die Entwicklung der materiellen Lebensbedin-

gungen an, um über die Identifizierung der Widersprüche, die durch die technisch-ökonomische Entwicklung zu den jeweiligen sozialen Verhältnissen entstehen, die Dialektik der ökonomischen Bewegungsgesetze der Geschichte freizulegen: **Dialektischer Materialismus** (DIAMAT). Mit diesem Begriff wird von Marx den im Wesentlichen von Engels entwickelten drei Gesetzen der objektiven Beschreibung der Entwicklung der Materie eine gesellschaftsanalytische Bedeutung gegeben: Das
- Gesetz des Umschlagens von Quantität in Qualität: Rein mengenmäßige Verschiebungen können sachliche Veränderungen nach sich ziehen, weshalb die Spannung zwischen den Produktivkräften und dem Stand der Produktionsverhältnisse irgendwann zum revolutionären, also qualitativen Umschlag führt. Das
- Gesetz der Durchdringung der Gegensätze: Im Falle gegensätzlicher Zustände ist von deren wechselseitiger Beeinflussung auszugehen; den universellen Zusammenhang zwischen Natur, Gesellschaft und Denken bringt Marx auf die Formel des Verständnisses von „Sein" als der jeweils historischen Form der menschlichen Bearbeitung von Natur und Bewusstsein. Das
- Gesetz der Negation der Negation: Die These, dass gegenteilige, widersprüchliche Zusammenhänge aus sich heraus die Tendenz entfalten, Gegenteiliges in einer fortgesetzten und streng gesetzmäßigen Bewegung hervorbringen findet sich bei Marx in der Annahme, dass die Entwicklung der Produktivkräfte den jeweils aktuellen Stand der Produktionsverhältnisse negiert, sodass nur deren Negation eine neue Gesellschaftsformation und damit eine erneute temporäre Stabilisierung der Verhältnisse möglich macht.

Der Begriff **„historischer Materialismus"** (HISTOMAT) steht demgegenüber für die von Marx entwickelte Gesellschaftstheorie. Diese stellt im Prinzip einen Sonderfall des DIAMAT dar, insofern sich diesem zufolge die Materie durch einen Umschlag der Gegensätze vollzieht (These–Antithese), d. h. dass sich die Gegensätze durch ihren Zusammenprall auf einer höheren Ebene (zumindest temporär) wieder aufheben (Synthese). Entsprechend ist der HISTOMAT die Lehre vom gesellschaftlichen Wandel aufgrund der Dialektik der Geschichte als den jeweils historisch spezifischen Produktionsweisen (Verhältnis von Produktivkräften und Produktionsverhältnissen). Seine Grundgedanken lassen sich in vier Punkten zusammenfassen: (a) der Einzelne steht stets in gesellschaftlichen Zusammenhängen, (b) Motor der geschichtlichen Entwicklung sind die gesellschaftlichen Widersprüche – ausgelöst durch die Dynamik der Produktivkräfte, (c) die geschichtliche Entwicklung unterliegt einer objektiven Gesetzmäßigkeit, (d) die Enthüllung oder Entlarvung (Aufklärung) dieses geschichtlichen Bewegungsgesetzes durch eine Avantgarde mittels Ideologiekritik kann die revolutionäre Praxis stimulieren und aus einer „Klasse an sich" eine sich ihrer sozialen Lage bewusste Klasse, eine „Klasse für sich" formen.

2.4.3 Stufentheorie der historischen Entwicklung

Unterschiedlich ausgeprägte **Gesellschaftsformationen** lassen sich Marx zufolge sodann für die verschiedenen Stufen der historischen Entwicklung menschlicher Formen des Zusammenlebens und -arbeitens identifizieren. Die elementaren Bausteine seiner Geschichtstheorie bzw. seiner Analyse sozialen Wandels werden in einem berühmt gewordenen Zitat aus dem mit Friedrich Engels verfassten „Manifest der Kommunistischen Partei" (1848) skizziert:

> Die Geschichte aller bisherigen Gesellschaft ist eine Geschichte von Klassenkämpfen. [...] Unterdrücker und Unterdrückte [...] führten einen ununterbrochenen [...] Kampf, einen Kampf, der jedesmal mit einer revolutionären Umgestaltung der ganzen Gesellschaft endete. (1848: 462)

Diese Auffassung des geschichtlichen Entwicklungsprozesses argumentiert evolutionstheoretisch mit der Annahme historisch *notwendig* aufeinander folgender gesellschaftlicher Stufen. Denn, so Marx, zu dieser Annahme einer entwicklungsgeschichtlichen Logik:

> Auf einer gewissen Stufe ihrer Entwicklung geraten die materiellen Produktivkräfte der Gesellschaft in Widerspruch mit den vorhandenen Produktionsverhältnissen, [...] innerhalb deren sie sich bewegt hatten. Aus den Entwicklungsformen der Produktivkräfte schlagen diese Verhältnisse in Fesseln derselben um. Es tritt dann eine Epoche sozialer Revolution ein. (1859: 9)

Leitend ist in dieser Analyse die Denkfigur eines Spannungsverhältnisses von Routine und Krise. Produktivkräfte sind die bedeutendste innovative Kraft und diese entwickeln sich stets schneller als die Produktionsverhältnisse; also befindet sich notwendigerweise irgendwann immer der Entwicklungszustand der Produktivkräfte in einem **Widerspruch** zu den (noch nicht veränderten) Produktionsverhältnissen. Und dieser Widerspruch ist nur im Zuge einer Revolution auflösbar; einer Revolution, die die Produktionsverhältnisse transformiert und im Kern neue Eigentums- bzw. Besitzverhältnisse institutionalisiert, also eine neue „Gesellschaftsformation" etabliert. In historischer Perspektive unterscheidet Marx fünf „Epochen der ökonomischen Gesellschaftsformation" (vgl. 1849: 408) (vgl. Tab. 2.1):
- die asiatische (archaische Stammesgesellschaft) Urgesellschaft oder Urgemeinschaft,
- die antike (Sklavenhalter-)Gesellschaft,
- die (mittelalterliche und neuzeitliche) feudale Gesellschaft,
- die modern-bürgerliche (kapitalistische) Gesellschaft als „letzte antagonistische Form des gesellschaftlichen Produktionsprozesses" und
- die (zukünftige) sozialistische oder kommunistische (erneut wieder klassenlose) Gesellschaft als die letzte Epoche in der Reihe der (Marx zufolge historisch notwendig auftretenden) Gesellschaftsformationen.

Tab. 2.1: Stufentheorie der historischen Entwicklung

Gesellschafts- formation Aspekte	Vorgeschichte der menschlichen Gesellschaft				Kommunistische Gesellschaft
	Klassenlose Urgesellschaft (asiatische)	Sklavenhalter- gesellschaft (antike)	Feudal- gesellschaft (feudale)	Kapitalistische Gesellschaft (bürgerliche)	
herrschende Klasse	keine	Sklavenhalter, Patrizier	Adel, Klerus	Bourgeoisie	keine
ausgebeutete Klasse	keine	Sklaven, Plebejer	Leibeigene	Proletariat	keine
Antagonismus	–	+	+	+	–
Entfremdung	–	+	+	+	–

Im Sinne eines dialektischen sozialen Prozesses ist die Vorstellung leitend, dass ausgehend von einer angenommenen Urgesellschaft der ursprünglichen Einheit unter den Menschen über verschiedene Zustände der gesellschaftlichen Entfremdung hin sich schließlich auf einem höheren Niveau eine neue Synthese, eine neue klassenlose Gesellschaft entwickelt. Entsprechend weist also auch der sich in Marx' Gegenwart durchsetzende kapitalistische Gesellschaftstyp notwendig über sich hinaus, trägt in sich bereits notwendig auch den Keim seines Endes.

> Eine Gesellschaftsformation geht nie unter, bevor alle Produktivkräfte entwickelt sind, für die sie weit genug ist, und neue höhere Produktionsverhältnisse treten nie an die Stelle, bevor die materiellen Existenzbedingungen derselben im Schoß der alten Gesellschaft selbst ausgebrütet sind [...] Die bürgerlichen Produktionsverhältnisse sind die letzte antagonistische Form des gesellschaftlichen Produktionsprozesses, antagonistisch [...] im Sinn [...] eines aus den gesellschaftlichen Lebensbedingungen der Individuen hervorwachsenden Antagonismus, aber die im Schoß der bürgerlichen Gesellschaft sich entwickelnden Produktivkräfte schaffen zugleich die materiellen Bedingungen zur Lösung dieses Antagonismus. (1859: 9)

2.5 Gegenwartsdiagnose

Für seine Gegenwart diagnostiziert Marx einen ausgeprägten Gegensatz zwischen einer herrschenden Klasse der Kapitalisten, die im Besitz der Produktivkräfte sind und einer beherrschten Klasse der Proletarier, die im Kern besitzlos sind, d. h. lediglich über ihre Körper und somit ihre Arbeitskraft formell verfügen. Diese Situation klassenspezifischer Produktionsverhältnisse hat sich, so Marx, fortschreitend zu einem markanten **Widerspruch** des gesamtgesellschaftlichen Reproduktionsgefüges zugespitzt und erzeugt deshalb zunehmend System destabilisierende Konflikte (wie sie Marx seinerzeit u. a. im Kampf um die Reduzierung der Tagesarbeitszeit erlebte). Diese gesellschaftliche Ungleichverteilung der Ressourcen (Basis) spiegelt sich Marx zufolge zudem auf der Ebene von Kultur, Normen und Legitimationsformen wie des Rechts (Überbau). Insofern nun aber insbesondere durch die Maschinisierung bzw.

generell Technisierung der Produktionsprozesse zunehmend der Anachronismus der alten gesellschaftlichen Ordnung und ihrer Machtverhältnisse offenkundig wird bzw. diese Verhältnisse eine drastisch fortschreitende **Verelendung** der in den Städten auf engstem Raum benötigten Arbeitskräfte nach sich zieht, verändert sich das Bewusstsein der Betroffenen, d.h. der Proletarier und sie streben zunehmend eine grundsätzliche Veränderung der gesellschaftlichen, sie ausbeutenden Verhältnisse an.

2.6 Wirkungsgeschichte

Marx war kein Soziologe, aber er hat Argumentationsfiguren entwickelt, die für die Entwicklung der Soziologie von herausragender Bedeutung waren und weiterhin sind (vgl insges. Henning 2005). Die Analyse der kapitalistischen Wirtschaftsform und ihrer Entwicklungsgesetze für die moderne Gesellschaft bilden den Hauptgegenstand von Marx' wissenschaftlicher Arbeit sowie den Hintergrund seiner politischen Aktivitäten. Kein anderer Autor in der Geschichte sozialtheoretischen Denkens ist wohl wirkungsmächtiger gewesen als Marx mit seiner Analyse von Gesellschaft als Produktionsweise und Ungleichheitszusammenhang; und zwar sowohl in realgeschichtlicher (Etablierung politischer Systeme, Formierung revolutionärer Bewegungen) als auch in theoretisch-konzeptioneller Hinsicht. Vornehmlich vier Entwicklungslinien lassen sich in der soziologischen Theorie ausmachen, die dem Werk von Marx Impulse verdanken: Zunächst ist dies **(1)** die evolutionistische Theorie sozialen Wandels, die zu einer Theorie gesellschaftlicher Evolution in den Arbeiten von Talcott Parsons, Niklas Luhmann und Jürgen Habermas verlängert wird. Sodann wird **(2)** Marx' Auffassung, Konflikte als zentrales gesellschaftliches Bewegungsgesetz und Integrationsmechanismus zu begreifen sowohl in der konflikttheoretischen Tradition soziologischen Denkens weiter verfolgt (Georg Simmel, Lewis A. Coser, Ralf Dahrendorf, Randall Collins), als auch in klassenanalytischen Ansätzen (C. Wright Mills, Alain Touraine, David Lockwood, Daniel Bell, Tom Bottomore). **(3)** Der herrschaftskritische Zuschnitt von Marx' Analysen (sowohl hinsichtlich der Klassentheorie als auch in Bezug auf seine Analysen von Zeit als Ordnungsmacht) wird in Machttheorien (Norbert Elias, Michel Foucault) und im herrschaftssoziologischen Profil verschiedener Gesellschaftstheorien aufgenommen (Vilfredo Pareto, Pierre Bourdieu, Michael Hardt und Antonio Negri, Jürgen Habermas). Und schließlich wird **(4)** Marx' Hinweis auf die Bedeutung von Ideen und Interpretationen für gesellschaftliche bzw. sozialer Prozesse und ihre Dynamik in der Tradition verstehender Soziologie und in der Wissenssoziologie zum umfassenden Forschungsprogramm entwickelt (Max Weber, Karl Mannheim, Max Scheler, Peter Berger und Thomas Luckmann, Michel Foucault).

2.7 Zusammenfassende Übersicht

In diesem zusammenfassenden Abschnitt werden entsprechend der in der Einleitung dargelegten Kriterien zunächst die angesprochenen wesentlichen Aspekte des dargestellten Ansatzes in tabellarischer Form zusammengestellt (vgl. Tab. 2.2), anschließend werden die zentralen Begrifflichkeiten des Ansatzes nochmals knapp erläutert. Unter der Rubrik Literaturhinweise werden dann die zentralen Werke sowie ausgewählte Sekundärliteratur für das weitere Studium angegeben sowie schließlich unter dem Titel „Übungsaufgaben" einige Fragen zur Rekapitulation des Erarbeiteten zusammengestellt.

Tab. 2.2: Tabellarische Zusammenfassung Karl Marx

Aspekt	Marx
Ansatz	Historischer Materialismus (Analyse ökonomischer Strukturen) und sozialer Prozesse
Soziologieverständnis	(Sozialphilosophischer Vorläufer)
Methodik	Dialektik (Denken in notwendig zu überwindenden Widersprüchen)
Erklärungsvorstellung	dialektisch im Ausgang von ökonomischen Strukturen
Gesellschaftsbegriff	Klassengesellschaft: Besitz – Besitzlosigkeit
Gesellschaftstypen	klassenlose, Sklavenhalter-, Feudal-, kapitalistische und kommunistische Gesellschaft
Macht und Herrschaft	Herrschende – Beherrschte (antagonistische Klassenverhältnisse)
Soziale Ungleichheit	Arbeitsteilung und Ausbeutung (Besitz – Besitzlosigkeit)
Sozialer Wandel	Materialistische Geschichtstheorie: Teleologisch; Widersprüche zwischen Produktivkräften und Produktionsverhältnissen führen (sofern bewusst) zu revolutionären Umbrüchen
Soziale Differenzierung	Klassen: Besitz/Besitzlosigkeit an Produktionsmitteln – antagonistische Klassenverhältnisse
Soziale Integration	Klassenbewusstsein („Klasse für sich")
Gegenwartsdiagnose	ökonomisch begründete Ausbeutung und Entfremdung

2.7.1 Grundbegriffe

Akkumulation: Prozess der Anhäufung von Kapital durch kapitalistisch organisierte Unternehmen durch die Produktion von Mehrwert.
Dialektik: In Marx' Geschichtsphilosophie die widersprüchliche Entwicklung von Ökonomie (Produktivkräften) und Gesellschaft (Produktionsverhältnissen).
Entfremdung: Marx' Bezeichnung für das Phänomen, dass der Mensch seine ursprüngliche Einheit mit der Natur und mit anderen Menschen zerstört, indem er durch seine Arbeit eine künstliche Welt der Produktionskräfte und Produktionsverhältnisse schafft.

Gebrauchswert – Tauschwert – Mehrwert: *Gebrauchswert* ist nach Marx der Nutzen, den eine Ware für den Konsumenten in Abhängigkeit von seinen Bedürfnissen hat; der *Tauschwert* umfasst nach Marx die Arbeitszeit, die auf einem bestimmten gesellschaftlichen Entwicklungsniveau in die Herstellung einer Ware gesteckt werden muss; *Mehrwert* nennt Marx den über die Kosten der Arbeitskraft und der für die Erzeugung einer Ware aufzuwendenden Produktionsmittel hinausgehenden Erlös des Unternehmers (Kapitalisten).

Gesellschaftsformation: Das typische Zusammenspiel der Grundelemente des ökonomischen Gesetzes auf den verschiedenen Entwicklungsstufen der Menschheit, das eine soziologische Strukturanalyse von Gesellschaftstypen erlaubt (diese Grundelemente sind Eigentum und Arbeit und das durch sie konstituierte Spannungsverhältnis zwischen dem Stand der Produktivkräfte und dem der darauf aufbauenden Produktionsverhältnisse).

Kommunismus: Marx zufolge die Gesellschaftsformation, die aus den Klassenkämpfen des Kapitalismus hervorgeht und sich durch die Vergesellschaftung der Produktionsmittel sowie durch das Prinzip auszeichnet, dass jeder nach seinen Fähigkeiten zur Produktion beiträgt und jeder nach seinen Bedürfnissen an den Früchten der Produktion teilhat.

Materialismus (vs. Idealismus): Philosophische Anschauung, der zufolge die ganze Wirklichkeit, einschließlich des Psychischen und des Denkens, auf Kräfte oder Bedingungen der Materie zurückzuführen ist; im Unterschied zur philosophischen Anschauung des Idealismus, dass sich die ganze Wirklichkeit nicht unabhängig vom Bewusstsein der handelnden Personen oder Gruppen untersuchen lässt.

Produktionsverhältnisse/Produktivkräfte: *Produktionsverhältnisse* umfassen für Marx den institutionellen Rahmen der menschlichen Arbeit in Form von Eigentumsrechten, Klassenverhältnissen, Mustern der Arbeitsorganisation und der Handelsbeziehungen; *Produktivkräfte* stellen für Marx die Ressourcen (Natur- bzw. Bodenschätze) und Fähigkeiten (Wissenschaft, Technologien, Intelligenz, Fertigkeiten) dar, mit deren Hilfe Menschen Produkte zur Sicherung des menschlichen Lebens herstellen; *Produktionsverhältnisse und Produktivkräfte* bilden die ökonomische „Basis" von Gesellschaften im Unterschied zu ihrem ideologischen „Überbau".

Warenfetischismus: Marx zufolge die Unterwerfung des Menschen unter die Gesetze der Warenproduktion und des Warentausches, die ihnen wie eine fremde Macht gegenübertreten. Als Fetisch bezeichnet man in Kulturanthropologie und Religionswissenschaft einen mit magischer Kraft aufgeladenen, einst von Menschenhand erzeugten Gegenstand, dem eine helfende oder schützende Zauberkraft zugeschrieben wird.

2.7.2 Literaturhinweise

Werke: 1843/44: Ökonomisch-philosophische Manuskripte, 1845: Die heilige Familie, 1845: Thesen über Feuerbach, 1846: Die deutsche Ideologie, 1847: Elend der Philosophie, 1848: Manifest der kommunistischen Partei, 1852: Der achtzehnte Brumaire des Louis Bonaparte, 1859: Zur Kritik der politischen Ökonomie, 1867: Das Kapital Bd. I (posthum gibt Engels die Bände II und III in den Jahren 1885 und 1894 heraus). Seit 1998 wird die Marx-Engels-Gesamtausgabe (MEGA) als vollständige, historisch-kritische Ausgabe der Veröffentlichungen, der nachgelassenen Manuskripte (Entwürfe) und des Briefwechsels von Karl Marx und Friedrich Engels im Akademie Verlag (der seit 2013 zum Verlag De Gruyter gehört) herausgegeben.

Berger, Michael (2003) Karl Marx: „Das Kapital". Eine Einführung, München: Fink.
Henning, Christoph (2005) Marx in der (deutschen) Soziologie, in: ders., Philosophie nach Marx. 100 Jahre Marxrezeption und die normative Sozialphilosophie der Gegenwart in der Kritik, Bielefeld: transcript, S. 190–250.
Iorio, Marco (2012) Einführung in die Theorien von Karl Marx, Berlin: de Gruyter.
Pechmann, Alexander von (2013) „Das Kapital" von Karl Marx. Ein Handbuch, Wien: Turia & Kant.
Popitz, Heinrich (1967) Der entfremdete Mensch. Zeitkritik und Geschichtsphilosophie des jungen Marx, Darmstadt: WBG 1980.
Quante, Michael/Schweikard, David P. (Hg.) (2016) Marx-Handbuch. Leben – Werk – Wirkung, Stuttgart: J.B. Metzler.
Wheen, Francis (2002) Karl Marx, München: Bertelsmann Stiftung.

2.7.3 Übungsaufgaben

(1) Erläutern Sie Marx' Begriffe der „Produktivkräfte" und der „Produktionsverhältnisse" und skizzieren Sie deren Bedeutung für seine historische Entwicklungstheorie.

(2) Erläutern Sie die von Marx entwickelte „Basis-Überbau-Konzeption".

(3) Erläutern Sie den Unterschied zwischen „Klasse an sich" und „Klasse für sich" und skizzieren Sie dessen Bedeutung für Marx' Konzeption sozialen Wandels.

(4) Skizzieren Sie die von Marx unterschiedenen Gesellschaftsformationen.

(5) Erläutern Sie den Unterschied zwischen „einfacher" und „entwickelter" (kapitalistischer) Warenzirkulation. Welche Rolle spielen dabei „Gebrauchswert" und „Tauschwert"?

3 Émile Durkheim: Arbeitsteilung und Solidaritätsformen

Émile Durkheim hat für sein Werk verschiedene negative Etikettierungen erfahren: Positivismus, Kollektivismus oder Ordnungstheorie lauten die teilweise geringschätzigen Urteile, die alle bestimmte Aspekte seines Werkes treffen, am eigentlichen Profil seiner Soziologie und an deren Bedeutung für die Disziplin aber letztlich vorbeigehen. Durkheims Soziologie konzentriert sich auf die Analyse der historischen Entstehung und der Konsequenzen der Reproduktionsweise der modernen Gesellschaft, die er als funktional differenzierte beschreibt. Von zentraler Bedeutung für seine Soziologie ist die Annahme, dass kulturelle Sinn- und Wertorientierungen, die das soziale Gedächtnis einer Gesellschaft bilden, für die **Integration** von Gesellschaften prägend sind. So stellt diese disziplingeschichtlich erste paradigmatische Antwort auf die soziologische Leitfrage „Wie ist soziale Ordnung möglich?" in besonderem Maße auf die Bedeutung von Moral für die Integration von Gesellschaften ab.

Drei wesentliche intellektuelle Einflüsse und Anregungen prägen Durkheims Werk. Dazu gehört *erstens* die politische Philosophie der Vertragstheorie (von Hobbes bis Kant). So sehr Durkheim die Bedeutung der Vertragsform für moderne, funktional differenzierte Gesellschaften realisiert, so liegt sein Augenmerk für die **Analyse sozialer Ordnung** und der Chancen sozialer Integration doch primär auf den „außervertraglichen Voraussetzungen des Vertrages", weshalb seiner Auffassung zufolge Verträge nicht am Anfang von Gesellschaften stehen können, sondern auf etwas sie selbst nochmals Tragendes verweisen („Kollektivbewusstsein"). Als *zweite* Quelle seines Denkens ist die britische Ökonomie anzuführen: Gesellschaft kann Durkheim zufolge nicht aus den Interessen (den Willen) und den Bedürfnissen (Nutzenorientierungen) der Individuen abgeleitet werden. Damit wendet er sich sowohl gegen Rousseau und dessen Ableitung des einheitlichen allgemeinen Willen (*volonté générale*) aus den einzelnen Willen der Vielen (*volonté de tous*) als auch gegen Adam Smiths Individualismus, Utilitarismus und Liberalismus (vgl. 1893: 338–340). Demgegenüber präferiert Durkheim ein ganzheitliches, auf die Emergenz sozialer Phänomen abstellendes Denken, für das seine Absage an die Vorstellung, die arbeitsteilige Welt entstünde aus der rationalen Zweckorientierung und Anpassung der Individuen charakteristisch ist. Kritisch wendet sich Durkheim *drittens* gegen den Evolutionismus, der im Gefolge von Darwins Evolutionstheorie sowohl bei Saint-Simon, Comte (vgl. dessen Drei-Stadien-Modell), Marx und auch bei Spencer typisch für die Zeit und ihr historisches Denken ist. Durkheim erteilt allen Vorstellungen einer teleologischen Geschichtsentwicklung, d.h. der Idee eines auf ein letztes Ziel hin ausgerichteten historischen Prozesses, eine Absage. Dabei akzentuiert er im Gefolge der französischen Sozialisten und Utopisten (Saint-Simon, Fourier), die im Unterschied zu den deutschen Sozialisten (Marx, Schmoller, Lassalle) den Industrialisierungsprozess emphatisch als allgemeinen Fortschritt begrüßen, eher die positiven Aspekte der für moderne Gesellschaften charakteristischen arbeitsteiligen Produktionsprozesse. Vor dem Hintergrund dieser Denkbewegungen entfaltet Durkheim sein Verständnis von Soziologie.

3.1 Grundzüge

Durkheim zufolge ist es das „Anfangsproblem der Soziologie" zu klären, „welche Bindungen es sind, die Menschen untereinander haben, d. h. wodurch die Bildung sozialer Aggregate bestimmt wird" (1888b: 54). Seine Antwort auf diese Frage lautet: „Jede Gesellschaft ist eine moralische Gesellschaft" (1893: 285). Die das gesamte Werk von Durkheim anleitende Problemstellung ist die Frage nach der Möglichkeit sozialer Ordnung als einer normativen Ordnung. Sie schlägt sich im Werk von Durkheim u. a. in der herausragenden Stellung des sogenannten „Kollektivbewusstseins" nieder. In Abgrenzung sowohl zur politischen Philosophie von Thomas Hobbes als auch zur Sozialphilosophie von Adam Smith ist für Durkheim weder das Modell des vertragstheoretisch begründeten starken Staates (Hobbes' „Naturzustandstheorem") noch die (utilitaristisch-liberalistische) Annahme tragfähig, dass sich die Gesellschaft sozusagen unter der Hand aus den ihre Eigeninteressen verfolgenden Individuen konstituiert (Smiths Konzeption der „unsichtbaren Hand"). Denn auf der einen Seite erscheint Durkheim das absolute Staatsmodell der politischen Philosophie weder notwendig noch plausibel, da der dazu erforderliche Abschluss von Verträgen seines Erachtens bereits eine elementare Solidarität voraussetzt (außervertragliche Voraussetzungen). Und auf der anderen Seite vermag Durkheim nicht zu erkennen, inwiefern rein ökonomisch bedingte Individualinteressen aus sich heraus Solidarität begründen sollten (insofern Solidarität mehr und anderes ist als eine sich unter der Hand einstellende Funktionalität für das Gemeinwohl).

Durkheims Verweis auf die Defizite von Hobbes' Ansatz zur Klärung der faktischen Bindungswirkung von Verträgen führt ihn zur Analyse der nicht vertraglichen Voraussetzungen von Verträgen (1893: 256 ff., vgl. Kap. 11.4.2). Seine These lautet: Der juristischen Form des Vertrages muss selbst vorab der Charakter eines Rechtsguts zugesprochen werden, das zu pflegen und einzuhalten von moralischer Bedeutung ist, um einem Vertrag selbst eine normative Qualität zusprechen zu können. Die vertragliche Form der Regelung sozialer Beziehungen muss ihrerseits also vorab als legitim ausgezeichnet werden, damit der Vertrag eine eigenständige Bindungswirkung überhaupt entfalten kann. Durkheims Lösung des Ordnungs- und Integrationsproblems stellt deshalb darauf ab, dass Individuen die **Solidarität** stiftende und Gesellschaft ermöglichende Zwangsinstanz verinnerlicht haben müssen. Letztlich bemüht er damit eine ähnliche Argumentationsfigur der Internalisierung qua Sozialisierung wie sie George Herbert Mead (1934) im Rahmen seiner Sozialpsychologie entwickelt. Demnach sind es „kollektive Bewusstseinszustände", die sich „die einzelnen Mitglieder [einer Gesellschaft], die diese Ideen und Gefühle hegen und ihnen glauben, [...] als moralische Kräfte vorstellen, die sie beherrschen und aufrechthalten"

(1914: 377). Die Vorstellung einer verinnerlichten und verpflichtenden **Moral** ist für Durkheim der Konstitutionsmechanismus von Gesellschaft.

3.2 Biografie

Émile Durkheim wird am 15. April 1858 in Épinal in Lothringen geboren. Er studiert Philosophie an der École Normale Supérieure in Paris. Seit 1882 ist er in verschiedenen französischen Städten im Schuldienst tätig, den er 1885/86 für einen sechsmonatigen Studienaufenthalt in Deutschland unterbricht. An der Universität Bordeaux ist er ab 1887 zunächst Lehrbeauftragter für Pädagogik und Sozialwissenschaften und ab 1896 Inhaber des ersten Lehrstuhls für Sozialwissenschaft in Frankreich. In Bordeaux publiziert Durkheim im Anschluss an seine Promotion 1892 in den Jahren 1893 – 1897, also zwischen seinem 35. und 39. Lebensjahr die drei klassisch gewordenen Studien „Über die Arbeitsteilung", die „Regeln der soziologischen Methode" und den „Selbstmord". Im Jahr 1902 wechselt er – zunächst als Lehrbeauftragter, ab 1913 dann als ordentlicher Professor der Pädagogik un Soziologie – an die Sorbonne nach Paris und lehrt dort bis zu seinem plötzlichen Tod durch einen Schlaganfall am 15. November 1917. In dieser zweiten Werkphase erscheint neben dem gemeinsam mit Marcel Mauss veröffentlichten Aufsatz „Über einige primitive Formen der Klassifikation" von 1903 dann 1912 die für die Entwicklung sowohl der Ethnologie als auch der Religions- und Wissenssoziologie wichtige Arbeit über „Die elementaren Formen des religiösen Lebens". Den von Durkheim in den Jahren um die Wende vom 19. zum 20. Jahrhundert publizierten Arbeiten kommt eine elementare Bedeutung für die Grundlegung der Soziologie als eigenständiger wissenschaftlicher Disziplin zu. Zudem verdankt die Soziologie ihre Erfolgsgeschichte der institutionellen Etablierung im Rahmen des Kanons akademischer Disziplinen auch dem institutionellen Engagement von Durkheim, zu dem unter anderem die Gründung der Zeitschrift „L'Année Sociologique" (1898) gehört.

3.3 Methodologisch-methodische Grundlegung: Die Emergenz sozialer Tatbestände

In seiner Untersuchung über „Die Regeln der soziologischen Methode" aus dem Jahr 1895 legt Durkheim eine methodologische Grundlegung der Soziologie vor, die zwei Prinzipien umfasst: eine konstitutionstheoretische Perspektive und eine Erklärungsvorstellung. Die **konstitutionstheoretische Perspektive** beschreibt das leitende analytische Prinzip seines Ansatzes sowie die Klärung, was überhaupt ein soziologischer Tatbestand ist, was also ein Phänomen der sozialen Wirklichkeit zu einem Gegenstand der Soziologie macht. Die **Erklärungsvorstellung** besteht aus einer Darlegung der drei Elemente einer vollständigen (dreigliedrigen) soziologischen Erklärung eines soziologischen Tatbestandes. Sie umfasst Aussagen erstens über den funktionalen Wirkungszusammenhang eines soziologischen Tatbestandes (Funktionsanalyse), zweitens über den kausalen Entstehungszusammenhang eines soziologischen Tatbestandes (Kausalanalyse) und drittens über dessen normale und pathologische Formen und deren Folgen (Pathologieanalyse).

Mit Blick auf die **konstitutionstheoretische Perspektive** der Soziologie klärt Durkheim zunächst die Frage nach dem *ersten Prinzip der soziologischen Methode*. Dieses fordert vom Soziologen „die sozialen/soziologischen Tatbestände wie Dinge (*comme des choses*) zu betrachten" (1895: 115):

> Ein Ding ist alles, was gegeben ist, was sich der Beobachtung anbietet [...] Was uns gegeben ist, [...] ist die Gesamtheit der Regeln, die das Handeln tatsächlich bestimmen. [...] Wir müssen also die sozialen Erscheinungen in sich selbst betrachten, losgelöst von den bewussten Subjekten, die sie sich vorstellen; wir müssen sie von außen, als Dinge der Außenwelt betrachten. [...] [Es] wird ein Ding hauptsächlich daran erkannt, dass es durch einen bloßen Willensentschluss nicht veränderlich ist. [...] Die sozialen Erscheinungen [...] bestehen gewissermaßen aus Gußformen, in die wir unsere Handlungen gießen müssen. (1895: 125f.; vgl. 1901: 85–92)

Diese Bestimmung der Beobachtungsperspektive auf **soziologische Tatbestände** als „objektive Realität" (1895: 110, 114, 220; 1901: 92, 100) fordert von der Soziologie methodisch dreierlei: Einmal das Absehen von subjektiven Motiven („Gefühlen") und Intentionen, da die Soziologie – lapidar formuliert – nicht in die Köpfe der in der sozialen Wirklichkeit Handelnden schauen kann (1895: 138f.), sodann erfordert sie es „alle Vorbegriffe systematisch auszuschalten" (1895: 128, 132f.), d.h. die Soziologie verrichtet ihr Geschäft in Distanz zur Alltagssprache und zu den alltäglichen „Selbstverständlichkeiten" (1895: 129). Schließlich erfordert sie eine klare Definition der zur Untersuchung kommenden Erscheinungen, also derjenigen Phänomene, die als soziologische Tatbestände qualifiziert werden (1895: 131). Die konstitutionstheoretische Perspektive der Soziologie bei Durkheim muss deshalb im zweiten Schritt klären, was die soziologische Forschungsperspektive ausmacht. Die Frage lautet: „Was ist ein sozialer/soziologischer Tatbestand (*fait sociaux*)?" (1895: 105–114):

> Ein soziologischer Tatbestand ist jede mehr oder minder festgelegte Art des Handelns, die die Fähigkeit besitzt, auf den Einzelnen einen äußeren Zwang auszuüben; [...] wobei sie ein von ihren individuellen Äußerungen unabhängiges Eigenleben besitzt. (1895: 114; vgl. 107, 125)

Ins Zentrum seiner Untersuchung rücken damit der Zwangscharakter von Gesellschaft einerseits und der daraus *resultierende* Verpflichtungscharakter qua Anerkennungserfordernis andererseits (1895: 98 Anm., 99). Durkheim unterscheidet zwischen individuellen und kollektiven Bewusstseinszuständen (1895: 109f., 94, 111). Das **„Kollektivbewusstsein"** wird vom ihm als gemeinsam geteilte(s) Wissen, Wertvorstellungen und Deutungsmuster sowie die durch sie „festgesetzten Verhaltensweisen" (1901: 100) verstanden, die ausschließlich in ihrem freiheitseinschränkenden und sozialen Zwang ausübenden Charakter reflektiert werden (1895: 106f., 111f.; 1901: 97, 99). Um diese Typen empirisch zu erheben, bedarf es für die soziologische Methode der „Regeln für die Aufstellung der sozialen Typen" oder „sozialen Arten" (1895: 165–175): „Ihre Rolle besteht darin, uns Kennzeichen an die Hand zu geben, an welche wir andere Beobachtungen als diejenigen anknüpfen können, die uns diese Kennzeichen selbst geliefert haben" (1895: 168); d. h. sie dienen heuristischen Zwecken. Durkheim zufolge ist das Teilgebiet der Soziologie, das sich damit beschäftigt, „die sozialen Typen zu bilden und zu klassifizieren" als „soziale Morphologie" (als Gestalt- oder Formenlehre, als Strukturanalyse) (1895: 169) zu bezeichnen (vgl. dazu die „Stufenleiter der sozialen Typen" einfacher Gesellschaften: 1895: 169–173). Dieser Definition des „soziologischen Tatbestandes" folgt konsequent die Gegenstandsbestimmung der Soziologie bei Durkheim:

> Das Gebiet der Soziologie [...] umfasst nur eine begrenzte Gruppe von Erscheinungen. Ein soziales Phänomen ist an der äußerlich verbindlichen Macht zu erkennen, die es über die Einzelnen ausübt oder auszuüben imstande ist; und das Vorhandensein dieser Macht zeigt sich wiederum an entweder durch das Dasein einer bestimmten Sanktion [deshalb erfolgt in der Arbeitsteilungsstudie die Analyse über das Recht] oder durch den Widerstand, den das Phänomen jedem Beginnen des Einzelnen entgegensetzt, das ihn zu verletzen geeignet ist. (1895: 111f.)

Diese, auf kollektiver oder sozialer Ebene angesiedelte Bestimmung führt zu bestimmten Konsequenzen für die von Durkheim entwickelte **Erklärungsvorstellung**, dem zweiten Teil seiner methodologischen Grundlegung der Soziologie. Sie ist dreiteilig und umfasst *erstens* die Bestimmung der Funktion eines zu untersuchenden soziologischen Tatbestandes. Darunter versteht Durkheim die Leistung der Befriedigung eines Bedürfnisses für die „Funktionen des Durchschnittsorganismus" (1895: 148):

> Die Funktion eines sozialen Phänomens kann nicht anders als sozial sein, d. h. sie besteht in der Erzeugung von Wirkungen, die sozial nützlich sind. [...] Die Funktion eines sozialen Phänomens muss immer in Beziehung auf einen sozialen Zweck untersucht werden. (1895: 193) Eine [soziologische] Tatsache in Beziehung auf den Normaltypus [muss] als nützlich oder notwendig befunden werden, um selbst als normal bestimmt werden zu können. (1895: 154, vgl. 193)

Der Bestimmung der Funktion eines sozialen Phänomens folgen *zweitens* die Regeln zur Erklärung soziologischer Tatbestände (1895: 176–204). Dabei muss „die Erklärung eines sozialen Phänomens [...] die wirkende Ursache, von der es erzeugt wird", untersuchen (1895: 181). Aufgrund von Durkheims „kollektivistischer" Perspektive bedeutet das also gerade nicht, dass „in der Reihe der Ursachen und Wirkungen so weit zurückgegriffen werden [muss], bis der Punkt aufgefunden wird, an dem menschliches Handeln wirksam einsetzen kann" (1895: 177). Durkheim erteilt hier nochmals einer individualistischen und handlungstheoretischen Erklärungsstrategie eine Absage, die davon ausgeht, dass, „wenn alles sich vom Individuum herleitet, so [...] auch alles durch dieses erklärt werden" müsse (1895: 183).

Da Durkheim zufolge die „wesentlichste Eigentümlichkeit [der soziologischen Tatbestände] in ihrer Fähigkeit besteht, von außen her einen Druck auf das individuelle Bewusstsein auszuüben", bezeuge dies gerade umgekehrt, „dass die sozialen

Phänomene eine von der unseren verschiedene Natur aufweisen", und somit als Erklärungsfaktor „das Individuum nicht in Betracht" komme. Dann aber „bleibt nur die Gesellschaft übrig. Wir müssen also die Erklärung des sozialen Lebens in der Natur der Gesellschaft selbst suchen" (1895: 185 f.). Die Gesellschaft stellt für das Individuum also „eine spezifische Realität" dar, eine „Realität sui generis" – wie Durkheim sagt: „Die Gruppe denkt, fühlt und handelt ganz anders, als es ihre Glieder tun würden, wären sie isoliert" (1895: 187 f.). Aus diesem Grund gilt nach Durkheim für die Soziologie die Regel: „Die bestimmende Ursache eines soziologischen Tatbestandes muss in den sozialen Phänomenen, die ihm zeitlich vorausgehen [...] gesucht werden" (1895: 193). Das *zweite methodische Prinzip für die Soziologie* als eigenständiger Wissenschaft lautet deshalb: **Soziales ist durch Soziales zu erklären**: „Der erste Ursprung eines jeden sozialen Vorgangs [...] muss in der Konstitution des inneren sozialen Milieus gesucht werden" (1895: 194 f.) – und nicht etwa in der natürlichen Umwelt (so Montesquieu) oder in psychischen Dispositionen.

Der *dritte* Teil des soziologischen Erklärungsprogramms nach Durkheim umfasst die Regeln zur Unterscheidung des Normalen vom Pathologischen (1895: 147–164). Es geht um die Klärung der Ursachen und Unterschiede von anormalen oder pathologischen Formen der Ausprägung eines sozialen Phänomens. Hier verbirgt sich bei Durkheim die schwierige Bestimmung des für die Soziologie spezifischen gegenwartsdiagnostischen Potenzials:

> Wir werden diejenigen Tatbestände normal nennen, die die allgemeinen (d. h. also typischen, sich regelmäßig zeigenden) Erscheinungsweisen zeigen, und wir werden den anderen [Tatbeständen, die nur ausnahmsweise vorkommen,] den Namen krankhaft oder pathologisch beilegen. (1895: 148)

Durkheim führt eine Unterscheidung zwischen dem Durchschnittstypus auf der einen und allen Ausnahmen von diesem als ‚normal' begriffenen Typus auf der anderen Seite ein. Zur Klärung dieses Vorgehens formuliert er drei Regeln (1895: 155; vgl. 149, 151, 152):

> 1. Ein soziales Phänomen ist für einen bestimmten sozialen Typus in einer bestimmten Phase seiner Entwicklung normal, wenn es im Durchschnitt der Gesellschaften dieser Art in der entsprechenden Phase ihrer Evolution auftritt.
> 2. Die Ergebnisse dieser Methode kann man verifizieren, indem man nachweist, dass bei dem betrachteten sozialen Typus die Allgemeinheit des Phänomens in den allgemeinen Bedingungen des Kollektivlebens begründet ist.
> 3. Die Verifikation ist notwendig, wenn sich die Tatsache auf eine soziale Art bezieht, die ihre Entwicklung noch nicht vollständig abgeschlossen hat.

Gerade der letzte Hinweis auf einen noch nicht abgeschlossenen Entwicklungsprozess bezieht sich auf die moderne Gesellschaft, deren Strukturen Durkheim für noch nicht vollständig entfaltet hält (vgl. Kap. 3.4.3).

3.4 Zentrale sozial- und gesellschaftstheoretische Konzepte

3.4.1 Moderne Gesellschaft und soziale Integration

Dieses dreigliedrige Erklärungsprogramm als Kernstück seiner methodologischen Grundlegung der Soziologie hatte Durkheim bereits im Rahmen seiner zwei Jahre zuvor, also 1893 erschienenen entwicklungs- und gesellschaftstheoretischen Studie „Über soziale Arbeitsteilung" praktisch umgesetzt. Diese Studie untersucht den Zusammenhang von Gesellschaft, Arbeitsteilung, Solidarität und Moral unter dem Aspekt, inwieweit die **Arbeitsteilung** selbst ein „soziales Band" zwischen den Menschen bilden kann, inwieweit also die Arbeitsteilung in modernen Gesellschaften soziale Integration fördern und begründen kann. In dieser Fragestellung nach dem Zustand der modernen Gesellschaft vor dem Hintergrund des Verhältnisses von individueller Person und sozialer Solidarität kehren zwei Motive wieder: *erstens* die Frage, wie soziale Ordnung oder soziale Integration in modernen Gesellschaften möglich ist, und *zweitens* die Vorstellung von Gesellschaften als „moralische Ordnungen". Diese Gesellschaftskonzeption wiederum findet ihren Kern in der Idee eines „Kollektivbewusstseins", das für Durkheim den Inbegriff aller in einer Gruppe oder Gesellschaft geteilten und verinnerlichten Werte, Verhaltensregeln und Wissensbestände bildet. Das Kollektivbewusstsein ist, so Durkheim, als „die Gesamtheit der gemeinsamen religiösen Überzeugungen und Gefühle im Durchschnitt der Mitglieder einer bestimmten Gesellschaft" zu verstehen (1893: 128).

In der Gesellschaftstheorie Durkheims steht die Konzeption des **Kollektivbewusstseins** – als die symbolische Dimension sozialer Wirklichkeit – für die kulturellen, sozialen und moralischen Gewohnheiten, Überzeugungen und Bräuche (1901: 99), die „Typen des Verhaltens und des Denkens" (1895: 106), die in einer Gesellschaft wirksamen „Glaubensvorstellungen" und die durch sie „festgesetzten Verhaltensweisen" (1901: 100). Dieses soziale Gedächtnis ist für Durkheim eine „besondere Kraft", die „aber nicht irgendeinem geheimnisvollen Einfluss zuzuschreiben" ist, sondern bei der es „sich einfach um die Wirkungen jener seelischen, wissenschaftlich analysierbaren und einzigartig schöpferischen und fruchtbaren Vorgänge [handelt], die man die Verschmelzung, die Vereinigung einer Mehrzahl von individuellen Bewusstseinszuständen in einem gemeinsamen Bewusstsein nennt" (1914: 377). Im Hintergrund dieser Konzeption steht die Annahme eines konstitutiven „Dualismus der menschlichen Natur"; die Annahme, dass Menschen neben ihrer Individualität auch aus einer auf diese nicht zurückführbaren und dieser vorgelagerten Kollektivität, eben dem Kollektivbewusstsein bestehen, welche das eigentlich Soziale der menschlichen Natur ausmacht (vgl. entsprechend die ersten beiden soziologischen Apriori bei Simmel in Kap. 4.4.1). Die Vorstellung dieser kollektiven Seite der menschlichen Natur steht sowohl für die Annahme mehr oder weniger gleicher Bewusstseinsinhalte bei allen Menschen als auch für den Gedanken eines bewusstseinsmäßigen wechselseitigen Aufeinander-bezogen-Seins der Menschen (vgl. für eine weitere soziologische Ausarbeitung dieser Vorstellungen: Mead 1934).

Diese kollektiven Bewusstseinsinhalte bilden soziale Kategorisierungen und fungieren als grundlegende **Klassifikationssysteme** in Gesellschaften. Diese werden von Durkheim primär in ihrem freiheitseinschränkenden und sozialen **Zwang** ausübenden Charakter reflektiert (1895: 106 f., 111 f.; 1901: 97, 99): ein Zwangsmoment, das Durkheim zufolge „dem Prestige, mit dem gewisse Vorstellungen bekleidet sind", entspringt (1901: 99). Aufgrund seiner Identifizierung des Moralischen mit dem Gesellschaftlichen deutet Durkheim das den gesellschaftlich etablierten Denk- und Verhaltensgewohnheiten (Institutionen) innewohnende Zwangsmoment konsequent positiv um als Verpflichtungsaspekt und Bindungseffekt, der diesen Institutionen aufgrund der ihnen zukommenden sozialen Wertschätzung eigen ist (1901: 98 Anm.). Dieser Bindungseffekt verdankt sich im Kern den mit einem Befolgen der jeweiligen gesellschaftlichen Regeln und Normen (Institutionen) quasi automatisch für die Individuen einhergehenden Anerkennungserwartungen wie faktischen Anerkennungen (und den ggf. positiven wie negativen Sanktionen). Durkheim bedient sich hier eines strukturell analogen Arguments bei Adam Smith (1759) hinsichtlich der sozialen Bedeutung ethischer Gefühle.

Durkheim begreift die gesellschaftlich etablierten Denk- und Verhaltensgewohnheiten als „Institutionen". In prägnanter Form definiert Durkheim diese **Institutionen** als Gegenstand der Soziologie folgendermaßen:

> Ein soziologischer Tatbestand ist jede mehr oder minder festgelegte Art des Handelns, die die Fähigkeit besitzt, auf den einzelnen einen äußeren Zwang auszuüben; oder auch, die im Bereiche einer gegebenen Gesellschaft allgemein auftritt, wobei sie ein von ihren individuellen Äußerungen unabhängiges Eigenleben besitzt. (1895: 114; vgl. 109 f.)

Diese Institutionen bilden ein komplexes System von Selbstverständlichkeiten, das durch den ihnen beigemessenen Zwangscharakter als „*réalité sui generis*" erscheint (1895: 109, vgl. 187, 203 f.); als „Realität eigener Art", die – was Durkheim zufolge für Gesellschaft insgesamt gilt – nicht auf individual-psychologische oder ökonomische Einzelhandlungen zurückgeführt werden kann (1914: 376 ff.). Die „Entstehung und Wirkungsart" dieser Institutionen bilden den eigentlichen Gegenstand der Soziologie, die er in diesem Zusammenhang auch als „die Wissenschaft von den Institutionen" bezeichnet (1901: 100; auch 1895: 107, 111). Diese Konzentration seiner Analyse auf den normierenden Zwang von Institutionen macht im Kern den machtanalytischen Zuschnitt von Durkheims Soziologie aus.

Insofern bleibt bei Durkheim bei aller Absage an die Grundfigur von Hobbes' politischer Philosophie doch auch ein gewichtiges Moment der Kontinuität zu Hobbes bestehen: in der Vorstellung eines Gesellschaften integrierenden Zwangsmechanismus (1895: 201 ff.). Durkheims methodologischer Ansatz, soziale Phänomene wie Dinge, „comme des choses" (1895: 115, 125 f., 220; 1901: 89–92), also als **„objektive Realität"** zu betrachten (1895: 106 f., 110, 114; 1901: 92, 100), führt ihn in Verlängerung dieser Bestimmungen zu der pointierten These, dass sich die Institutionen, also die kollektiven Denk- und Handlungsmuster, vollständig dem Einfluss und der Einwirkung der Handelnden entziehen würden (1895: 138–140, 202f.). Im Rahmen der gesellschaftlichen Erziehungseinrichtungen sind diese gesellschaftlich sanktionierten Wertvorstellungen institutionalisiert und werden durch ihre Vermittlung und Tradierung über Erziehungsprozesse von den Individuen internalisiert (1895: 108f., 111). Eine dazu analoge Argumentation entwickelt später Talcott Parsons (vgl. Kap. 6). Internalisierungsprozesse sorgen für eine weitgehende Regelmäßigkeit und Gleichförmigkeit des individuellen und sozialen Verhaltens und Handelns. Über diese Disziplinierungsleistung ermöglichen und sichern Institutionen für Durkheim eine hohe Wahrscheinlichkeit der Anschlussfähigkeit sowie eine hohe Erwartungsverlässlichkeit des Handelns und stellen damit Grundvoraussetzungen jeder sozialen Kooperation sicher – gerade bei steigender Arbeitsteilung und fortschreitender sozialer Differenzierung, also insgesamt zunehmender sozialer Komplexität. Diese latent negative, den Einschränkungscharakter von Gesellschaftlichkeit betonende Optik hält sich in der soziologischen Theorie typischerweise vor allem in rollenanalytisch angelegten Soziologien und findet ihren paradigmatischen Ausdruck in Ralf Dahrendorfs Formulierung von der „ärgerlichen Tatsache der Gesellschaft" (1960: 27).

Das Problem des Verhältnisses von Individuum und Gesellschaft oder auch die Frage nach den Bedingungen und Möglichkeiten der Integration von komplexen Gesellschaften unter den Voraussetzungen weitgehender **Individualisierungsprozesse** stellt sich Durkheim konkret aufgrund der zu seiner Zeit sich vollständig verändernden Konstellationen gesellschaftlicher Arbeitsteilung. Dieses Thema der Arbeitsteilung hatte bereits Karl Marx beschäftigt. Während im Rahmen der individualistischen (utilitaristischen) Tradition auf den Zusammenhang von Arbeitsteilung und Produktivität abgestellt wird (Adam Smith 1776) und somit einseitig positiv die solidaritätsfördernden Aspekte der Arbeitsteilung akzentuiert werden, stellt Marx demgegenüber auf den Zusammenhang von Arbeitsteilung, Klassenbildung und Ausbeutung ab und es stehen somit die konfliktgenerierenden Aspekte der Entwicklung der Arbeitsteilung im Zentrum der entsprechenden Analysen (vgl. auch Simmel 1890). Durkheims Behandlung dieses seine Zeit bewegenden Problems und damit der Frage des Verhältnisses von symbolischer und materieller Reproduktion des sozialen Lebens in modernen Gesellschaften lässt sich als direkte Anwendung seiner in den „Regeln" entworfenen methodischen Grundlegung der Soziologie und des dort entfalteten dreigliedrigen Erklärungsprogramms lesen. Entsprechend dieses analytischen Dreischritts für die Logik einer soziologischen Erklärung gliedert sich Durkheims Studie „Über soziale Arbeitsteilung" in drei Teile: Auf (1) die Bestimmung des Funktionszusammenhangs zwischen Formen der Arbeitsteilung und Solidaritätstypen (1893: 93–286) folgt (2) die Erörterung der Ursachen und Bedingungen des Fortschreitens der Arbeitsteilung im Zuge der historischen Entwicklung (1893: 287–417), bevor Durkheim (3) zur Bestimmung der anormalen bzw. dysfunktionalen (pathologischen) Folgen des modernen Typus der Arbeitsteilung übergeht (1893: 419–480).

3.4.2 Funktionszusammenhang: Arbeitsteilung und Solidarität

Gegenstand der Untersuchung ist die **Arbeitsteilung** als Kernphänomen zum Verständnis der gesellschaftlichen Entwicklung verbunden mit der Annahme der Generalisierung des Phänomens der sozialen Arbeitsteilung (1893: 84, 335). Spezifisches Thema ist das Verhältnis von Individuum und Gesellschaft unter Bedingungen fortgeschrittener Arbeitsteilung in modernen Gesellschaften (1893: 82), genauer die Frage nach den Konsequenzen fortschreitender Arbeitsteilung für die „moralische Verfassung" der Menschen in der Gesellschaft, also die Frage der möglichen sozialen Integration moderner, weitgehend arbeitsteilig organisierter Gesellschaften (1893: 85). Für die historisch-vergleichende Analyse (1895: 165 ff.) des Arbeitsteilungsphänomens vor dem Hintergrund der gesellschaftlichen Entwicklung werden von Durkheim zwei Strukturtypen von Gesellschaften unterschieden: traditionale (einfache) und moderne (komplexe) Gesellschaften, d. h. die Strukturtypen der traditionellen, segmentär differenzierten Gesellschaft im Unterschied zur modernen, funktional differenzierten Gesellschaft. Durkheim nimmt an, dass diesen Typen von Gesellschaftsformen unterschiedliche **Solidaritätsformen** zuzuordnen sind: So grenzt er von einer Solidarität aus Ähnlichkeiten (unter Gleichen), die er „mechanische Solidarität" nennt (1893: 118–161), eine Solidarität aufgrund von funktionalen Beziehungen der Menschen auf der Grundlage von Arbeitsteilung ab, die er als „organische Solidarität" bezeichnet (1893: 162–180). Durkheims zentrale, gegen verbreitete Analysen der negativen Folgen von Arbeitsteilungsprozessen seiner Zeit gerichtete These lautet mit Blick auf diesen zweiten, den organischen Solidaritätstypus: „In Wirklichkeit hat gerade die Zusammenarbeit ebenfalls ihre eigenständige Moralität" (1893: 285). Es handelt sich bei beiden Solidaritätstypen nicht um sittliche Ideale, sondern um empirische, also mit soziologischen Mitteln erhobene Befunde von historisch realisierten Formen sozialer Integration. Nicht also um ein Sein-Sollen geht es Durkheim, sondern um eine Analyse faktisch realisierter Gesellschaftstypik.

Diesen zwei Solidaritätstypen entsprechen zwei Formen sozialer Strukturverhältnisse und zwei Moralformen: *Segmentär differenzierte Gesellschaften*, familial strukturiert, sind auf der Grundlage von Clans gebildet (1893: 230, 232, 255), in denen ein geringes Maß an sozialer Differenzierung herrscht, für die von einer relativen Ähnlichkeit der Mitglieder auszugehen ist, in denen die verwandtschafts- und dorfübergreifende Interaktionsdichte sehr gering bleibt und in denen Solidarität direkt gestiftet wird durch den Glauben an gemeinsame Ideen und Ideale. Sie zeichnen sich insgesamt durch ein starkes Kollektivbewusstsein aus, das diese Gesellschaften des segmentären Typus zusammenhält. Davon zu unterscheiden sind arbeitsteilige, *funktional differenzierte Gesellschaften* als weitgehend auf der Grundlage der Berufsgliederung und Berufsorganisation moderner Gesellschaften organisierter Typus (1893: 243 f.). Sie sind Produkt einer Entwicklung aufgrund fortschreitender Arbeitsteilung – mit der Folge der Ausdifferenzierung vielfältiger Funktionseinheiten und der daraus resultierenden Entstehung einer eigenen Solidaritätsform auf der Basis eines zunehmenden Individualismus. Denn das Individuum „gewöhnt sich daran, seinen

Wert richtig einzuschätzen, d. h. sich als Teil des Ganzen zu betrachten, als Organ eines Organismus" (1893: 285). Hintergrund von Durkheims Argument ist eine Konzeption „organischer Solidarität" (1893: 162 ff.), „die sich der Arbeitsteilung verdankt" und der zufolge ein moralischer Konsens als zentrale Quelle sozialer Integration und Solidarität gerade auch in modernen Gesellschaften anzusehen ist. Letztlich bedeutet das, dass Durkheim hier moderne Restbestände mechanischer Solidaritätsformen identifiziert und zum Angelpunkt seiner Vorstellungen von sozialer Integration in modernen Gesellschaften macht. Es drängt sich somit die Schlussfolgerung auf, dass Durkheim auf diese Weise letztlich seine zuvor entwickelte typologische Differenzierung der Solidaritätsformen traditionaler und moderner Gesellschaften wieder aufhebt.

Wie gelangt Durkheim zu seiner Diagnose (1893: 95–117)? Da kollektive Bewusstseinszustände nicht direkt beobachtbar sind, wählt Durkheim zu ihrer Analyse den Weg über die beobachtbaren Ausdrucksformen der verschiedenen Typen von Kollektivbewusstsein: Er versucht die Erfassung von Solidaritätstypen über die Analyse der juristischen Regeln zu realisieren, durch die sie symbolisiert werden (1893: 111, 115). Empirisch gelangt er zur Unterscheidung von zwei Arten von Rechtsregeln: (a) Regeln des Strafrechts, die *repressive* Sanktionen zur Sühne des Vergehens am Heiligen vorsehen, und (b) Wiedergutmachungsregeln, die *restitutive* Sanktionen zur Wiedergutmachung eines verursachten Schadens vorschreiben und so für den Ausgleich zwischen den vertraglich fixierten Interessen und Ansprüchen der Gegner eines Rechtsstreits sorgen (1893: 116 f.). Beide Typen von Rechtsregeln lassen sich Durkheim zufolge wieder dominant im ersteren Fall den traditionalen, im letzteren modernen Gesellschaften zuordnen. Da das Kollektivbewusstsein als heilig und tabuisiert betrachtet wird, bildet es eine „transzendente Autorität" („das Heilige") (1893: 134). Darauf Bezug nehmend leiten die jeweiligen gesellschaftlich etablierten Institutionen ihre Legitimation her. Für traditionale Gesellschaften gilt dabei sozusagen ein Legitimationsmodus „von oben" („von den Göttern gewollt"), während in modernen demokratisch-pluralistischen Gesellschaften ein Legitimationsmodus „von unten" institutionalisiert ist („one man, one vote"). Verstöße gegen gesellschaftliche Regelungen lassen sich erst dann als Verstöße gegen individuelle Verpflichtungen deuten und sanktionieren.

Für die Analyse des Funktionszusammenhangs zwischen Formen der Arbeitsteilung und Solidaritätstypen hält Durkheim insgesamt fest, „dass die Arbeitsteilung [...] einen moralischen Charakter haben muss, denn die [durch sie hervorgerufenen] Bedürfnisse nach Ordnung, Harmonie und sozialer Solidarität gelten gemeinhin als moralische" (1893: 110).

3.4.3 Frage nach den Ursachen und Bedingungen

Im historisch beobachtbaren Übergang von mechanischer zu dominant organischer Solidarität und des weitgehenden Verschwindens mechanischer Solidaritätsformen verbinden sich demnach für Durkheim zwei Prozesse: eine fortschreitende Auflösung der Bestimmtheit des Kollektivbewusstseins mit einer damit einhergehenden Individualisierung einerseits und steigender wechselseitiger Abhängigkeit andererseits (1893: 229–246). Es ist, so Durkheim, „ein Gesetz der Geschichte, dass die mechanische Solidarität, die zuerst allein oder fast allein stand, nach und nach an Boden verliert und dass die organische Solidarität ein immer stärkeres Übergewicht erhält" (1893: 229). Und es stellt sich ihm somit die Frage, wie diese beiden Prozesse zusammengehen können, wie sich also eine zunehmende individuelle Autonomie auf der einen mit einer wachsenden Abhängigkeit des Individuums von den gesellschaftlichen Verhältnissen und Konstellationen auf der anderen Seite empirisch verbindet.

Ist der sukzessive Verfall der Bestimmtheit des Kollektivbewusstseins in der fortschreitenden Arbeitsteilung begründet, bleibt die Frage nach den Ursachen für das Fortschreiten der Arbeitsteilung zu klären (1893: 314–322). Diese sind für Durkheim in „gewissen Variationen des sozialen Milieus" zu suchen (1893: 314): Durkheim vertritt die These einer grundsätzlichen Dynamisierung des sozialen Lebens, die zunächst eine beträchtliche Steigerung des „sozialen Volumens" von Gesellschaften, also der „Gesamtzahl der Mitglieder der Gesellschaft", d. h. Bevölkerungswachstum mit sich bringe (1893: 319; vgl. 1895: 194 ff.). Neben diese rein quantitative Steigerung tritt für Durkheim aber als weitere und soziologisch gewichtigere, nunmehr qualitative Entwicklung eine „zunehmende Verdichtung der Gesellschaften im Lauf der historischen Entwicklung", also eine Bevölkerungskonzentration durch fortschreitende Urbanisierungsprozesse: „Die Arbeitsteilung schreitet also um so mehr fort, je mehr Individuen es gibt, die in genügend nahem Kontakt zueinander stehen, um wechselseitig aufeinander wirken zu können" (1893: 315). Sensibel identifiziert er – wie schon Marx mit seiner Mobilisierungshypothese – eine Zunahme der sozialen Differenzierungsformen (Pluralismus) und Kommunikationen sowie Verkehrsformen und -wege (1893: 315–319) (vgl. Tab. 3.1):

> Die Arbeitsteilung ändert sich im direkten Verhältnis zum Volumen und zur Dichte der Gesellschaften; wenn sie [die Arbeitsteilung] also im Lauf der sozialen Entwicklung ständig fortschreitet, so deshalb, weil die Gesellschaften regelmäßig dichter und ganz allgemein umfangreicher sind. (1893: 321)

3.4.4 Bestimmung pathologischer Folgen

Die Entwicklung hin zum modernen, funktional-differenzierten Gesellschaftstyp hat Durkheim zufolge also insbesondere zwei Auswirkungen: einmal die Abnahme des Kollektivbewusstseins (also ein Zurückgehen des Bewusstseins gesellschaftlich geteilter Wert- und Handlungsstandards) und sodann eine fortschreitende und sich forcierende Entwicklung der Arbeitsteilung. Im dritten Schritt seiner entwicklungsgeschichtlich angelegten Gesellschaftsanalyse erörtert er den **pathologischen Zustand**, der sich im Zuge fortschreitender Arbeitsteilung in der modernen Gesellschaft

Tab. 3.1: Gesellschaftliche Differenzierungsprofile nach Durkheim

	traditionale Gesellschaften	moderne Gesellschaften
Differenzierungsform	segmentär (Ähnlichkeit der Teile)	funktional (Spezifizität der Teile)
Sozialitätstyp	natürlich gewachsene Beziehungen (Clan, Stamm, Familie)	vertraglich geregelte Beziehungen
‚natürliches' Milieu	qua Geburt	qua Beruf
Arbeitsteilung	gering ausgeprägt	ausgeprägt, komplex funktional
Solidaritätstyp	mechanische Solidarität	organische Solidarität
Individualismus	weniger ausgeprägt: kaum individuelle Freiräume, Austauschbarkeit der Biografien	stärker ausgeprägt: weitreichende individuelle Freiräume, Individualisierung und Pluralität der Gruppen
Kollektivbewusstsein	stark ausgeprägt	schwach ausgeprägt (Pluralität von Normen, Wissenssystemen)
Integrations- und Legitimationsprinzip	das Heilige (Tradition, Kollektivbewusstsein)	die Arbeitsteilung: Berufsgruppen als Träger moderner kollektiver Orientierungen (Innovation)
Soziale Kontrolle	stark ausgeprägt	schwach ausgeprägt
Verstöße	Verstöße gegen das (heilige) Kollektivbewusstsein als Tabubrüche: erfordern Sühne	individuell zurechenbares Fehlverhalten als Regelverletzungen ohne Sühneforderung
Rechtsform	restriktiv-repressiv (Strafrecht) mit rigider sozialer Anpassung	restitutiv (Wiedergutmachungsrecht ohne Sühnecharakter)

eingestellt hat (wirtschaftliche Krisen, Klassenkämpfe, soziale Ungerechtigkeit). Durkheim untersucht die sich im Rahmen von modernen, funktional differenzierten Gesellschaften entwickelnden pathologischen Ausprägungen von Arbeitsteilung, d. h. die nicht Solidarität erzeugenden Formen der Arbeitsteilung und damit defizitären Integrationsmodi in modernen Gesellschaften aufgrund ihrer arbeitsteiligen Organisationsform. Als solche identifiziert Durkheim: (a) die erzwungene Arbeitsteilung aufgrund asymmetrischer Positionsgefüge und Klassenlagen (soziale Ungleichheit) als Form der Überregulierung, (b) die fehlorganisierte Arbeitsteilung aufgrund eines zu hohen Formalismus und zu kleinteiliger funktionaler Regelungen, die zur Unterdrückung kreativer Potenziale führen, und die ebenfalls eine Form der Überregulierung darstellt, sowie (c) die anomische Arbeitsteilung aufgrund einer unzureichenden Regelung der Beziehungen der funktional differenzierten Einheiten untereinander, wodurch nicht nur die wechselseitige Anpassung von Angebots- und Nachfragestrukturen unterbleibt, sondern sich zudem eine Polarisierung zwischen Arbeitern und Unternehmern aufgrund massenhafter Konkurse entwickelt, was Ausdruck einer Form der Unterregulierung ist. Durkheims These lautet, dass diese pathologischen Folgen aufgrund eines Mangels an Moral eintreten, also nicht der Arbeitsteilung selbst ursächlich zuzurechnen sind: In organisierten „heutigen Gesellschaften [ist] die Moralität [des arbeitsteiligen Zusammenlebens] noch nicht so weit entwickelt, wie es jetzt schon [für eine funktionierende soziale Integration] nötig wäre" (1893: 285). Diese

Überlegungen zu Formen dysfunktionaler Arbeitsteilung führen dann zu Durkheims Gegenwartsdiagnose (vgl. Kap. 3.5).

3.4.5 Exemplarische Analyse über den Selbstmord

Im Rahmen seiner empirischen Studie „Der Selbstmord" von 1897 hat Durkheim die in den „Regeln" zwei Jahre zuvor formulierten Prinzipien der soziologischen Forschungsmethode praktisch angewandt. Die Untersuchung von „Selbstmorden" setzt seine Auseinandersetzung mit der Frage nach dem Charakter und Zustand der modernen Gesellschaft fort. Sie betrachtet diese Frage erneut unter dem Aspekt des Verhältnisses der individuellen Person zur sozialen Solidarität, also zu einer bestimmten gesellschaftlichen Organisationsform. Den Problemfokus bildet das Verhältnis von **Individualisierungsgrad** und **Ausmaß sozialer Kontrolle**. Dieser Forschungsgegenstand ist von Durkheim theoriepolitisch klug gewählt, da Selbstmorde typischerweise als hochindividuelle Handlungsvollzüge gelten. Sollte es ihm also gelingen, sogar für ein solches Phänomen dessen soziale Verursachung zu demonstrieren, dann wäre das ein überwältigender Ausweis der Leistungsfähigkeit der von ihm propagierten neuen Disziplin wie auch der Richtigkeit der von ihm für diese vorgeschlagenen Methode (auch wenn er sich erklärtermaßen (1897: 35) eigentlich mit Selbstmordraten befasst). Ausgangspunkt der Studie ist das statistisch belegte Phänomen, dass in Frankreich die Selbstmordrate unter Gläubigen protestantischen Bekenntnisses zwischen 1840 und 1880 signifikant höher ist als bei den gesellschaftlichen Vergleichsgruppen jüdischen, katholischen oder anglikanischen Glaubens (1897: 162f.) – obwohl doch, das ist von wesentlicher Bedeutung, in allen diesen religiösen Bekenntnissen der Selbstmord ethisch verboten ist.

Durkheim verwirft im Sinne seiner methodischen Regel, der zufolge „Soziales durch Soziales zu erklären" ist, zunächst konsequent psychische, rassenbiologische und natürliche Umweltfaktoren aber auch Nachahmung als für die Soziologie inadäquate Erklärungsmuster (1897: 39–150). Der soziologischen Analyse bleibt lediglich der Rekurs auf „soziale Ursachen" (1897: 122f.). So sucht er die Ursache der Selbstmorde in der Art und Weise zu identifizieren, wie das Individuum jeweils in die soziale Gruppe integriert ist, also in dem Typ der sozialen Einbeziehung. Der jeweilige Typus sozialer Integration verweist dabei vor allem auf a) die Art des Sozialideals mit damit einhergehenden Identifikationschancen für das Individuum und b) die etablierte Form sozialer Kontrolle (vgl. Tab. 3.2). Für Durkheim ist also die Frage zentral, „welcher Art die verschiedenen sozialen Milieus (Konfessionen, Familie, politische und berufliche Gruppen) sind, die die Selbstmordrate schwanken lassen" (1897: 161).

Aufgrund dieser Aspekte unterscheidet Durkheim dann vier Typen sozialer Ursachen für das Steigen der Selbstmordrate, und identifiziert so vier Selbstmordtypen (vgl. Tab. 3.3): den egoistischen, altruistischen, anomischen und (nur kurz erwähnt) fatalistischen Selbstmord.

Tab. 3.2: Selbstmordtypen

Religionsgemeinschaft	Selbstmordrate	Sozialideal (Individualisierungsgrad)	Ausmaß sozialer Kontrolle
Protestanten	höher	Individualismus	niedriger
Katholiken	niedriger	Kollektivismus	höher
Juden	niedriger	starker Kollektivismus	niedriger

Tab. 3.3: Typen sozialer Ursachen von Selbstmorden nach Durkheim

Verhältnis zwischen beiden Dimensionen entscheidend		Ausmaß sozialer Kontrolle			
		hoch	niedrig		
Individualisierungs-grad	hoch	fatalistischer Selbstmord	egoistischer Selbstmord	hoch	Selbstmordrate
	niedrig	altruistischer Selbstmord	anomischer Selbstmord	niedrig	

Die Gründe für Selbstmorde, die Durkheim aufgrund dieses analytischen Rahmens identifiziert, lauten dann:
- Beim **egoistischen Selbstmord** liegt eine zu geringe normative Integration des Individuums vor; Hintergrund ist ein exzessiver Individualismus: Man selbst ist alles, Lösung aus allen Gruppenbindungen, d. h. ‚subjektivistische' Unterregulierung.
- Beim **altruistischen Selbstmord** liegt eine zu starke normative Integration des Individuums vor. Hintergrund ist ein exzessiver Kollektivismus: Die Gruppe ist alles, man selbst ist nichts; das Individuum opfert sich, da der „Wert des einzelnen recht gering" ist (1897: 246), d.h. im Kern ‚objektivistische' Überregulierung.
- Beim **anomischen Selbstmord** fehlt eine normative Integration der Gesellschaft gänzlich. Hintergrund ist eine gesellschaftliche ‚objektivistische' Unterregulierung, d.h. der Selbstmord ist Folge mangelnder sozialer Kontrolle.
- Beim **fatalistischen Selbstmord** ist eine vollständige Bestimmung der Handlungen des Individuums durch die sozialen Normen festzustellen, also eine Diagnose der im Kern ‚subjektivistischen' Überregulierung.

Bezogen auf die von Durkheim in den Blick genommenen sozialen Gruppen heißt das: Bei den Juden, die in einer Diaspora-Situation leben, existiert eine starke Gruppenbindung bei schwacher sozialer Kontrolle, weshalb die Selbstmordrate niedrig ist; bei den Katholiken beobachtet er eine starke Gruppenbindung verbunden mit starker sozialer Kontrolle, weshalb die Selbstmordrate ebenfalls niedrig ist, wohingegen er bei den Protestanten eben die Verbindung eines religiösen Individualismus mit schwacher sozialer Kontrolle ausmacht, weshalb die Selbstmordrate dann entsprechend hoch ist (vgl. Tab. 3.4).

Tab. 3.4: Selbstmordtypen und deren soziale Ursachen

Selbstmordtyp	Hintergrund	Regulierungstyp
egoistisch	exzessiver Individualismus	Unterregulierung
altruistisch	exzessiver Kollektivismus	Überregulierung
anomisch	mangelnde soziale Kontrolle	Unterregulierung
fatalistisch	übermäßige soziale Kontrolle	Überregulierung

Durkheims Diagnose läuft darauf hinaus, dass es eine „direkte Beziehung [gibt] zwischen Selbstmord und dem Grad des Zusammenhalts bei den sozialen Gruppen" (1897: 9). Immer dann, wenn dieser Zusammenhalt (ob nun bei Religionsgemeinschaften oder der Familie) besonders ausgeprägt ist, ist auch die Selbstmordrate niedrig oder niedriger: „Die soziale Selbstmordrate entspricht [...] einer Kollektivneigung der Gesellschaft." Es ergibt sich für Durkheim die „zwingende Annahme", dass von „einer Gruppe von Kollektivkräften" auszugehen ist, „deren Stärke in der sozialen Selbstmordrate ihren Ausdruck findet" (1897: 12).

3.5 Gegenwartsdiagnose

Durkheims Grundannahme geht dahin, dass Fehlentwicklungen und Pathologien in modernen Gesellschaften aus Formen der Über- oder Unterregulierung resultieren. Diese Entwicklungen demonstriert er sowohl im Rahmen seiner Studie über den Selbstmord wie auch in der Studie über die Arbeitsteilung. Durkheims Gegenwartsdiagnose zeigt dabei im Vergleich zu denjenigen von Marx und Weber einen anderen Akzent: Während Marx (vgl. Kap. 2.5) der modernen Gesellschaft die Kosten des Modernisierungsprozesses in Gestalt von Ausbeutung und Entfremdung (also ökonomisch) vorrechnet und Max Weber (vgl. Kap. 5.5) den Sinn- und Freiheitsverlust in modernen Gesellschaften der Pluralisierung von „Wertsphären" und dem „ehernen Gehäuse der Hörigkeit" ihrer Bürokratien (also institutionell und politisch) verzeichnet, verweist Durkheim demgegenüber auf die **Anomisierungs- und Demoralisierungsprozesse** – für die Gesellschaft wie für die Individuen – im Zuge gesellschaftlichen Wandels (also kulturell-ordnungstheoretisch).

Um an dieser Stelle bei Durkheim zu bleiben: Vor dem Hintergrund der in seiner Gegenwart beobachteten Veränderungen im „sozialen Milieu" aufgrund der erheblichen Zunahme von „Volumen" (Bevölkerungsumfang) und „Dichte" (Bevölkerungskonzentration) der Bevölkerung sieht er die Gefahr gesellschaftlicher Desintegration, von Anomie, denn „der Mensch wird zum unabhängigen Faktor seines eigenen Verhaltens" (1893: 474):

> Tiefgreifende Veränderungen haben sich innerhalb sehr kurzer Zeit in der Struktur unserer Gesellschaften vollzogen. Sie haben sich mit einer Geschwindigkeit und in einem Ausmaß vom segmentären Typus befreit, für welche die Geschichte kein anderes Beispiel bietet. Folglich ist die Moral, die diesem [also dem segmentären] Sozialtypus entsprach, verkümmert, ohne dass sich an deren Stelle die neue [Moral] genügend rasch entwickelt hat, um den Raum zu füllen, den die andere in unserem Bewusstsein hinterlassen hat. Unser Glaube ist erschüttert; die Tradition hat ihre Herrschaft eingebüßt; das individuelle Urteil hat sich vom Kollektivurteil gelöst. (1893: 479)

So Durkheims düsterer Befund, der in zeitanalytischer Hinsicht ein zu Marx analoges Argument entwickelt (vgl. Kap. 2.3), wenn man sich das von jenem herausgearbeitete Verhältnis von Produktivkräften und Produktionsverhältnissen vor Augen hält. Durkheim argumentiert, dass, wenn es sich nicht um intrinsisch (also strukturell, intern notwendig) mit dem Strukturprinzip Arbeitsteilung verbundene Folgen, sondern lediglich um falsche, also pathologische Entwicklungen handelt, dass dann diese Krisenerscheinungen nicht notwendig, sondern als historisch kontingent, also als zufällig und somit behebbar zu betrachten sind. Danach ist es weder das Problem, dass die Arbeitsteilung im Vergleich zu früher stärker ausgebildet ist, noch ist es das Problem, dass das Kollektivbewusstsein in modernen Gesellschaften notwendig schwächer ist. Sondern das Problem ist ganz im Sinne von Durkheims Regeln zur Unterscheidung des Normalen vom Pathologischen, dass die Entwicklung der modernen Gesellschaft noch nicht abgeschlossen ist, es sich also historisch gesehen lediglich um ein gesellschaftliches **Übergangsstadium**, um eine Übergangsgesellschaft handelt, sodass sich noch kein Kollektivleben, kein Kollektivbewusstsein ausbilden konnte, dass das Strukturgesetz der modernen funktionalen Arbeitsteilung selbst zu seiner Grundlage hat. (Vergleichbar wird Niklas Luhmann mit Blick auf moderne, funktional differenzierte Gesellschaften argumentieren, dass sich deren Probleme einer noch nicht hinreichend erfolgenden funktionalen Differenzierung verdanken, vgl. Kap. 12.4.2) Das als Problem ausgemachte Krisenphänomen der Ausdünnung des Kollektivbewusstseins (1893: 314–322, 344–366, 466–480) ist in Durkheims Augen somit lediglich ein Übergangsphänomen.

Für eine Stärkung des Kollektivbewusstseins unter modernen Bedingungen geht es für Durkheim darum „eine neue Moral zu bilden" (1893: 480). Dies kann geschehen durch eine soziale Integration über gesellschaftliche Einrichtungen, sogenannte „intermediäre Institutionen, die Durkheims Auffassung zufolge dem Strukturtyp und der Arbeitsteilungslogik moderner Gesellschaften entsprechen: über die **Berufsgruppen** (1897: 426–467, 1902). Die Berufsgruppen können diese sozialintegrative Funktion in modernen, hochgradig arbeitsteilig organisierten Gesellschaften deshalb wahrnehmen, weil sie – als „intermediäre" Institutionen – das natürliche Milieu für die Individuen in den durch Berufsarbeit bestimmten Gesellschaften bilden (1893: 238). Durkheims Überlegung geht dahin, dass Menschen mit gleichen oder ähnlichen Tätigkeitsprofilen zusammen arbeiten und somit in erheblichem Umfang tagtäglich Zeit miteinander verbringen. Ein Umstand, der in seinen Augen aufgrund der damit einhergehenden vergleichbaren Erfahrungskonstellationen geradezu naturwüchsig so etwas wie Solidaritätsgefühle erzeugt. „Zwischen dem Individuum und der Gesellschaft" befinden sich, so Durkheim, die „intermediären Organe". Seiner Auffassung zufolge beweist „allein schon die Tatsache, dass die Gesellschaften eine derartige Institution [wie u. a. die Handwerkskörperschaften] Jahrhunderte lang benötigten, [...] dass es wenig wahrscheinlich ist, dass sie sie plötzlich aufgeben könnten". Und er fährt mit kritischer Stoßrichtung gegen den französischen Anti-Korporatismus fort, dass man deshalb „a priori" schließen könne, „dass die stattgehabten Veränderungen weniger eine völlige Zerstörung jener vermittelnden Organisationen verlangt haben als deren Umgestaltung" (1893: 275).

Die integrierende Funktion der „intermediären Organe" und damit der Berufsgruppen liegt darin, dass sie nicht spezifische Interessenorganisationen darstellen, sondern der gesellschaftlichen Moralentwicklung zugunsten des Gemeinwohls dienen. Sie leisten für Durkheim eine Zügelung des Egoismus und befördern die Entwicklung von Solidaritätsgefühlen (1902: 51). Und zwar deshalb, weil es sich bei diesen Gruppen eben nicht um Interessengruppen handelt und diese Gruppen somit nicht identisch sein sollen mit der Form, die sie in Frankreich im 18. Jahrhundert angenommen hatten. So bezeichnet Durkheim die Berufsgruppen für moderne Gesellschaften als „Lebensquelle sui generis", insofern sie für diese Gesellschaften insgesamt Fürsorgefunktionen und Erziehungsaufgaben wahrnehmen und darüber hinaus auch für die Gestaltung eines ästhetischen (kulturellen) Lebens Sorge tragen würden (vgl. 1902: 69).

3.6 Wirkungsgeschichte

Durkheims Bedeutung für die Soziologie liegt erstens in der Definition des soziologischen Tatbestandes und Formulierung eines methodischen Instrumentariums, zweitens in der Ausarbeitung eines differenzierungsanalytischen Programms, drittens in der Analyse der Produktions- und Reproduktionsmechanismen (normativer) sozialer Ordnungen und viertens in der Konzentration auf die Integrationsproblematik von Gesellschaften (in normativer Hinsicht: Anomie). Diese Entwicklungslinie wird dann vornehmlich von Talcott Parsons mit einer Theorie normativer Integration verlängert (vgl. Kap. 6.4.1). Jüngere Anknüpfungen finden sich dann in der Sozialphilosophie des Kommunitarismus in Verbindung mit einer Betonung des sozialintegrativen Potenzials intermediärer Gruppen: Ein Gedanke, der im Kern in der Verbändediskussion der 1970er-, der Korporatismusdebatte der 1980er-, der Kommunitarismus-Diskussion der 1990er-Jahre wie auch in der aktuellen Diskussion um die Bürgergesellschaften in der einen oder anderen Form wiederkehrte. Darüber hinaus kann die vielfältige Kritik, die an der Studie über die Arbeitsteilung formuliert wurde (dazu Müller/Schmid 1988: 511 ff.), nicht darüber hinwegtäuschen, dass sie insbesondere mit der von ihr formulierten Problemstellung (die Frage der Vereinbarkeit von sozialer Ordnung und individueller Autonomie) und mit ihren konzeptionellen Anlage eines methodischen Dreischritts (funktionale Analyse, genetische Analyse, pathologische Konsequenzen) in der weiteren Entwicklung der Soziologie ebenso aktuell blieb wie maßgebend wurde. Entsprechendes gilt für sein Buch über die „Regeln" als eine Grundlage für die Einübung in soziologisches Denken wie auch für seine Studie über den „Selbstmord" als nicht nur eine der ersten umfassenden Studien der empirischen Sozialforschung, sondern auch als wegweisenden Beitrag zur Diskussion abweichenden Verhaltens (Devianz). Der Bedeutung des frühen wie späten Werkes von Durkheim für die Geschichte und den konzeptionellen Zuschnitt der Wissenssoziologie ist der Band von Suber (2012: bes. 63 ff.) gewidmet.

3.7 Zusammenfassende Übersicht

In diesem zusammenfassenden Abschnitt werden entsprechend der in der Einleitung dargelegten Kriterien zunächst die angesprochenen wesentlichen Aspekte des dargestellten Ansatzes in tabellarischer Form zusammengestellt (vgl. Tab. 3.5), anschließend werden die zentralen Begrifflichkeiten des Ansatzes nochmals knapp erläutert. Unter der Rubrik Literaturhinweise werden dann die zentralen Werke sowie ausgewählte Sekundärliteratur für das weitere Studium angegeben sowie schließlich unter dem Titel „Übungsaufgaben" einige Fragen zur Rekapitulation des Erarbeiteten zusammengestellt.

Tab. 3.5: Tabellarische Zusammenfassung Émile Durkheim

Aspekt	Durkheim
Ansatz	Emergenz sozialer Tatbestände
Soziologieverständnis	Wissenschaft von den Institutionen (Zwang)
Methodik	Soziologische Tatbestände wie Dinge betrachten
Erklärungsvorstellung	Soziales durch Soziales erklären (Dreischritt: funktional, kausal, pathologisch)
Gesellschaftsbegriff	moralische Tatsache (Realität sui generis); zugleich Arbeitsteilungs- und Solidaritätszusammenhang
Gesellschaftstypen	segmentär differenzierte (traditionale) und funktional differenzierte (moderne) Gesellschaften
Macht und Herrschaft	normierender Zwang von Institutionen
Soziale Ungleichheit	Ausdruck gesellschaftlicher Klassifikationssysteme
Sozialer Wandel	offener Prozess; dynamisierende Faktoren: Volumen und Dichte der Bevölkerung; Arbeitsteilungsformen
Soziale Differenzierung	segmentäre Differenzierung – funktionale Differenzierung
Soziale Integration	Produktion von Kollektivbewusstsein: Mechanische Solidarität qua Geburt Organische Solidarität qua Arbeitsteilung
Gegenwartsdiagnose	Individualisierung führt zu Anomie und Demoralisierung (Desintegration)

3.7.1 Grundbegriffe

Anomie: Abwesenheit sozialer Ordnung; d. h. das Handeln ist für die Individuen wechselseitig nicht erwartbar oder ‚berechenbar'.

Arbeitsteilung: Die historische Tendenz zur Trennung des Arbeitsprozesses (in Aufgaben, Positionen, Rollen) aufgrund zunehmender Spezialisierung der Kenntnisse und Produktionsformen.

Gesellschaft als Realität *sui generis*: Vorstellung, Gesellschaft stelle eine Wirklichkeit eigener (emergenter) Art dar, die sich nicht aus den ‚Bestandteilen' (individuellen Akten) von Gesellschaften herleiten lässt, sondern ‚subjekt-unabhängige Qualitäten' aufweist; d. h. mit zunehmender Komplexität von Gesellschaften entzieht diese sich der unmittelbaren Einwirkung und ‚Steuerbarkeit' individueller Handlungsvollzüge.

Kollektivbewusstsein: Das gemeinsam geteilte Wissen und die gemeinsam geteilten Wertvorstellungen und Deutungsmuster einer sozialen Gruppe.

Moral: Ein normativer Typus der Verhaltensorientierung, der einen ‚Geist der Disziplin' (Regelmäßigkeit des Handelns) mit einer Zugehörigkeit zu sozialen Gruppen (soziale Einbindung) bei gleichzeitiger Berücksichtigung der Autonomie des Individuums (Freiwilligkeit) verbindet.

Nicht vertragliche Bedingungen von Verträgen: Annahme, dass die Grundlage der Geltung eines Vertrages, also das Einhalten eines Vertrages, von dem jedem Vertrag vorgelagerten Bestehen (der Geltung und Gültigkeit) der verbindlichen Norm(en) zur Einhaltung von Verträgen abhängt.

Solidarität, mechanische: Solidarität aus dem Zusammengehörigkeitsgefühl einer (relativ) geschlossenen Gemeinschaft (funktional-material).

Solidarität, organische: Solidarität aufgrund von sozialen Beziehungen zwischen Individuen mit spezialisierten Aufgaben (Rollen, Berufe) in einer arbeitsteilig organisierten Gesellschaft (funktional-formal).

Soziologischer Tatbestand: Eine verbindlich festgeschriebene (institutionalisierte, geregelte) Form des Handelns, die auf das Individuum einen Zwang ausübt und somit einen allgemein ‚dinghaften' Charakter, die Form ‚objektiver äußerer Realität' annimmt und somit als ‚auferlegt' erlebt wird.

3.7.2 Literaturhinweise

Werke: 1893: De la division du travail social (dt.: Über soziale Arbeitsteilung), 1895: Les Règles de la méthode sociologique (dt.: Regeln der soziologischen Methode), 1897: Le suicide (dt.: Der Selbstmord), 1903: De quelques formes primitives de classification (dt.: Über primitive Formen der Klassifikation (mit Marcel Mauss), 1912: Les formes élémentaires de la vie religieuse (dt.: Die elementaren Formen des religiösen Lebens).

Bogusz, Tanja/Delitz, Heike (2013) Émile Durkheim. Soziologie – Ethnologie – Philosophie, Frankfurt/M.: Campus.
Delitz, Heike (2013) Émile Durkheim zur Einführung, Hamburg: Junius.
Lukes, Steven (1973) Émile Durkheim. His Life and Work: A Historical and Critical Study, Hardmondsworth: Penguin 1988.
Müller, Hans-Peter (1983) Wertkrise und Gesellschaftsreform. Émile Durkheims Schriften zur Politik, Stuttgart: Enke.
Müller, Hans-Peter/Schmid, Michael (1988) Arbeitsteilung, Solidarität und Moral. Eine werkgeschichtliche und systematische Einführung in die „Arbeitsteilung" von Émile Durkheim, in: Durkheim 1893, S. 481–521.
Suber, Daniel (2012) Émile Durkheim (Klassiker der Wissenssoziologie), Konstanz: UVK.

3.7.3 Übungsaufgaben

(1) Wie lauten die beiden methodischen Prinzipien der Soziologie Émile Durkheims?

(2) Welche Differenzierungs- und welche Solidaritätsformen unterscheidet Émile Durkheim und welchen Gesellschaftstypen ordnet er diese aufgrund welcher Kriterien jeweils zu?

(3) Für die Soziologie entwickelt Émile Durkheim ein dreigliedriges Erklärungsprogramm. Welche Schritte unterscheidet er in diesem Programm?

(4) Durkheim unterscheidet zwischen „traditionalen" und „modernen" Gesellschaften. Erläutern Sie jeweils vier von ihm herausgestellte Charakteristika beider Gesellschaftsformen.

(5) Welcher Umstand ist für Durkheim die Ursache von Selbstmorden? Welche Selbstmordtypen analysiert er und anhand welcher Aspekte unterscheiden sich diese? Erläutern Sie zudem die jeweiligen Gründe der Selbstmordtypen.

4 Georg Simmel: Individualisierte Subjekte in der Moderne

Georg Simmel gehört zu den lange Vergessenen in der Soziologie. Nicht nur zu Lebzeiten war er als Jude von dauerhaften Ausgrenzungsprozessen in der akademischen Welt der Weimarer Republik betroffen, sondern auch nach seinem Tod blieb er ein Geheimtipp, dessen Werke weit verstreut blieben. Zu den Gründen dieser lange Zeit geringen Resonanz seines Werkes gehört nicht zuletzt dessen Form: Simmel publizierte vor allem Essays und legte keine geschlossene Theorie der modernen Kultur vor. Doch in der Kombination von sensibler Gegenwartsbeobachtung und analytischer Schärfe brillieren seine Texte durch eine virtuose Beweglichkeit der Gedankenführung und ihre essayistische Schreibweise. Mit großem Geschick vermag Simmel eindringliche Zeitdiagnosen mit einem differenzierten Begriffsapparat zu verknüpfen – wie in seinen bedeutenden kleinen Studien über „Die Bedeutung des Geldes für das Tempo des modernen Lebens", „Die Großstädte und das Geistesleben" und „Die Tragödie der modernen Kultur".

Simmel ist als Heraklit der Moderne bezeichnet worden. Diesen Titel verdankt er dem Umstand, dass er im Geiste der Formel Heraklits, der zufolge „Alles fließt", seinerseits „die Vergesellschaftung unter den Menschen [als] ein ewiges Fließen und Pulsieren [begreift], das die Individuen verkettet" (1908: 33). Gegenstand der Soziologie von Georg Simmel sind soziale **Wechselwirkungen** (soziale Beziehungen) und die durch sie sich vollziehenden Vergesellschaftungsprozesse. Simmel geht von einem dynamisch-prozesshaften Charakter des Sozialen aufgrund fortgesetzter wechselseitiger Einwirkungs- und Verursachungszusammenhänge aus. Diese Wechselwirkungen als Formen wechselseitiger Einwirkung von Individuen aufeinander machen zugleich das aus, was wir als ‚Gesellschaft' bezeichnen. Diese ist als sozialen Prozess zu verstehen, als Vergesellschaftung und somit als Summe des komplexen Miteinanders aller Wechselwirkungen. Im Sinne einer Prozessanalyse, die die Dynamik und Relationalität des Sozialen im Blick hat, liegt Simmels phänomenales Augenmerk stets auf der Analyse der Ambivalenzen (der Dialektik) von Vergesellschaftungsprozessen.

4.1 Grundzüge

Simmels Interesse gilt der sozialen **Dynamik** moderner Gesellschaften; einer Dynamik, die er im Kern auf die sozialen Konflikte zurückführt. Das Individuum ist für Simmel in der modernen Gesellschaft eingebunden in viele sich überschneidende und wechselseitig auch ausschließende Wechselwirkungen und Gruppenzusammenhänge. Diesen Umstand bringt Simmel mit seiner Konzeption der „Kreuzung sozialer Kreise" (1890; 1908: 465 ff.) auf den Begriff: „Aus Individuen entsteht die Gesellschaft, aus Gesellschaften entsteht das Individuum" (1908: 485). Diese Wechselseitigkeit, genauer: dieses wechselseitige Konstitutionsverhältnis bedeutet zugleich, dass die Vergesellschaftungsprozesse die objektiven Möglichkeiten des Handelns für die Individuen festlegen. So vollzieht sich die Entwicklung des Individuums und seiner Individualität im Kontext der permanenten **Konflikte** im Rahmen der Vergesellschaftungsformen wie dieses Individuum damit zugleich zum Prinzip der **Integration** moderner Gesellschaften wird. Die Betonung der Allgegenwart von Konflikten in den gesellschaftlichen Wechselwirkungsprozessen veranschaulicht so deren konstitutive, d. h. strukturelle Ambivalenz für Simmel: Sie wirken sowohl desintegrierend als auch integrierend, d. h. sie werden von Smmel nicht als dysfunktional, sondern als sozial funktional angesehen. Entsprechend hat sich die Soziologie der Analyse dieser Ambivalenzen (Dialektik) von Vergesellschaftungsprozessen zu widmen. Aufgrund dieses analytischen Zugriffs auf grundlegende Ambivalenzen zeichnet Simmel ein komplexes und schillerndes Bild der modernen Gesellschaften wie kaum ein anderer soziologischer Klassiker.

Simmels Soziologie sucht insgesamt auf der Grundlage der Analyse von „Wechselwirkungen" eine Theorie zu entwickeln, die die relativistischen Tendenzen der Gegenwart als Zeichen eines sozio-kulturellen Bruches begreiflich machen und so den diagnostizierten Desintegrationseffekten entgegenwirken soll. Leitformel seiner Gegenwartsdiagnose ist gleichwohl ebenso die Annahme der Auflösung überlieferter Ordnung als einer „absoluten Form des Beharrens" an deren Stelle jene Wechselwirkungen treten, jene „absolute Form der Bewegung", die für die Gegenwartsgesellschaften und ihr Leben charakteristisch ist und insbesondere in einer fortschreitenden Pluralisierung der Lebensstile zum Ausdruck kommt. Für die moderne Kultur bedeutet das ein Auseinandertreten von subjektiver und objektiver Kultur. Geldwirtschaft, Großstädte, das Tempo des Lebens und der schnelle Wechsel der Moden sind für Simmel die Signaturen der „zeitgeschichtlichen Auflösung alles Substantiellen, Absoluten, Ewigen in den Fluss der Dinge, in die historische Wandelbarkeit" (1910: 304). Beobachtungen wie diese machen aus Simmel einen frühen Vorläufer der dann sehr späten Postmoderne.

4.2 Biografie

Georg Simmel wird am 1. März 1858 in Berlin geboren. Nach dem 1876 aufgenommenen Studium der Geschichte, Philosophie und Völkerpsychologie in Berlin promoviert er 1881 dort mit einer Arbeit über Kants Materiebegriff und habilitiert sich 1885 mit einer Arbeit über Kants Lehre von der Idealität von Raum und Zeit (bereits 1883 eingereicht aber zunächst abgelehnt). Als Jude bleibt Simmel in der akademischen Welt der Weimarer Republik dauerhaft ein Außenseiter. Ab 1885 lehrt Simmel zunächst als Privatdozent und seit 1901 als Extraordinarius Philosophie in Berlin, bevor er dann doch noch 1914 auf eine Professur für Philosophie an die Universität Straßburg berufen wird. Dort stirbt er wenige Jahre später am 28. September 1918. Zeitlebens ist sein Denken stark von Kant, Goethe und Nietzsche beeinflusst und er gehört mit seinen Arbeiten insbesondere neben Henri Bergson zu den prominenten Vertretern der Lebensphilosophie.

4.3 Methodologisch-methodische Grundlegung: Formale Soziologie

Wie für Durkheim, so liegt auch für Simmel ein Grundproblem der zu seiner Zeit noch jungen Disziplin Soziologie in der „Aufklärung ihrer Grundbegriffe und ihrer besonderen Fragestellung gegenüber der gegebenen Wirklichkeit" (1917: 63). Bezog Durkheim das Argumentationsprofil seines Ansatzes aus der scharfen Gegenüberstellung von Individuum und Gesellschaft, so argumentiert Simmel umgekehrt gerade gegen diese dualistische Betrachtungsweise. Er tut dies sowohl gegen ihre holistische Version (bei Marx mit den notwendigen ökonomischen Bewegungsgesetzen der Gesellschaft und bei Durkheim mit seiner Konzeption des Kollektivbewusstseins) als auch gegen ihre individualistische Fassung (bei Historikern: „große Männer", bei Ökonomen: „die unsichtbare Hand"). Programmatisch verweist Simmel als Beispiel für seine Auffassung auf die Schlacht bei Marathon: „Gegenstand ist überhaupt nicht dieser und jener Einzelne, sondern: die Griechen und die Perser" (1917: 64). Entsprechend gelten auch Simmels Bemühungen von Anfang an zunächst der Bestimmung des Gegenstandes der Soziologie:

> Die Soziologie [...] ist eine neue Methode, [...] die [...] sich darauf stützt, daß der Mensch als Gesellschaftswesen verstanden werden muß. [...] [Als] Gesellschaftswissenschaft [...] hat [sie] die Kräfte, Beziehungen und Formen zum Gegenstand, durch die die Menschen sich vergesellschaften, die also [...] die „Gesellschaft" sensu strictissimo ausmachen. [...] Soziologie [ist die] Lehre von dem Gesellschaft-Sein der Menschheit. (1908: 15f., 23, 25)

Forschungsgegenstand der Soziologie sind also nicht individuelle Motive und Bedürfnisse oder die Handlungen Einzelner, sondern die **Prozesse** wechselseitiger Einwirkung und Gruppenbildungen in ihren verschiedenen Formen. Indem Simmel die Soziologie jenseits von individueller (Vertrag, Nutzenkalkül) und transzendenter „Produktionsart" (Kollektivbewusstsein) auf die „soziale Produktionsart" konzentriert, sieht er als ihr Spezifikum „eine genetische Methode" an (1917: 73), insofern der Aufbau und die Entwicklung von Vergesellschaftungsprozessen aus den Wechselwirkungen zu rekonstruieren ist.

> Gesellschaft [...] existiert [da], wo mehrere Individuen in Wechselwirkung treten. Diese Wechselwirkung entsteht immer aus bestimmten Trieben heraus oder um bestimmter Zwecke willen. Erotische, religiöse oder bloß gesellige Triebe, Zwecke der Verteidigung wie des Angriffs, des Spiels wie des Erwerbes, der Hilfeleistung wie der Belehrung und unzählige andere bewirken es, daß der Mensch in ein Zusammensein, ein Füreinander-, Miteinander-, Gegeneinander-Handeln [...] tritt, d.h. Wirkungen auf sie ausübt und Wirkungen von ihnen empfängt. Diese Wechselwirkungen bedeuten, daß aus den individuellen Trägern jener veranlassenden Triebe und Zwecke eine Einheit, eben eine „Gesellschaft" wird. (1908: 17f.)

Weil Simmel die Erzeugung des Sozialen durch Wechselwirkungen ins Zentrum seines Verständnisses von Soziologie rückt, zieht er den Begriff der Vergesellschaftung dem der Gesellschaft vor, um dem grundlegenden Prozesscharakter begrifflich Ausdruck zu verleihen:

> Gesellschaft [...] bedeutet immer, daß die Einzelnen vermöge gegenseitig ausgeübter Beeinflussung und Bestimmung verknüpft sind. [...] Gesellschaft ist [...] ein Geschehen, [...] die Dynamik des Wirkens und Leidens. [...] Ihrem Grundcharakter nach sollte man nicht von Gesellschaft, sondern von Vergesellschaftung sprechen. (1917: 70)

Mit dieser grundbegrifflichen Umstellung, der wir auch bei Max Weber (vgl. Kap. 5.4) begegnen werden, stellt Simmel den Aspekt der Dauer, der relativen Beständigkeit heraus, insofern er „Gesellschaft" als „*dauernde* Wechselbeziehung" begreift. Soziale Wirklichkeit kommt unter dem Gesichtspunkt von Prozessen der **Vergesellschaftung** in ihrer „objektiviert[en]", „kristallisiert[en]" Form in den Blick (1917: 68). Und wenn unter Vergesellschaftung die „Wechselwirkung unter Individuen" zu verstehen ist, dann ist es für Simmel die „Aufgabe der Gesellschaftswissenschaft im engsten und eigentlichsten Sinne [...] die Formen dieser Wechselwirkung zu beschreiben" (1917: 82). Und da das Individuum – vorrangig in modernen Gesellschaften – in vielfältigen Wechselwirkungsbeziehungen steht, die von Zweierkonstellationen (Dyaden) über Dreierkonstellationen (Triaden) bis zu unterschiedlichen Gruppen reichen, sind für Simmel „alle möglichen Tatsächlichkeiten des Lebens daraufhin [zu] betracht[en] [...], daß sie sich innerhalb einer gesellschaftlichen Gruppe und durch sie vollziehen" (1917: 79).

Soziologie als Wissenschaft von den Prozessen und Formen der Wechselwirkung zu bestimmen heißt also für Simmel „**Wechselwirkung**" als das „Strukturprinzip" des für die Soziologie konstitutiven „Erkennens" durch ein „Distanz-Nehmen" von der Wirklichkeit zu begreifen (1917: 66f.). Durchaus vergleichbar hatte Durkheim die methodische Regel formuliert, dass alle Vorbegriffe auszuschalten sind. Wissenschaften und ihre unterschiedlichen Forschungsansätze konstituieren sich Simmel zufolge durch den „Unterschied [...] zwischen verschiedenen Erkenntnisabsichten, denen verschiedene Distanznahmen entsprechen". Es handelt sich jeweils um „eine nachträgliche geistige *Formung* des unmittelbar vorliegenden Wirklichen" (1917: 67). Bei wissenschaftlichen Ansätzen handelt es sich also um „‚Standpunkte', die [...], als Arten unserer Betrachtung, [...] von der Wirklichkeit abstehen" (1917: 68). Simmel zufolge akzentuiert die Soziologie den „Gesichtspunkt der gesellschaftlichen Produktion", d.h. der Erzeugung des Sozialen „in den Wechselbeziehungen der Menschen" (1917: 72). Auch bei Simmel wird also – wie schon bei Durkheim und dann auch bei Weber – der Ausgangspunkt soziologischer Analyse von der konstitutiven Spannung zwischen Begriff und Wirklichkeit her bestimmt. Und theoretisch-systematisch gesprochen bilden dabei drei analytische Grundkonzeptionen den Kern von Simmels soziologischem Forschungsprogramm: Relationen als analytische Grundeinheit, die

Annahme reziproker, also wechselseitiger Verhältnisse und der grundlegende Prozesscharakter sozialer Wirklichkeit (soziale Dynamik).

Bereits Simmels Soziologie ist aber zugleich durch ein – wie wir heute sagen – reflexives Bewusstsein ausgezeichnet, d. h. sie reflektiert – zumindest in Ansätzen – die Grenzen ihres eigenen Unternehmens. So formuliert Simmel mit klarem Blick für die analytische Reichweite seines eigenen wie die anderer Ansätze:

> Diese Zerlegungen und Konstruktionsarten unseres unmittelbaren, als Einheit [...] empfundenen Lebens und Schaffens, liegen in der gleichen Schicht und haben das gleiche Recht. Infolgedessen – und darauf kommt es jetzt an – kann eine einzelne von ihnen nicht beanspruchen, uns den alleinigen und allein ausreichenden Weg der Erkenntnis zu führen. [...] Auch sie ist nur eine einseitige, die andern ergänzend und von ihnen ergänzt. Aber freilich, unter diesem Vorbehalt kann sie prinzipiell der Ganzheit menschlicher Existenz eine Erkenntnismöglichkeit gewähren. (1917: 78 f.)

Ähnlich wie später insbesondere bei Weber und Luhmann wird hier von Simmel mit der Einsicht in die Perspektivität des eigenen Ansatzes – der als nur eine mögliche Beschreibungsmöglichkeit sozialer Wirklichkeit verstanden wird – zugleich ein universaler Anspruch verbunden. Vor diesem Hintergrund ist Simmels Klärung bzw. Bestimmung des Soziologiebegriffs zu lesen:

> Wenn demnach die „soziologische Methode" angewendet wird, [...] d. h. wenn [...] Geschehnisse oder Zustände [...] als Ergebnisse der Wechselwirkung von Individuen, als Lebensstadien überindividueller Gruppeneinheiten erscheinen [d. h. dargestellt werden] – so mag man diese nach soziologischer Methode geführten Untersuchungen als Soziologie bezeichnen. (1917: 79)

Simmel ist der erste Soziologe, der in ausgeprägtem Maße Beobachtungen des Alltagsleben seiner Gegenwart, also (eigene) Alltagserfahrungen zur Beschreibung der sozialen Wirklichkeit nutzt: In diesem Sinne ist er ein Phänomenologe, d. h. ein Autor der durch sensible Beschreibungen alltäglicher Erfahrungsdaten ihre Tiefenstruktur zu ergründen sucht. Dafür stehen beispielhaft die berühmten „Exkurse", die in seine *Soziologie* eingegangen sind: die Betrachtungen über den Schmuck (1908: 414 ff.), über das Briefe Schreiben (1908: 429 ff.), über Treue und über Dankbarkeit (1908: 652 ff.) oder über den „Fremden" (1908: 764 ff.) – darüber hinaus aber auch weitere Betrachtungen in Aufsätzen über die Karikatur, die Koketterie, die Mahlzeit, die weibliche Kultur, den Bilderrahmen, den Henkel, die Armut, die Frau und die Mode, die Geschlechter oder den Geiz. Dabei geht es Simmel keineswegs lediglich um impressionistische Porträts verschiedener Alltagsphänomene, sondern das feinsinnige Studium dieser und anderer Alltagsphänomene dient gerade der Explikation der sich darin zeigenden (Tiefen-)Strukturen. Deshalb begreift Simmel seine Soziologie als „formale" oder auch als „reine Soziologie" (1917: 82). Ganz im Sinne der theoretischen Philosophie von Immanuel Kant (1724–1804) werden von ihm Form und Inhalt geschieden, d. h. formale Struktur und empirisch konkrete Ausprägungen dieser Struktur systematisch voneinander abgegrenzt:

> Wie also die Form die identische sein kann, in der die divergentesten Inhalte [also Materien] sich vollziehen, so kann umgekehrt auch der Stoff [also die Materie] beharren, während das Miteinander der Individuen, das ihn trägt, sich in einer Mannigfaltigkeit von Formen bewegt; wodurch denn die Tatsachen, obgleich in ihrer Gegebenheit Stoff [Materie] und Form eine unlösbare Einheit des sozialen Lebens ausmachen, deren Trennung zum Zweck des soziologischen Problems: [also] der Feststellung, systematischen Ordnung [...] und historischen Entwicklung der reinen Formen der Vergesellschaftung, legitimieren. (1917: 83)

Das Forschungsprofil der Soziologie Simmels ergibt sich dann konsequent durch die Freilegung der **formalen Strukturen**, die die Wechselwirkungen zwischen den Individuen annehmen können: Simmel spricht von Formen der Wechselwirkung oder „Vergesellschaftungsformen". Zu diesen Formen typischer Interaktionskonstellationen (vgl. 1908: 21, 27) zählt er insbesondere die Wechselseitigkeit sozialer Machtverhältnisse, die sich in partiellen wie dauerhaften Formen der **Über- und Unterordnung** niederschlägt (1908: 160 ff.), aber auch die Formen der Konkurrenz, Nachahmung, Parteibildung und Vertretung (Delegation). Ebenso gehören dazu elementare Formen der Ausprägung von Verhältnissen **sozialer Ungleichheit**, die er auf der Basis von Prozessen der Arbeitsteilung in der Gleichzeitigkeit von sozialer Vereinigung und sozialer Schließung, d. h. von Inklusion und Exklusion) beschreibt (1908: 546 ff.). Dabei stellt Simmel auf die unabdingbare Unterschiedlichkeit ebenso ab (vgl. 1897) wie auf die Ausbildung relativ dauerhafter ungleicher sozialer Lagen (1908: 27, 512 ff.). Es handelt sich bei den Vergesellschaftungsformen insgesamt um typische Ausprägungen, die die Wechselwirkungsverhältnisse der Individuen annehmen können. Insofern Simmel strikt zwischen allgemeiner Formenanalyse und der Untersuchung ihrer historisch realisierten, empirischen Ausprägungen unterscheidet, ist sie im Kern Strukturanalyse:

> Soziologie als Lehre von dem Gesellschaft-Sein der Menschheit [...] betrachtet [...] die Form, welche freilich für sich allein nur in Abstraktion existiert, grade wie die Formen der Vergesellschaftung. (1908: 25)

4.4 Zentrale sozial- und gesellschaftstheoretische Konzepte

4.4.1 Soziologische Apriori

Die angesprochenen „Formen der Vergesellschaftung" haben für Simmel zugleich bestimmte Voraussetzungen aufseiten der Individuen, die er unter dem Stichwort „soziologische Apriori" verhandelt. Deren Untersuchung versteht er als Analyse der „phänomenologische[n] Struktur" von Gesellschaft (1908: 58).

Die Konzeption des Kollektivbewusstseins als der eigentlich sozialen Seite der menschlichen Natur steht bei Durkheim für zweierlei: einmal für die Annahme mehr oder weniger gleicher Bewusstseinsinhalte bei allen Menschen, zum anderen für den Gedanken eines bewusstseinsmäßigen wechselseitigen **Aufeinander-bezogen-Seins** der Menschen (vgl. Durkheim 1893: 128, 1914: 377). Eine vergleichbare Vorstellung findet sich in der Soziologie Simmels in Gestalt der „soziologischen Apriori" (1908: 46, 56), also Voraussetzungen, die – vor jeder konkreten gesellschaftlichen Erfahrung (eben *apriori* im Unterschied zu *aposteriori*) – sozusagen als anthropologische Grundausstattung aufseiten der Subjekte gegeben sein müssen, damit diese sich als vergesellschaftete Wesen erleben und erfahren können. Es geht, so Simmel, um „das Bewußtsein, mit den andern eine Einheit zu bilden" (1908: 43): Danach ist „die Gesellschaft als eine Wissenstatsache" aufzufassen (1908: 47). Sie bildet sich aufseiten der Individuen durch subjektives Zugehörigkeitsgefühl und Zurechnungsprozesse. Leitend ist die Annahme, dass bei jedem Menschen ein Bewusstsein über seine Integration in die Gesellschaft, ein Bewusstsein der Vergesellschaftung ausgeprägt ist:

> Das Bewußtsein, Gesellschaft zu bilden, ist zwar nicht in abstracto dem Einzelnen gegenwärtig, aber immerhin weiß jeder den andern als mit ihm verbunden, [...] so sehr dieses Wissen und Erkennen sich nur an einzelnen, konkreten Inhalten zu vollziehen pflegt. (1908: 46)

„Soziologische Apriori" sind somit – implizit gewusste – kognitive Orientierungsmuster, die eine soziale Ordnung als sozial konstruierte Ordnung wechselseitiger Typisierung der Gesellschaftsmitglieder nach sozio-kulturell etablierten Deutungsmustern erkennbar werden lassen. Simmel unterscheidet drei dieser „apriorisch wirkenden Bedingungen oder Formen der Vergesellschaftung" (1908: 47, vgl. 43). Zu diesen gehört *erstens* der Umstand, dass Andere typischerweise als Rollenträger betrachtet werden: „Wir sehen den Andern in irgend einem Maße verallgemeinert". „Es scheint", so Simmel weiter, „als hätte jeder Mensch einen tiefsten Individualitätspunkt in sich, der von keinem andern [...] innerlich nachgeformt werden kann" (1908: 47, 48). *Zweitens* gehört dazu der Umstand, dass zugleich von der Rollen-Transzendenz der Anderen ausgegangen wird, davon, „daß der Einzelne mit gewissen Seiten nicht Element der Gesellschaft ist, [...] die Art seines Vergesellschaftet-Seins ist bestimmt oder mitbestimmt durch die Art seines Nicht-Vergesellschaftet-Seins" (1908: 51). *Drittens* schließlich gehört zu diesen apriorischen Bedingungen die Vorstellung einer quasi-natürlichen gesellschaftlichen Ortsbestimmung der Individuen:

> Gesellschaft zeigt [als] [...] ihre phänomenologische Struktur [...] eine Ordnung von Elementen deren jedes einen individuell bestimmten Platz einnimmt, eine Koordination von objektiv und in ihrer Bedeutung sinnvollen [...] Funktionen und Funktionszentren. (1908: 58)

Die methodische Implikation des **ersten Apriori**, das sich als Umschreibung von Reziprozitätsstrukturen verstehen und damit als Simmels Fassung von Alfred Schütz' Annahme der „Generalthesis der Reziprozität" deuten lässt (vgl. Kap. 9.3), liegt in der Betonung der Unzugänglichkeit fremden Bewusstseins für die Soziologie: „Das vollkommene Wissen um die Individualität des Andern [ist] uns versagt". Identifizierungen in der sozialen Wirklichkeit zeichnen sich durch einen Anonymisierungs- oder Typisierungsprozess aus: „Wir stellen jeden Menschen, mit besondrer Folge für unser praktisches Verhalten zu ihm, als den Typus Mensch vor, zu dem seine Individualität ihn gehören lässt" (1908: 48). Ein Gedanke der an Durkheims Auffassung vom Dualismus der menschlichen Natur erinnert. Bei Simmel erfährt dieser Gedanke allerdings eine weitergehende (dialektische) Entfaltung, wenn er argumentiert, dass „dieses Fragmentarische [...] der Blick des Andern zu dem [ergänzt], was wir niemals rein und ganz sind" (1908: 49), denn „wir [...] sind Augenblick für Augenblick aus den Wechselbeziehungen zu andern zusammengesetzt" (1908: 55). Anders formuliert: Wir werden zu uns selbst erst im Spiegel der Anderen – ein wegweisender Gedanke, wie er auch im Ansatz von George Herbert Mead ausgearbeitet wird. Aus dieser Einsicht in den grundsätzlichen Fragmentcharakter der sozialen Person steht die Begründung des Rollenbegriffs bei Simmel:

> Wir sehen den anderen nicht schlechthin als Individuum, sondern als Kollegen oder Kameraden oder Parteigenossen, kurz als Mitbewohner derselben besonderen Welt und diese unvermeidliche, ganz automatisch wirksame Voraussetzung ist eines der Mittel, seine Persönlichkeit und Wirklichkeit in der Vorstellung des andern auf die von seiner Soziabilität erforderte Qualität und Form zu bringen. (1908: 50)

Eine gesellschaftstheoretische Bedeutung des **zweiten Apriori** zielt auf Stigmatisierungs- und soziale Ausschließungsprozesse. So erwähnt Simmel selbst als Außenseiter Fremde, Feinde, Kriminelle und Arme: „Typen", wie er formuliert, „deren soziologische Bedeutung [...] in ihrem Kern [...] dadurch fixiert ist, daß sie von der Gesellschaft, für die ihre Existenz bedeutsam ist, grade irgendwie ausgeschlossen sind" (1908: 51). Im Kern richtet sich dieses Argument gegen einen Kollektivismus wie Simmel ihn bei Durkheim identifiziert:

> Das Apriori des empirischen sozialen Lebens ist, daß das Leben nicht ganz sozial ist, wir formen unsre Wechselbeziehungen nicht nur unter der negativen Reserve eines in sie nicht eintretenden Teiles unsrer Persönlichkeit [...], sondern grade die formale Tatsache, daß er außerhalb der letzteren steht, bestimmt die Art dieser Einwirkung. (1908: 53)

In der modernen Soziologie begegnet dieser Gedanke Simmels unter dem – als dialektisch verstandenen – Konzept der wechselseitigen Bestimmung von Struktur und Handeln, vom produzierten Produzierenden. Ganz wie Simmel sagt:

> Wir wissen uns einerseits als Produkte der Gesellschaft [...] Andrerseits wissen wir uns als ein Glied [also als ein Produzent] der Gesellschaft. (1908: 54f.)

Mit dem **dritten Apriori** nimmt Simmel – vergleichbar mit Durkheims Zuspitzung des Integrationsmechanismus moderner Gesellschaften auf die vermittelnde Bedeutung von Berufsgruppen – die Zentralität „der Kategorie des *Berufes*" für moderne Gesellschaften in den Blick. Er geht davon aus, dass „die Gesellschaft [...] ein Gebilde aus ungleichen Elementen" ist, deren Ungleichheit sich aus ihren „Wechselbeziehungen" herleitet. Leitend ist also ein Verständnis von „Gesellschaft" als eines komplexen relationalen Gefüges:

> So erscheint die Gesellschaft als ein Kosmos, [...] in dem [...] jeder Punkt nur in jener bestimmten Weise beschaffen sein und sich entwickeln kann, wenn nicht die Struktur des Ganzen geändert sein soll. (1908: 57)

Mit diesem Argument bleibt bei Simmel zumindest latent die Vorstellung einer sozusagen „prästabilisierten Harmonie" wirksam. So insbesondere, wenn er argumentiert, „daß jedes Individuum durch seine Qualität von sich aus auf eine bestimmte Stelle innerhalb seines sozialen Milieus hingewiesen ist: [...] das ist die Voraussetzung, von der aus der Einzelne sein gesellschaftliches Leben lebt und die man als den Allgemeinheitswert der Individualität bezeichnen kann" (1908: 59). Selbst wenn man diese Bestimmung im Sinne der Habitus-Konzeption von Bourdieu (vgl. Kap. 16.4) als die eine durch Sozialisationsprozesse sich quasi-natürlich ergebende Ortsbestimmung eines Individuums in einer Gesellschaft lesen will (eines *„sense of one's place"*) oder im Sinne von Merton (vgl. Kap. 7.4.2) als „anticipatory socialization", so überhöht Simmel dieses Verständnis doch im weiteren Sinne einer vorherbestimmten sozialen Ordnung, wenn er sagt, „daß für jede Persönlichkeit eine Position und Leistung innerhalb der Gesellschaft bestehe, zu der sie ‚berufen' ist, und der Imperativ [somit gelte], so lange zu suchen, bis man sie findet" (1908: 60). In diesem dritten Apriori artikuliert sich unter Bezugnahme auf die zentrale Bedeutung des Berufes in modernen Gesellschaften die Idee eines die Vorstellungswelt von Gesellschaft prägenden Strukturprinzips gesellschaftlicher Zugehörigkeit und letztlich auch ‚sozialer Mechanik' (geradezu im Sinne eines komplex miteinander verschachtelten Räderwerkes), welches dann empirisch natürlich keineswegs stets jeweils zu einem Passungsverhältnisses zwischen Individuum und Gesellschaft führt.

Grundsätzlich aber ist auch hinsichtlich dieses dritten soziologischen Apriori für Simmel die Zuspitzung moderner Gesellschaftsentwicklungen auf ihren **ambivalenten Charakter** leitend: Danach ist es „die eigenartige Struktur" der „arbeitsteilig gegliederten Gesellschaft", „daß einerseits die Gesellschaft eine ‚Stelle' in sich erzeugt und bietet, die zwar nach Inhalt und Umriss von andern unterschieden ist, aber doch prinzipiell von Vielen ausgefüllt werden kann und dadurch sozusagen etwas Anonymes bekommt; und daß nun diese, trotz ihres Allgemeinheitscharakters, von dem Individuum auf Grund eines inneren ‚Rufes', einer ganz persönlich empfundenen Qualifikation ergriffen wird" (1908: 60). Anonymisierung und objektive Austauschbarkeit (funktionale Äquivalenz) einerseits, Individualisierung und subjektive Nichtersetzbarkeit andererseits: Beides möchte Simmel zusammen denken, um den sozialen Ort, die gesellschaftliche Positionierung der Individuen zu verstehen.

Der systematische und theoriestrategische Ertrag der Einführung dieser drei „Apriori" der soziologischen Analyse bei Simmel gewinnt sein Profil aus einer doppelten Abgrenzung: einerseits gegen den zwangsbewährten Kollektivismus des Kontraktualismus der Politischen Philosophie, für den stellvertretend Thomas Hobbes' Konzeption des Naturzustandsarguments steht; andererseits gegen den utilitaristischen Individualismus der frühen Politischen Ökonomie, für den stellvertretend Adam Smiths Konzeption der „unsichtbaren Hand" steht. Argumentiert Simmel in diesen beiden Richtungen genau parallel zu Durkheim, so grenzt er sich darüber hinaus aber auch von Durkheims kollektivistischer Lösung ab: Simmels Fokus auf Wechselwirkungen und kognitive Strukturen (Apriori) resultiert konsequent in einer Perspektive auf die soziale Konstruktion von Gesellschaft. Denn mit Blick auf jedes Individuum, das in den eigenen sozialen Kreis eintritt, das man wahrnimmt, dem man begegnet, mit dem man spricht, wird – das ist der systematische Sinn der drei „Apriori" – eine komplexe dreigliedrige Relationierung vorgenommen: (a) mit Blick auf das Gattungswesen Mensch und seine typische Rollenförmigkeit, (b) mit Blick auf allgemeine soziale Strukturformen wie Schichten, Gruppen, Berufe, Rollen und (c) mit Blick auf Vorstellungen über den funktionalen Gesamtzusammenhang der jeweiligen Gesellschaft, also eine Wissensform. Entsprechend erklärt Simmel: „In ganz andrem Sinne als die äußre Welt ist die Gesellschaft ‚meine Vorstellung', d. h. auf die Aktivität des Bewußtseins gestellt" (1908: 44).

Mit dieser Argumentation ist der Soziologie – wie schon bei Durkheim – der direkte Weg in die Wissenssoziologie gewiesen, insofern das Verständnis leitend ist, dass es sich bei den historisch realisierten Vergesellschaftungsformen um jeweils gemeinschaftlich etablierte **Deutungen** dieser drei Apriori, also – modern gesprochen – um soziale Konstruktionen handelt: Es sind „Bewußtseinsprozesse, mit denen sich Vergesellschaftung vollzieht" (1908: 60). Ein wegweisender Grundgedanke, der dann im Rahmen der wissensanalytisch angelegten Sozial- und Gesellschaftstheorie insbesondere bei Peter Berger und Thomas Luckmann seine systematische Ausarbeitung erfahren hat (vgl. Kap. 10.4). Mit der historischen Ausbildung von Vorstellungen über „den Menschen", über die „sozialen Strukturformen" und über den „funktionalen Gesamtzusammenhang" der Gesellschaft verbinden sich zugleich normative und kognitive Erwartungen aller Mitglieder dieser Vergesellschaftung an die Gesamtheit dieser Mitglieder. Letztlich sind es also die Erwartungen und die Erwartungen, dass es Erwartungen gibt, die soziale Ordnungen und die Stabilität der in ihrem Rahmen entwickelten Vergesellschaftungsformen Simmel zufolge begründen.

> Die unscheinbaren Wechselwirkungen von Person zu Person [stellen] den Zusammenhang der gesellschaftlichen Einheit [her]. Was fortwährend an physischen und seelischen Berührungen, an gegenseitiger Erregung von Lust und Leid, an Gesprächen und Schweigen, an gemeinsamen und antagonistischen Interessiertheiten vor sich geht – das erst macht die wunderbare Unzerreißbarkeit der Gesellschaft aus, das Fluktuieren ihres Lebens, mit dem ihre Elemente ihr Gleichgewicht unaufhörlich gewinnen, verlieren, verschieben. (1908: 34)

Dabei bleibt Simmels Argumentation, die später von Niklas Luhmann aufgenommen wird (vgl. Kap. 12.4) – wie letztlich auch die von Durkheim – frei von jeder normativen Schließung. Und das gilt auch für seine daran anschließenden entwicklungs- und gesellschaftstheoretischen sowie gegenwartsdiagnostischen Überlegungen.

4.4.2 Gesellschaftstheorie

Diese sozialtheoretische Reflexionsebene ergänzt Simmel – wie schon Durkheim – durch eine entwicklungs- und gesellschaftstheoretische Perspektive, die konsequent in seine Gegenwartsdiagnose überleitet: Für Simmel ist der Strukturwandel von traditionalen zu modernen Gesellschaften durch den – erneut ambivalenten – Prozess einer gleichzeitig zunehmenden **Individualisierung** und fortschreitenden sozialen **Differenzierung** gekennzeichnet:

> Die Zugehörigkeit zu je einer [neuen Gruppe] [...] läßt der Individualität noch einen weiteren Spielraum; aber je mehre es werden, desto unwahrscheinlicher ist es, daß noch andre Personen die gleiche Gruppenkombination aufweisen werden, daß diese vielen Kreise sich noch einmal in einem Punkte schneiden. (1908: 466)

Fortschreitende soziale Differenzierung zieht für Simmel strukturnotwendig eine zunehmende Individualisierung aufgrund der Unwahrscheinlichkeit identischer Kombinationen sozialer Kreise nach sich. Die Konturen der gesamtgesellschaftlichen Entwicklungstrends, die Simmel im Übergang zu modernen Gesellschaften im Auge hat, lassen sich auf vier Aspekte konzentrieren (vgl. Tab. 4.1):
- Bedeutungsverlust traditionaler, quasi-natürlicher sozialer Bindungen
- Bedeutungszuwachs frei gewählter, auf Interessen und Neigungen beruhender sozialer Bindungen („soziale Kreise"): freiwillig und medienvermittelt („Geld")
- Bedeutungszuwachs individueller Formen der Konfliktbewältigung
- Steigerung der objektiven Möglichkeiten individueller Lebensführung

Tab. 4.1: Gesellschaftliche Differenzierungsprofile nach Simmel

	traditionale Gesellschaften	moderne Gesellschaften
Typik	schematisch	rational sachlich
Sozialer Ort	Herkunftsfamilie, Dorfgemeinschaft („ursprünglicher Assoziationskreis")	Rolle, Beruf („sachliche Gleichheit") („Gelehrtenrepublik")
Soziale Verhältnisse	ausgeprägte formale Ungleichheiten bei material eher ähnlichen Lebensformen	etablierte formale Gleichheit bei material ausgeprägten sozialen Ungleichheiten
Zuordnungsmodus	qua Geburt	qua Wahl
Struktur	Konzentrik sozialer Kreise	Kreuzung sozialer Kreise
Individuum	ganze Person	multipler Rollenträger: Individualisierung
Kultur	Tradierung spezifischer, fortlaufend gültiger Lebensweisen	fortgesetzte Veränderung jeweils weitgehend vereinheitlichter gruppenbezogener Lebensstile (Moden)
Beziehungsqualität	Gemütsbeziehungen (Land, langsamer Rhythmus)	Verstandesbeziehungen (Geld, objektive Leistung, Lebenstempo, reine Sachlichkeit)

Bezogen auf die mit dieser typologischen Abgrenzung verbundene historisch-entwicklungsgeschichtliche Perspektive ist es im Kern vor allem die Unterscheidung der **Konzentrik sozialer Kreise** als Integrationsmuster in traditionalen Gesellschaften von der Vorstellung der **Kreuzung sozialer Kreise** als dem in komplex (funktional) differenzierten (modernen) Gesellschaften wirksamen Integrationsmechanismus, die in besonderer Weise einprägsam wurde. Es ist die wegweisende theoretische Einsicht Simmels, dass es ihm hier gelingt, soziale Differenzierung und soziale Integration mittels ein und desselben Prinzips zu verstehen und zu erklären. Denn es ist die fortschreitende Differenzierung moderner Gesellschaften in ein Vielzahl sozialer Kreise, die zugleich das Prinzip ihrer (möglichen) Integration hervorbringt: die Möglichkeit der Kreuzung, d. h. der wechselseitigen Überschneidung dieser vielfältigen sozialen Kreise aufgrund individuell vielfältiger Mitgliedschaften in solchen Kreisen.

4.5 Gegenwartsdiagnose

Aus der Identifizierung dieser generellen gesamtgesellschaftlichen Entwicklungstrends entwickelt Simmel schließlich seine Gegenwartsdiagnose in Gestalt einer **Kultursoziologie der Moderne** – eine Gegenwartsanalyse, deren prognostische Kraft für Simmel weniger relevant war als vielmehr ihre Funktion als Indikator für aktuell verbreitete Bewusstseinskonstellationen. Das sich durchziehende Thema seiner Gegenwartsdiagnose ist das Spannungsverhältnis zwischen Individuum und gesellschaftlichem Umfeld. Und der Gesamttenor von Simmels Analyse wird – wie auch bei Durkheim – geprägt durch den Verlust eines ungebrochenen Fortschrittsoptimismus. Die Moderne und die moderne Gesellschaftsentwicklung werden als grundsätzlich ambivalent begriffen: Den Unabhängigkeits- bzw. Freiheitsgewinnen auf der einen Seite stehen die Bedrohung durch Sinnentleerung, Entwurzelung und Nivellierung – und damit Freiheitsverlust – auf der anderen Seite gegenüber.

Vier Phänomene sind es, die für Simmel (1908: 52) die gesellschaftliche Entwicklung in der Moderne auf der Basis von Differenzierungs- und Arbeitsteilungsprozessen bestimmen:

Erstens fasst Simmel die **moderne Geldwirtschaft** als „das messende, wägende, rechnerisch exakte Wesen der Neuzeit" (1900: 613; 1903: 119; 1908: 493). Das Geld, so Simmel, nivelliere den Wert der Dinge bis zur Inhaltslosigkeit: Nicht was die Dinge wert sind, stehe im Mittelpunkt des Interesses, sondern wie viel sie kosten würden. Geld wird nicht erst von Parsons und Luhmann als „symbolisch generalisiertes Interaktionsmedium" begriffen (vgl. Kap. 6.4.2 und 12.4.2), sondern bereits von Simmel als „symbolisches Zeichen" (1908: 393 Anm.) gedeutet und in seiner kommunikativen Funktion gewürdigt. Mit dem Verstand hat das Geld für Simmel die reine Sachlichkeit in der Behandlung von Menschen und Dingen gemein.

Zweitens führt für Simmel die **großstädtische Lebensweise** aufgrund der fortgesetzten Reizüberflutung, Hektik und Schnelllebigkeit zu einer enormen „Steigerung des Nervenlebens" (1903: 197 f.) was zu einer „Abstumpfung" und damit „Blasiertheit" führe (1903: 121). Durch die Reizübersättigung sei eine Distanziertheit, eine Reserviertheit, eine Vergleichgültigung als geistige Haltung der Großstädter zueinander charakteristisch. Entsprechend ist für Simmel klar, dass der intellektualistische Charakter des großstädtischen Geisteslebens der Schauplatz der über das Persönliche hinauswachsenden Kultur der Moderne ist. Dominant werde eine Kultur des reinen Andersseins, des Sich-Heraushebens, ein Inszenierungsgehabe.

Drittens verweist Simmel auf die Prozesse der **Rationalisierung des Alltagslebens** durch Massenkonsum. Dieser führe zu einer Vereinheitlichung und Versachlichung des Lebens und damit zur Ausprägung eines relativ homogenen Lebensstils, d. h. zu einem Verlust von Vielfältigkeit und kreativen Impulsen.

Viertens kritisiert Simmel in Aufnahme von Marx' Kritik am Entfremdungs- und Verdinglichungscharakter des kapitalistischen Arbeitsprozesses die **fortschreitende Arbeitsteilung** (1908: 493) mit ihrer zunehmenden Arbeitszerlegung und Spezialisierung in deren Konsequenz sich eine Fremdbestimmung und Nivellierung der menschlichen Persönlichkeit vollziehe; genauer: die Entkopplung von „schaffender Persönlichkeit" und „geschaffenem Werk" (1900: 631f.).

Diese allgemeinen Strukturmerkmale der gesellschaftlichen Entwicklung in modernen Gesellschaften finden ihren spezifischen Ausdruck auf der Ebene individueller Lebensführungen in einer grundsätzlich ambivalenten Rollenförmigkeit des sozialen Lebens. Sie impliziert einerseits einen Freiheitsgewinn qua Wählbarkeit, andererseits jedoch befördere sie eine Komplexitätssteigerung von Zwangsmomenten sowohl durch pluralisierte Erwartungsstrukturen als auch durch zwangsläufig entstehende Konflikte zwischen den verschiedenen rollenbezogenen Erwartungsmustern (Rollenkonflikte). Gleichwohl liegt in diesem sozialen Wandel für Simmel auch etwas Positives, nämlich die Strukturbedingungen der Ausbildung von Individualität: „Je mannigfaltigere Gruppeninteressen sich in uns treffen und zum Austrag kommen wollen, umso entscheidender wird das Ich sich in seiner Einheit bewußt" (1908: 468). Im Grundtenor verweist Simmels Analyse erneut auf Ambivalenzen, denen er in diesem Zusammenhang aber letztlich über die Stilisierung eines aristokratischen Ideals des heroisch sein Leben bewältigenden Einzelnen eine im Kern positive Wendung gibt.

Gleichwohl tritt der kulturkritische Akzent in Simmels Analysen immer dort eindrücklich hervor, wo er die „Diskrepanz zwischen objektiver und subjektiver Kultur" thematisiert; genauer: insofern er die Entwicklung der modernen Kultur durch das Übergewicht des objektiven Geistes charakterisiert sieht. Plastisch spricht Simmel von einer „Atrophie" (Schrumpfung) der individuellen durch die „Hypertrophie" (übermäßige Steigerung) der objektiven Kultur (u. a. 1903: 129f.). Aspekte dieser objektiven Kultur sind Sprache, Recht, Technik, Produktion, Kunst oder auch Wissenschaft. So heißt es an zentraler Stelle:

> Die Kulturobjekte erwachsen immer mehr zu einer in sich zusammenhängenden Welt, die an immer wenigeren Punkten auf die subjektive Seele mit ihrem Wollen und Fühlen hinunter greift. [...] Dinge und Menschen sind auseinandergetreten. (1900: 638f.)

Das gesamte Szenario dieser Signatur der Moderne bringt Simmel im Titel eines berühmten Essays auf den Begriff, der sich der „Tragödie der modernen Kultur" (1911) widmet.

4.6 Wirkungsgeschichte

Was Durkheim für die Soziologie in Frankreich war, das waren Georg Simmel und in noch ausgeprägterem Maße Max Weber für die deutschsprachige Soziologie. Dabei blieb Simmel lange Zeit ein Vergessener. Erst im Zuge der Publikation der Gesamtausgabe seines Werkes seit 1989 stellt sich eine Simmel-Renaissance ein. Aus diesem Grund ist die Wirkung Simmels schwer nachweisbar. Sie vollzog sich eher subkutan, insofern sein Werk insbesondere als soziologischer ‚Steinbruch' genutzt wurde, also als ungeheurer Zitatenschatz fortwirkte. Wichtig allerdings ist sein Einfluss auf die Chicago School in der Soziologie, die in den 1920er- und 1930er-Jahren in den USA ausgesprochen einflussreich war. So studierten deren spätere Vertreter Robert Park, Ernest W. Burgess und Louis Wirth bei Simmel in Berlin und nutzten die von ihm erhaltenen Anregungen nicht zuletzt im Rahmen ihrer stadtsoziologischen Analysen. In Deutschland waren es zunächst fast ausschließlich Alfred Vierkandt (1867–1953) und Leopold von Wiese (1876–1969), letzterer in Köln, die im Rahmen ihrer „Beziehungslehren" Überlegungen Simmels aufnahmen und zu systematisieren suchten. Inhaltlich werden Simmels soziologische Analysen dann vor allem nach dem Zweiten Weltkrieg für die Entwicklung der Gruppensoziologie, der Rollentheorie und der Konfliktsoziologie von Bedeutung. Hier waren es insbesondere Lewis A. Coser, Ralf Dahrendorf und Randall Collins, die an Simmel anschlossen. Konzeptionell ist darüber hinaus vornehmlich Simmels Relationismus wirksam geworden: einerseits in der Wissenssoziologie Karl Mannheims, andererseits wird diese Perspektive mit der sie begleitenden Vorstellung des grundsätzlich fluiden und ambivalenten Charakters sozialer Verhältnisse sowie der Sensibilität für das Fragile, Fragmentarische und Fraktale zum Vorreiter des sog. postmodernen Denkens (u.a. bei Zygmunt Bauman (1925–2017)). In jüngerer Zeit ist Simmels Werk zudem zum Bezugspunkt der Entwicklung einer Soziologie des Geldes avanciert (vgl. bspw. Christoph Deutschmann).

4.7 Zusammenfassende Übersicht

In diesem zusammenfassenden Abschnitt werden entsprechend der in der Einleitung dargelegten Kriterien zunächst die angesprochenen wesentlichen Aspekte des dargestellten Ansatzes in tabellarischer Form zusammengestellt (vgl. Tab. 4.2), anschließend werden die zentralen Begrifflichkeiten des Ansatzes nochmals knapp erläutert. Unter der Rubrik Literaturhinweise werden dann die zentralen Werke sowie ausgewählte Sekundärliteratur für das weitere Studium angegeben sowie schließlich unter dem Titel „Übungsaufgaben" einige Fragen zur Rekapitulation des Erarbeiteten zusammengestellt.

Tab. 4.2: Tabellarische Zusammenfassung Georg Simmel

Aspekt	Simmel
Ansatz	Formale Soziologie
Soziologieverständnis	Analyse von Vergesellschaftungsprozessen und Vergesellschaftungsformen
Methodik	Analyse von Wechselwirkungen
Erklärungsvorstellung	Verursachungskonstellationen
Gesellschaftsbegriff	prozessual: komplexe Verflechtung von Wechselwirkungen
Gesellschaftstypen	traditionale und moderne Gesellschaft
Macht und Herrschaft	Macht stets ein Phänomen sozialer Wechselwirkung; Über- und Unterordnung in sozialen Gruppen
Soziale Ungleichheit	von formaler Ungleichheit mitunter substantiell vergleichbarer Lebensweisen zur formalen Gleichheit zunehmend material ausgeprägter Ungleichheiten
Sozialer Wandel	von der Konzentrik zur Kreuzung sozialer Kreise; dynamisierender Faktor: fortschreitende Individualisierung
Soziale Differenzierung	Pluralisierung sozialer Kreise
Soziale Integration	Soziologische Apriori, Kreuzung sozialer Kreise in komplex differenzierten Gesellschaften
Gegenwartsdiagnose	Individualisierung sowie Auseinandertreten von subjektiver und objektiver Kultur

4.7.1 Grundbegriffe

Ambivalenz sozialer Prozesse: Der hinsichtlich seiner Bewertbarkeit und seiner positiven wie negativen Folgen grundlegend changierende bzw. oszillierende Charakter sozialer Veränderungen.
Dialektik von Konflikt und Integration: Bezeichnung für den Umstand, dass Konflikte und Konfliktaustragungen ebenso integrierende Wirkung haben wie Formen sozialer Integration Konfliktpotenzial bergen, dass also von einer strengen Wechselseitigkeit und Gleichzeitigkeit von Konflikt und Integration auszugehen ist.
Differenzierung: Bezeichnung für die Gliederung einer Gesellschaft nach Handlungsbereichen, die auf die Erledigung spezialisierter Aufgaben zugeschnitten sind.
Individualisierung: Historischer Wandel auf der Ebene der einzelnen Person wie auf der Ebene von Gesellschaften, in dessen Verlauf sich individuelle Handlungs- und Gestaltungsspielräume zunehmend erweitern, gesellschaftliche Zwänge und Formen sozialer Kontrolle weniger offensichtlich werden und Individuen zunehmend weniger an ihr Herkunftsmilieu gebunden bleiben.

Kreuzung sozialer Kreise: Simmels Bild für den Umstand, dass Individuen in modernen Gesellschaften einer Vielzahl von sozialen Kontexten mit jeweils spezifischen Rollenmustern zugehören. Insofern Individuen damit stets einen Schnittpunkt, eine Kreuzung sozialer Kreise darstellen, dienen sie ungeachtet dieser Differenzierung zugleich als Integrationspunkte moderner Gesellschaften.

Soziologische Apriori: Voraussetzungen, die das Bewusstsein der Individuen einer Gesellschaft so prägen, dass die konkreten sozialen Vorgänge als Prozesse realer Vergesellschaftung gedeutet werden. Solchermaßen erzeugen die soziologischen Apriori die Vorstellung der Einheit der Gesellschaft. Sie bilden das Wissen a priori vom Vergesellschaftetsein.

Vergesellschaftung: Begriff für die Einsicht Simmels, dass sich Gesellschaft stets im Werden befindet, also für die Soziologie nur als fortwährender Prozess, als kontinuierliches Verhältnis von Wechselwirkungen in den Blick kommen kann.

Vergesellschaftungsformen: Allgemeine soziale Verhältnisse der Wechselwirkung unter Menschen wie bspw. im Tausch, im Wettbewerb, im Konflikt, im Rahmen von Arbeitsteilungen.

Wechselwirkungen: Simmels Grundbegriff, der seine Einsicht bezeichnet, dass die Handlungen, Erwartungen, Urteile und Verhaltensweisen der Individuen in einem sozialen Kreis sowohl aufeinander verweisen als auch sich gegenseitig bedingen. Sie lassen sich nur im jeweiligen Bezug aufeinander und so in ihren jeweiligen Verhältnissen verstehen.

4.7.2 Literaturhinweise

Werke: 1890: Über sociale Differenzierung, 1892: Probleme der Geschichtsphilosophie, 1892/93: Einleitung in die Moralwissenschaft, 1900: Philosophie des Geldes, 1908: Soziologie, 1917: Grundfragen der Soziologie, 1918: Der Konflikt der modernen Kultur. Im Suhrkamp Verlag ist die „Georg Simmel Gesamtausgabe" von 1989 bis 2015 in 24 Bänden erschienen.

Junge, Matthias (2010) Georg Simmel kompakt, Bielefeld: transcript.
Lichtblau, Klaus (1997) Georg Simmel, Frankfurt/M./New York: Campus.
Nedelmann, Birgitta (1980) Strukturprinzipien der soziologischen Denkweise Georg Simmels, in: Kölner Zeitschrift für Soziologie und Sozialpsychologie 32, S. 559–573.
Tyrell, Hartmut/Rammstedt, Ottheim/Meyer, Ingo (Hg.) (2011) Georg Simmels große „Soziologie". Eine kritische Sichtung nach hundert Jahren, Bielefeld: transcript.
Pyyhtinen, Olli (2017) The Simmelian Legacy, Basingstoke: Palgrave Macmillan.
Ziemann, Andreas (2008) Verstehen und Erklären bei Georg Simmel, in: Rainer Greshoff/Georg Kneer/Wolfgang Ludwig Schneider (Hg.), Verstehen und Erklären. Sozial- und Kulturwissenschaftliche Perspektiven, München: Fink, S. 27–49.

4.7.3 Übungsaufgaben

(1) Erläutern Sie Simmels Konzept der „Wechselwirkungen".

(2) Skizzieren Sie Simmels Unterscheidung von traditionalen und modernen Gesellschaften anhand von vier Aspekten, und erörtern Sie diese vergleichend.

(3) Benennen und erläutern Sie den systematischen Sinn der drei soziologischen Apriori, die Simmel formuliert.

(4) Was versteht Simmel unter „Individualisierung"? Wodurch entstehen die entsprechenden Prozesse und welche Konsequenzen ziehen diese Simmel zufolge nach sich?

(5) Stellen Sie die wesentlichen Aspekte von Simmels Gegenwartsdiagnose dar und erläutern Sie in diesem Zusammenhang seine These von der „Tragödie der Kultur".

5 Max Weber: Vergesellschaftung als Rationalisierung

Das Werk von Max Weber wird – häufig zusammen mit denjenigen von Karl Marx und Émile Durkheim – als eine der zentralen Grundlegungen soziologischen Denkens und Forschens betrachtet. Diese wirkungsgeschichtliche Einschätzung eines herausragenden Klassikerstatus betrifft sowohl die methodologisch-methodische Grundlegung der Soziologie bei Weber als auch die Wirkmächtigkeit seiner materialreichen Untersuchungen bspw. zur Religions- und zur Herrschaftssoziologie. Geleitet ist sein Soziologieverständnis dabei von der Überzeugung, dass eine adäquate soziologische Analyse stets unter Bezugnahme auf identifizierbare *Interessen* sozialer Trägergruppen, leitende *Ideen* ihres Handelns und der gesellschaftlichen Organisationsprinzipien sowie die etablierten *Institutionen* als den sanktionsbewährten Regelungsinstanzen erfolgen muss. Webers, in gewisser Weise komplementär zu Marx' Konzentration auf ökonomische Veränderungsprozesse und Dynamiken ausgeprägt auf kulturelle und herrschaftliche Prozesse ausgerichtete Untersuchungen bündeln sich dabei in der universalhistorischen Diagnose eines umgreifenden, sich exemplarisch im europäisch-nordamerikanischen Kulturraum vollziehenden Rationalisierungsprozesses, den er unter die Leitwährung der **„Entzauberung"** stellt.

5.1 Grundzüge

Will man so etwas wie ein Kernthema der Soziologie von Max Weber identifizieren, dann ist dies wohl die Frage, aus welchen Gründen es in den nordwest-europäischen und nordamerikanischen Gesellschaften zu einem umfassenden, alle Lebensbereiche durchdringenden **Rationalisierungsprozess** gekommen ist. Diesen Prozess der „Rationalisierung" begreift Weber als das „Schicksal unserer Zeit" und die Formel der „Rationalisierung" fungiert bei ihm als Leitbegriff für die verschiedenartigen Teilprozesse einer Bürokratisierung, Verrechtlichung, Industrialisierung, Intellektualisierung, Spezialisierung, Versachlichung, Disziplinierung, Entzauberung, Säkularisierung, ja sogar „Entmenschlichung". Im Rahmen dieser leitenden Fragestellung geht es Weber um die universalgeschichtlich vergleichende Erörterung der „allgemeinen Struktur*formen* menschlicher Gemeinschaften" (1920/21: 212), also der ethnischen, religiösen, rechtlichen, politischen, sexuellen und erotischen (Familie etc.) Typen von Gemeinschaftsbildungen. Für deren jeweiliges historisches Entwicklungsprofil sind für Weber insbesondere deren Beziehungen zur Wirtschaft, d. h. zu sozial-ökonomischen Reproduktionsprozessen und zur Herrschaft, d. h. zu Machtverhältnissen, von vorrangigem Interesse. Als Grundlage dieses spezifischen Rationalisierungsprozesses identifiziert Weber bestimmte religiöse Impulse. Die Deutung und Analyse des Kapitalismus als spezifischen okzidentalen Rationalismus auf der Grundlage des asketischen Protestantismus wird von Weber dabei im Kontrast zu anderen religiösen Traditionen und ihren gesellschaftlichen Einflüssen in weltgeschichtlich vergleichender Perspektive untersucht.

5.2 Biografie

Max Weber wird am 21. April 1864 in Erfurt geboren. Er entstammt einer sehr vermögenden Handelsfamilie und sein Vater ist ein erfolgreicher Berufspolitiker des Wilhelminischen Deutschland. Die berufliche Tätigkeit seines Vaters spiegelt sich bei seinem Sohn Max später in fortgesetzten politisch-publizistischen Interventionen. Weber wächst im großbürgerlichen Milieu einer der reichsten deutsch-englischen Handelsfamilien des 19. Jahrhunderts auf. 1869 zieht die Familie nach Berlin um. Sein Studium der Rechtswissenschaft, Nationalökonomie, Geschichte und Philosophie nimmt Weber ab 1882 in Heidelberg, dann ab 1884/85 in Berlin und 1885/86 in Göttingen auf und schließt dieses 1889 mit einer rechtshistorischen Dissertation und 1891 mit einer rechtshistorischen Habilitation ab. Nach der Heirat mit Marianne Schnitger im Herbst 1893 wird Weber 1894 Professor für Nationalökonomie in Freiburg. Seine dortige Antrittsrede im Frühsommer 1895 „Der Nationalstaat und die Volkswirtschaftspolitik" sorgt mit ihrem Kernargument, dass die polnischen Ostarbeiter das einheimische Einkommensniveau zerstören würden – mit den entsprechenden Folgen u.a. für die Arbeitslosigkeitsrate – für einigen Aufruhr. 1896 erhält Weber die Professur für Nationalökonomie in Heidelberg, wo er bis zum Ende seines Lebens wohnt. Der Tod des Vaters 1897, gefolgt vom Beginn der eigenen Erkrankung 1898, ziehen eine zweijährige Abwesenheit (Sanatoriumsaufenthalte) und eine Unterbrechung der Lehrtätigkeit nach sich. Zwar kehrt Weber 1902 nach Heidelberg zurück, muss aber 1903 im Alter von 39 Jahren seine akademische Lehrtätigkeit aufgrund dauerhafter psychischer Erkrankungen (Depressionen, nervliche Zusammenbrüche) aufgeben. Es beginnt ein Privatgelehrtendasein mit intensiver Besucherfrequenz in der Villa an der Ziegelhäuser Landstraße in Heidelberg. 1904 übernimmt Weber die Mitherausgabe des damals führenden sozialwissenschaftlichen Fachorgans „Archiv für Sozialwissenschaft und Sozialpolitik". 1909 folgt die Übernahme der Schriftleitung für den „Grundriß der Sozialökonomie". Diese Aufgabe bildet nunmehr den zentralen institutionellen Rahmen von Webers Schaffen. 1909 gehört er zu den Mitbegründern der Deutschen Gesellschaft für Soziologie, der institutionellen Alternative zum ökonomisch-normativ ausgerichteten „Verein für Socialpolitik", scheidet aber Ende 1912 aufgrund des Streites über die Werturteilsfreiheit wieder aus deren Vorstand aus. Ab 1911 nimmt Weber sein vergleichendes Studium der außereuropäischen Weltreligionen auf. Während des Ersten Weltkrieges ist Weber nur kurzzeitig 1914/15 als Offizier in einem Reservelazarett in Heidelberg im Einsatz. In diese Jahre fallen zwei seiner berühmten Vorträge: in München vor dem „Freistudentischen Bund" im November 1917 über „Wissenschaft als Beruf" und im Januar 1919 über „Politik als Beruf". Im Sommersemester 1918 lehrt Weber probeweise Politische Ökonomie in Wien und ab März

1919 übernimmt er die Professur für Soziologie in München. Weber stirbt an einer Anfang Juni aufgetretenen Lungenentzündung im Alter von 56 Jahren am 14. Juni 1920.

5.3 Methodologisch-methodische Grundlegung: Verstehende Soziologie

Der erste Satz des ersten Paragraphen von Wirtschaft und Gesellschaft lautet: „Soziologie [...] soll heißen: eine Wissenschaft, welche soziales Handeln deutend verstehen und dadurch in seinem Ablauf und seinen Wirkungen ursächlich erklären will." Soziales Handeln ist für Weber ein „Handeln [...], welches seinem [...] gemeinten Sinn nach auf das Verhalten anderer bezogen wird und daran in seinem Ablauf orientiert ist" (1920/21: 1). Drei Aspekte sind in dieser Bestimmung von Soziologie zentral: Soziales Handeln – Sinn – deutend verstehen/ursächlich erklären. Der Forschungsgegenstand der Soziologie wird mit dem Begriff sozialen Handelns bestimmt; das Spezifikum der Wissenschaftskonzeption der **verstehenden Soziologie** und ihrer Aufgabenbestimmung ergibt sich durch die analytische Ausrichtung auf Sinnbezüge; und das methodische Selbstverständnis verstehender Soziologie und das ihr eigentümliche Erklärungsprofil zielt auf eine Verbindung von Verstehen und Erklären.

Soziologie soll „deutend verstehen", d. h. soziale Wirklichkeit als einen Sinnzusammenhang begreifen. Über das Verständnis des Begriffs **„Sinn"** lässt sich Webers Vorstellung vom Wissenschaftsprofil der Soziologie klären. Weber erläutert:

> „Sinn" ist [...] entweder [1] der tatsächlich in einem historisch gegebenen Fall von einem Handelnden oder [2] [...] durchschnittlich [...] in einer gegebenen Masse von Fällen von den Handelnden oder [3] in einem begrifflich konstruierten reinen Typus von dem oder den als Typus gedachten Handelnden subjektiv gemeinte Sinn. [...] „Verstehen" heißt in all diesen [drei] Fällen: deutende Erfassung: a) des im Einzelfall real gemeinten (bei historischer Betrachtung) oder b) des durchschnittlich und annäherungsweise gemeinten (bei soziologischer Massenbetrachtung [Statistik]) oder c) des für den reinen Typus (Idealtypus) einer häufigen Erscheinung wissenschaftlich zu konstruierenden („idealtypischen") Sinnes oder Sinnzusammenhangs. (1920/21: 1, 4)

Unterschieden werden von Weber also: (a) der Einzelfall als vorrangiger Gegenstand historischer Betrachtung: Geschichte; (b) die soziologische Massenbetrachtung (Durchschnitt): Statistik; und (c) die Bildung von Typenbegriffen: diese dienen der idealtypischen Rekonstruktion der vorverstandenen Wirklichkeit. Sie bilden den Kern der verstehenden Soziologie. Aus diesem Grund stellt Weber – im Unterschied sowohl zur Analyse historischer Prozesse als einer Geschichte ‚großer Männer' (so a) wie auch im Unterschied zu den Durkheim leitenden normativ gesättigten Normalitätsvorstellungen (so b) – für die Untersuchungsperspektive der verstehenden Soziologie fest:

> Für die Soziologie [...] ist der Sinnzusammenhang des Handelns Objekt der Erfassung. [...] Die Soziologie bildet Typenbegriffe und sucht generelle Regeln des Geschehens. (1920/21: 9)

5.3 Methodologisch-methodische Grundlegung: Verstehende Soziologie — 71

Im Zentrum des Untersuchungsinteresses der verstehenden Soziologie steht also nicht das singuläre und individuelle **Handeln** Einzelner. Deshalb sind einfache „statistische Regelmäßigkeiten" von komplexen „soziologischen Regeln" zu unterscheiden (1920/21: 6):

> Nur solche statistische Regelmäßigkeiten, welche einem verständlichen gemeinten Sinn eines sozialen Handelns entsprechen, sind [...] verständliche Handlungstypen [Sinnadäquanz], also: „soziologische Regeln". Nur solche rationalen Konstruktionen eines sinnhaft verständlichen Handelns sind soziologische Typen realen Geschehens, welche in der Realität wenigstens in irgendeiner Annäherung beobachtet werden können [Kausaladäquanz]. (1920/21: 6)

Verstehen als Erklären bedeutet für die verstehende Soziologie damit zweierlei: Mit dem Begriff der „Sinnadäquanz" zielt Weber auf die Erfassung des Sinnzuammenhangs, in dem ein soziales Handeln steht; mit dem Begriff der „Kausaladäquanz" zielt er auf die daran anschließende Bestimmung der mit diesem Handeln verbundenen Ursachen und Wirkungen. Mit dieser methodischen Grundlegung über die Kriterien der Sinn- und der Kausaladäquanz fordert Weber für die soziologische (wissenschaftliche) Begriffsbildung eine Anbindung an den Alltag und die Alltagssprache, die für die verstehende Soziologie eine bestimmte Form der Begriffsbildung erfordert: die Form der **idealtypischen Begrifflichkeit.** Diese Form der Begriffsbildung ist für die Methodik der verstehenden Soziologie zentral:

> Der Idealtypus [...] wird gewonnen durch einseitige Steigerung eines oder einiger Gesichtspunkte und durch Zusammenschluss einer Fülle von diffus und diskret, hier mehr, dort weniger, stellenweise gar nicht, vorhandenen Einzelerscheinungen, die sich jenen einseitig herausgehobenen Gesichtspunkten fügen, zu einem in sich einheitlichen Gedankengebilde. In seiner begrifflichen Reinheit ist dieses Gedankenbild nirgends in der Wirklichkeit empirisch vorfindbar, es ist eine Utopie. (1904: 191)

Die von Weber zur Charakterisierung des **Idealtypus** gewählten Begrifflichkeiten sind eindeutig: „Gedankengebilde" und (nicht in normativer Hinsicht miss zu verstehende, sondern ihren eigentlichen Begriffsgehalt ernst nehmende, also keinen realen Ort in der sozialen Wirklichkeit bezeichnende) „Utopie". Betont wird von ihm damit die Spannung (der „*hiatus irrationalis*") zwischen Begriff und Wirklichkeit (vgl. 1920/21: 11; 1904: 205, 190). Unter dem Gesichtspunkt der „Ausscheidung des ‚Zufälligen'" (1904: 201) beschreibt Weber Idealtypen als „für soziologische Zwecke geschaffene, begrifflich reine Typen" (1920/21: 13). Die Bedeutung und Funktion dieser Begriffe für die soziologische Arbeit erläutert Weber folgendermaßen:

> Für die Forschung will der idealtypische Begriff das Zurechnungsurteil schulen: Er ist keine „Hypothese", aber er will der Hypothesenbildung die Richtung weisen. Er ist nicht eine Darstellung des Wirklichen, aber er will der Darstellung eindeutige Ausdrucksmittel verleihen. (1904: 190; vgl. 202)

Idealtypische Begriffe dienen „heuristischen Zwecken", sie fungieren im Forschungsprozess der verstehenden Soziologie als „Erkenntnismittel" (1904: 175) und für die „Darstellung [...] als begriffliche Mittel zur Vergleichung [...] der Wirklichkeit an ihnen" (1904: 198 f.). Sowohl für Forschungs- als auch für Darstellungszwecke gilt also: „Nicht als Ziel, sondern als *Mittel* kommt [...] die Bildung abstrakter Idealtypen in Betracht" (1904: 193). Und lediglich um dieser ihrer heuristischen Funktion willen gehorcht ihr Bildungsprinzip der Leitvorstellung von Zweck-Mittel-Rationalitäten. Dieser methodische Rationalismus expliziert demnach eine Forschungspragmatik, keineswegs jedoch eine irgendwie geartete rationalistische Vorstellung über die Formen sozialen Handelns. Man kann sich, so Weber, dann, wenn „Zusammenhänge" der in einem Idealtypus „abstrakt dargestellten Art [...] in der Wirklichkeit als in irgendeinem Grade wirksam *festgestellt* sind oder *vermutet* werden, [...] die *Eigenart* dieses Zusammenhangs an einem *Idealtypus* pragmatisch [besser] *veranschaulichen* und *verständlich* machen" (1904: 190).

Beispiele idealtypischer Begriffsbildungen im Werk Webers sind:
- zwei Typen von Sozialitätsformen: Vergemeinschaftung und Vergesellschaftung
- vier Orientierungsweisen („Bestimmungsgründe") des Handelns: zweckrational, wertrational, affektuell, traditional
- vier Typen von „Ordnungen": Brauch (Regelmäßigkeit), Sitte (Ethos), Konvention (Gewohnheit), Recht (Regel, gesatzt, kodifiziert)
- drei Typen der Geltungsgründe legitimer Ordnungen: Tradition, Glaube, Legalität
- drei Typen legitimer Herrschaft: charismatisch (Auserwähltheit: Begabung), traditional (Geburt: Konvention), rational-legal (Gewähltheit, Leistung: Verfahren)

Empirisch treten diese Typen in der historischen Wirklichkeit jeweils nur in Mischformen auf. Sie dienen der Identifizierung der jeweils unterschiedlichen Kulturbedeutung sozio-historischer Phänomene als Leitfaden. Grundsätzlich gilt somit, dass der Idealtypus weder vorbildlich noch durchschnittlich ist, also weder eine normative Konstruktion noch einen statistischen Mittelwert darstellt. Insbesondere gegen ein Missverständnis des Idealtypus als eines normativen Ideals wehrt sich Weber vehement. Es sei, so betont er, „hervorgehoben, dass der Gedanke des Sein *sollenden*, des ‚Vorbildlichen' von diesen in rein *logischem* Sinn ‚idealen' Gedankengebilden [...] sorgsam fernzuhalten ist" (1904: 192):

> Ein „Idealtypus" in unserem Sinne ist etwas gegenüber der wertenden Beurteilung völlig indifferentes, er hat mit irgend einer anderen als einer rein logischen „Vollkommenheit" nichts zu tun. (1904: 200)

Ist das Ziel soziologischer Forschung die „Erkenntnis der *Wirklichkeit* in ihrer Kultur*bedeutung* und ihrem kausalen Zusammenhang" (1904: 174), dann gehen in den Forschungsprozess in mehrfacher Hinsicht Urteile des Forschers ein. So insbesondere bei der Frage der Einschätzung der **Kulturbedeutsamkeit** eines Phänomens und bei dem auf die Kriterien der Sinn- und der Kausaladäquanz abstellenden Anschluss an das als sinnvoll erachtete Vorverständnis des Gegenstandes. Zur Klärung der Frage, was dann die Indifferenz gegenüber Wertung meint, ist eine Unterscheidung von Wertbeziehung und Werturteil erforderlich (1904: 148–156; 1920: § 1, I., 9., S. 8f.). „Idealtypen" sind für Weber lediglich Hilfsmittel, wie er sagt, „im *logischen*", keineswegs jedoch „im *praktischen* Sinne". Es sind also keine „*vorbildlichen* Typen", sondern lediglich „Begriffe, an welchen die Wirklichkeit vergleichend *gemessen*" wird, weshalb ein Idealtypus lediglich eine „empirische *Geltung*", nicht aber eine normative Gültigkeit beansprucht (vgl. 1904: 199). In diesem Sinne kommt den Erkenntnisinteressen des Forschers, also den Fragestellungen und Aspekten, auf die er sein Hauptaugenmerk in der Forschung richtet, als **Wertbeziehungen** konstitutive Bedeutung für die Forschung und ihre Resultate zu, keineswegs jedoch sind diese normativ zu überhöhen und also als Werturteile miss zu verstehen. Deshalb spricht Weber nicht einfach nur von Wertfreiheit, sondern im Kern geht es ihm um Wert*urteils*freiheit. Und zwar im strengen begrifflichen Sinne, d.h. im Unterschied zur Wert*beziehungs*freiheit), die für ihn aufgrund leitender Urteile über die Einschätzung der Kulturbedeutsamkeit bestimmter sozialer Erscheinungen am Anfang jeder Forschung stehen.

5.4 Zentrale sozial- und gesellschaftstheoretische Konzepte

5.4.1 Herrschaft, Wirtschaft und soziale Ungleichheit

Weber ist die Verwendung des Begriffs „Gesellschaft" als Grundbegriff der Disziplin fremd – stattdessen unterscheidet er wie Simmel in **prozessualer Perspektive** die Typen der „Vergesellschaftung" und „Vergemeinschaftung". Ebenso wenig überzeugt ihn die Vorstellung, die Soziologie ziele auf die Entwicklung gesamtgesellschaftlicher Analysen. Entsprechend hat man seine Soziologie auch als eine „Soziologie ohne Gesellschaft" bezeichnet. Weber konzentriert sich gegenüber derartigen Erwartungen auf die perspektivische Analyse früherer und moderner gesellschaftlicher Lebensverhältnisse unter den Gesichtspunkten der für sie bestimmenden Herrschafts- und Wirtschaftsordnungen (Ungleichheit) – und dabei der für diese charakteristischen Ideen, Interessen von Trägergruppen und Institutionen – zur Identifizierung der Rahmenbedingungen allgemeiner historischer Veränderungsprozesse.

Weber zufolge ist für die Analyse sozialer Wirklichkeit deren **herrschaftliche Strukturierung** zentral. Im Unterschied also zum Begriff der „Macht", der für Weber „soziologisch amorph", also für die soziologische Analyse nicht verwendbar ist (1920: 28, 531), wie auch im Kontrast zu persönlichem „Einfluß" kommt im Herrschaftsbegriff bei ihm *erstens* eine wechselseitige Beziehung in den Blick, insofern der Gehorsam, den eine Person oder Gruppe findet, in den „verschiedensten Motiven der Fügsamkeit" derjenigen sein Pendant findet, die gehorchen, d.h. seine Entsprechung in einem „Gehorchen*wollen*, also: [einem] *Interesse*" seitens der Gehorchenden erhält (1920: 28, 531):

> „Herrschaft" soll, definitionsgemäß die Chance heißen, für spezifische (oder: für alle) Befehle bei einer angebbaren Gruppe von Menschen Gehorsam zu finden.

Dabei soll der Begriff des „Gehorsams" bedeuten, „daß das Handeln des [oder der] Gehorchenden im wesentlichen so abläuft, als ob er den Inhalt des Befehls um dessen selbst willen zur Maxime seines Verhaltens gemacht habe, und zwar *lediglich* um des formalen Gehorsamsverhältnisses halber" (1920: 123). Der Begriff der **Herrschaft** verweist also typischerweise auf die Konstellationen zwischen dem „Typus des Gehorchens", der Typik des „Verwaltungsstabes" und dem „Charakter der Ausübung der Herrschaft" (1920: 122):

> Die Struktur einer Herrschaft empfängt [...] ihren soziologischen Charakter zunächst durch die allgemeine Eigenart der Beziehung des oder der Herren zu dem Apparat und beider zu den Beherrschten und weiterhin durch die ihr spezifischen Prinzipien der „Organisation", d.h. der Verteilung der Befehlsgewalten. (1920: 549)

Für die Zwecke einer Unterscheidung von „Grundtypen der Herrschaft" konzentriert Weber sich auf die Frage: „auf welche Prinzipien die ‚Geltung' einer Herrschaft, d.h. der Anspruch auf Gehorsam der ‚Beamten' gegenüber dem Herrn und der Beherrschten gegenüber beiden, gestützt werden kann" (1920: 549). Webers Herrschaftsbegriff zeichnet sich also *zweitens* durch die Beobachtung aus, dass zum Gehorchen „normalerweise ein weiteres Moment: der Legitimitätsglaube" tritt (1920: 549).

> Die Fügsamkeit gegenüber der Oktroyierung von Ordnungen durch Einzelne oder Mehrere setzt, soweit [...] Legalitätsvorstellungen bestehen, den Glauben an eine in irgendeinem Sinn legitime Herrschaftsgewalt des oder der Oktroyierenden voraus. (1920/21: 20) Mithin ist es zweckmäßig, die Arten der Herrschaft je nach dem ihnen typischen Legitimitätsanspruch zu unterscheiden, [d.h.] maßgebend für die Klassifizierung einer Herrschaft [ist], [...] daß ihr eigener Legitimitätsanspruch der Art nach in einem relevanten Maß „gilt", ihren Bestand festigt und die Art der gewählten Herrschaftsmittel mit bestimmt. (1920/21: 122f.)

Die Stabilität einer Herrschaftsordnung ist damit Weber zufolge im Kern von der Vorstellung aufseiten der Herrschaftsunterworfenen abhängig, dass es sich in ihren Augen bei der Ordnung (Herrschaft) unter der sie leben um eine ‚legitime Ordnung' handelt. Insgesamt wird an dieser Stelle der dreifache Blick Webers auf **Interessen** („Gehorchenwollen") und **Ideen** („Legitimitätsvorstellungen") einerseits sowie auf **Institutionen** („Verbände" und „Verwaltungsstäbe") andererseits deutlich, der das analytische Profil von Webers herrschaftssoziologischer Perspektive auszeichnet. Insofern sich die von Weber unterschiedenen Typen legitimer Herrschaft „weitgehend" durch die Art der Motive des Gehorsams bestimmen, also ob dieser eben „rein durch Sitte [traditional] oder rein affektuell oder durch materielle Interessenlage [zweckrational] oder ideelle Motive [wertrational]" erfolgt (1920/21: 122f.), unterscheidet er

„drei reine Typen legitimer Herrschaft", also drei **Herrschaftstypen**, in denen jeweils eine Form der „Legitimitätsgeltung" „primär" oder dominant ist (1920/21: 124 ff.):
- **Rationale Herrschaft** ist gekennzeichnet durch den „Glauben an die Legalität gesatzter Ordnungen" und durch bürokratische Organisationen geprägt.
- **Traditionale Herrschaft** ist gekennzeichnet durch den „Alltagsglauben an die Heiligkeit von jeher geltender Traditionen".
- **Charismatische Herrschaft** ist gekennzeichnet durch die „außeralltägliche Hingabe an die Heiligkeit oder die Heldenkraft oder die Vorbildlichkeit einer Person".

Auch in diesem Fall gilt allerdings für „die soziologische Typologie" das, was für Webers Vorstellung idealtypischer Begriffsbildung generell gilt: „Zu glauben: die historische Gesamtrealität lasse sich in das [...] entwickelte Begriffsschema ‚einfangen', liegt hier so fern wie möglich" (1920: 124) (vgl. Tab. 5.1).

Tab. 5.1: Drei Typen legitimer Herrschaft nach Weber

Aspekte \ Herrschaftstypus	Charismatisch	Traditional (patriarchal/ständisch)	Legal
Legitimitätsgrundlage	außeralltägliche Fähigkeiten des Herrschers	Heiligkeit seit jeher geltender Ordnungen	Legalität formal korrekt gesatzter Ordnungen
Handlungsorientierung	affektuell	traditional	rational
Typus des Befehlenden	Prophet, Held, „Führer"	Patriarch, persönlicher Herr	Vorgesetzte
Typus Gehorchender	Jünger	persönlich Abhängige (Diener)	Untergebene, Bürger
Herrschaftsbeziehung	persönlich	persönlich – unpersönlich (Tradition)	unpersönlich
Verwaltungsstab	kein expliziter: Gefolgsleute	persönlich Abhängige	Bürokratie mit Amtshierarchie
Rechtsform	Herr setzt Recht (Offenbarung)	überliefertes, materiales Recht (Deutung)	rein formal gesatztes Recht (positivistisch)
Vergesellschaftungsmodus	Gemeinde, Vergemeinschaftung	Pietätsverband	Herrschaftsverband
Wandlungstempo	eher dynamisch	eher statisch	strukturierte Dynamik (institutionalisierte Problembearbeitung)

Webers **ungleichheitsanalytischer Ansatz** profiliert sich durch drei kritische Differenzierungen gegenüber Marx' Klassenbegriff (vgl. Kap. 2.4.2). Für Marx' Klassenbegriff war dreierlei charakteristisch: *erstens* ein im Kern monokausales Erklärungsprogramm aufgrund der Verfügung bzw. Nichtverfügung über Produktionsmittel (Produktivkräfte), sodass im Prinzip nur ein Faktor der Entstehung sozialer Ungleichheit in Rechnung gestellt wird; *zweitens* eine deshalb notwendige Unterscheidung in Besitzende und Nichtbesitzende: also ein antagonistisches Klassenmodell; *drittens* eine Unterscheidung von „Klasse an sich" als objektiver Klasse, die über statistische Strukturdaten identifizierbar ist, und von „Klasse für sich", die erst über die Ausbildung eines subjektiven Klassenbewusstseins entsteht und dann Marx zufolge notwendig zu einer Revolution führt. Bei Marx ist also die Annahme eines unmittelbaren Zusammenhangs zwischen Klassenlage und Bewusstseinsbildung leitend (vgl. Kap. 2.3.1, 2.3.4).

Im Unterschied dazu argumentiert Weber *erstens* für eine komplexe Verursachung und ein komplexes Ungleichheitsgefüge im Zusammenspiel von **Ideen** (Gerechtigkeitsvorstellungen), **Interessen** (Optimierung von Lebenschancen) und **Institutionen** (Gesellschaftliche Mechanismen und Einrichtungen der Güterverteilung). Deshalb ist für ihn die Unterscheidung von **Klasse und Stand** bzw. von Klassenlage (‚objektiv') und ständischer Lage (‚subjektiv') leitend: Klassenlage ist „letztlich ‚Marktlage'", also sozio-ökonomische Lage; ständische Lage meint in Bezug auf Lebensführungsmerkmale „eine typisch wirksam in Anspruch genommene positive oder negative Privilegierung in der sozialen Schätzung". *Zweitens* plädiert Weber für eine Pluralität von Klassenbegriffen. Er unterscheidet zwischen „Besitzklasse", „Erwerbsklasse" und „sozialen Klassen" in einem nicht antagonistischen Sinn. Während die ersten beiden Klassenbegriffe für die Ressourcen stehen, aufgrund derer sich diese Klassen bilden, so steht der Begriff der „sozialen Klasse" als analytischer Begriff für die Klassenverhältnisse, zwischen denen Auf- und Abstiege typischerweise stattfinden. Damit steht er für die gesellschaftlich etablierten Mobilitätschancen und Mobilitätsgrenzen, also für die je nach individueller sozialer Lage wahrscheinlichen sozialen Aufstiegs- wie Abstiegsprozesse. *Drittens* schließlich formuliert Weber eine Absage an den bei Marx postulierten notwendigen Zusammenhang zwischen Klassenlage und Bewusstseinsbildung: Aus dem Umstand des Bestehens von Klassen können, aber müssen keineswegs „Vergesellschaftungen der Klasseninteressen" entstehen. Damit verbindet sich konsequenterweise auch eine Absage an jedwede Vorstellung teleologischer historischer Prozesse.

Während für Marx die durch die Ungleichverteilung von Besitz und Nichtbesitz bedingten gesellschaftlichen Machtunterschiede direkt im Zentrum der Aufmerksamkeit gesellschaftlicher Analyse stehen, fragt demgegenüber Weber eher nach diesen letzteren und ihrer Institutionalisierung, d. h. ihn interessiert vorrangig die konkrete Umsetzung im Zuge der Etablierung hierarchisch strukturierter Sozialverhältnisse und -beziehungen im Kontext hochgradig differenzierter Herrschaftsordnungen – und zwar wie sich diese im Rahmen einer bestimmten Wirtschaftsform in einem umfassenden Rationalisierungsprozess entwickelt haben und zu einer spezifischen Gegenwartsdiagnose führen. Gesellschaften sind Weber zufolge damit soziale Zusammenhänge von Ungleichheitsverhältnissen. Sein spezifisches Interesse mit Blick auf die Analyse von Wirtschaftsformen richtet sich aber auf die Prozesse historischen Wandels und hier speziell auf den okzidentalen Rationalismus mit seiner spezifischen kapitalistischen Wirtschaftsweise.

5.4.2 Okzidentaler Rationalisierungsprozess

Mit der Rede vom **„okzidentalen Rationalisierungsprozess"** ist für Weber das Kernphänomen der gesellschaftlichen Entwicklung in Europa seit Ausgang der Antike auf den Begriff gebracht. Im Unterschied zu Marx unternimmt er keine Analyse des Profitstrebens des Kapitalisten, das dieser als Motor der geschichtlichen Entwicklung identifiziert, sondern ihn interessiert der im Zuge des Kapitalismus sich vollziehende Rationalisierungsprozess. Denn, so Webers Argument, Profitstreben ist kein gegenwartsspezifisches, also kein nur für die Moderne charakteristisches Phänomen, während demgegenüber die umfassende Rationalisierung aller gesellschaftlichen Lebensverhältnisse seit der Neuzeit und speziell im „Okzident" historisch ohne jedes Vorbild ist. Und dieser Rationalisierungsprozess bezieht sich auf die Leitideen sozialen Handelns:

> Interessen (materielle und ideelle), nicht: Ideen, beherrschen unmittelbar das Handeln der Menschen. Aber: die „Weltbilder", welche durch „Ideen" geschaffen wurden, haben sehr oft als Weichensteller die Bahnen bestimmt, in denen die Dynamik der Interessen das Handeln fortbewegte. Nach dem Weltbild richtete es sich ja: „wovon" und „wozu" man „erlöst" sein wollte und konnte. [...] Wobei „die Art des in einer Religion als höchstes Gut erstrebten (diesseitigen) Seligkeits- oder Wiedergeburtszustandes offenbar notwendig verschieden sein musste je nach dem Charakter der Schicht, welche der wichtigste Träger der betreffenden Religiosität war. [Institutionen] [...] Vor allem die Eigenart der Intellektuellenschichten war dabei von der größten Tragweite. (1915: 251f.)

Für Weber ist es eine doppelte Trennung, die die Möglichkeit konsequenten methodisch-rationalen Kalkulierens und damit eine spezifische nicht abschließbare Rentabilitätslogik eröffnet: zum einen die Trennung von Hauswirtschaft und privater betrieblicher Erwerbswirtschaft, zum anderen die Trennung von Privatwirtschaft und Staatswirtschaft. Die Freisetzung wirtschaftlichen Handelns also sowohl aus den familiär gebundenen Versorgungszusammenhängen einerseits als auch andererseits aus einem staatlichen und einer bestimmten Herrschaftsstruktur geschuldeten Interesse bilden für Weber Voraussetzungen für die dynamische kapitalistische Entwicklung. Deren Kern sucht Weber im Rahmen seiner berühmt gewordenen **„Protestantismus-Kapitalismus-Studie"** über den Zusammenhang spezifischer Ausprägungen des Protestantismus und einer spezifischen kapitalistischen Rationalität freizulegen: also einer These über die spezifische „Kulturbedeutung" des Protestantismus.

> Ich [versuche] nachzuweisen [...]: wie [...] der Geist dieser asketischen Religiosität [Ideen] [...] den ökonomischen Rationalismus geboren hat [Institutionen], weil sie das Entscheidende: die asketisch bedingten, rationalen Antriebe [Interessen] prämierte. (1915: 165; vgl. 1, 15)

Als „Geist des Kapitalismus" betrachtet Weber eine Lebensführung mit der generellen Verpflichtung auf beruflichen Fleiß und wirtschaftliche Rationalität. Weber zufolge meint die Rede von einem spezifisch kapitalistischen Geist

> vor allem: den Gedanken der Verpflichtung des Einzelnen gegenüber den als Selbstzweck vorausgesetzten Interessen an der Vergrößerung seines Kapitals. [...] Der Mensch ist auf das Erwerben als Zweck seines Lebens, nicht mehr das Erwerben auf den Menschen als Mittel zum Zweck der Befriedigung seiner materiellen Lebensbedürfnisse bezogen. [...] jener eigentümliche, uns heute so geläufige, in Wahrheit doch so wenig selbstverständliche Gedanke der Berufspflicht [...] ist es, welcher der „Sozialethik" der kapitalistischen Kultur charakteristisch [...] ist. (1904/05: 33 ff.)

Weber interessiert in seiner Studie die an Marx' Analyse (vgl. Kap. 2) der Umstellung von einfachen (W–G–W) auf entwickelte, Profit ermöglichende Produktionsweisen (G–W–G') erinnernde Frage nach der historisch sich vollziehenden Ausbildung einer „Sozialethik". Seine generelle Antwort lautet: „Damit jene der Eigenart des Kapitalismus angepasste Art der Lebensführung und Berufsauffassung [...] [entstehen] konnte, musste sie offenbar zunächst entstanden sein [...] als eine Anschauungsweise, die von [bestimmten] Menschengruppen getragen wurde" (1904/05: 37). Diese „Anschauungsweise" ist für Weber die aus der Reformation hervorgegangene spezifisch asketische Variante des Protestantismus bei Calvinisten, Pietisten, Methodisten und verschiedenen täuferischen Sekten, die besonders konsequent im Calvinismus ausgeprägt ist. Aufgrund des Glaubens, dass das Schicksal des Menschen von Gott vorherbestimmt ist (Prädestinationslehre) und die Menschen (Gläubigen) über diese Bestimmung ihres Schicksals zwar nichts wissen, aber doch nicht ohne jede noch so vage Gewissheit leben können, habe sich historisch die Annahme ausgebildet, irdischer Wohlstand diene als Indiz für ein Auserwähltsein von Gott. Diese Annahme befördere, so Weber, dann nicht nur den beständigen Ansporn ein moralisch einwandfreies Leben zu führen, sondern ebenso die Verpflichtung auf einen Lebensführungstypus der „innerweltlichen Askese". Gilt weltlicher Wohlstand als Anzeichen göttlicher Erwähltheit und ist dieser Wohlstand durch beruflichen Erfolg erringbar, dann stellt sich so etwas wie ein Zwang zu einer methodisch rationalisierten Lebensführung ein. Diese starke religiöse Verankerung eines kapitalistischen Geistes und eines beruflichen Leistungsstrebens macht Weber zufolge ein verbreitetes Streben nach wirtschaftlichem Erfolg wahrscheinlich und ermöglicht es aus einer gesellschaftlichen Minderheitenposition heraus, wie dies für die protestantischen Sekten historisch der Fall war, eine kapitalistische Wirtschaftsordnung durchzusetzen. Eine entsprechende wirklichkeitsprägende Bedeutung misst Weber in diesem Argument deshalb der Religion bei, weil er der Auffassung ist, dass nur ein religiöser Glaube in der Lage sei, Wertüberzeugungen in größeren Gruppen derart existentiell verbindlich werden zu lassen.

Das Argument zielt auf die **„Wahlverwandtschaft"** zwischen bestimmten lebenspraktischen Maximen des Protestantismus und des modernen okzidentalen Betriebskapitalismus. Weber eröffnet seine Protestantismus-Kapitalismus-These mit der Beobachtung, dass sich in calvinistisch geprägten Milieus auf der Ebene alltäglicher Lebensvollzüge eine offenkundig widersprüchliche Einheit von Prädestinationslehre und ihrem anti-aktivistischen Zuschnitt mit einer hohen Intensität an kapitalistischer Aktivität verbindet. Diese Beobachtung lässt Weber die Frage stellen, wie sich diese spannungsvolle Einheit historisch ausbilden konnte. Seine Antwort legt er in vier

Schritten vor: Danach führt *erstens* die Leitidee (Prädestinationslehre) in gemeinschaftlich strukturierten sozialen Kontexten wie Gruppen (Sekten) strukturell zur Ausbildung systematischer wechselseitiger Beobachtungsstrategien, um in alltäglichen Handlungszusammenhängen jeweils identifizieren zu können, welche Gruppenmitglieder in besonderer Weise „in Gottes Gnade" stehen (könnten), d. h. wer durch die Vorsehung Gottes auserwählt ist. Dieses alltägliche Phänomen der Suche nach (außeralltäglichen) Orientierungsfiguren führt dann *zweitens* zu einer spezifisch aktivistischen (pragmatischen) Umdeutung des originär anti-aktivistischen Zuschnitts der Prädestinationslehre, da sich nunmehr alle Gläubigen strukturell als prädestiniert auszuweisen suchen, also aktiv auf eine Optimierung ihrer Wohlstandssituation hinwirken müssen. Durch diese Umdeutung entsteht *drittens* objektiv eine Konkurrenzsituation unter den Gruppenmitgliedern um die „Ehre" nicht nur als paradigmatisches Subjekt (als mit göttlicher Gnade versehene und besonderer Anerkennung würdige Person) angesehen zu werden, sondern auch als auserwählt gelten zu können. Es ist diese Konkurrenzsituation, die dann *viertens* auf der Ebene alltagspraktischer Tüchtigkeit konsequenterweise eine spezifische Rentabilitätslogik des Handelns generiert und letztlich dauerhaft forciert, d. h. also beruflichen Erfolg schlechthin zum Gradmesser der Lebensführung nimmt.

Das zentrale Erklärungsproblem ist für Weber die spezifische *Umdeutung* einer religiösen Leitidee, die deren objektiv widersprüchliche, geradezu paradoxe Einheit mit einem ökonomischen Handlungsprinzip überhaupt erst ermöglicht. Weber argumentiert hier mit der Unterscheidung von objektivem (nicht intendiertem, transintentionalem) und subjektiv gemeintem (intendiertem) Sinn, denn er rekonstruiert den objektiven Sinn einer intentional nicht präsenten Umdeutung. Eine weitere praktische Folge dieses religiös begründeten Denkens bzw. dieser Forderung nach einer gottgefälligen Lebensweise ist dann übrigens zudem ein markanter Individualisierungsschub: Es kommt in der Konsequenz dieser praktischen Umdeutung des Gottesverhältnis einzig und allein auf die persönliche Beziehung zu Gott, das individuelle Gottvertrauen an (1904/05: 30 – 43).

In seinen historisch (universalgeschichtlich) vergleichenden Studien zur „Wirtschaftsethik der Weltreligionen" sucht Weber seine These über den Zusammenhang von Protestantismus und kapitalistischer Entwicklung in transkultureller Perspektive abzusichern. Er geht der Frage nach, warum es trotz jahrhundertelanger Zivilisationsvorsprünge insbesondere in Indien und China gerade nicht zur Ausbildung dieses Musters eines „okzidentalen Rationalismus" gekommen ist. Und analog zu seiner Protestantismus-Studie sieht er auch diesmal die Gründe für die spezifisch anderen Entwicklungsrichtungen der östlichen Kulturen in religiösen Überzeugungen (Glaubenshaltungen) begründet. Im Kern geht es erneut um die Untersuchung der mit dem religiösen Glauben verbundenen „praktischen Antriebe zum Handeln" (1915: 238). Denn alle Religionen prägen die Haltung (also die Nähe oder Distanz) der Gläubigen zur außerreligiösen Welt. Es ist ein universelles, ein **Strukturphänomen von Religionen** und gerade von Weltreligionen, dass sie Antworten auf die Differenzen zwischen dem religiösen Postulat mit seinen ethisch-moralischen Ansprüchen auf der einen Seite und den tatsächlichen Gegebenheiten der diesseitigen Welt auf der anderen Seite geben. Und im typologischen Vergleich ergeben sich dann charakteristische Unterschiede (vgl. Tab. 5.2):

Tab. 5.2: Religionen und Weltbezüge

Weltbejahend	Weltverneinend			
	Passive Heilssuche (weltabgewandt)		Aktive Heilssuche (weltzugewandt)	
Welt*anpassung:* Konfuzianismus/ Taoismus/Islam	Welt*überwindung:* Okzidentales Christentum	Welt*flucht:* Hinduismus/ Buddhismus	Welt*beherrschung:* Protestantische Ethik	*Schickung* in die Welt: Antikes Judentum/ Ur-Christentum
	asketisch aktiv-weltabgewandter Asket	kontemplativ (ekstatisch) passiv-weltabgewandter Mystiker	asketisch verändernd aktiv-weltzugewandter Asket	kontemplativ (ekstatisch) passiv-weltzugewandter Mystiker

In den Studien zur „Wirtschaftsethik der Weltreligionen" arbeitet Weber mit einem dreigliedrigen Untersuchungsprogramm: Auf die Darlegung der sozio-ökonomischen Konstellationen als Rahmen der Religion folgen eine Analyse der dominanten **Trägerschichten** der jeweiligen Orthodoxien und Heterodoxien und eine Analyse der jeweiligen Lebensorientierungen dieser Trägerschichten und insbesondere ihrer Orientierungen im Hinblick auf ökonomisches Handeln (vgl. Tab. 5.3). Mit diesem Rahmen nimmt er ausgehend von einer Analyse der Konstellationen im Okzident die Lebensbereiche aller Kulturen und aller Zeiten vergleichend in Blick. Insgesamt entwickelt Weber im Zuge dieses komplexen und historisch weit ausgreifenden Forschungsvorhabens ein Verständnis der von Europa ausgehenden neuzeitlichen Entwicklung als eines umfassenden universellen (nicht universalen) okzidentalen Rationalisierungsprozesses, den er unter den Titel der „Entzauberung" stellt und der sämtliche Lebensbereiche durchdringt: Wissenschaft (rationaler Beweis, Experiment und systematischer Fachbetrieb), Kunst (Gesetze der Ästhetik, rationale Kompositionslehre: Bach) und Staatshandeln (politische Anstalt, rational gesatzte Verfassung, rational gesatztes Recht, an Gesetzen orientierte Verwaltung durch Fachbeamte).

Neben der Installierung eines betriebsförmigen Rentabilitätskapitalismus ist für Weber ein weiterer Prozess besonders charakteristisch für die okzidentale Entwicklung: die Verrechtlichung und fortschreitende **Bürokratisierung**, die zu einer systematischen, detailversessenen Buchhaltung aller Lebensvorgänge führen: „Die Bürokratie ist ‚rationalen' Charakters: Regel, Zweck, Mittel, ‚sachliche' Unpersönlichkeit beherrschen ihr Gebaren" (1920/21: 578). Dabei ist laut Weber „die intensive und *qualitative* Erweiterung und innere Entfaltung des Aufgabenkreises der Verwaltung Anlass der Bürokratisierung" (1920/21: 560). Als historisch „überall spätes Entwick-

Tab. 5.3: Religiöse Leitideen – Trägergruppen – Weltbezüge

	Religiöse Leitideen	Trägergruppen	Weltbezug
Konfuzianismus	Sittlichkeit	„weltordnende Bürokraten", eine literarisch gebildete, politisierte Führungsschicht (Mandarine)	Weltanpassung
Hinduismus	individuelles Schicksal und sozial gebundene Ritualpflicht (Karma)	„weltordnende Magier", vedisch gebildete, entpolitisierte Brahmanen (erbliche Kaste literarisch Gebildeter)	Weltflucht (kontemplativ)
Buddhismus	Mystik (Kunstlehre zur Erlösung)	„weltdurchwandernde Bettelmönche"	Weltflucht (kontemplativ)
Islam	Prestige	„weltunterwerfende Krieger" (Glaubenskämpfer)	Weltanpassung (standesbezogen)
Antikes Judentum	Eschatologie	zunächst „wandernde Händler", später eine literarisch-ritualistisch geschulte Intellektuellenschicht (Rabbiner)	Schickung in die Welt (kontemplativ)
Okzidentales Christentum	Erlösungslehre (Soteriologie)	zunächst „wandernde Handwerksburschen", später städtisches Kleinbürgertum	Weltüberwindung (asketisch)
Protestantismus (Calvinismus/ Puritanismus)	Prädestinationslehre	gewerbetreibende puritanische Kleinbürger	Weltbeherrschung (asketisch)

lungsprodukt" vernichtete sie „dabei Strukturformen der Herrschaft, welche einen, in diesem speziellen Sinn, rationalen Charakter nicht hatten" (1920/21: 578 f.), sondern sich durch „ein eigentümliches Miteinander einer Sphäre strenger Traditionsgebundenheit einerseits, freier Willkür und Gnade des Herrn andererseits" auszeichnen (1920/21: 563) – also charismatische und traditionale Herrschaftsformen. Weber zufolge haben „für die moderne Bürokratie [...] die ‚berechenbaren Regeln' die eigentlich beherrschende Bedeutung", denn „‚sachliche' Erledigung bedeutet in diesem Fall in erster Linie Erledigung ‚ohne Ansehen der Person' nach *berechenbaren Regeln*" (1920/21: 562 f.).

> Entscheidend ist [...] nur, daß prinzipiell hinter jeder Tat echt bürokratischer Verwaltung ein System rational diskutabler „Gründe", d. h. entweder: Subsumtion unter Normen, oder: Abwägung von Zwecken und Mitteln steht. (1920/21: 565)

Für den Herrschaftstypus der **Bürokratie** gilt nach Weber grundsätzlich *erstens*, dass „eine einmal voll durchgeführte Bürokratie [...] zu den am schwersten zu zertrümmernden sozialen Gebilden" gehört (Stabilität, Objektivität), *zweitens*, dass „die objektive Unentbehrlichkeit des einmal bestehenden Apparats in Verbindung mit der ihm eigenen ‚Unpersönlichkeit' [...] es andererseits mit sich [bringt], daß er [...] sich sehr leicht bereitfindet, für jeden zu arbeiten, der sich der Herrschaft über ihn einmal zu bemächtigen gewußt hat" (Charakterlosigkeit, Verführbarkeit), und schließlich gilt *drittens*, dass „bürokratische Verwaltung [...] ihrer Tendenz nach stets Verwaltung mit Ausschluß der Öffentlichkeit" ist (Intransparenz, Arkanpolitik) (1920/21: 569ff.). In diesen drei strukturell mit der Etablierung bürokratischer Strukturen einhergehenden Entwicklungen sieht Weber eine erhebliche und problematische Entlastung von kontinuierlichen Legitimationszwängen und zugleich eine elementare Überlebensbedingung für moderne demokratisch-pluralistische Herrschaftsformen, die auf dem Prinzip demokratischer Assoziation und damit Delegation und Repräsentation beruhen. Erneut ist hier also für Weber die Diagnose der grundlegenden, d. h. strukturellen Ambivalenz leitend, die das Risiko eines jederzeitigen Umschlagens des Wirkungszusammenhangs etablierter Strukturen sensibel vermerkt.

Grundsätzlich macht Weber also einen allgemeinen Rationalisierungsprozess aus, ein kontinuierliches „Vordringen des ‚Rationalismus' der Lebensgestaltung" (1920/21: 576). Dabei wird dieser Prozess von ihm „ganz allgemein" als „die Entwicklung zur rationalen ‚Sachlichkeit', zum ‚Berufs-' und ‚Fachmenschentum'" charakterisiert. Ein Prozess, für den insbesondere „die Art der Erziehung und Bildung" zum zentralen Mechanismus der Erhaltung avanciert; einer Bildung, die die spezifische Gestalt der „Fachschulung" annimmt. Aufgrund dieser erstmals von Weber pointiert herausgearbeiteten Entwicklungen wird Talcott Parsons dann für die Veränderung von Bildungsprozessen und ihrer historisch enorm gestiegenen Bedeutung in modernen Gesellschaften von einer neben der politischen (Frankreich) und industriellen (England) dritten Revolution als Geburtsstunde moderner Gesellschaften sprechen, der Bildungsrevolution (vgl. Kap. 6).

5.5 Gegenwartsdiagnose

Weber bringt die geschilderten Entwicklungstrends in zeitdiagnostischer Zuspitzung auf die seiner Meinung nach entscheidende Konstellation, auf den sich ereignenden „Kampf des [neuen] ‚Fachmenschen'-Typus gegen das alte ‚Kulturmenschentum'" (1920/21: 578). Auch wenn dies ein Autor großbürgerlicher Herkunft formuliert, so ist es die beschriebene allgemeine Entwicklungstendenz einer Rationalisierung mit ihrem spezifischen Zug zur Bürokratisierung, die Webers wenige und verstreute zeitdiagnostische Bemerkungen im Kern prägen. Zwei Aspekte dieser Gegenwartsdiagnose sind dabei zu unterscheiden:

Erstens die Diagnose eines allgemeinen Wandlungsprozesses der „rationalen Versachlichung der Lebensordnungen" (1915: 552), der zu einer **Ausdifferenzierung von Wertsphären** führt: neben der religiösen sind dies für Weber die ökonomische, die politische, die künstlerisch-ästhetische, die erotische und die intellektuelle Sphäre (1915: 544–567). Kennzeichnend für diesen Prozess ist die „innere Eigengesetzlichkeit der einzelnen Sphären" (1915: 541). Analytisch gesprochen formuliert Weber mit dieser Beobachtung einer Pluralisierung von Wertsphären in modernen Gesellschaften eine auf die Etablierung bereichsspezifischer Rationalitätskriterien zugeschnittene Variante der These der funktionalen Differenzierung als Charakteristikum moderner Gesellschaften (vgl. 1915: 567–571).

Zweitens diagnostiziert Weber die aus diesem sozio-historischen Veränderungsprozess resultierenden Konsequenzen auf sozialer und individueller Hinsicht: ein **Sinn- und Freiheitsverlust** aufgrund von Ausdifferenzierungs- und Bürokratisierungsprozessen:

> Der Puritaner wollte Berufsmensch sein, – wir müssen es sein. Indem die Askese aus den Mönchzellen heraus in das Berufsleben übertragen wurde [...] half sie [...] jenen mächtigen Kosmos der modernen, an die technischen und ökonomischen Voraussetzungen mechanisch-maschineller Produktion gebundenen, Wirtschaftsordnung erbauen, der heute den Lebensstil aller einzelnen, die in dies Triebwerk hineingeboren werden, [...] mit überwältigendem Zwange bestimmt und vielleicht bestimmen wird, bis der letzte Zentner fossilen Brennstoffs verglüht ist. [...] [So] ließ das Verhängnis ein stahlhartes Gehäuse werden [und so] [...] gewannen die äußeren Güter dieser Welt zunehmende und schließlich unentrinnbare Macht über den Menschen, wie niemals zuvor in der Geschichte. (1915: 203 f.)

Danach verursachen die beobachteten Differenzierungsprozesse und die mit ihnen einhergehende wechselseitige Entkopplung der einzelnen Handlungssphären ein Orientierungsproblem, da sie strukturell zu einer Pluralisierung von miteinander konkurrierenden Sinnangeboten führen, aufgrund dessen die Ausbildung eines konsistenten Weltbildes erschwert wird: die Diagnose vom **Sinnverlust**. Zugleich führen die materiellen Abhängigkeiten sowie die ausfernde rechtliche Fixierung der Lebensverhältnisse wie auch das ungezügelte Wachstum der Bürokratien strukturell zu einer fortschreitenden Einschränkung des kulturellen und handlungspraktischen Gestaltungsspielraums des modernen Menschen: die Diagnose vom **Freiheitsverlust**. Doch auch wenn diese Diagnose Webers vom Sinnverlust und Freiheitsverlust im „ehernen Gehäuse der Hörigkeit" moderner Gesellschaften einige Prominenz erlangt hat (dazu Habermas 1981-I: 332–345; vgl. Kap. 11), so ist doch einzuräumen, dass zeitdiagnostische Überlegungen bei Weber keineswegs zentral sind. Am ausführlichsten hat Weber sich diesem Thema in der „Zwischenbetrachtung" (1915) im Rahmen seiner Studien zur „Wirtschaftsethik der Weltreligionen" zugewandt.

Überblickt man die Gegenwartsdiagnosen von Marx, Durkheim und Weber, so ergibt sich eine markante Differenz: Während Marx der modernen Gesellschaft *ökonomisch* die Kosten des Modernisierungsprozesses in Gestalt von Ausbeutung und Entfremdung vorrechnet und Durkheim *kulturell-normativ* auf die Anomisierungs- und Demoralisierungsprozesse – für die Gesellschaft wie für die Individuen – im Zuge der gesellschaftlichen Modernisierung verweist, so verzeichnet Weber demgegenüber den Sinn- und Freiheitsverlust in der für moderne Gesellschaften eigentümlichen Pluralisierung der „Wertsphären" einerseits und dem für sie charakteristischen „ehernen Gehäuse der Hörigkeit" ihrer Bürokratien andererseits. Webers Gegenwartsdiagnose trägt also einen *institutionell-politischen* Akzent. Die Gegenwartsdiagnose Simmels lässt sich aufgrund der für sie bestimmenden Fokussierung des ambivalenten Charakters des sozialen Wandels zu modernen Gesellschaften keiner dieser drei Linien eindeutig zuordnen. Demgegenüber sind mit den drei klassischen soziologischen Gegenwartsdiagnosen von Marx, Durkheim und Weber historisch wie systematisch die drei wirkungsmächtigsten Typen von Modernitätskritik vorgezeichnet: die einer Ökonomisierung des Sozialen („Linke"), die einer Orientierungskrise („Rechte") und die der Bürokratisierung und Verrechtlichung des Sozialen („Liberale").

5.6 Wirkungsgeschichte

Webers Werk begründet den Typus verstehender Soziologie. Mit ihren Grundbegriffen des sozialen Handelns, des Sinns, des Verstehens und des Idealtypus ist nicht nur der Kern von Webers methodischer Grundlegung umrissen, sondern zugleich eine ganze Traditionslinie soziologischer Forschung eröffnet. Dabei ist der Aufstieg Webers zu der neben Marx und Durkheim zentralen Gründungsfigur der Soziologie zu einem Gutteil der Wiederentdeckung seines Werkes nach dem Zweiten Weltkrieg durch Talcott Parsons, also dem Umweg über die USA geschuldet. Anlässlich des 100. Geburtstages Webers fand der 15. Deutsche Soziologentag u.a. mit Parsons, Herbert Marcuse, Reinhard Bendix, Benjamin Nelson und Karl W. Deutsch als amerikanischen Gästen in Heidelberg unter dem Titel „Max Weber und die Soziologie heute" statt. Dieser Kongress darf als Beginn der Weber-Renaissance in Deutschland und Europa und damit als das Schlüsselereignis zum Aufstieg Webers unter die Großen der Soziologiegeschichte gelten. Seither bildet Webers Werk wahrscheinlich *den* Gravitationspunkt soziologischen Denkens. Dabei lassen sich in erster Orientierung fünf Entwicklungsrichtungen der theoretischen Rezeption unterscheiden: **(1)** Im Anschluss und in Revision von Durkheims Theorie der sozialen Differenzierung nimmt Parsons Webers These einer Pluralisierung der Wertsphären auf und reformuliert diese im Sinne einer allgemeinen Ausdifferenzierungslogik sozialer Systeme (vgl. Kap. 6.4.2). Ein erster Schritt zur Entwicklung einer soziologischen Systemtheorie, an den später Niklas Luhmann anknüpfen wird (vgl. Kap. 12). Eine weitere Entwicklungsrichtung bleibt **(2)** werkimmanent und sorgt im Anschluss an die Rezeption durch Talcott Parsons für Webers Klassikeraufstieg und Reimport nach Deutschland insbesondere durch umfassende werkgeschichtliche Rekonstruktionen und Diskussionen der Textgrundlagen von Webers Werk (Johannes Winckelmann, Wolfgang Schluchter, Constans Seyfarth). In systematischer Hinsicht werden **(3)** Webers Analysen eines umgreifenden Rationalisierungsprozesses zudem im Rahmen Norbert Elias' Theorie des Zivilisationsprozesses (vgl. Kap. 8.4) und Michel Foucaults Theorie der Disziplinargesellschaft (vgl. Kap. 15.4.2) verlängert. In Aufnahme von Webers Analyse des Typus bürokratischer Herrschaft und fortschreitender Bürokratisierungsprozesse entwickelt **(4)** die Tradition der Kritischen Theorie die These von der „verwaltete[n] Welt", an die dann Jürgen Habermas mit der Aufnahme der zeitdiagnostischen Thesen Webers vom Sinn- und Freiheitsverlust im Rahmen seiner kritischen Theorie der Moderne anknüpft (vgl. Kap. 11.5). Schließlich wird **(5)** Webers Handlungstypologie mit ihrer methodischen Dominantsetzung des zweckrationalen Handlungstypus ebenso zum Bezugspunkt von Rational-Choice-Theorien (vgl. Kap. 14). Gerade auch diese letzte Entwicklungslinie dokumentiert das paradigmenübergreifende Anregungspotenzial von Webers Soziologie.

5.7 Zusammenfassende Übersicht

In diesem zusammenfassenden Abschnitt werden entsprechend der in der Einleitung dargelegten Kriterien zunächst die angesprochenen wesentlichen Aspekte des dargestellten Ansatzes in tabellarischer Form zusammengestellt (vgl. Tab. 5.3), anschließend werden die zentralen Begrifflichkeiten des Ansatzes nochmals knapp erläutert. Unter der Rubrik Literaturhinweise werden dann die zentralen Werke sowie ausgewählte Sekundärliteratur für das weitere Studium angegeben sowie schließlich unter dem Titel „Übungsaufgaben" einige Fragen zur Rekapitulation des Erarbeiteten zusammengestellt.

Tab. 5.4: Tabellarische Zusammenfassung Max Weber

Aspekt	Weber
Ansatz	Verstehende Soziologie (methodologischer Individualismus)
Soziologieverständnis	Wissenschaft vom sozialen Handeln
Methodik	Erklären und Verstehen (idealtypische Begriffe)
Erklärungsvorstellung	ursächlich Erklären (Wahlverwandtschaften, z.B. Calvinismus und Kapitalismus)
Gesellschaftsbegriff	prozessual: Vergesellschaftung und Vergemeinschaftung; das Nebeneinander von Wertsphären
Gesellschaftstypen	(frühe, vormoderne – moderne Vergesellschaftungstypen)
Macht und Herrschaft	Herrschaftstypen (charismatische, traditionale, rational-legale) als Institutionalisierungsformen von Macht
Soziale Ungleichheit	Klassenlagen und ständische Lagen; Besitz- und Erwerbsklassen, Soziale Klassen
Sozialer Wandel	ambivalenter, offener Prozess; kulturelle Rationalisierung (Entzauberung) und gesellschaftliche Rationalisierung (Bürokratisierung)
Soziale Differenzierung	Differenzierung kultureller Wertsphären
Soziale Integration	Legitimitätsglaube an Herrschaftsordnungen, Zurechnungsmodi (Fachschulung, bürokratische Prozesse)
Gegenwartsdiagnose	kulturelle Pluralisierung und Ausprägung eines „Gehäuses der Hörigkeit"

5.7.1 Grundbegriffe

Entzauberung: Die unabdingbare Folge des sich historisch im Abendland vollziehenden Rationalisierungsprozesses, der zu einem Verlust der Deutungshoheit der

Religionen und ihrer vormals ebenso weitreichenden und selbstverständlichen alltagspraktischen Orientierungsfunktion führt.

Handeln, soziales: Handeln, das sowohl seinem Sinn nach als auch in seinem Ablauf am Handeln Anderer orientiert ist. Soziales Handeln kann daher einseitig sein und ist von wechselseitigem sozialen Handeln, wie dies für soziale Beziehungen charakteristisch ist, zu unterscheiden.

Herrschaft, legitime: Insofern Herrschaft für Weber jede Chance darstellt, bei einem bestimmten Kreis von Individuen Gehorsam zu finden, bindet er die Existenz von Herrschaft an die damit einhergehende Vorstellung ihrer Legitimität. Dabei kann sich diese Zuschreibung von Legitimität sowohl auf Traditionen oder gesatztes Recht oder auch auf eine außeralltäglich begabte (charismatische) Person gründen.

Idealtypus: Spezifische Form der Begriffsbildung, die auf der Basis empirischer Fälle möglichst eindeutige und in zugespitzter Form formulierte Charakteristika sozialer Phänomene zu Vergleichs- und Abgrenzungszwecken herausstellt.

Rationalisierung: Prozess einer fortschreitenden Prägung sozialer Verhältnisse durch die Orientierung an zweckrationalen Kriterien. Ausprägungen von Rationalisierungsprozessen können sein: Versachlichung, Bürokratisierung, Intellektualisierung oder Verrechtlichung.

Sinnverstehen: Methode der Analyse, Deutung und Erklärung sozialer Phänomene, die Bezug nimmt auf sowohl die subjektiv von den Akteuren realisierten Interpretationen der sozialen Welt wie auch auf die gesellschaftlich etablierten (konventionalisierten) Vorstellungen über die soziale Welt und diese nach ihren Möglichkeitsbedingungen, Geltungskriterien und ihren objektiven, also handlungspraktischen Wirkungen untersucht.

Soziologie, verstehende: Verständnis von Soziologie als einer Wissenschaft der sozialen Wirklichkeit, die diese mittels der Methode des Sinnverstehens untersucht.

Typen: Empirisch gehaltvolle Form der Begriffsbildung, die wesentliche Charakteristika von sozialen Phänomenen in verdichteter Form fasst.

5.7.2 Literaturhinweise

Werke: 1892: Die Lage der Landarbeiter im ostelbischen Deutschland (Landarbeiterenquete), 1895: Der Nationalstaat und die Volkswirtschaftspolitik, 1904: Die ‚Objektivität' sozialwissenschaftlicher und sozialpolitischer Erkenntnis [Aufsatz], 1904/05, Die protestantische Ethik und der Geist des Kapitalismus [Aufsätze], 1915–1919: Wirtschaftsethik der Weltreligionen (11 Aufsätze), 1917: Der Sinn der / „Wertfreiheit" der soziologischen und ökonomischen Wissenschaften [Aufsatz], 1919: Politik als Beruf [Aufsatz], 1919: Wissenschaft als Beruf [Aufsatz], 1920/21: Wirtschaft und Gesellschaft [1. Lieferung]. – Posthum von seiner Frau Marianne herausgegeben: 1920/21: Gesammelte Aufsätze zur Religionssoziologie (3 Bde.), 1921: Gesammelte Politische Schriften, 1921/22: Wirtschaft und Gesellschaft, 1922: Gesammelte Aufsätze zur Wissenschaftslehre. Seit 1984 erscheinen seine Arbeiten in der „Max Weber Gesamtausgabe" im Verlag J. C. B. Mohr (Paul Siebeck) Tübingen, seit 1988 – unter Verzicht auf den editorischen Apparat – zudem in einer „Max Weber Studienausgabe".

Bendix, Reinhard (1960) Max Weber – das Werk. Darstellung, Analyse, Ergebnisse, München: Piper 1964.
Endreß, Martin (2007) Max Weber, in: Rainer Schützeichel (Hg.), Handbuch Wissenssoziologie und Wissensforschung, Konstanz: UVK, S. 42–54.
Kaesler, Dirk (2014) Max Weber. Eine Einführung in Leben, Werk und Wirkung, 4. aktual. Aufl. Frankfurt/M.: Campus.
Kruse, Volker/Barrelmeyer, Uwe (2012) Max Weber. Eine Einführung, Konstanz: UVK.
Lichtblau, Klaus (Hg.) (2006) Max Webers ‚Grundbegriffe', Wiesbaden: VS.
Müller, Hans-Peter/Sigmund, Steffen (Hg.) (2014) Max Weber-Handbuch. Leben – Werk – Wirkung, Stuttgart: J.B. Metzler.
Münch, Richard (2002) Verstehende Soziologie: Max Weber, in: ders., Soziologische Theorie. Bd. 1: Grundlegung durch die Klassiker, Frankfurt/M./New York: Campus, S. 135–204.
Sprondel, Walter M./Seyfarth, Constans (Hg.) (1981) Max Weber und die Rationalisierung sozialen Handelns, Stuttgart: Enke.
Wagner, Gerhard/Zipprian, Heinz (Hg.) (1994) Max Webers Wissenschaftslehre. Interpretation und Kritik, Frankfurt/M.: Suhrkamp.
Weiß, Johannes (Hg.) (1989) Max Weber heute. Erträge und Probleme der Forschung, Frankfurt/M.: Suhrkamp.

5.7.3 Übungsaufgaben

(1) Für Webers Verständnis von Soziologie ist deren Abgrenzung sowohl von Statistik als auch von Geschichte zentral. Welche Kriterien führt Weber für die Differenzierung dieser drei Disziplinen (Geschichte-Statistik-Soziologie) an?

(2) Welches Erklärungsprofil ist Weber zufolge für die verstehende Soziologie charakteristisch?

(3) Für die von Weber entwickelte Vorstellung von Soziologie ist die Idee einer „idealtypischen Begriffsbildung" von zentraler Bedeutung. Welche methodischen Überlegungen verband Weber mit der Konzeption des Idealtypus?

(4) Welche Idealtypen der Herrschaft werden von Weber unterschieden? Erläutern Sie diese Unterscheidung unter Bezugnahme auf drei der von Weber unterschiedenen Aspekte.

(5) Erläutern Sie die von Weber eingeführte Unterscheidung zwischen Wertbeziehung und Werturteil und sein mit dieser Unterscheidung verbundenes Plädoyer.

6 Talcott Parsons: Handlungsanalytische Systemtheorie

Parsons' Unternehmen lässt sich beschreiben als Versuch der Entwicklung eines allgemeinen theoretischen Bezugsrahmens für das Untersuchungsinteresse der Soziologie, der in gleicher Weise auch für die Nachbarwissenschaften – wie Ökonomie, Psychologie, Politikwissenschaft – relevant sein sollte. Parsons war der Überzeugung, dass ein kumulativer Erkenntnisfortschritt in der Soziologie und in den Sozialwissenschaften von der Ausarbeitung eines systematisch-theoretischen Begriffsrahmens abhängt, der seiner Auffassung nach als **einheitliche Theorie menschlichen Handelns** zu entwickeln ist. Damit verfolgt Parsons ein einheitswissenschaftliches Programm für das als Vorbild die damals noch als evident geltende paradigmatische Vereinheitlichung in den naturwissenschaftlichen Disziplinen galt. Durch die Entwicklung dieses Programms gelingt es Parsons in den 1940er- und 1950er-Jahren bis in die erste Hälfte der 1960er-Jahre hinein sowohl in den USA als auch in der europäischen und deutschen Soziologie eine hegemoniale Stellung einzunehmen.

6.1 Grundzüge

Aufgrund seines Studiums der klassischen europäischen Grundlegungen der Soziologie ist er der Überzeugung, dass sich in diesen bemerkenswerte Übereinstimmungen erkennen ließen, deren konsequente Entfaltung den Weg für ein neues Theorieniveau freimacht: Diese These einer Konvergenz bezieht er sowohl auf die Ökonomie von Alfred Marshall (1842–1924) als auch auf die soziologischen Ansätze von Vilfredo Pareto (1848–1923), Émile Durkheim und Max Weber. Er geht davon aus, dass diese vier Autoren moralisch-praktische Normen als Garanten der Sozialintegration von Gesellschaften betrachten. In dieser neuartigen theoretischen Perspektive, die Parsons in „The Structure of Social Action" von 1937 entwickelt, wird die Soziologie erkennbar als Überwindung des das 19. Jahrhundert prägenden Gegensatzes von Positivismus und Idealismus. Eine Überwindung, die für Parsons im Rahmen seiner **„voluntaristischen Handlungstheorie"** möglich ist. Aufgabe der Soziologie ist es nach Parsons, diese Konvergenz zu einer systematischen begrifflichen Grundlage auszuformulieren, um für das gesamte Spektrum sinnhaften menschlichen (sozialen) Handelns (von der kleinsten Handlungseinheit bis zu umfassenden gesellschaftlichen Einheiten) eine konsistente Beschreibungs- und Erklärungsperspektive zu entwickeln. Parsons gewinnt diese Konvergenzthese über eine Kritik am „utilitaristischen Dilemma", das er bei Vertretern des Positivismus identifiziert, und an einer Metaphysik des freien Willens, dem „idealistischen Dilemma".

Das *utilitaristische Dilemma* stellt sich Parsons zufolge für jede positivistische Bestimmung menschlichen Handelns, d.h. für jede Unterstellung eines ökonomischen, an einer Kosten-Nutzen-Maximierung orientierten Rationalitätsmodells des

Handelns, da in diesem Modell auf „Zufälle" oder auf „nicht subjektive Faktoren" der Handlungserklärung Bezug genommen werden muss, um Abweichungen von diesem Modell zu erklären. Das aber führt entweder zur Absage an das grundlagentheoretisch unterstellte ökonomische Handlungsmodell oder aber es führt letztlich konsequent zur Behauptung der Unlösbarkeit des Problems sozialer Ordnung. Ist letztere Annahme für Parsons unsinnig, so folgt aus der ersten Hälfte des Dilemmas notwendig die Anweisung zur Revision der handlungstheoretischen Grundlage, d.h. zur Absage an ein nutzenmaximierendes Handlungsverständnis. Das *idealistische Dilemma* stellt sich für Parsons als das Problem jedweder idealistischen Bestimmung menschlichen Handelns dar, d.h. für jede Unterstellung eines rein an Normen oder individuellen Sinnsetzungen orientierten Handelns. Untergräbt ein strikter Normativismus jede Annahme individueller Handlungsautonomie, so verunmöglicht andererseits die Überhöhung dieser individuellen Handlungsautonomie die Vorstellung eines an sozialen Normen orientierten Handelns. Eine Vorstellung, die Parsons für ebenso unsinnig erachtet. Weder also die Extreme der reinen Zufälligkeit und der vollständigen Determination (ad Utilitarismus) noch die Extreme der vollständigen Konformität und der reinen Autonomie (ad Idealismus) erweisen sich als tragfähig, sondern allein eine konstruktive Revision beider Modelle verspricht, so Parsons, weiterführende Einsichten zur Lösung von Hobbes' Problem der sozialen Ordnung.

Ausgehend von der These einer Konvergenz von Marshall, Pareto, Durkheim und Weber entwickelt Parsons die neue theoretische Perspektive einer „voluntaristischen Handlungstheorie" – eine Handlungstheorie, die materiell-bedingende und ideell-erstrebte Handlungsaspekte integrieren können soll. Diese Perspektive sucht er für die Soziologie als systematische begriffliche Grundlage in Gestalt eines allgemeinen Handlungsbezugsrahmens, dem *„action frame of reference"*, zu formulieren. Dieser soll in der Lage sein, das gesamte Spektrum menschlichen, also sinnhaften sozialen Handelns von den kleinsten Einheiten (dem „human individual" als *„unit act"*) bis zu den umfassendsten Einheiten (*„societies"*) zu erfassen. Leitend ist die Vorstellung, dass jedwedes soziale Handeln eine Strukturierung in systematischer Hinsicht erfährt und insofern in Form von Systemen bzw. eines Systemcharakters adäquat beschrieben werden kann.

Folgende Fragen stellt Parsons sich. *Erstens:* Welche Elemente sind erforderlich, damit man von einem Zusammenhang sinnhaften sozialen Handelns sprechen kann? Welche Aspekte spielen in jeder konkreten Handlungssituation eine Rolle? Und damit: Wie ist gesellschaftliche Ordnung möglich? *Zweitens:* Welche Funktionen müssen für den Bestand eines sozialen Systems unabdingbar erfüllt sein? Welche Strukturelemente (z.B. Institutionen) müssen in einem sozialen System welche Funktionen erfüllen, und welche Wandlungsprozesse sind bezogen auf diese in historischer Perspektive zu identifizieren?

Die Antworten, die Parsons auf diese beiden Fragen entwickelt, lassen sich mit folgenden Hinweisen einführen: *Erstens* entwickelt Parsons für die Klärung des Zusammenhangs von **Handlung und Ordnung** drei analytische Komponenten als Bausteine seiner Theorie: den Handlungsbezugsrahmen („action frame of reference"), die Wahlalternativen des Handelns („pattern variables") und die Systemtriade (Konzeption der normativen Durchdringung und grundlegenden Prägung von Gesellschaft). *Zweitens* nimmt Parsons die Klärung des Zusammenhangs von **systemischer Ausdifferenzierung und Ordnung** im Rahmen der Theorie des allgemeinen Handlungssystems („General Theory of Action Systems") über die analytischen Komponenten des Vier-Funktionen-Schemas („AGIL"-Schema), den Gedanken der Interpenetration, die Theorie der symbolisch generalisierten Kommunikationsmedien sowie die Theorie evolutionärer Universalien vor.

Für die Zwecke einer Einführung in Parsons' komplexe Theorie lassen sich zwei Werkphasen unterscheiden: die frühe Konzeption eines allgemeinen Handlungsbezugsrahmens in und im unmittelbaren Gefolge seiner Studie über „The Structure of Social Action" von 1937 und die darauf folgende Phase der Entwicklung einer Theorie des sozialen Systems als ausdifferenziertem allgemeinem Handlungssystem in und im unmittelbaren Gefolge seiner zweiten großen Studie „The Social System" von 1951 sowie der mit ihr im direkten Zusammenhang stehenden Kollektivarbeit „Toward a General Theory of Action" ebenfalls von 1951. Ein Entwicklungsstand seiner Theorie, den Parsons im Kern lehrbuchartig 1966 in „Societies" und 1971 in „The System of Modern Societies" präsentierte. Parsons' Spätwerk (u. a. „Action Theory and the Human Condition" von 1978) bleibt nachfolgend insoweit außer Betracht.

6.2 Biografie

Talcott Parsons wird am 13. Dezember 1902 in Colorado Springs, Colorado, USA geboren. Von 1920 bis 1924 studiert er Biologie, später Wirtschaftswissenschaften am Amherst College, Massachusetts. Vom Herbst 1924 bis Herbst 1926 folgt ein Studienaufenthalt in Europa: zuerst in London (an der London School of Economics 1924/25), dann in Heidelberg, wo Parsons' Auseinandersetzung mit dem Werk Webers beginnt. Am 29. Juli 1927 kehrt Parsons für seine Promotion an die Universität Heidelberg („Der Geist des Kapitalismus bei Sombart und Max Weber") zurück. Im selben Jahr nimmt er eine Lehrtätigkeit als „Instructor" an der Harvard University – zunächst für Ökonomie, dann ab 1931 für Soziologie – auf, wird 1936 Assistant Professor, 1939 Associate Professor und ist seit 1944 bis zu seiner Emeritierung 1973 Full Professor für Soziologie an der Harvard University, Cambridge, Massachusetts. Parsons stirbt im Zuge einer Reise, die ihn anlässlich einer Feier zum fünfzigjährigen Jubiläum seiner Heidelberger Dissertation nach Deutschland führt, am 8. Mai 1979 in München.

6.3 Methodologisch-methodische Grundlegung: Handlungsanalytische Systemtheorie

Parsons' frühe Werkphase ist von der Entfaltung der „voluntaristischen Handlungstheorie" als Konsequenz der mit Bezug auf die Klassiker formulierten „**Konver-**

genzthese" und der mit ihr verbundenen Vorstellung einer normativen Integration von Gesellschaften geprägt. Ziel ist die Entwicklung einer systematischen Theorie, die Parsons als Theoriegeschichte in systematischer Absicht entfaltet: Parsons zufolge konvergieren die Werke von Marshall, Pareto, Durkheim und Weber darin, dass die Lösung des Problems der sozialen Ordnung ausschließlich in gemeinsam geteilten Wertorientierungen der Akteure liegen können und dass diese Wertorientierungen also die zentralen sozialintegrativen Elemente bildeten. Aus diesem Grund zentriert sich Parsons' voluntaristische Handlungstheorie um den Gedanken des willentlichen Verfolgens wertorientierten Handelns. Die Konvergenz der Klassiker führt Parsons zur neuen theoretischen Perspektive einer „voluntaristic theory of action" (voluntaristische Handlungstheorie). Diese Theorie soll, indem sie auf das willentliche Verfolgen wertorientierten Handelns abstellt, die materiell-bedingenden und ideell-erstrebten Handlungsaspekte integrieren können. Parsons votiert damit gegen eine einseitige Favorisierung objektiv-bedingender Handlungsvoraussetzungen wie im Positivismus und Materialismus (bei Marshall, Pareto, Durkheim – oder eben Marx) und gegen eine einseitige Akzentuierung subjektiv-ideeller und intendierter Handlungszielsetzungen von Akteuren (bei Weber); eine zwar verkürzte Lesart insbesondere Webers, die dessen Trias von Ideen-Interessen-Institutionen reduziert, die aber gleichwohl ausgesprochen wirkmächtig wird.

Soziale Systeme müssen Strukturen ausbilden, also Elemente aufweisen, die nicht kurzfristigen Schwankungen unterliegen, um eine System-Umwelt-Grenze aufbauen und sich über deren (relative) **Dauerhaftigkeit** (Beständigkeit) stabilisieren zu können. Im Falle sozialer Systeme sind solche Strukturen für Parsons primär (normative) Erwartungsstrukturen, also kulturell etablierte Muster aufgrund derer Handeln in hinreichendem Maße wechselseitig erwartbar wird. Die Erwartungsstrukturen werden durch Internalisierungsprozesse auf der Ebene der Individuen und durch Institutionalisierungsprozesse auf der Ebene der Gesellschaft etabliert. Denn diese Erwartungen müssen intersubjektiv auf Dauer gestellt sein, um in hinreichendem Maß eine Orientierung des wechselseitigen Handelns an ihnen für die Gesellschaftsmitglieder zu ermöglichen. Parsons argumentiert hier mit der soziologischen Klassik, dass sich aufgrund von Kommunikations- und Interaktionsprozessen und der sich darin realisierenden Wechselwirkungen sozial mehr oder weniger kristallisierte (verfestigte) Strukturen von Sinnsetzungen und Normen etablieren, die das soziale Verhalten der Menschen in hinreichendem Maße orientieren. Ihnen kommt diese Orientierungsfunktion zu, da sie *erstens* sozial wechselseitig eingefordert werden (also institutionalisiert sind), *zweitens* über Sozialisationsprozesse (Lernen) auf der Persönlichkeitsebene verankert, also internalisiert sind und damit zugleich *drittens* individuell wie inter-individuell als Mechanismen sozialer Kontrolle fungieren. Diese Strukturen subsumiert Parsons unter dem Begriff „**Kultur**" – er nimmt damit Durkheims Lösung des Problems sozialer Ordnung auf, die sich mit den Stichworten „Kollektivbewusstsein" und „Solidaritätsformen" verbindet (vgl. Kap. 3.4.1).

Die angezielte integrative Theorie stellt Parsons unter dem Titel „handlungstheoretischer Bezugsrahmen" („action frame of reference") vor (1971: 12–29). Nach dieser sind **vier strukturelle Komponenten in jeder Handlung** zu unterscheiden: der *Aktor* („actor"), dessen subjektive *Ziele* („ends"), die jeweils in einer konkreten *Situation* (mit bestimmten Mittel („means")) unter gegebenen Bedingungen („conditions") zu realisieren sind. Dabei werden alle diese Komponenten durch sozial etablierte *Normen* („norms") als strukturiert begriffen (1951b: 95f.). Der Situationsbegriff hat bei Parsons also eine spezifische Bedeutung: Er meint nicht die objektiv analysierbaren Situationskonstellationen, sondern gemeint sind die subjektiv für die Orientierung eines Akteurs relevanten, also von ihm wahrgenommenen und beurteilten Orientierungsaspekte. Dabei gilt, dass jede „Handlungssituation [...] zwei unterschiedliche Klassen von Objekten zur Verfügung [stellt], an denen sich ein Aktor orientieren kann: (i) die nicht sozialen Objekte [...] [und] (ii) soziale Objekte" (1951b: 96). Ist damit ein allgemeiner analytischer Rahmen zur Beschreibung von Handlungsprozessen gewonnen, so stellt sich nun die weitergehende Frage, inwiefern die hier angenommenen Normen eine Strukturierung leisten, also zur Herstellung sozialer Ordnung beitragen. Parsons legt seine Antwort auf die Frage nach der **Möglichkeit sozialer Ordnung** in Gestalt der Unterscheidung von Wahlalternativen des Handelns vor:

> Wir sind [...] nicht nur damit befasst, wie ein Handelnder seine Handlungssituation faktisch einschätzt, sondern auch damit, wie er sie hätte sehen können. Die Berücksichtigung dieses Sachverhaltes ist für die Ausarbeitung einer dynamischen Handlungstheorie notwendig, die erklären soll, warum eher die eine Alternative gewählt wurde als die andere. Der Bereich der Alternativen von Handlungsorientierungen ist begrenzt. [...] Der beschränkte Bereich von Alternativen, die einer Selektion offen stehen [der Horizont objektiver Möglichkeiten], bezeichnet die Grenzen, innerhalb derer Variationen möglich sind. (1951b: 97)

Um angesichts der strukturellen Entscheidungsbezogenheit und Entscheidungsnotwendigkeit des Handelns den prinzipiell denkbaren Wahl- oder Entscheidungsspielraum des Handelns für die Zwecke einer allgemeinen soziologischen Theorie darzulegen, wird von Parsons die klassische, von Ferdinand Tönnies wie Durkheim etablierte und von Weber prozessual reformulierte Unterscheidung der Sozialitätstypen „Gemeinschaft" und „Gesellschaft" umgedeutet zu einem System analytisch voneinander unabhängiger Wahlalternativen des Handelns („pattern variables"). Dabei präzisiert er diese analytisch und befreit sie von jedem evolutionistischen Grundton (wie das ja bereits bei Webers Umdeutung zu den prozessualen Kategorien Vergemeinschaftung und Vergesellschaftung angelegt ist).

Eine analytische Zergliederung dieser Begriffe führt für das Konzept der „Gemeinschaft" auf die leitende Vorstellung affektiv gesättigter, partikular ausgerichteter, durch qualitative Zuschreibungen charakterisierter und funktional diffuser (kollektivorientierter) Sozialbeziehungen. Im Gegenzug dazu ist für den Begriff „Gesellschaft" die Vorstellung affektiv neutraler, universalistisch ausgerichteter, performanz- wie leistungsorientierter Zuschreibungen und funktional spezifischer (eigenorientierter) Sozialbeziehungen leitend. Aus dieser analytischen Zergliederung der Typen Gemeinschaft und Gesellschaft ergeben sich für Parsons wechselseitig einander

ausschließende Alternativen von Handlungsorientierungen („**pattern variables**"), die sich auf jede Handlungssituation beziehen lassen und zwischen denen Handelnde notwendig wählen müssen:
- **affektiv aufgeladen – affektiv neutral** (affectivity – affective neutrality): die Impulsbefriedigung im Rahmen einer Liebes- bzw. emotional aufgeladenen Beziehung im Unterschied zur Urteilslogik einer therapeutischen Interaktion,
- **Partikularismus – Universalismus** (particularism – universalism): die spezifische Bedeutsamkeit für einen Handelnden (individuell) im Unterschied zu generellen Gesichtspunkten für die Bestimmung von Relevanzen (über-individuell),
- **Zuschreibung – (Eigen-)Leistung** (ascription – achievement): die Orientierung an Kriterien der Abstammung, des Geschlechts, der Rasse oder des ererbten Status (Adel) im Unterschied zu leistungsbezogenen, das faktische Handeln wertenden Beurteilungen,
- **funktional diffus – funktional spezifisch** (diffuseness – specificity): an Familien- oder Freundschaftsbeziehungen orientierte (umfassende) Verpflichtungen im Unterschied zu funktional an Berufsrollen orientierten (klar umrissenen) Verpflichtungen,
- **Kollektivorientierung – Eigenorientierung** (collectivity-orientation – self-orientation): die Orientierung an kollektiven Zielen und Gemeinwohlinteressen im Unterschied zur Verfolgung privater oder persönlicher Interessen.

Diese „pattern variables" werden von Parsons verstanden (1) als Orientierungsalternativen für einzelne Handlungen, (2) als „habits of choice" im Sinne von Persönlichkeitsmerkmalen bzw. -dispositionen (Persönlichkeitssystem), (3) als sozial institutionalisierte Rechte-und-Pflichten-Konstellationen für Mitglieder sozialer Systeme (Sozialsystem) sowie (4) als Unterscheidungskriterien für Orientierungssysteme bzw. generelle Wertmuster für Handlungsanweisungen (Kultursystem). Parsons zufolge entfalten sie ihre analytische Fruchtbarkeit also auf vier Emergenzebenen des Sozialen. Generell bilden sie ein von ihm als sehr bedeutsam eingeschätztes Instrumentarium zur Beobachtung und Beschreibung sozialer Phänomene und sozialer Prozesse. Als ein prominentes Beispiel für eine Konstellation einander komplementär zugeordneter (also in Wechselseitigkeitskonstellationen stehender) Rollenmuster analysiert Parsons die Arzt-Patienten-Beziehung als prototypische Konstellation der Struktur und Funktion professioneller Berufe in modernen Gesellschaften (Parsons 1951a: 428 ff.; dt. 1965).

6.4 Zentrale sozial- und gesellschaftstheoretische Konzepte

6.4.1 Normative Theorie des Sozialen

Aufgrund der Analyse des „action frame of reference" und seiner Elemente nimmt Parsons' also für die Analyse von „menschlichen Handlungssystemen" eine Unterscheidung von **drei Teilsystemen des allgemeinen Handlungssystems** vor: Kultursystem, Sozialsystem und Persönlichkeitssystem (1951b: 98, 115). Das **Kultursystem** begreift er „als ein System von Symbolen" (1951b: 99), das der „gegenseitigen normativen Orientierung" dient. Ein „Konsens" über die elementaren Standards ist, so Parsons, „für die Stabilität eines Sozialsystems generell von grundlegender Bedeutung" (1951b: 113):

> Kultur stellt in einer [...] elementaren Sozialbeziehung wie in umfassenderen Sozialsystemen die Standards (Wertorientierungen) bereit, die in Bewertungsprozessen Verwendung finden. (1951b: 108)

Das **Sozialsystem** umfasst die „Interaktionen [...] als differenzierte und integrierte" (1951b: 98), es „besteht aus den Beziehungen individueller Aktoren" (1951b: 116, 120), wobei „für die meisten analytischen Zwecke [...] die bedeutendste Systemeinheit nicht die Person, sondern die Rolle" ist (1951b: 116):

> Die Rolle ist jener organisierte Sektor der Orientierung eines Aktors, die dessen Partizipation in einem interaktiven Prozess konstituiert und definiert. Sie impliziert einen Satz komplementärer Erwartungen, die sich auf die eigenen Handlungen wie auf jene der Interaktionspartner beziehen. (1951b: 116)

Rollen beinhalten zugleich „‚Kontrollmechanismen', die die denkbare Streuung der Reaktionen innerhalb bestimmter Grenzen halten" (1951b: 117), insofern sie (vgl. Arzt-Patienten-Interaktion) einander komplementär, d. h. gegenseitig ergänzend zugeordnet, und somit von aufeinander abgestimmten Erwartungsmustern gekennzeichnet sind. Die Struktur eines sozialen Systems ist für Parsons so das Resultat der „Institutionalisierung von Wertmustern":

> In Form eines generellen moralischen Konsensus in Bezug auf Rechte und Pflichten bilden diese Wertorientierungen eine fundamentale Strukturkomponente des Sozialsystems. Die strukturellen Unterschiede zwischen verschiedenartigen Sozialsystemen liegen oftmals in Unterschieden des Inhalts und der Reichweite dieses Konsenses. (1951b: 119)

Das **Persönlichkeitssystem** versteht Parsons als „ein organisiertes System von Handlungsorientierung und -motivation eines individuellen Aktors" (1951b: 98). Es umschreibt „motivationale Eigenschaften individueller Aktoren" (1951b: 99). Dabei gilt es im Blick zu behalten, dass „die Struktur der menschlichen Persönlichkeit in hohem Maße autonom und sozial vermittelt" (1951b: 111), also Resultat von Internalisierungsprozessen ist.

Die vorrangige Bedeutung des Kultursystems für die Konstitution sozialer Ordnung wird bei Parsons daran deutlich, dass er dieses nicht nur als Handlungssystem fasst, sondern zugleich argumentiert, dass „das Kultursystem nicht auf derselben Ebene [liege] wie die Persönlichkeits- und Sozialsysteme" (1951b: 99). Gleichwohl liegt in dieser Hinsicht eine gewisse Uneindeutigkeit bei Parsons vor, wenn er andererseits argumentiert, dass „Interaktion" deshalb „den Basisprozess [...] für die Ausbildung sowohl des Persönlichkeits- wie des Sozialsystems" darstelle, weil sie „menschliche Kultur erst möglich [mache] und [...] Kultur deren Bedeutung für die Handlungsdetermination" überhaupt erst zuweise (1951b: 109). Danach wäre weniger von einem einseitig nach Werten gesteuerten, sondern viel eher wechselseitigen reproduktiven Prozess und Zusammenhang der drei Systeme, von „der dreifach reziproken Integration von Persönlichkeit, Sozialsystem und Kultur" zu sprechen (1951b: 120).

Grundsätzlich konzipiert Parsons den Zusammenhang dieser drei Teilsysteme des allgemeinen Handlungssystems über spezifische Mechanismen ihrer Verschränkung: So verbindet der Prozess der **Institutionalisierung** das Kultur- mit dem Sozialsystem über die Etablierung von Rollenmustern auf der Ebene von Gruppen, Organisationen und Gesellschaften, der Prozess der **Internalisierung** verbindet das Kultur- mit dem Persönlichkeitssystem über die Prägung von Charakterstrukturen, und der Prozess der **Sozialisierung** verbindet Sozial- und Persönlichkeitssystem über kontinuierliche wechselseitige Anpassungsprozesse von gesellschaftlich etablierten Rollenmustern und individuellen Persönlichkeitsstrukturen (vgl. Abb. 6.1):

Kultursystem

Institutionalisierung   *Internalisierung*

Sozialsystem ⇌ *Sozialisierung* ⇌ **Persönlichkeitssystem**

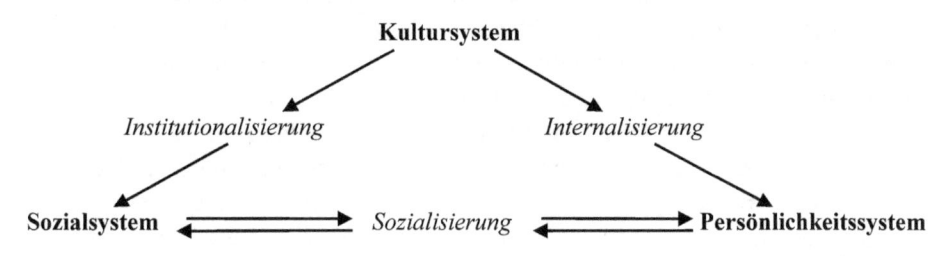

Abb. 6.1: Systemtriade

Die Prozesse der Internalisierung, Institutionalisierung und Sozialisierung sind also die Phänomene oder Formen der im Prinzip jeweils wechselseitigen Durchdringung („Interpenetration") dieser Systeme (1971: 14, 18) – obwohl Parsons faktisch von einer Vorordnung des Kultursystems ausgeht. „Soziale Systeme" entstehen somit durch Interaktionen und bilden insofern Handlungssysteme, in denen Interaktionen organisiert und strukturiert werden. Zentral dafür sind Rollen und Institutionen. „System" meint hier für Parsons also immer – im Unterschied zu Zufallskonstellationen – einen Zusammenhang wechselseitiger Abhängigkeitsbeziehungen, einen durch Institutionalisierungsprozesse gebildeten sozialen Rahmen des Handelns. „**Institutionalisierung**" meint dabei konkret den Zusammenhang der (a) Verankerung von Normen in einem Wertsystem, mit der (b) Praktizierung dieser Normen im konkreten Handeln, der (c) damit einhergehenden Motivation und des entsprechenden Energieaufwands aufseiten der Handelnden zur Verwirklichung dieser Normen aufgrund von „Internalisierungsprozessen" mit dem Effekt (d) der Etablierung von Normen und Normenmustern über die Ausprägung von Rollenmustern mit entsprechenden Erwartungsmustern. Dabei seien für das Kind, so Parsons, da es „vom Erwachsenen abhängig ist, [...] dessen Reaktionen von so zentraler Bedeutung für die Organisation der Selektionsmuster des Kindes". Deshalb erkennt Parsons im Prozess der Sozialisation eine wechselseitige Anpassung von internalisierten Werten und institutionalisierten Rollenmustern (1951b: 110 ff., 1966: 24 ff.).

Die Organisation dieser verschiedenen „Elemente in einem relativ kohärenten Handlungssystem" ergäbe die Ausprägung „einer relativ stabilen, untereinander verbundenen Menge von kognitiven Unterscheidungen und Wahlen", dem „ein relativ stabiles System von Erwartungen" entsprechen würde (1951b: 106). Denn „Kultur" umfasst nicht zuletzt **Erwartungen**, die eine spezifische „Orientierung auf zukünftige Ereignisse" mit sich bringen. Den hier zugrunde liegenden Prozess bezeichnet Parsons als „Generalisierung": „Generalisierung" meint damit einen Mechanismus der Übertragung von Handlungsorientierungen auf solche sozialen oder nicht sozialen Objekte, „die bisher nicht in den Erfahrungsbereich des Aktors gefallen waren" (1951b: 102 f.). Zwei Aspekte werden von Parsons mit Blick auf menschliches Handeln solchermaßen verbunden: Handeln ist einerseits eine Anpassung an institutionalisierte Rollenmuster und Handeln ist andererseits als Rollenhandeln Ausdruck internalisierter Normen. Wenn dem so ist, wenn Anpassung und Ausdruck jeweils normativ strukturiert sind, dann sind die Reaktionen Alters auf Egos Handeln angemessen deutbar als „Sanktionen" desselben, weshalb der beschriebene Zusammenhang konsequent „eine normative Handlungstheorie" impliziert (1951b: 107 f.).

Insofern Handeln bei Parsons wesentlich als **Rollenhandeln** konzipiert wird und Rollen als institutionalisierte Normen Konkretisierungen kultureller Bedeutungsmuster darstellen, führt dieser Ansatz tendenziell zu einer normativen Schließung des Sozialen. Leitend ist die Vorstellung einer dominant über normative Regeln zu verstehenden sozialen Wirklichkeit – auch wenn Parsons die Differenz zwischen Struktur und Empirie betont und auf „strukturelle Rollen" und die „Struktur der Bedürfnisdispositionen" abstellt (1951b: 117). Als Zwischenresümee lässt sich demnach festhalten: Parsons entfaltet für die Problemstellung von Hobbes vor dem Hintergrund von Durkheim und Freud die Vorstellung einer Individuierung qua Vergesellschaftung sowie der daraus resultierenden Integrationsvorstellung analoge Perspektive – wenn auch in Vereinseitigung ihrer determinierenden Aspekte in Gestalt kultureller Werte (vgl. Meads (1934) Konzeption der Rollenübernahme).

Systematisch nimmt Parsons' frühe Argumentation hinsichtlich der Frage nach der Möglichkeit von sozialer Ordnung damit ihren Ausgangspunkt vom „fundamentale[n] Phänomen" der **„Komplementarität von Erwartungen"** (1951b: 107): Hat man es mit „interagierenden Aktoren" zu tun, so „orientieren sich Egos Erwartungen sowohl an den Alternativen, die den Handlungen Alters in einer gegebenen Situation offenstehen, wie an Alters Handlungsselektionen, die ihrerseits innerhalb des möglichen Handlungsspielraums intentional mit dem in Relation stehen, was Ego tut. Das Umgekehrte gilt für Alter" (1951b: 106 f.):

> Wenn sich einmal ein organisiertes Interaktionssystem zwischen Alter und Ego stabilisiert hat, dann bilden sie reziproke Erwartungen bezüglich der Handlungen und Einstellungen des jeweils

anderen Partners aus, die den Kern dessen darstellen, was man als Rollenerwartungen bezeichnen kann. [...] Die Erwartungsmuster vieler Alter, was oft in generalisierender Weise alle jene mit umfasst, die sich im selben Status wie Ego befinden, konstituieren ein soziales System der institutionalisierten Rollendefinition von Ego in spezifischen interaktiven Situationen. (1951b: 112)

Das Problem sozialer Ordnung lässt sich deshalb als Problem der „double contingency" beschreiben. **Doppelte Kontingenz** ist die spezifische Kontingenz sozialen Handelns, insofern sie auf die Unvorhersehbarkeit der Handlungen/Verhaltensweisen von Alter für Ego und umgekehrt abstellt. Doppelte Kontingenz meint die gesteigerte Unsicherheit der Handlungsorientierung für Handelnde in interaktiven Konstellationen: Das Grundproblem sozialen Handelns ist, dass Ego zunächst nicht weiß, wie Alter auf seine Handlungszüge reagiert, wie ebenso wenig Alter weiß, wie Ego auf seine Reaktionen seinerseits wiederum reagieren wird. Deshalb, so Parsons' Lösung dieses Problems sozialer Ordnung, müssen die Erwartungen von Alter und Ego durch eine gemeinsame normative Ordnung so weit stabilisiert werden, dass eine hinreichende Erwartungssicherheit und wechselseitige Anschlussfähigkeit des Handelns in einem für alltägliche Situationen hinreichenden Maße sicher gestellt ist (vgl. im Anschluss daran Luhmann, Kap. 12.4.1).

6.4.2 Vier-Funktionen-Paradigma und Medientheorie

Unter den Problemtiteln „System" und „Ordnung" wird soziale Wirklichkeit von Parsons mit einem systemanalytischen Instrumentarium beschrieben in der Annahme, dass jede Form sozialer Realität sich als soziales System beschreiben lasse. Die Grundidee lautet, dass jedes soziale System, das in der sozialen Wirklichkeit eine gewisse Beständigkeit zeigt, relativ dauerhaft notwendig vier Funktionen in hinreichendem Maße erfüllt und erfüllen muss. Parsons differenziert Systeme danach analytisch in jeweils vier Funktionsbereiche (1966: 45), die ihrerseits als Handlungssysteme begriffen werden. Diese ordnet er zum sogenannten **AGIL-Schema** (1966: 17, 1971: 12f.). Soziale Systeme stabilisieren sich danach durch:
- **Anpassung** an generelle Milieubedingungen: „adaption" (**A**),
- Ausrichtung auf **Zielverwirklichung** oder Zielerreichung: „goal attainment" (**G**),
- **Integration** über Normen: „integration" (**I**),
- **Strukturerhaltung** über die Aufrechterhaltung sozialer Kontrolle über generelle Werte: „latent pattern maintenance" (**L**).

Die Idee dieser vier, notwendig zu bedienenden Funktionsprobleme dient Parsons als heuristische Folie, also als Analyseraster, um konkrete Handlungs- und Sozialsysteme auf ihre Leistungen hinsichtlich dieser Funktionsprobleme zu untersuchen. Ausgehend vom Phänomen des Handelns als sozialem Kernphänomen sind danach **vier Teilsysteme des allgemeinen Handlungssystems** zu unterscheiden (1966: 14, 17, 22ff.; 1971: 12–16): Das kulturelle System mit der Funktion der Festlegung und Begründung der allgemeinen Rechte und Pflichten der Systemmitglieder (**L**), das soziale System mit Funktion der Integration über die Festlegung von Systemgrenzen (Innen–Außen) durch institutionalisierte Handlungsrahmen als Geflecht von Rollen–Erwartungen–Sanktionen (**I**), das Persönlichkeitssystem mit der Funktion des Aufrechterhaltens von „lebenslangem Lernen, Entwickeln und [...] einer adäquaten Motivation zur Partizipation an sozial bewerteten und kontrollierten Formen des Handelns" zur Zielerreichung (**G**) und das Verhaltenssystem mit der Funktion der Anpassung der Grundbedürfnisbefriedigung des Verhaltensorganismus an die dafür zur Verfügung stehende Umwelt (**A**). Dieses neue Entwicklungsstadium von Parsons' Theorie ist aufgrund der ungebrochenen Betonung generalisierter Werte für die Stabilisierung wie Strukturierung der Selbstverständnisse von Handelnden, der situativen Handlungsbedingungen und Mittel sowie der Handlungsziele nicht als Bruch mit seinen frühen Überlegungen zum Handlungsbezugsrahmen („action frame of reference") zu deuten.

Soziale Systeme können Familien, Gruppen, Gemeinden, Schulen, Firmen aber eben auch Gesellschaften sein. Letztere sind der „relativ selbständigste Typ eines Sozialsystems" (1966: 10, 19). Soziale Systeme sind das Resultat von Interaktionsprozessen (1966: 17, 37), die sich wesentlich durch reziprok aufeinander zugeschnittene Rollenmuster strukturieren (wie in der Arzt-Patienten-Interaktion). Soziale Systeme (1951b: 120) – und damit auch das umfassendste soziale System Gesellschaft – werden von Parsons also als Systeme institutionalisierter (Rollen-)Erwartungen begriffen. Gesellschaft bezeichnet für Parsons den „Typ eines sozialen Systems, der in sich alle wesentlichen Voraussetzungen birgt, um sich als ein selbsterhaltendes System aufrechterhalten zu können" (1951b: 120). Für die Analyse dieses umfassenden sozialen Systems kommt das AGIL-Schema entsprechend zur Anwendung:

> Eine Gesellschaft muss [...] sich durch ein adäquates Maß an Integration oder Solidarität und einen besonderen Mitglieds-Status auszeichnen [gesellschaftliche Gemeinschaft: **I**]. [...] Diese Gemeinschaft muss der „Träger" eines kulturellen Systems sein, das ausreichend verallgemeinert und integriert ist, um die normative Ordnung zu legitimieren [kulturelles System: **L**]. [...] Hinsichtlich der Mitglieder als Individuen [ist] [...] eine adäquate Kontrolle über die Motivationen [politisches System: **G**] [...] und [...] die adäquate Kontrolle über den ökonomisch-technologischen Komplex [erforderlich], so dass das physische Milieu [...] als Quelle von Ressourcen genutzt werden kann [Ökonomie: **A**]. (1966: 32–33)

Die Logik des AGIL-Schemas sieht eine fortschreitende Ineinander-Schachtelung von Teilsystemen vor, die ebenso nach der AGIL-Logik differenziert begriffen werden. Es ergibt sich eine im Prinzip unendlich verlängerbare Verschachtelungsordnung (vgl. Abb. 6.2):

Diese Logik findet für die Analyse von Gesellschaften ihren Ausdruck in der Differenzierung von weiteren vier Teilsystemen. Das „Kernstück einer Gesellschaft, als System, ist die geformte normative Ordnung, welche das Leben einer Population kollektiv organisiert", das Teilsystem der „gesellschaftlichen Gemeinschaft", das funktional auf den Integrationsaspekt im AGIL-Schema zugeschnitten ist (**I**) und die

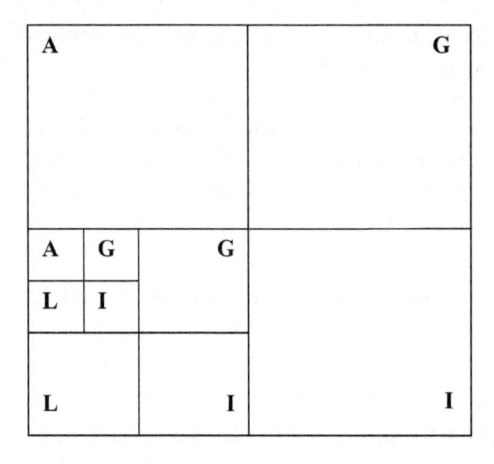

Abb. 6.2: Logik des AGIL-Schema

gesellschaftliche Integrationsfunktion erfüllt (1966: 22). Diese „geformte normative Ordnung" verbürgt die Integrität einer gemeinsamen kulturellen Orientierung, markiert also die strukturell erforderliche und geforderte Loyalitätsbestimmung für eine gesellschaftliche Ordnung in ihren vielfältigen Handlungskontexten über die Medien Einfluss, Interesse, Solidarität, Mitgliedsstatus (1966: 21ff., 1971: 21ff.).

Demgegenüber ist das kulturelle Teilsystem **(L)** auf die Funktion der Legitimation der normativen Ordnung zugeschnitten: „Das zentrale funktionale Erfordernis der Interrelationen zwischen einer Gesellschaft und einem kulturellen System ist die *Legitimation* der normativen Ordnung der Gesellschaft" über Werte (1966: 22). Diese Legitimationen bestimmen die Gründe für die Rechte, Pflichten, Optionen und Restriktionen des Handelns der Mitglieder einer Gesellschaft über das Medium Wertbindung oder Wertverpflichtung (1966: 27f., 31f.). Das politische Teilsystem und die politischen Strukturen **(G)** „dienen der Organisation kollektiven Handelns zum Zweck der Erreichung kollektiv bedeutsamer Ziele" (1966: 26). Funktional ist dieses Teilsystem auf Durchsetzung zugeschnitten, d.h. es geht um die Formulierung und Durchsetzung kollektiv bindender Entscheidungen im Medium der Macht (1966: 27f., 31, 1971: 27f.). Das wirtschaftliche Teilsystem, die Ökonomie **(A)**, dient schließlich der Funktion der Verteilung, der „Allokation", d.h. der Zuweisung von (finanziellen, materiellen, technischen) Mitteln mittels des Mediums Geld: „Die Ökonomie ist jener Aspekt des gesellschaftlichen Systems, der dazu dient, technologische Verfahren nicht nur sozial zu ordnen, sondern, was noch wichtiger ist, sie in das Sozialsystem einzufügen und sie im Interesse der – individuellen oder kollektiven – sozialen Einheiten zu kontrollieren" (1966: 30).

Diese analytische Dekomposition von ‚**Gesellschaft**' verweist erneut auf die zentrale Bedeutung von Werten für Parsons, die sich in der Bestimmung ihrer strukturellen Komponenten Normen, Werte, Kollektiv und Rollen niederschlägt (1966: 34f., 1971: 15f.): **Normen (I)**, die „primär sozial" sind, „regulieren die Vielzahl jener Prozesse, die zur Verwirklichung strukturierter Wert-Verpflichtungen beitragen". Sie sind bezogen auf konkrete Konfliktlösungen, Gruppenbeziehungen (Mitgliedschaftslogiken) und Solidaritätsverhältnisse. Dabei ist in modernen Gesellschaften das Rechtssystem als „struktureller Mittelpunkt der Normen" zu betrachten:

> Die Entwicklung eines autonomen Rechtssystems ist vielleicht der wichtigste Indikator einer Differenzierung zwischen dem gesellschaftlichen Integrationssystem, das sich auf die gesellschaftliche Gemeinschaft bezieht, und der politischen Ordnung, die sich auf die Selektion, Ordnung und Erreichung kollektiver Ziele [...] bezieht. (1966: 44)

Werte (L) „haben eine primäre Funktion für die Aufrechterhaltung der Strukturen eines Sozialsystems". Sie sind bezogen auf das über einen längeren Zeitraum konstante Grundmuster einer Gesellschaft, das im sog. „Treuhandsystem" seiner Bildungs- und Sozialisationsinstitutionen wie Schulen, Erziehungseinrichtungen, Universitäten oder auch religiösen Gemeinschaften gepflegt und tradiert wird. Die für das **Kollektiv (G)** ausgewiesene „primäre Funktion" ist bezogen auf die notwendige Festlegung und Durchsetzung bestimmter gesellschaftlicher Ziele sowie entsprechender Strategien der Zielerreichung im Kontext einer spezifischen Umwelt. Die Zuordnung dieser Funktion zum politischen System verdeutlicht, dass Parsons Gesellschaften in erster Linie als politisch organisierte soziale Systeme (1966: 10) versteht. **Rollen (A)** schließlich und insbesondere „die Erfüllung hoch bewerteter Rollen" beschreibt er als „die fundamentalste allgemeine Quelle der Anpassung jeder Gesellschaft". Sie beziehen sich auf die Bereitstellung verfügbarer Ressourcen, die bei verschiedenen Umweltanforderungen einsetzbar sind und eine flexible Anpassung an diese ermöglichen.

Die Idee fortschreitender **Ausdifferenzierung** wird damit als Leitgedanke von Parsons' Gesellschaftstheorie ersichtlich – im Gefolge sowohl von Max Webers Vorstellung der Differenzierung und Eigenlogik von Wertsphären (vgl. Kap. 5.4.2) wie auch von Durkheims Verständnis moderner Gesellschaften als funktional differenzierte Gesellschaften (vgl. Kap. 3.4.2). Die Frage stellt sich dann, wie sich unter der Voraussetzung, dass fortschreitende Differenzierung und damit zunehmende Komplexitätssteigerung den realen Entwicklungsprozess moderner Gesellschaften adäquat beschreiben, an der Idee festhalten lässt, das diese Gesellschaften gleichwohl integrierte Gesellschaften sind. Wie also lässt sich für ein Verständnis dieser Gesellschaften mit den Mittel des von Parsons entwickelten systematischen Beschreibungsinventariums neben Differenzierung auch soziale Integration denken? Zur Lösung dieses theoretischen Problems entwickelt Parsons zwei Antworten: eine horizontal an der Vorstellung wechselseitiger Austauschprozesse („double interchanges") zwischen den Teilsystemen und eine vertikal an der Vorstellung einer Steuerungshierarchie orientierte.

Die Idee der **doppelten Austauschbeziehungen** („double interchanges") geht von der Überlegung aus, dass für ausdifferenzierte (Sub-)Systeme sowohl Abnahme als auch Zunahme von Autonomie charakteristisch ist. Denn der stets selektiveren Bearbeitung sozialer Wirklichkeit (in Politik, Ökonomie, Recht etc.) steht auf der anderen Seite die Vervielfältigung des wechselseitigen Koordinierungs- und Abstimmungsbedarfs aufgrund einander überschneidender (und nicht unmittelbar deckungsgleicher) Einflusssphären und Bearbeitungslogiken gegenüber. Diesen Umstand nimmt die Idee der „double interchanges" auf, die den Leistungsaustausch zwischen Systemen jeweils in Form von wechselseitigen Austauschbeziehungen konzipiert. Danach unterhält jedes der vier Teilsysteme eines sozialen Systems wie einer Gesellschaft zu den jeweils drei anderen Sub- oder Teilsystemen Austauschbeziehungen (vgl. Abb. 6.3).

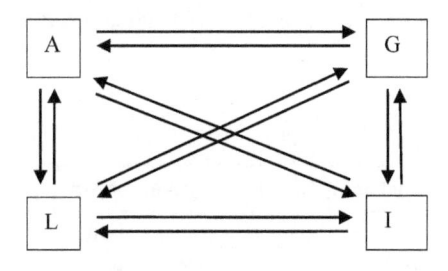

Abb. 6.3: Wechselseitige innersystemische Austauschbeziehungen

Die zweite von Parsons konzipierte Lösung für ein Verständnis sozialer Integration unter den Bedingungen hochgradig komplexer, weil vielfältig differenzierter sozialer Systeme entwickelt den Gedanken einer **Kontrollhierarchie** für das Soziale. Parsons geht davon aus, dass für die Integration von Gesellschaften deren zentrale Werte von vorrangiger Bedeutung sind. Für das Erreichen sozialer Integration ist danach vornehmlich eine Erfüllung des Funktionsproblems der allgemeinen Strukturerhaltung (L) von Bedeutung. Mit diesen beiden Antworten gelingt Parsons im Rahmen seines Ansatzes eine systematische konzeptionelle Verzahnung von Differenzierungs- und Integrationsanalytik moderner Gesellschaften. Darüber hinaus ermöglicht die systematische Differenzierung der Integrationsproblematik durch deren Bezug auf verschiedene Teilsysteme deren Entdramatisierung für moderne Gesellschaften im Vergleich zu den umfassenden Krisenszenarien der Klassiker.

Mit der Frage der Möglichkeit sozialer Integration unter den Voraussetzungen hochgradig differenzierter sozialer Systeme verbindet sich darüber hinaus notwendig die weitere Frage, wie unter derartigen gesellschaftlichen Rahmenbedingungen Kommunikation und Interaktion (weiterhin) möglich sind. Wie also kann deren zunehmende Unwahrscheinlichkeit unter den Bedingungen fortschreitender Komplexität in Wahrscheinlichkeit transformiert werden?

Die Ausdifferenzierung von Teilsystemen aus- und voneinander führt Parsons' zufolge in der historischen Entwicklung einerseits zu deren Autonomisierung, andererseits damit zugleich aber notwendig zur Ausbildung jeweils eigener Mechanismen der system-internen Kommunikation, d. h. es kommt zur **Ausbildung systemspezifischer Kommunikationsmedien**: „symbolisch-generalisierte Medien der Interaktion" („generalized media of interaction (exchange)") (1966: 37) (vgl. Tab. 6.1). Damit Interaktionsprozesse als soziale Prozesse eine handlungsmäßige Relevanz erhalten oder implizieren, müssen die Prozesse eine „*symbolische* Ebene" beinhalten. Sie müssen eine Ebene betreffen, die in hinreichendem Maße soziale Bindungseffekte zu erzeugen vermag und deshalb hinreichend abstrakt (von spezifischen Anlässen und Personen unabhängig) und entsubstantialisiert (kein intrinsischer Wert, sondern symbolischer Wert wie beim Geldschein) sein muss. An solchen Kommunikationsmedien, also systemspezifischen Codes der Behandlung sozialer Wirklichkeit diskutiert Parsons – neben der „Wertbindung" für das System institutionalisierter kultureller Wertmuster – insbesondere „Geld" (1966: 37) für das ökonomische System, „(politische) Macht" bzw. den „Einsatz von Machtmitteln" (1966: 38) für das politische System sowie „Einfluss" (1966: 180 Anm. 26) für das soziale System, d. h. genauer: die gesellschaftliche Gemeinschaft.

Tab. 6.1: Teilsystemspezifische Kommunikationsmedien

Teilsystem	Medium	Funktionsproblem	Funktionsbeitrag
Wirtschaft	Geld	A	Handlungsmittel
Politisches System	Macht	G	Zielvorgabe
Gesellschaftliche Gemeinschaft	Einfluss	I	Solidarität, Loyalität
Kultursystem	Wertbindung	L	Wertbestand

Systematischer Gedanke ist, dass sich im Zuge der Ausdifferenzierung eine Eigenlogik der jeweiligen Systeme entwickelt, diese als nach ausschließlich internen Rationalitätskriterien verfahren, und diese Kriterien nach innen (intern) generalisiert (sie behandeln alles nach diesen) und nach außen (extern) als nicht veränderbare Größe gesetzt sind, sie also nach außen jede Kommunikation strukturieren. Um dies leisten zu können, müssen diese Kommunikations- oder Interaktionsmedien *erstens* institutionalisiert sein, sie müssen *zweitens* mit kollektiv etablierten Bedeutungen versehen sein, sie müssen *drittens* zirkulieren können und *viertens* muss die verfügbare Gesamtmenge des Mediums veränderbar sein, sie muss wachsen oder schrumpfen können. Aus diesen strukturellen Anforderungen lässt sich ableiten, wann Interaktions- oder Kommunikationsprozesse in sozialen Systemen strukturell gefährdet sind und deren Bestand damit strukturell bedroht ist. Das ist dann der Fall, wenn bspw. für den Fall einer Währung *erstens* die Akzeptanz eines Mediums für etablierte Tauschprozesse sinkt, wenn *zweitens* die gesellschaftliche Brauchbarkeit eines Mediums für Tauschprozesse eingeschränkt ist bzw. seine Anerkennung als Tauschwährung sinkt (Inflation), wenn *drittens* die gesellschaftlichen Zirkulationsprozesse eines Mediums unterbrochen sind (Vertrauenskrise) und wenn *viertens* die Entwicklungsdynamik der Schwankungsbreite eines Mediums verloren geht, d. h. diese sich einseitig in eine Richtung entwickelt (Inflation/Deflation).

Ein solcher Gefährdungsprozess lässt sich ebenso gut anhand der „Währung" **Bildung** klarmachen: ad (1) eine Entwertung, d. h. eine sinkende Akzeptanz von Bildungstiteln ist zu beobachten, da ad (2) es zu einer Inflationierung von Bildungspatenten bzw. Bildungstiteln mit dem Verlust ihrer Anerkennung kommt. Dies hat zu seiner Grundlage ebenso wie zu seiner Konsequenz ad (3) ein Brüchigwerden der Weitergabe von Bildung (Schulkrise etc.) bzw. einen Vertrauensverlust in die Zukunftsfähigkeit der eigenen Bildung. Es geht also ad (4) das Spannungsverhältnis zwischen Lernfortschritt und Konservierung bzw. zwischen Wissenszuwachs und Wissenssedimentierung verloren; d. h. es kommt einseitig zu einem Deflationierungsprozess: einer Entwertung des Wissens und der Bildungspatente.

Den gesellschaftlichen Kommunikationsmedien (generalisierten Interaktions- bzw. Austauschmedien) kommt so in fortgeschrittenen, modernen Gesellschaften als Differenzierungsphänomenen sowohl eine Integrations- als auch eine Kontrollfunktion zu – entsprechend der doppelten Lesemöglichkeit des AGIL-Schemas im Sinne einer Kontrollhierarchie wie einer Logik des Energieflusses (vgl. Tab. 6.2):

Tab. 6.2: Zwei Modi von Integration und Kontrolle

Perspektive	
Steuerungshierarchie (Kontrolle durch Information)	L–I–G–A
Handlungsimpuls (Konditionierung durch Randbedingungen)	A–G–I–L

6.4.3 Gesellschaftlicher Wandel als Evolution

Soziale Veränderungsprozesse auf gesamtgesellschaftlicher Ebene versteht Parsons als **„evolutionäre Veränderungsprozesse"**. Leitend ist die Idee einer gerichteten und nicht umkehrbaren Entwicklung. Diese evolutionären Wandlungsprozesse werden von Parsons theoretisch konsequent bezogen auf die vier Funktionen und damit auf die vier Teilsysteme des Sozialsystems „Gesellschaft" (1966: 39 ff., 1971: 40 ff.): Historisch vollzieht sich danach eine Steigerung der Anpassungsfähigkeit (**A**), eine fortschreitende Differenzierung (**G**), eine fortschreitende Inklusion (**I**) sowie eine Wertverallgemeinerung (**L**) (vgl. Tab. 6.3).
- Steigerung der Anpassungsfähigkeit und **Standardhebung** („adaptive upgrading") (**A**) durch die Ausbildung „spezialisierter funktionaler Fähigkeiten" (1966: 40) bildet für Parsons den „Richtungsfaktor" der Evolution von Gesellschaften (1966: 46). In diesem Prozess werden dem System zunehmend mehr Ressourcen verfügbar gemacht (u. a. durch Bevölkerungszuwachs und die Optimierung der Nahrungsproduktion).
- **Differenzierung** (**G**) fokussiert die Aufteilung von sozialen Einheiten in verschiedene soziale Zusammenhänge, von denen bestimmte eine größere funktionale Bedeutung für das Gesamtsystem gewinnen (wie die Ausgliederung der Berufsarbeit aus dem familiären Haushalt), denn „jede sich neu differenzierende Substruktur muss eine verbesserte Anpassungsfähigkeit zur Erfüllung dieser Funktion innerhalb der vorhergehenden, diffuseren Struktur aufweisen" (1966: 40).

- Integration in Form von **Inklusion** (I): differenzierte Gesellschaften erfordern vielfältige, aufeinander abgestimmte Autoritätssysteme, die die Integration der strukturell auseinanderstrebenden Teilsysteme koordinieren, denn für Parsons besteht ein „Haupttrend" der evolutionären Entwicklung von Gesellschaften darin, dass „im Lauf der Evolution einer Gesellschaft [...] die Bedeutung des Rollenpluralismus eher zu als ab[nimmt]" (1966: 36).
- **Wertverallgemeinerung** (L) meint die Ausbildung eines Wertsystems zunehmenden „Allgemeinheitsgrades" (1966: 41), aufgrund der evolutionären Zunahme der Unabhängigkeit „der Legitimationsgründe von spezifischen operativen Mechanismen niedrigerer Ordnung" eines Sozialsystems (1966: 22f.). Historisch gesehen differenziert sich dieses System generalisierter Werte „erstmals deutlich von anderen gesellschaftlichen Teilsystemen, wenn letztere sich als eindeutig ‚säkulare' Sphären etablieren" (1966: 44), d.h. in Konsequenz von Säkularisierungs- und Pluralisierungsprozessen.

Tab. 6.3: Gesellschaftliche Teilsysteme und evolutionäre Trends

Teilsysteme des Sozialsystems	Medium	Funktionsproblem	Evolutionärer Trend
Ökonomisches System (Wirtschaft)	Geld	A	Steigerung der Anpassungsfähigkeit („adaptive upgrading") (technologischer Fortschritt)
Politisches System	Macht	G	zunehmende Differenzierung/Spezialisierung von Rollen
Gesellschaftliche Gemeinschaft	Einfluss	I	zunehmende Inklusion/Einbeziehung (bürgerliche Teilhaberechte)
Kultursystem (Treuhandsystem)	Wertbindung	L	Erhöhung des Generalisierungsniveaus gesellschaftlicher Werte und Leitideen

In historischer Entwicklungsperspektive werden von Parsons vier „allgemeine evolutionäre Ebenen" des Fortschritts, also der „gesellschaftlichen Evolution" unterschieden, die er auch als „Stufen" bezeichnet. Es sind dies die primitive, die intermediäre (frühe Hochkulturen/vormoderne Gesellschaften) und die moderne Stufe (1966:12, 46). Für die Konturen dieses evolutionären Prozesses ist die Annahme **evolutionärer Universalien** leitend:

> Jede in sich geordnete Entwicklung [...], die für die weitere Evolution so wichtig ist, dass sie nicht nur an einer Stelle auftritt, sondern dass mit großer Wahrscheinlichkeit mehrere Systeme unter ganz verschiedenen Bedingungen diese „Erfindung" machen. (1964a: 55)

Für das historische Entwicklungsschema unterscheidet Parsons vier Stufen von Gesellschaftstypen mit drei evolutionären Übergängen: (1) Der Übergang von primitiven zu intermediären Gesellschaften ist durch „die zentrale Entwicklung in der Sprache" geprägt. Es entstehen Schrift und Dokumente als Basis kumulativer kultureller Entwicklung; denn Literalität „steigert die fundamentale Differenzierung zwischen dem sozialen und dem kulturellen System" (1966: 46). (2) Im Übergang von frühen Hochkulturen zu vormodernen Gesellschaften etablieren sich der Markt als Organisationsprinzip mit Geld als Zahlungsmittel sowie die Bürokratie als Herrschafts- und Steuerungsform. (3) Beim Übergang von vormodernen zu modernen Gesellschaften findet die zentrale Entwicklung „in den institutionalisierten Codes der [...] bestehenden normativen Ordnung" statt (1966: 46). Die Entwicklung des „Gesetzes" (1966: 48) zu prinzipienorientierter „formaler Rationalität" (Max Weber) und Verfahrenslogik „fördert [...] die Unabhängigkeit der normativen Komponenten der gesellschaftlichen Struktur von den Erfordernissen der politischen und ökonomischen Interessen" (1966: 48, vgl. Tab. 6.4).

Tab. 6.4: Evolutionäre Trends und evolutionärer Wandel

Gesellschaftstyp	A	G	I	L
Primitive Gesellschaft	Technologien (Werkzeuggebrauch)	Sprache (Kommunikationsmittel)	Verwandtschaft als soziale Organisationsform	Religion und Riten als Legitimationsform
Frühe Hochkultur (intermediär)			Entwicklung von Schrift und sozialer Schichtung	komplexe Legitimation ungleicher Ressourcenverteilung
Vormoderne Gesellschaft	Marktorganisation und Geld	Bürokratie als Herrschafts- und Steuerungsform		
Moderne Gesellschaft			universalistisches Recht (Form des Rechtsstaates)	demokratische Assoziation als Legitimationsprinzip

Moderne Gesellschaften sind für Parsons im Unterschied zu traditionellen Gesellschaften also nicht etwas völlig anderes, sondern mit ihnen im Wesentlichen vergleichbar: Sie stellen vor allem mehr Möglichkeiten zur Erfüllung der vier Funktionserfordernisse (**AGIL-Schema**) des gesellschaftlichen Reproduktionsprozesses bereit. Entsprechend kennzeichnen die von Parsons identifizierten vier evolutionären Trends sowohl den Wandel von primitiven (traditionalen) Gesellschaften zu den frühen Hochkulturen als auch den Wandel von vormodernen (mittelalterlichen) Gesellschaften zu modernen Gesellschaften.

Insgesamt werden evolutionäre Wandlungsprozesse von Parsons fortschrittslogisch als **Modernisierung** konzipiert, d.h. als Optimierungen auf der Ebene der im AGIL-Schema bestimmten Funktionserfordernisse: als Steigerung der Anpassungsfähigkeit **(A)**, als zunehmende Differenzierung **(G)**, als fortschreitende Inklusion **(I)** und Wertverallgemeinerung **(L)**.

6.5 Gegenwartsanalyse

Die für Parsons' Gegenwartsanalyse leitende Annahme, dass moderne Gesellschaften im Kern als strukturell analog zu früheren Gesellschaften zu verstehen sind, insofern sie sich im Kern lediglich durch ein Mehr an Möglichkeiten zur Erfüllung der vier Funktionserfordernisse (AGIL) des gesellschaftlichen Reproduktionsprozesses von diesen unterscheiden, diese Annahme leitet sein Verständnis des sozio-historischen Prozesses als eines Prozesses der **Modernisierung.** Bezogen darauf wurden mögliche Folgeprobleme funktionaler Differenzierung zuvor bereits mit Blick auf strukturelle Gefährdungen der Leistungsfähigkeit der Kommunikations- der Interaktionsmedien angesprochen und am Beispiel der Bildung veranschaulicht (vgl. Kap. 6.4.2).

In modernen Gesellschaften liegt Parsons' Verständnis zufolge der Kern der Ordnungsgenerierung darüber hinaus aber auf der L-Funktion, also auf der Ebene der „gesellschaftlichen Gemeinschaft" (vgl. Kap. 6.4.2). Krisenszenarien lassen sich danach mit Parsons sowohl im Falle einer Erosion des Legitimationsprinzips der Form „demokratischer Assoziation" als auch – in dessen Gefolge – im Falle eines Aufbrechens universalisitischer Rechtsprinzipien erwarten. In beiden Hinsichten stehen sich als Demokratien beschreibende Gegenwartsgesellschaften mit Blick auf Vertretungs- (politische Repräsentation), Verteilungs- (sozio-ökonomische Teilhabe) und Verfassungsfragen (religiös-kulturelle Partikularansprüche) vor erhebliche Herausforderungen gestellt. Insbesondere als fundamentalistisch oder extremistisch einzuschätzende Bewegungen (egal ob kulturell-religiös oder politisch-national) wären mit Parsons daher als Bedrohungen für den konstitutiven „institutionalisierten Individualismus" (1964: 248f.) im Rahmen des universalisitisch ausgerichteten Demokratieverständnisses moderner Gesellschaften zu sehen.

6.6 Wirkungsgeschichte

Parsons ist bis in die zweite Hälfte der 1960er-Jahre die beherrschende Figur der theoretischen Debatten und sein Ansatz die faktisch anerkannte einheitliche Grundlagentheorie der Soziologie in den USA aber auch in Europa. Ein Umstand, der nicht zuletzt Parsons' Theoriestrategie geschuldet ist: Insofern er mit „The Structure of Social Action" darlegt, dass die bisherige Theorieentwicklung in der Soziologie in der von ihm ausgearbeiteten „voluntaristischen Handlungstheorie" konvergiert, positioniert er seine Theorie als den legitimen Nachfolger der gesamten soziologischen Klassik. Jenseits der Leerstellen, die hier gleichwohl verbleiben – vgl. die Nichtrezeption von George Herbert Mead und Georg Simmel – fungiert Parsons' Werk damit – ganz unabhängig von dessen Beurteilung – als *die* zentrale theoriegeschichtliche Gelenkstelle („Scharnier") zwischen der Gründergeneration und der Zwischengeneration der Soziologie in den Jahren von 1950 bis 1980.

In diesem Kontext sind zunächst vier Theorielinien zu nennen, die am ehesten als kritische Weiterführungen von Parsons' Ansatz qualifiziert werden können: Das ist einmal **(1)** über die Kanonisierung soziologischer Grundbegriffe wie Rolle, System, Funktionen, Interaktionsmedien die radikalisierende Weiterentwicklung insbesondere in der Systemtheorie von Niklas Luhmann bis zu ihrer sog. autopoietischen Wende, die die Konzeption der symbolisch generalisierten Kommunikationsmedien für die Analyse der Interaktionsbeziehungen zwischen Teilsystemen als Vorbereitung einer kommunikationsanalytisch angelegten Gesellschaftstheorie nutzt (vgl. Kap. 12). Dazu gehört weiterhin **(2)** die theorie-strukturierende Aufnahme, die Parsons' Werk im Zuge ihrer dialektischen Aneignung bei Jürgen Habermas erfahren hat, um die Tradition der Kritischen Theorie an das Reflexionsniveau soziologischer Analyse heranzuführen (vgl. Kap. 11). Sodann ist hier **(3)** die Entwicklung des Neo-Funktionalismus zu verorten, der insbesondere im Werk von Jeffrey Alexander zu einer eher orthodoxen Fortführung von Parsons' Werk geführt hat. Für diese Linie steht in Deutschland die auch eher orthodoxe Weiterentwicklung bei Richard Münch. Schließlich verdankt **(4)** auch die Entwicklung des soziologischen Neo-Institutionalismus bei u. a. John W. Meyer, Paul DiMaggio dem Werk von Parsons wichtige Impulse.

Parallel wie auch im Zuge dieser Rezeptionslinien bilden sich seit Mitte der 1960er-Jahre zunehmend fünf Hauptlinien der **Kritik** an Parsons' Werk aus: So wird an Parsons' Theorie **(1)** eine Überbetonung des Integrationsaspektes sowie der Internalisierung von Werten konstatiert (Wrong 1961), weshalb es bei ihm zu einer Unterschätzung, wenn nicht gar Vernachlässigung der Phänomene Herrschaft und Konflikt komme (so v. a. Dahrendorf und Coser). Weiterhin sei **(2)** bei Parsons eine Vernachlässigung der informellen bzw. sub-institutionellen Abläufe und Strukturen sozialen Handelns zu beobachten (so v. a. Garfinkel, Goffman, Schütz). Im Anschluss an Webers Soziologie führt diese Kritik zur Entwicklung phänomenologisch wie hermeneutisch orientierter Soziologiekonzeptionen (Symbolischer Interaktionismus, Ethnomethodologie, Labeling Approach, Lebensweltanalyse). Ebenso wird **(3)** bei Parsons eine Überbetonung des Institutionalisierungsmomentes und damit dessen Identifizierung mit Legitimierungsprozessen kritisiert, die sowohl zu einer normativen Schließung des Sozialen als auch zur Ausblendung der stets kontrovers verhandelten Deutungen und Begründungen sozialer Arrangements und Regeln führe (so v. a. Peter L. Berger und Thomas Luckmann, vgl. Kap. 10). Kritisch wird zudem **(4)** auf eine Überbetonung des in der US-amerikanischen Gesellschaft etablierten Leistungswertsystems bei Parsons verwiesen (so v. a. bei Habermas und Luhmann, vgl. Kap. 11 und 12) sowie – im Anschluss an eine Analyse von David Lockwood – eine **(5)** Entkopplung der dialektisch aufeinander bezogenen Dimensionen der Sozial- und der Systemintegration vermerkt (insbesondere bei Habermas, vgl. Kap. 11).

Ein ganz eigener Strang der Orientierung an und Auseinandersetzung mit Parsons' liegt schließlich in den Arbeiten von Robert King Merton (1910–2003) vor (vgl. Kap. 7).

6.7 Zusammenfassende Übersicht

In diesem zusammenfassenden Abschnitt werden entsprechend der in der Einleitung dargelegten Kriterien zunächst die angesprochenen wesentlichen Aspekte des dargestellten Ansatzes in tabellarischer Form zusammengestellt (vgl. Tab. 6.5), anschließend werden die zentralen Begrifflichkeiten des Ansatzes nochmals knapp erläutert. Unter der Rubrik Literaturhinweise werden dann die zentralen Werke sowie ausgewählte Sekundärliteratur für das weitere Studium angegeben sowie schließlich unter dem Titel „Übungsaufgaben" einige Fragen zur Rekapitulation des Erarbeiteten zusammengestellt.

Tab. 6.5: Tabellarische Zusammenfassung Talcott Parsons

Aspekt	Parsons
Ansatz	Handlungsanalytische Systemtheorie
Soziologieverständnis	Gesellschaftstheorie und Theorie der Sozialwissenschaften
Methodik	Funktionsanalyse sozialer Systeme
Erklärungsvorstellung	Erklären über die Identifizierung notwendig zu lösender Funktionsprobleme
Gesellschaftsbegriff	normativ integrierter Funktionszusammenhang; funktional stabilisiertes ‚Ganzes' (AGIL)
Gesellschaftstypen	primitive, hochkulturelle, vormoderne und moderne Gesellschaft
Macht und Herrschaft	Politisches System (theoretisch: nicht übergeordnet); Medium: Macht
Soziale Ungleichheit	Einkommen, Macht, Prestige
Sozialer Wandel	Evolution: gerichteter und unumkehrbarer Prozess; evolutionäre Universalien führen zur Steigerung gesellschaftlicher Anpassungsfähigkeit
Soziale Differenzierung	fortschreitende Teilsystembildung als Problemlösungsmechanismus
Soziale Integration	Institutionalisierung (Rollen) – Internalisierung (Normen) – Sozialisierung (Motive); Erwartungsstrukturen; intersystemische Austauschbeziehungen und Kontrollhierarchie
Gegenwartsdiagnose	Folgeprobleme funktionaler Differenzierung (bspw. keine Regelung von Verteilungsfragen)

6.7.1 Grundbegriffe

AGIL-Schema: Vier-Funktionen-Schema, das diejenigen Funktionen umfasst, die Parsons zufolge in jedem sozialen System dauerhaft erfüllt bzw. gewährleistet sein müssen, damit dieses (relativ) dauerhaft bestehen kann.

Doppelte Kontingenz: Parsons zufolge das Grundproblem sozialer Interaktion. In jeder Begegnung zweier oder mehrerer Individuen hängt die Anschlussfähigkeit der von den Beteiligten vollzogenen Handlungen von der jeweiligen Wahl zwischen Handlungsalternativen, von den jeweiligen Erwartungen der Akteure aneinander, von den jeweils handlungswirksamen Annahmen über die Erwartungen der anderen und von den jeweiligen Reaktionen auf das jeweils vollzogene Handeln ab. Diese hochgradige Komplexität jeder Handlungssituation in Form der multiplen wechselseitigen Abhängigkeit der Akteure voneinander mit Blick auf einen potenziellen Handlungserfolg, macht diese für jede Seite kontingent.

Evolutionäre Universalien: Historische Innovationen sozio-kultureller Verkehrsformen, Problemlösungsmuster, Regeln und Techniken, die die Leistungsfähigkeit von Gesellschaften gegenüber früheren Epochen und angesichts historisch veränderter Umweltbedingungen steigern und somit nicht nur die Funktionsfähigkeit von Gesellschaften sicherstellen, sondern zugleich die Voraussetzungen weiterer soziohistorischen Wandels bilden, hinter die die historischen Entwicklungen im Kern nicht mehr zurückfallen.

Institutionalisierung: Prozess, im Zuge dessen die kulturellen Leitbilder, sozio-kulturellen Regeln und Normen zu anerkannten (legitimen und sanktionierten) Handlungsmustern, insbesondere Rollen, auf der Ebene sozialer Gruppen, Organisationen und des sozialen Systems Gesellschaft ausgebildet werden.

Interaktionsmedien: Gesellschaftlich bedeutsame Mittel (Systemsprachen), die die wechselseitige Bezugnahme und wechselseitige Anschlussfähigkeit von Handlungen aneinander ermöglichen, strukturieren und damit zugleich kontrollieren. Zentrale Beispiele sind Geld, Macht, Einfluss und Wertbindung im Sinne moralischer Verpflichtung.

Internalisierung: Prozess, im Zuge dessen die kulturellen Leitbilder, sozio-kulturellen Regeln und Normen die individuelle Identität prägen, d. h. der Prozess der Charakterbildung (Sozialisation), der sich auf der Ebene des Persönlichkeitssystems vollzieht.

Pattern variables: Wahlalternativen des Handelns, von denen Parsons fünf Paare unterscheidet: affektiv aufgeladen oder affektiv neutral, partikular oder universalistisch ausgerichtet, an primordialen oder an leistungsbezogenen Kriterien orientiert, funktional diffuse oder funktional spezifische Erwartungs- und Verpflichtungsprofile sowie kollektivistisch oder eigenorientierte Interessenausrichtung.

Soziale Rolle: Erwartungen (kognitive und normative Regeln), wie sich die Inhaber bestimmter sozialer Positionen (Vorgesetze, Eltern, Lehrer) in einer Gesellschaft typischerweise zu verhalten haben, d. h. ein Bündel von Verhaltens- und Handlungsregeln, die mit einem bestimmten sozialen Status als verbunden angesehen werden. Insofern wird ihre Einhaltung sozial kontrolliert und deren Übertretung in unterschiedlicher Weise sanktioniert.

System: Im historischen Prozess sich ausbildende und auf die Erledigung spezialisierter Aufgaben zugeschnittene gesellschaftliche Handlungs- und Funktionsbereiche (bspw. Politik, Rechtssystem, Erziehungssystem, Kulturbetrieb).

Wertgeneralisierung: Historischer Prozess der fortschreitenden Verallgemeinerung sozialer Normen und Werte um unter den Bedingungen zunehmender kultureller Pluralisierung die soziale Integration von Gesellschaften über gemeinsam geteilte kognitive und normative Werte noch realisieren zu können.

6.7.2 Literaturhinweise

Werke: 1937: The Structure of Social Action. A Study in Social Theory with Special Reference to a Group of Recent European Writers, 1949/54: Essays in Sociological Theory (dt.: Soziologische Theorie), 1951: The Social System, 1951: Toward a General Theory of Action (mit Edward Shils u. a.), 1955: Family, Socialization and Interaction Process (mit Robert F. Bales u. a.), 1956: Economy and Society (mit Neil J. Smelser), 1964: Social Structure and Personality (dt.: Sozialstruktur und Persönlichkeit), 1966: Societies: Evolutionary and Comparative Perspectives (dt.: Gesellschaften), 1967: Sociological Theory and Modern Society, 1969: Politics and Social Structure, 1971: The System of Modern Societies (dt.: Das System moderner Gesellschaften), 1973: The American University (dt.: Die amerikanische Universität) (mit Gerald M. Platt), 1978: Action Theory and the Human Condition.

Gerhardt, Uta (2002) Talcott Parsons – An Intellectual Biography. New York: Cambridge University Press.
Hamilton, Peter/Chazel, François (2014) Talcott Parsons and Modern Sociology, Oxford: The Bardwell Press.
Joas, Hans/Knöbl, Wolfgang (2004) Der klassische Versuch zur Synthese: Talcott Parsons etc., in: dies., Sozialtheorie. Zwanzig einführende Vorlesungen, Frankfurt/M.: Suhrkamp, S. 39–142.
Miebach, Bernhard (1984) Strukturalistische Handlungstheorie. Zum Verhältnis von soziologischer Theorie und empirischer Forschung im Werk Talcott Parsons', Opladen: Westdeutscher Verlag.
Münch, Richard (2004) Vom analytischen Funktionalismus zum Neofunktionalismus: Das Erbe von Talcott Parsons, in: ders., Soziologische Theorie. Bd. 3: Gesellschaftstheorie, Frankfurt/M./New York: Campus, S. 41–177.
Schimank, Uwe (2008) Talcott Parsons' System-Umwelt-Betrachtung gesellschaftlicher Differenzierung, in: ders., Theorien gesellschaftlicher Differenzierung, Wiesbaden: VS, 3. Aufl., S. 73–122.
Wenzel, Harald (1990) Die Ordnung des Handelns. Talcott Parons' Theorie des allgemeinen Handlungssystems, Frankfurt/M.: Suhrkamp.
Wrong, Dennis H. (1961) The Oversocialized Conception of Man; dt.: Das übersozialisierte Menschenbild in der modernen Soziologie, in: Heinz Steinert (Hg.), Symbolische Interaktion. Arbeiten zu einer reflexiven Soziologie, Stuttgart: Klett 1973, S. 227–242.

6.7.3 Übungsaufgaben

(1) Welche Entscheidungsalternativen des Handelns („pattern variables) unterscheidet Parsons, welchem der beiden Begriffe „Gemeinschaft" und „Gesellschaft" werden diese jeweils zugeordnet, und inwiefern beinhaltet diese Unterscheidung eine Spannung zur Gemeinschaft-Gesellschaft-Typologie?

(2) Welches sind die Elemente von Talcott Parsons' Konzeption des Handlungsbezugsrahmens („action frame of reference")? Erläutern Sie diese ebenso wie den

Strukturzusammenhang dieses Bezugsrahmens und veranschaulichen Sie diese anhand eines Beispiels.

(3) Talcott Parsons unterscheidet zunächst drei Teilsysteme des allgemeinen Handlungssystems und drei Mechanismen ihrer Verschränkung. Führen Sie sowohl diese Systeme als auch die Mechanismen in ihrem Zusammenhang an.

(4) Welche vier Funktionsprobleme, die für die Bestandserhaltung von sozialen Systemen erfüllt sein müssen, unterscheidet Parsons? Welchen Funktionssystemen werden diese auf der Ebene des sozialen Systems zugeordnet? Erläutern Sie diese Zuordnung in gesellschaftstheoretischer Hinsicht.

(5) Erläutern Sie Parsons' Konzept der „evolutionären Universalien" und skizzieren Sie deren Entwicklung im historischen Prozess.

7 Robert King Merton: Theorien mittlerer Reichweite

Ein besonders wirkmächtiger Strang der Orientierung an und Auseinandersetzung mit dem Werk von Talcott Parsons liegt in den Arbeiten von Robert King Merton vor. Das Werk Mertons, das primär in einer Vielzahl von Aufsätzen vorliegt, ist wesentlich vor dem Hintergrund seiner großen „Antipoden" zu verstehen. Damit sind zum einen Parsons' systemanalytisch angelegte sog. „Grand Theory" (vgl. Kap. 6) und zum anderen George Caspar Homans' (1910–1989) deduktiv-nomologisch ausgerichtetes Theorieprogramm gemeint. Parsons wie Homans publizierten umfängliche Werke, in denen sie ihre jeweiligen Grundlegungen der Soziologie (resp. der Sozialwissenschaften) darlegten und die soziologische Forschungslandschaft zu strukturieren suchten. Das war Mertons Weg nicht. Gleichwohl bestand zwischen diesen drei Autoren eine objektive Konkurrenzsituation, die nicht zuletzt aus dem Umstand resultierte, dass alle drei in der zweiten Hälfte der 1930er-Jahre zeitweilig Kollegen an der Harvard University in Cambridge (Mass.) bei Boston waren. In der europäischen, und gerade auch in der deutschsprachigen Soziologie stand Mertons Werk lange im Schatten insbesondere des umfangreichen Schaffens von Parsons, aber auch der Rezeption der Arbeiten von Homans. Eine Orientierung über das Werk von Robert King Merton beginnt deshalb am besten mit einer der zahlreichen von Merton in die Soziologie eingeführten Denkfiguren: der Figur der „obliteration by incorporation" (1968: 35), also der „Auslöschung durch Einverleibung". Bezogen auf Merton selbst besagt das, dass viele seiner Konzepte längst zum allseits vertrauten Bestandteil soziologischen Denkens und Forschens, also sozusagen zum *common sense* der Disziplin geworden sind, ohne dass Merton selbst als ihr Urheber noch im Gedächtnis der Disziplin wäre oder gar sein Werk einer intensiven und systematisch angelegten Diskussion unterzogen würde. Entsprechend wird Merton bspw. im Vergleich zu Parsons als theoretischer Soziologe kaum gewürdigt – obwohl er noch in den 1970er-Jahren der weltweit bei weitem am meisten zitierte Soziologe war.

7.1 Grundzüge

In kritischer Distanzierung von Parsons' Konzeption einer Grand Theory entwickelt Merton eine Vielzahl unmittelbar problembezogener und empirisch gesättigter theoretisch-konzeptioneller Überlegungen, die er insgesamt unter dem Begriff der **„Theorien mittlerer Reichweite"** („middle range theories") zusammen fasst (1968: 39 ff.). Und im Unterschied zum eher stabilitätsorientierten und auf vollständige komplexe Integration orientierten Typus funktionaler Analyse bei Parsons richtet Merton sein Augenmerk auf die Untersuchung sowohl funktionaler Alternativen wie auch dysfunktionaler sozialer Phänomene und funktionaler Äquivalente. Im Kern geht es Merton darum, die durch institutionelle wie positionelle Strukturen gegebenen

Rahmenbedingungen sozialen Handelns in ihren handlungsleitenden Konsequenzen und in ihren Wechselwirkungen mit den gesellschaftlichen Konstellationen zu untersuchen und dabei auf konstitutive Unstimmigkeiten, strukturelle Ambivalenzen und widerstreitende Erwartungsstrukturen aufmerksam zu machen.

Zentrale Beiträge Mertons betreffen die Erweiterung der Rollentheorie insbesondere um das Konzept der für Akteure für die eigene Anerkennung und Wertschätzung als relevant angesehenen Bezugsgruppen. Sie betreffen die Analysen anomischer Prozesse, für die Merton ebenso wie schon Parsons zwar im Anschluss an Durkheim argumentiert, aber dem Konzept der Anomie dabei eine nicht ordnungstheoretische, sondern eine strukturelle Deutung gibt. Merton konzentriert seine Untersuchung hier auf die Diskrepanz zwischen individuell als erreichbar und erstrebenswert angesehenen und sozial erwarteten Zielen auf der einen Seite und den für diese Akteure in ihren sozialen Lagen jeweils aufgrund ihrer Ressourcen zugänglichen bzw. gesellschaftlich bereitgestellten Chancen, diese Ziele bzw. Positionsverbesserungen zu erreichen, auf der anderen Seite. Das Wechselspiel beider Komponenten erzeugt im Falle eines Auseinanderklaffens Verhaltensprofile jenseits der gesellschaftlich etablierten Normalität, d.h.: Anomie. Im Unterschied zu Parsons weist Merton damit nach, dass es gerade die Orientierung an gesellschaftlich institutionalisierten Erwartungen ist, die desintegrierend wirken kann.

7.2 Biografie

Geboren wird Merton am 5. Juli 1910 in Philadelphia als Sohn jüdischer Einwanderer in ärmlichen Verhältnissen unter dem Namen Meyer Robert Schkolnik. Der Name Mertons ist also ein Kunstname: der Vierzehnjährige wählt ihn aus Verehrung für Robert King Merlin, einem Zauberer aus der Artus-Sage. Robert King Merton, wie er fortan heißt, nimmt sein Studium in Philadelphia an der Temple University mit Hilfe eines Stipendiums auf, erwirbt dort den akademischen Grad eines BA und geht dann – ebenfalls als Stipendiat – an die Harvard University in Cambridge (Mass.) bei Boston und studiert zunächst bei Pitirim Sorokin und wenig später dann bei Talcott Parsons. Er brilliert 1932 im Rahmen der Masterprüfung derart, dass er sogleich ein Promotionsstipendium der Harvard University angetragen bekommt, welches er annimmt und zwischen 1933 und 1935 seine Dissertaton über die Entstehung der modernen Wissenschaft im England des 17. Jahrhunderts ausarbeitet. In dieser wissens- bzw. wissenschaftssoziologischen Arbeit weist er nach, wie stark der sog. „Zeitgeist" die Richtung der Wissenschaftsentwicklung beeinflusst. Seine Prüfung im Zuge der Promotion legt er erneut mit Bravour ab, sodass er unmittelbar im Anschluss 1936 das Angebot erhält, in Harvard als „tutor and instructor" zu arbeiten. Merton nimmt auch dieses Angebot an und bleibt an der Harvard University bis 1939. Er ist damit an dem Department tätig, an dem seit 1936 Parsons lehrt, und an dem seit Herbst 1934 auch Homans als „junior fellow" auf Stipendienbasis tätig ist. Seine erste akademische Anstellung erhält Merton von 1939 bis 1941 an der Tulane University in New Orleans.

1941 erhält er den Ruf auf eine Professur für Soziologie an der Columbia University in New York, wo er bis 1979 lehrt. Hier wird er u.a. jahrzehntelang Kollege und enger Kooperationspartner von Paul F. Lazarsfeld (1901–1976), mit dem er bis 1971 das berühmte „Bureau of Applied Social Research" leitet. Im Rahmen der Studien dieses Bureau untersucht Merton u.a. die Wirkung von propagandistischen Radioprogrammen zur Mobilisierung der heimischen Bevölkerung für die Kriegsanstrengungen während des Zweiten Weltkriegs. Er weist in diesem Zusammenhang die emotionale Wirkung massenhaft verbreiteter Programme nach und entwickelt im Zuge dieses Forschungsprojekts mit seinen Mitarbeitern ebenfalls ein eigenes qualitatives Analyseverfahren: das sog. „fokussierte Interview" (Merton/Kendall 1945/46). Ein „fokussiertes Interview" arbeitet als eine Form des halb-standardisierten Interviews mit un-, halb- und strukturierten Fragen, bei dem sich insbesondere die neben dem Leitfaden gestellten zusätzlichen Fragen möglichst Aspekt-genau auf einen spezifischen Gegenstand richten, um solchermaßen Erkenntnis gerade über möglicherweise selbstenthüllende Kommentare der Interviewten zu erlangen. Im Gefolge einer Krebserkrankung stirbt Merton am 23. Februar 2003 in New York. In einem Nachruf vom 26. Februar 2003 konstatiert Christian Geyer treffend, dass „Mertons aufklärerische Pointen von [...] feuilletonistischer Fulminanz" im Wissenschaftsbetrieb fehlen werden.

7.3 Methodologisch-methodische Grundlegung: Funktional-strukturelle Analyse

Die methodologische Orientierung von Merton lässt sich mit dem Stichwort **„funktional-strukturelle Analyse"** umschreiben. Typen funktionaler Analysen wurden bereits bei Durkheim (vgl. Kap. 3) und bei Parsons (vgl. Kap. 6) angesprochen. Bei Durkheim war bspw. die Funktionalität der sog. intermediären Berufsgruppen für die Förderung und den Erhalt der moralischen Ressourcen der modernen, fortgeschritten arbeitsteilig organisierten Gesellschaft, d.h. ihre Funktion für den Erhalt und die Stabilität der sozialen Ordnung unter den Bedingungen organischer Solidarität thematisch. Parsons wiederum hatte die Frage nach den Bestandserfordernissen sozialer Systeme beschäftigt, zu deren Beantwortung er das sog. Vier-Funktionen- bzw. AGIL-Schema entwickelte, also das Schema der vier notwendig lösungsbedürftigen Probleme zur Bestandserhaltung sozialer Systeme. Entsprechend werden diejenigen Leistungen und Wirkungen, die zur Lösung dieser Bestandserhaltungsprobleme beitragen, bei ihm als Funktionen bezeichnet.

Was versteht demgegenüber Merton unter dem Label „funktional-strukturelle Analyse"? Bezugspunkte funktional-struktureller Analysen sind für Merton stets institutionalisierte bzw. strukturierte Elemente der sozialen Wirklichkeit wie bspw. Rollen, Normen, soziale Strukturen, Kulturmuster etc. (1995: 48). Diese werden im Hinblick auf ihre Funktion für bestimmte soziale Einheiten wie Gruppen, Systeme oder Organisationen hin untersucht. „Funktional" sind danach die beobachtbaren

Folgen, die eine Anpassung oder Regulierung eines bestimmten sozialen Systems ermöglichen; „dysfunktional" sind entsprechend Folgen, die eine solche Anpassung verhindern (1995: 48). Dabei sind Dysfunktionen als Wirkungen zwar unerwünscht, damit aber keineswegs ignorierbar (1995: 96–100). Erbringen bestimmte soziale Elemente im Hinblick auf den Anpassungszustand einer bestimmten sozialen Einheit die gleiche Leistung, also zeitigen sie gleiche Effekte, dann sind sie als „funktional äquivalent" zu charakterisieren (1968: 105f.). Merton bezieht den Funktionsbegriff damit auf die objektiven Folgen sozial institutionalisierter Elemente zur Anpassung von Systemen, jedoch weder auf subjektive Dispositionen wie Interessen, Motive oder Zwecke noch auf analytisch als notwendig erachtete Systemeigenschaften. Zentral für die funktional-strukturelle Analyse im Sinne von Merton ist somit die Untersuchung des jeweiligen strukturellen Kontextes, also der „Interdependenz der Elemente einer sozialen Struktur", die „den tatsächlichen Möglichkeiten des [sozialen] Wandels oder der funktionalen Alternativen Grenzen" setzt (1995: 50). Das Stichwort „Funktionalismus" meint mit Bezug auf Merton also nicht ein Erklärungsmodell, sondern verweist auf ein methodologisches Selbstverständnis ebenso wie auf ein methodisches Instrument der Analyse (vgl. dazu insges. 1995: 47–53 bzw. 1968: 104–109).

Merton umschreibt seinen Theorieanspruch dabei als „eher begrenzt und bescheiden" und kreiert zur Charakterisierung dieses Anspruchs die Formel von den **„Theorien mittlerer Reichweite"** („middle range theories") (1995: 3). Merton betrachtet diese als „angesiedelt zwischen den kleinen Arbeitshypothesen [...] und den allumfassenden Spekulationen einschließlich eines theoretischen Globalsystems" (1995: 3) – eine klare Anspielung nicht zuletzt auf die theoretischen Ansprüche, die demgegenüber Parsons mit seinem Werk verbindet. Diesen proklamierten und zugleich als Mahnung begriffenen Aufruf zur konzeptionellen Bescheidenheit versteht Merton allerdings nicht als soziologische Verzweiflungstat, sondern gerade umgekehrt als Befreiungsschlag für die Soziologie. Deshalb verweist er auf den, jedem unreflektierten Vergleich mit dem Entwicklungsstand der Naturwissenschaften zugrunde liegenden „Irrtum [...], der in der Annahme besteht, alle kulturellen Produkte, die zum selben geschichtlichen Zeitpunkt existieren, müssten auch denselben Grad geistiger Reife aufweisen" (1995: 4).

Darüber hinaus sieht Merton im soziologischen Theoriebau-Ehrgeiz von Parsons und Homans aber auch eine fatale soziologische Verteidigungs- bzw. Defensivstrategie angesichts der zahlreichen im öffentlichen Diskurs an die Soziologie herangetragenen Forderungen am Werke. Eine Defensivstrategie, die, so Merton, gespeist sei durch „die irrtümliche Annahme, dass Kompetenz bedeute, sich allen und jeden Anforderungen gewachsen zu zeigen, die, ob berechtigt oder unberechtigt, klug oder dumm, an ihn [also den Soziologen] gestellt werden" (1995: 5). Aus diesen Gründen müsse die Konzeption „vollständige[r] soziologische[r] Systeme" der Idee der „weniger imposanten, aber besser fundierten Theorien mittlerer Reichweite weichen" (1995: 5).

So geht Mertons Plädoyer dahin, soziologische Forschung zu betreiben sowohl „mit besonderen Theorien, geeignet für soziale Daten von begrenzter Reichweite" als auch „mit der Entwicklung eines allgemeineren theoretischen Schemas, geeignet zur Konsolidierung von Gruppen besonderer Theorien" (1995: 7). Entsprechend sieht er die „wichtigste Eigenschaft" von Theorien mittlerer Reichweite in dem

> doppelte[n] Tatbestand, dass die Konzepte in solchen Theorien einen mittleren Allgemeinheitsgrad aufweisen: dass sie [also] spezifisch genug sind, um bei der Organisation von Daten zu bestimmten Bereichen des Sozialen wirkungsvoll angewendet zu werden, und allgemein genug, um sich zu immer umfassenderen Komplexen von Verallgemeinerungen zusammenfassen zu lassen. (1995: 8 Anm. 5)

Soziologische Theorien sollen Merton zufolge also als Instrument dienen, deren Nützlichkeit sich in empirischer Forschung erweist, weshalb sein Augenmerk auch den „Typen der Wechselbeziehungen zwischen Theorie und empirischer Forschung" gilt (1995: 9). Hier von Wechselbeziehungen zu reden heißt zugleich zu argumentieren, dass die Funktion empirischer Forschung weder ausschließlich noch auch primär darin besteht, soziologische Theorien zu überprüfen, sondern es heißt umgekehrt gerade zu akzentuieren, dass „die Theorien und Begriffe der Soziologie durch die empirische Forschung auch initiiert, neu formuliert, neu gewichtet und geklärt" werden (1995: 9). Wir haben es also Merton zufolge mit einem konstitutiv wechselseitigen Lernprozess von empirischer Analyse und theoretischer Aufarbeitung zu tun.

Sein methodologisch-methodisches Selbstverständnis abrundend, unterscheidet Merton „fünf Funktionen", die „middle range theories" seiner Auffassung zufolge „für die qualitative Analyse in der Soziologie" haben (1995: 12). Diese Funktionen sind: (a) eine systematische Funktion aufgrund ihrer „kompakten Minimaldarstellung der zentralen Begriffe und ihrer Beziehungen untereinander", die „ein wichtiges Hilfsmittel für die Selbstkorrektur der Interpretationen" bildet; dadurch bilden sie zugleich (b) einen Leitfaden zur Vermeidung von Ad-hoc-Hypothesen; sie ermöglichen sodann (c) die Kumulierung der theoretischen Interpretation des empirischen Materials; sie legen (d) die systematische Kreuztabellierung von mutmaßlich signifikanten Begriffen nahe und können solchermaßen für Typen empirischer und theoretischer Probleme sensibilisieren; und sie befördern (e) die Kodifizierung der Methoden der qualitativen Analyse, denn, wie Merton formuliert, sind nicht nur „nicht alle Soziologen mit dem gleichen Grad an Wahrnehmungsfähigkeit gesegnet", sondern es müssen, da Wissenschaft ein intersubjektiver Vollzug ist, „die Verfahren noch des wahrnehmungsfähigsten aller Soziologen standardisierbar und die Ergebnisse seiner Einsichten durch andere Soziologen überprüfbar sein" (1995: 13).

7.4 Zentrale sozial- und gesellschaftstheoretische Konzepte

7.4.1 Rollenset

Ein besonders wirkmächtiges Konzept einer solchen „middle range theory" von Merton ist seine Rollentheorie: die Idee des **„role-set"**, des „Rollenmodells" als des

„strukturellen Kontextes" des Handelns und auch des Bezugsgruppenverhaltens (1995: 217– 366) – insbesondere in Auseinandersetzung mit den anfangs sehr schlichten und eindimensionalen Rollenkonzeptionen u. a. bei Parsons (1995: 288 f., 349– 364). Mertons Ausgangsannahme erinnert hierbei an Simmels Konzeption sozialer Kreise (vgl. Kap. 4.4.2): Zu jedem sozialen Status, zu jeder sozialen Position gehört nicht nur eine Rolle, sondern eine Pluralität von Rollen und damit Rollenerwartungen, d. h. Rechten wie Pflichten (1995: 322). D. h. insofern sich mit jeder sozialen Position, jedem Status, ein Bündel von institutionalisierten Rollenmustern verbindet – eine Lehrerin ist bspw. zugleich Kollegin, Beamtin, Vertrauenslehrerin, Stufensprecherin etc. –, stellt sich in konkreten Situationen stets die Aufgabe des Umgangs mit unterschiedlichen Erwartungen. Die gesellschaftliche (Ordnungs-)Aufgabe besteht somit darin, Rollen-Sets so zu bestimmen, dass für die Belange des alltäglichen Handelns ein hinreichendes Maß an Abstimmung zwischen den in einem Rollen-Set aufeinander bezogenen Rollenmustern und -erwartungen besteht und solchermaßen soziale Ordnung entstehen kann (1995: 323).

Die Frage lautet deshalb für Merton: Welche Mechanismen ermöglichen eine mehr oder weniger gelingende Verschränkung, d. h. die wechselseitige Abstimmung der im Rahmen eines Rollen-Sets jeweils gegebenen Pluralität von Verhaltenserwartungen aufeinander (1995: 323, 324)? In Beantwortung dieser Frage unterscheidet er sechs mögliche Formen der wechseitigen Abstimmung (1995: 325– 330): (a) die graduelle Abstufung der Bedeutsamkeit der verschiedenen Verhaltenserwartungen bei ihren Trägern, d. h. deren wechselseitige Abstimmung im Rahmen einer Relevanzhierarchie; (b) Machtunterschiede zwischen den hinter verschiedenen Verhaltenserwartungen stehenden Personen, wie bspw. im Fall der Ärzte-Krankenschwestern-Konstellationen; (c) institutionalisierte Formen der Abschirmung eines Rollenhandelns gegenüber bestimmten Trägern von Verhaltenserwartungen, wie z. B. die Schweigepflicht von Priestern, Anwälten etc.; (d) die Offenlegung der widersprüchlichen Verhaltenserwartungen der an einem Rollen-Set beteiligten Interessengruppen, d. h. die Herstellung von Transparenz; (e) die gegenseitige soziale Unterstützung zwischen gleichen Positionsinhabern gegen alternative Verhaltenserwartungen, wenn bspw. Ärzte nicht gegen Ärzte aussagen; sowie (f) die Beschränkung von Rollenbeziehungen durch Abbruch oder der sog. Exit-Optionen der involvierten Akteure.

Mertons Konzeption des Rollen-Sets stellt einen analytischen Rahmen zur Identifizierung institutionalisierter Muster sozialen Handelns und sozialer Interaktion und mit diesen potenziell verbundener einander widersprechender Erwartungen bereit. Damit eröffnet sie zugleich Chancen der Erklärung sozialer Konflikte sowie der Erläuterung der Kontinuität und der Veränderung (Diskontinuität) dieser Muster ebenso wie eine Erklärung für von konkreten Rollenerwartungen abweichende Verhaltensformen: der Anomie (vgl. Kap. 7.4.2).

7.4.2 Anomie-Theorie

Unter dem Stichwort der **Anomie** verbirgt sich der Kern von Mertons Überlegungen und Analysen zum Problem sozialer Ordnung, dem er sich über die Analyse von Zuständen sozialer Normenlosigkeit nähert. Zentrales Dokument ist Mertons Aufsatz „Social Structure and Anomie", der in erster Fassung bereits 1938 publiziert wurde. Mertons Analyse stellt den Versuch dar zu klären, „durch welche [Prozesse] die sozialen Strukturen Verhältnisse erzeugen, in denen der Verstoß gegen die sozialen Verhaltensregeln eine ‚normale' (das heißt zu erwartende) Reaktion darstellt" (1995: 127). Es geht Merton um die Entwicklung eines „Ansatz[es] zur Analyse der sozialen und kulturellen Ursachen des abweichenden Verhaltens" unter dem besonderen Blickwinkel „wie bestimmte soziale Strukturen ausgesprochenen Druck auf bestimmte Personen in der Gesellschaft ausüben, sich eher nicht konform als konform zu verhalten" (1995: 127 f.).

Während Durkheim in seiner Untersuchung des Typus des anomischen Selbstmordes – generell gesprochen – einen Zustand der Anomie als Folge des Zusammenbruchs eines sozio-moralischen Kosmos verstand (vgl. Kap. 3.4.5), ist Anomie für Merton dagegen eine normale Reaktion auf soziale Strukturen, also auf sozio-strukturelle Rahmenbedingungen des Handelns und der Orientierung an diesen Rahmenbedingungen: hinter anomischem Verhalten steht Mertons Auffassung zufolge die Logik der Wahl illegitimer Mittel zum Erreichen gleichwohl legitimer Ziele (z.B. Eigentumserwerb durch Diebstahl; das Argument macht also klar, warum auch Diebe entrüstet sind, wenn sie bestohlen werden). Anomisches Verhalten wird von ihm also nicht gleichgesetzt mit dem Zuammenbrechen einer Ordnung, sondern es ist zum einen ein diagnostisches Instrument zum Aufweis institutionell ungleich verteilter Chancenstrukturen und zum anderen potenziell produktiver Faktor gesellschaftlicher Veränderungsprozesse.

Ausgangsphänomen von Mertons Analyse ist die Beobachtung unterschiedlicher Devianzraten in verschiedenen sozialen Schichten und Sozialmilieus in der amerikanischen Gesellschaft. Den Ausgangspunkt seiner Analyse bildet die Annahme, dass für das zu untersuchende Phänomen der Anomie zwei als legitim definierte und anerkannte Aspekte der kulturellen Struktur einer Gesellschaft zentral sind, nämlich: (a) die als kulturell legitim definierten „Ziele, Zwecke und Interessen" sozialen Handelns sowie (b) die zu deren Erreichung resp. Durchsetzung ebenfalls kulturell als legitim definierten, als „zulässig" angesehenen „Formen des Strebens nach diesen Zielen", also die „Verfahren" resp. Mittel der Zielerreichung oder Interessendurchsetzung (1995: 128). Diese beiden Aspekte thematisieren die analytischen Schlüssel zur Erfassung der Positionierung von Individuen im Rahmen einer sozialen Ordnung, d.h. im Rahmen einer Distributionsordnung. Hinsichtlich der als legitim geltenden Verfahren unterscheidet Merton vier Typen sozialer Verhaltenskontrollen: „vorgeschriebene [geforderte], präferentielle [begrüßte, geförderte], permissive [erlaubte] oder verbotene Verhaltensmuster" (1995: 129). Ihre jeweilige Einhaltung wird entsprechend der jeweiligen Legitimitätshierarchie einer Gesellschaft unterschiedlich konsequent und unterschiedlich scharf kontrolliert und sanktioniert. Mertons Annahme lautet nun:

> Ein wirksames Gleichgewicht zwischen [den] beiden [extremen] Zustandsformen der sozialen Struktur [also der vollständigen Desintegration auf der einen und der total ritualisierten Konformität auf der anderen Seite] kann solange gehalten werden, wie den mit beiden Arten des kulturellen Zwangs [also legitime Ziele mit legitimen Mitteln zu verfolgen] konform gehenden Individuen Befriedigungen erwachsen, nämlich Befriedigungen aus dem Erreichen der Ziele und Befriedigungen, die direkt aus den institutionell kanalisierten Formen des Strebens nach diesen Zielen entstehen. (1995: 129)

D. h. zur Erhaltung einer stabilen sozialen Ordnung müssen

> die von der Anpassung an die institutionellen Normen gelegentlich [...] geforderten Opfer [...] durch sozialisierte Belohnungen kompensiert werden. [Und zudem muss] die Statusdistribution mittels Konkurrenz [...] so organisiert sein, dass es für jede Position in der Distributionsordnung positive Anreize gibt, den jeweiligen Statusverpflichtungen nachzukommen. (1995: 130)

Aufgrund dieser strukturtheoretischen Explikation des Zusammenhangs von gesellschaftlich als legitim institutionalisierten Zielen und Mitteln zu ihrer Erreichung von Handlungszielen gelangt Merton zu seiner „zentrale[n] Hypothese" bezüglich des Auftretens abweichenden Verhaltens. Sie lautet:

> Das anomale Verhalten [kann] soziologisch als ein Symptom der Dissoziation [d. h. der Entkopplung] von kulturell vorgeschriebenen Ansprüchen und sozial strukturierten Wegen zur Realisierung dieser Ansprüche angesehen werden. (1995: 130)

So führt bspw. die „idosynkratische Überbewertung" von Erfolg im Sport dazu, dass die Sportler „den Regeln den emotionalen Rückhalt entziehen" und bspw. zu Dopingmitteln greifen – eben deswegen, weil erzielbare Erfolge und auf ‚natürlichen' Trainingswegen erforderliche Aufwendungen in keinem akzeptablen Verhältnis mehr stehen (1995: 131). Es entstehen im Zuge solcher Entwicklungen, so Merton, Prozesse der „Demoralisierung" und der „Ent-Institutionalisierung" (1995: 131). Anomie meint in diesem Zusammenhang also: eine Situation der Nichtentsprechung zwischen kulturell institutionalisierten Zielen und Mitteln, eine Nichtentsprechung, die strukturellnotwendig Anpassungszwänge aufseiten der betroffenen Individuen nach sich zieht. Aufgrund dieser strukturellen Analyse lautet dann Mertons Kernfrage:

> Was [...] folgt für das Verhalten von Menschen auf unterschiedlichen Positionen in der sozialen Struktur einer Kultur, in der die Betonung der dominanten Erfolgsziele zunehmend von einer entsprechenden Betonung der institutionellen Verfahren zur Verfolgung dieser Ziele abgekoppelt wird? (1995: 135)

In Beantwortung dieser Forschungsfrage differenziert Merton fünf mögliche Typen individueller Anpassungsformen an eine solche Situation (1995: 135; vgl. Tab. 7.1), d. h.

Typen von „Rollenverhalten in spezifischen Situationen". Es handelt sich bei diesen um „Typen von mehr oder weniger dauerhaften Reaktionen [und] nicht [um] Typen von Persönlichkeitsstrukturen" (1995: 136). Dabei werden die Formen sozio-kulturell etablierten situationsspezifischen Rollenverhaltens entweder erfüllt bzw. befolgt (+) oder aber nicht erfüllt bzw. nicht befolgt (−):

Tab. 7.1: Typen individueller Anpassungsformen

Anpassungsformen	kulturelle Ziele	institutionalisierte Mittel
Konformität	+	+
Innovation	+	−
Ritualismus	−	+
Rückzug	−	−
Rebellion	+/−	+/−

Mertons leitende Annahme für diese Typologie ist, „dass diese Reaktionen in verschiedenen Untergruppen [einer] Gesellschaft gerade deswegen mit unterschiedlicher Häufigkeit auftreten, weil die Mitglieder dieser Gruppen oder Schichten der kulturellen Stimulierung und den sozialen Zwängen in unterschiedlichem Maße ausgesetzt sind" (1995: 135 Anm. 12). Die fünf Typen bedeuten im Einzelnen:

Konformität beschreibt den Umstand, dass „das Netzwerk der Erwartungen, aus dem jede soziale Ordnung besteht, von jenem Modalverhalten ihrer Mitglieder getragen wird, das in der Konformität mit den etablierten, wenngleich vielleicht langfristig wandelbaren kulturellen Mustern besteht" (1995: 136).

Innovation bezeichnet die

> Anwendung institutionell verbotener, aber oft wirksamer Mittel zur Erringung wenigstens der äußeren Abzeichen des Erfolgs [...] Zu dieser Reaktion kommt es, wenn sich der Einzelne die kulturelle Betonung des Ziels zu eigen macht, ohne die institutionellen Normen, die die Mittel und Wege zur Erreichung dieses Ziels bestimmten, gleichermaßen zu verinnerlichen. (1995: 136f.)

Angesichts der kulturell zumeist und vorrangig prämierten Werte „Geld und Macht" konstatiert Merton, „dass die unteren Schichten unter dem größten Devianzdruck stehen" und führt als die dafür verantwortlichen „soziologischen Mechanismen" die Stigmatisierung körperlicher Arbeit und die fehlende realistische Aufstiegschancen an (1995: 140). D.h., „die Kombination aus kultureller Betonung und sozialer Struktur ist es, die den hohen Devianzdruck erzeugt" (1995: 141):

> Erst wenn ein System von kulturellen Werten bestimmte allgemeine Erfolgsziele der Bevölkerung insgesamt praktisch auf Kosten aller anderen Ziele anpreist, während die soziale Struktur den Zugang zu den gebilligten Formen des Strebens nach diesen Zielen für einen beträchtlichen Teil derselben Bevölkerung rigoros beschneidet oder völlig versperrt, folgt daraus abweichendes Verhalten in großem Maßstab. (1995: 141f.)

Mertons analytische Trias für die Erklärung von Devianz lautet also: „Armut, beschränkte Chancen und die allgemeine Zuschreibung kultureller Ziele" (1995: 142).

Ritualismus besteht als „Form der Anpassung" demgegenüber darin, „die hochgesteckten kulturellen Ziele des großen finanziellen Erfolgs und raschen Aufstiegs aufzugeben oder bis zu einem Punkt zurückzunehmen, an dem die Ansprüche erfüllbar werden" (1995: 144). Trotz Aufgabe oder massiver Reduktion des Erwartungshorizonts werden in dieser Form „die institutionellen Normen nahezu zwanghaft weiter befolgt" (1995: 145).

Rückzug meint dagegen die „Ablehnung von kulturellen Zielen und institutionellen Mitteln" (1995: 147). Merton zufolge ist dies der Anpassungsmodus von Randgruppenangehörigen und Angehörigen von Subkulturen, von „Psychotikern, Autisten, Parias, Außenseitern, Vagabunden, Tramps, Alkoholikern und Drogensüchtigen" (1995: 148). Er charakterisiert diesen Typus der Anpassung wie folgt:

> Von ihren Ursprüngen in der sozialen Struktur her gesehen dürfte diese Form der Anpassung dann am ehesten auftreten, wenn sowohl die kulturellen Ziele, als auch die institutionellen Praktiken tief verinnerlicht wurden und eine hohe Affekt- und Wertbesetzung erfahren haben, die zugänglichen institutionellen Mittel und Wege jedoch nicht zum Erfolg führen. (1995: 148)

Damit wird zugleich deutlich, dass der Rückgriff auf illegitime Mittel in diesem Fall dispositionell nicht zur Verfügung steht.

Rebellion stellt schließlich eine Anpassungsstrategie des Ausgriffs auf „eine neue, das heißt stark veränderte Sozialstruktur" dar (1995: 150):

> Rebellion [...] bedeutet eine echte Umwertung, bei der die direkt oder stellvertretend erlebte Frustration zur vollkommenen Absage an die früher hoch geschätzten Werte führt. (1995: 150 f.)

Merton entwickelt seine Analyse für den Fall einer primären oder gar ausschließlichen gesellschaftlichen Prämierung über den Besitz von Geld und Macht. Er notiert jedoch, dass dann, wenn eine Gesellschaft alternative Karrieremuster, „die nicht unbedingt mit großen finanziellen Gratifikationen einhergehen", nicht nur bereitstellt, sondern „diese Alternativen auch mit Prestige versieht und die soziale Struktur einen Zugang zu ihnen [über Schichtgrenzen hinweg] ermöglicht", dass dann ein gesellschaftliches System als „einigermaßen stabilisiert" betrachtet werden kann (1995: 152). Leitend für diese Vorstellung ist Mertons ebenfalls wirkmächtige Idee der „anticipatory socialization", der zufolge Personen sich aufgrund der ihnen kontinuierlich entgegengebrachten Erwartungen (zumindest teilweise) auch selbst (über Anpassungsprozesse) sozialisieren (1995: 145 f., 152–154, 254–260).

Auch in dieser Hinsicht ist es also für Merton zentral, Handlungsmöglichkeiten als Folge ihrer Einbettung in soziale Strukturen zu verstehen. Diese bilden stets „opportunity structures", d.h. Gelegenheitsstrukturen für konkretes Wählen und Handeln (vgl. 1995: 50 f.). Mit dieser „Theorie" strukturierten Wählens unterbreitet Merton zugleich das Prinzip der Erklärung des nicht deterministisch auf vermeintlich eindeutige Struktureffekte zurückführbaren Handlungsverstehens.

7.4.3 Grenzen des Handlungswissens und nicht intendierte Handlungsfolgen

Der 1936 publizierte Aufsatz über die „unanticipated consequences of purposive social action" ist – das muss betont werden – die Arbeit eines 26-Jährigen! Bereits sie sicherte Merton erste disziplinweite Aufmerksamkeit. Was sind **„nicht antizipierte" Konsequenzen** bzw. **(Neben-)Folgen?** Merton beginnt mit einer Differenzierung: Unvorhergesehene Folgen sind von unerwünschten Folgen zu unterscheiden. Entsprechend gilt: „Nicht gewünschte Wirkungen sind nicht stets unerwünschte Wirkungen" (1936: 170), d. h. das Nichtantizipierte und somit „Nichtgewünschte" kann sich gleichwohl als höchst willkommen erweisen. Dabei können nicht antizipierte bzw. unvorhergesehene Folgen sowohl aus zweckgerichteten Handlungen und gewohnheitsmäßigen Handlungen (1936: 171 f.) wie auch aus unorganisierten oder formell organisierten Handlungen resultieren (1936: 172). In jedem Fall verdanken sich die nicht vorhergesehenen Folgen, die Nebenfolgen zielgerichteten sozialen Handelns bestimmten Begrenzungen bzgl. der Folgenabwägungen eines Handelns. Denn typischerweise werden, so Merton, „bei allen Situationen, die eine irgendwie geartete unmittelbare Handlung erfordern [...] im allgemeinen bestimmte Aspekte der Situation unbekannt sein, so dass unerwartete Ergebnisse möglich sind" (1936: 177):

> Das teilweise Wissen, in dessen Licht die Handlung im allgemeinen ausgeführt wird, [ermöglicht] einen verschieden großen Bereich unerwarteter Folgen des Benehmens. [...] „Zufällige Folgen" sind solche, die durch das Zusammenspiel von Kräften und Umstände[n] entstehen, die so komplex und zahlreich sind, dass ihre Vorausberechnung für uns ganz unmöglich ist. (1936: 176, 177)

Entsprechende Kalkulationsgrenzen von Handlungsfolgen sind Merton zufolge bedingt durch den je „gegenwärtigen Wissensstand" eines Handelnden (1936: 174 f.). Kritische Aspekte für diesen Wissensstand sind dabei einerseits auf objektiver (bzw. objektiv-subjektiver) Ebene zu komplexe Situationskonstellationen (1936: 177) und andererseits auf der Ebene des subjektiven Handlungswissens, so Merton, vier spezifische Faktoren, die den aktuell je verfügbaren Wissensstand begrenzen können: „Unwissenheit" (1936: 177), „Irrtum" (1936: 178), „zwingende Unmittelbarkeit des Interesses" (1936: 179) und/oder „grundlegende Werte" (1936: 181). Besonders relevant dürfte in diesem Zusammenhang Mertons Hinweis auf die nicht antizipierten Folgen gewohnheitsmäßigen, also des Routinehandelns sein:

> Gerade weil die Gewohnheit eine Handlungsart ist, die früher zur Erreichung bestimmter Ziele geführt hat, pflegt sie infolge der ständigen Wiederholung automatisch und unüberlegt zu werden, so dass der Handelnde nicht mehr erkennt, dass Vorgänge, die unter bestimmten Bedingungen erfolgreich gewesen sind, nicht unter allen Bedingungen erfolgreich sein müssen. [...] Starrheiten im individuellen Verhalten [können] die Befriedigung alter Bedürfnisse in einer sich wandelnden sozialen Umwelt verhindern. (1936: 179)

Aufgrund dieses vielschichtigen Bedingungsgefüges des „Erfolges" von vorderhand „geplanten, also zielgerichteten sozialen Handlungen" formuliert Merton auch für diesen Fall seine Skepsis gegenüber zu stark generalisierenden und eindeutige Kausalitäten behauptenden Aussagen: Wir können, so Merton, feststellen, „dass eine allgemeine Aussage, welche den praktischen Nutzen jeder sozialen Planung kategorisch bejaht oder verneint, nicht gerechtfertigt ist" (1936: 183) – das Problem nicht vorhergesehener Nebenfolgen. Ein Problem, so lässt sich ergänzen, welches sich mit zunehmendem Tempo des sozialen Wandels zunehmend verschärft. Dieser Zusammenhang bildet ein exemplarisches Lehrstück über die Begrenztheit von Wissen, Planung und Rationalität und führt die Kategorie der „nicht intendierten" bzw. „nicht vorhergesehenen Folgen" oder eben Nebenfolgen sozialen Handelns als zentrale soziologische Kategorie ein (vgl. Endreß 2010). Merton selbst sieht im Phänomen der Nebenfolgen und der damit einhergehenden Akzentuierung der Unterscheidung von subjektiven Dispositionen (Motiven) und objektiven Konsequenzen das eigentliche Gebiet soziologischer Analyse (1995: 21f., 66–68).

Bei seiner Analyse des Problems der nicht antizipierten (Neben-)Folgen zielgerichteten sozialen Handelns stützt sich Merton, wie dargelegt, wesentlich auf die Analyse des Zusammenhangs von Handeln und Wissen; genauer insbesondere auf das subjektiv verfügbare Wissen sowie auf die aus der Logik subjektiver Relevanzsysteme und Relevanzhierarchien resultierenden, sozusagen selbst-induzierten Wissensbegrenzungen. Dieser Zuschnitt leitet über zu zwei weiteren Konzeptionen Mertons: denjenigen der „suicidal" oder self-destroying prophecy" und der „self-fulfilling prophecy".

Die Figur der „suicidal prophecy" bzw. der „self-destroying prophecy", d.h. die **sich selbst zerstörende Prophezeiung** wird zunächst im Text über die nicht antizipierten Handlungsfolgen thematisiert, wenn Merton argumentiert:

> Öffentliche Vorhersagen künftiger sozialer Entwicklungen erweisen sich häufig gerade deswegen als falsch, weil die Vorhersage ein neues Element in der konkreten Situation geworden ist und damit den ursprünglichen Verlauf der Entwicklungen verändert. (1936: 182)

Zumindest, so müsste man wohl sagen, verändern kann, nämlich dann, wenn diese Vorhersage ihrerseits nun handlungsrelevant wird, wie Merton dies in seinem Text für die Analysen von Marx dokumentiert. Ein besonders markantes Beispiel eines entsprechenden Zusammenhangs dürften Prognosen für anstehende (politische) Wahlen sein, die Parteien im Falle allzu optimistischer Voraussagen für das eigene Abschneiden gerade beunruhigen aufgrund potenzieller negativer Effekte für die Mobilisierungsfähigkeit ihrer Wähler. Effekte, die dann eben zu ganz anderen als den prognostizierten Wahlergebnissen führen würden.

Im Vordergrund der Aufmerksamkeit in Mertons Studien steht jedoch die Figur der „self-fulfilling prophecy" (1995: 124f., 399ff.), die **sich selbst erfüllende Prophezeiung.** Gemeint ist damit eine Voraussage, die nur bzw. genau deshalb eintritt, weil sie vorausgesagt wurde. Mertons Analyse nimmt ihren Ausgang von Dorothy Swaine Thomas' (1899–1977) und William Issac Thomas' (1863–1947) berühmtem Theorem: „Wenn Menschen Situationen als real definieren, so haben sie reale Konsequenzen" (1995: 399, vgl. Kap. 9.4.1). Dieses, in der Soziologie unter dem Stichwort „Definition der Situation" klassisch gewordene sog. „Thomas-Theorem" ist zunächst eine Erinnerung daran, so Merton, „dass die Menschen nicht nur auf die objektiven Gegebenheiten einer Situation reagieren, sondern auch, und bisweilen hauptsächlich, auf die Bedeutung, die diese Situation für sie hat" (1995: 399). Anders formuliert: es geht bspw. um die Wirkungen von Gerüchten. Auf diese Art und Weise werden, so Merton weiter, „die öffentlichen Definitionen der Situation zum integralen Bestandteil der Situation" selbst, die „damit auch Auswirkungen auf ihre weitere Entwicklung haben" (1995: 400). Mit anderen Worten:

> Die self-fulfilling prophecy ist eine zu Beginn falsche Definition der Situation, die ein neues Verhalten hervorruft, das die ursprünglich falsche Sichtweise richtig werden lässt. Die trügerische Richtigkeit der self-fulfilling prophecy perpetuiert [damit] eine Herrschaft des Irrtums. (1995: 401)

Dabei ist klar, dass eine „self-fulfilling prophecy, durch die Ängste in Wirklichkeit übersetzt werden", nur dann funktioniert, „wenn bewusste institutionelle Kontrollen fehlen" (1995: 412), sodass ‚Gerüchte' und die auf ihnen aufruhenden ‚Paniken' sich relativ ungehindert entfalten können.

Es gehört zu den bemerkenswerten Ereignissen in der Geschichte des unmittelbaren Praktisch-Werdens sozialwissenschaftlicher Erkenntnisse, dass die Logik des im Theorem der self-fulfilling prophecy steckenden Arguments Anlass für eine in den USA Epoche-machende juristische Entscheidung war: nämlich für die schrittweise Aufhebung der Rassentrennung im amerikanischen Erziehungswesen. So ließ sich im Prozess „Brown vs. Board of Education" das US-Verfassungsgericht davon überzeugen, dass die Trennung von Schülern nach Hautfarben aufseiten der sog. Farbigen sowohl bei Lehrern wie auch bei Schülern zu schlechteren Leistungen führt, dass also im Sinne eines Mechanismus der sich selbst verwirklichenden Voraussage die Erwartungen der Lehrer und das Selbstwertgefühl der Schüler ungeachtet der unterschiedlichen Begabungen sich auch dann benachteiligend auswirken, wenn die finanziellen Aufwendungen für weiße und schwarze Schüler identisch sind.

7.4.4 Manifeste und latente Funktionen

Die Figur der nicht vorhergesehenen Handlungsfolgen illustriert ebenso die zentrale Bedeutung einer weiteren von Merton stammenden Unterscheidung, derjenigen zwischen **„manifesten und latenten Funktionen"** (1995: 59 ff.). Dieser Unterscheidung von manifesten und latenten Funktionen, die Merton auch schon in seinem Text über die nicht antizipierten bzw. unvorhergesehenen Handlungsfolgen erwähnt, widmet er zwei Jahre später, 1938, einen gesonderten Aufsatz, der zu seinen berühmtesten Arbeiten gehört. Die Unterscheidung zwischen „manifest and latent functions" (1938; in 1995: 17–81, bes. 59–64) ist Merton zufolge „für die funktionale Analyse […] zentral" (1995: 59). An die Verständigung über die Typik funktional-struktureller Analysen anschließend versteht Merton unter „manifest functions" beabsichtigte, vorhergesehene Folgen bzw. Wirkungen oder Funktionen. Analytisch eng mit den beabsichtigen Funktionen verbunden ist für Merton der Hinweis auf „bewusste Motivationen" (1995: 59), die auf „Kategorien der subjektiven Disposition (,Bedürfnisse, Interessen, Zwecke')" (1995: 61) zurückzuführen sind. Mertons mit diesem Typus von Funktionen verbundene Warnung lautet:

> Solange sich die Soziologen auf die Untersuchung der manifesten Funktionen beschränken, werden sie sich ihre Forschung eher von den praktischen Männern der Tat [also von politischen Funktionären, Unternehmern oder bestimmten Interessengruppen] vorgeben lassen [...] als von den theoretischen Problemen, die den Kern der Disziplin ausmachen. (1995: 63)

Im Vergleich zu diesem Funktionstyp bezeichnet der Begriff der „latent functions" unbeabsichtigte, nicht erkannte (Neben-)Folgen bzw. Wirkungen oder Funktionen eines Handelns für eine bestimmte soziale Einheit; objektive Folgen" (1995: 59), d.h. dieser Begriff ist bezogen auf „Kategorien der [...] objektiven funktionalen Folgen" (1995: 61). Entsprechend erklärt Merton:

> Der Begriff der latenten Funktion erweitert das Blickfeld des Beobachters über die Frage hinaus, ob das Verhalten seinen erklärten Zweck erreicht oder nicht. (1995: 62) [...] „Die eigentlichen intellektuellen Beiträge des Soziologen bestehen unserer Ansicht nach in erster Linie in der Untersuchung jener Folgen, die unbeabsichtigt sind (und unter die unter anderem die latenten Funktionen fallen). (1995: 64)

Für Merton – und nicht nur für ihn (sondern bspw. auch für Karl Popper oder Ulrich Oevermann) – bilden „latente Funktionen" in mancher Hinsicht den eigentlichen und zentralen Gegenstand der Soziologie. Denn jede Suche nach objektiven Sinnstrukturen, also nach Sinnstrukturen eines Handelns, die den Handelnden selbst nicht präsent sind, ist letztlich zurückführbar auf diesen von Merton systematisch entwickelten Ausgriff auf latente Funktionen.

Jenseits dieser theoriestrategisch und forschungslogisch zentralen Bedeutung benennt Merton auch noch eine Reihe weiterer heuristischer Zwecke der Unterscheidung von manifesten und latenten Funktionen für die soziologische Forschungspraxis (1995: 62–78).

- Danach klärt diese Unterscheidung *erstens* „die Analyse scheinbar irrationaler sozialer Muster" (1995: 62), indem sie die latenten Funktionen bspw. von Regentänzen bei den Hopi für den Gruppenzusammenhalt fokussiert und diese Tänze somit nicht einfach als „Aberglaube", oder „Ignoranz" normativ disqualifiziert.
- *Zweitens* „lenkt die [Unterscheidung damit die] Aufmerksamkeit auf theoretisch fruchtbare Bereiche der Forschung" (1995: 63), wie bspw. eben auf die latenten Funktionen der Logik zeremonieller Tänze für den Bestand und Fortbestand sozialer Gruppen.
- „Die Entdeckung der latenten Funktionen stellt [darüber hinaus *drittens*] einen bedeutsamen Zuwachs an soziologischer Erkenntnis dar" (1995: 65), d.h., sie

„führt ein qualitativ neues Element in den bisherigen Erkenntnisstand ein" (1995: 68), da die latenten Funktionen eben zuvor weder beabsichtigt noch erkannt waren und sie „stärker von dem ab[weichen], was der ‚common sense' vom sozialen Leben zu wissen meint" (1995: 66).
- Und *viertens* „schließt [die Berücksichtigung und systematische Beachtung der Unterscheidung zwischen manifesten und latenten Funktionen] aus, daß naive moralische Urteile an die Stelle der soziologischen Analyse treten" (1995: 68). Das ist bereits zuvor im Hinblick auf den Regentanz der Hopi deutlich geworden und der Hinweis zielt auf den Umstand, „daß eine Analyse im Sinne der latenten Funktionen den herrschenden Moralvorstellungen gelegentlich zuwiderläuft" (1995: 68).

7.4.5 Wissenschaftssoziologie

Das sich seit seiner Dissertation durchhaltende Thema und schwerpunktmäßige Interesse von Merton ist sicherlich die Wissenschaftssoziologie. Auch in diesem Bereich sind seine Analysen wegweisend und wirkungsmächtig geworden. U. a. ist hier zu verweisen auf die Arbeit „Auf den Schultern von Riesen", eine Art Autobiografie der modernen Wissenschaft als eines permanenten Wechsels zwischen „Riesen" und „Zwergen". Die Titelgebung erfolgte in Anlehnung an eine briefliche Formulierung Isaac Newtons aus dem Jahr 1675: „Wenn ich weiter gesehen habe als andere, dann deshalb, weil ich auf den Schultern von Riesen stehe" (1995: 4). Diese Formulierung Newtons ist gerade auch in ihrer Aufnahme bei Merton weit mehr als eine schlichte pietätvolle Verbeugung vor den geistigen Heroen der Vergangenheit. Denn sie ist zugleich und insbesondere die Absage an eine sich in reiner Philologie erschöpfende und vor diesen Heroen erstarrende Wissenschaft, also die Auf- und Anforderung, die alten „Riesen" gewissermaßen als Aussichtsplattform zu benutzen, um solchermaßen (und nur deshalb) eben mehr und anders zu sehen als sie.

Im Rahmen seiner wissenschaftssoziologischen Untersuchungen sind es darüber hinaus insbesondere drei Einsichten, die mit Mertons Namen verbunden sind: das Prinzip der „Serendipität", der Prinzip des „organisierten Skeptizismus" und der sog. „Matthäus-Effekt".
- Das Prinzip der **„serendipity"** soll den Umstand und auch die Fähigkeit auf den Begriff bringen, Phänomen und Daten identifizieren zu können, die im Rahmen eines Forschungsprozesses zwar nicht gesucht wurden, die sich aber dann doch als wertvoll und den Erkenntnisfortschritt befördernd erweisen (1995: 100 ff.). Der Name ist einer Erzählung unter dem Titel „Drei Prinzen von Serendip" entlehnt: „Serendip ist der antike Name für Sri Lanka. Das Märchen schildert die Zufall und Scharfsinn geschuldeten Entdeckungen seiner Helden. Das neue Wort [...] soll jene Entdeckungen bezeichnen, nach denen man gar nicht gesucht habe" (Coser/Fleck 2007: 170 nach Merton/Barber 2004: 230 f.). Mit dem Prinzip der Serendipität spezifiziert Merton eine Dynamik von Nebenfolgen für das Feld wissenschaftli-

cher Erkenntnisprozesse. Gelesen werden kann es zugleich als Handlungsanweisung für die Orientierung im wissenschaftlichen Feld möglichst allem zunächst Beachtung zu schenken und sich nicht vorschnell von einem ursprünglich forschungsleitenden Konzept im Prozess der Datenerhebung einzuengen.
- Der sog. „**Matthäus-Effekt** (matthew effect)" (1968) benennt ein Strukturprinzip in den Reputationsordnungen der Wissenschaft: Wer hat, dem wird gegeben (zumindest zuerst und vorrangig). Merton wählt diese Bezeichnung im Anschluss an eine Stelle im Matthäus-Evangelium im Neuen Testament (1985: 155). Dort lautet der Lehrsatz zum Abschluss des „Gleichnisses vom anvertrauten Geld": „Denn wer hat, dem wird gegeben, und er wird im Überfluss haben; wer aber nicht hat, dem wird auch noch weggenommen, was er hat" (Mt 25, 29). Entsprechend zeigte Merton in einer Untersuchung zu Nobelpreisträgern wie auf einmal erreichte hohe Reputation gemessen an späteren faktischen Leistungen übermäßig reagiert wird, und wie im Falle geringerer Reputation erbrachte Leistungen dazu tendieren unbeachtet zu bleiben – d.h. es handelt sich um einen Nachweis der durchweg informellen Strukturen, durch die wissenschaftliche Reputation (dauerhaft) verliehen oder eben versagt bzw. entzogen wird (1985: 147–171).
- Das Prinzip des „organisierten Skeptizismus" akzentuiert die Bedeutung und Notwendigkeit wechselseitiger Kritik in der Wissenschaft und für die Wissenschaftsentwicklung sowie das Faktum ihrer sozialen Unterstützung (Prämierung) im Wissenschaftssystem selbst (1985: 99, 277). Die sich darin ausdrückende Einsicht in die wissenschaftskonstitutive Relevanz organisierten Widerspruchs verweist zugleich auf die politisch-soziologische Bedeutung dieses Prinzips, das sich als Form der Institutionalisierung von Misstrauen zur Vertrauensgenerierung beschreiben lässt.

7.5 Gegenwartsdiagnose

Mertons Blick auf die Gegenwartsgesellschaft lässt sich insbesondere unter die Leitwährung der Beachtung der strukturellen Ambivalenz jedweder sozialer Prozesse und sozialer Phänomene bringen. Mit dieser Forschungsorientierung einer „sociological ambivalence" hat Merton insbesondere sein – im Gegenzug zu seiner Verwendung bei Durkheim – revidiertes Konzept der Anomie entwickelt und ihm damit bleibende Relevanz für jede Gegenwartsanalyse verliehen. Denn die Untersuchung der institutionellen Infrastruktur von Gesellschaften, d.h. ihrer komplexen funktionalen Differenzierung und der damit einhergehenden multiplen Rollenmuster kann ungebrochene analytische Aktualität für sich beanspruchen. Gerade die Aufmerksamkeit auf Funktionalitäten und Dysfunktionalitäten ebenso wie auf funktionale Äquivalenzen ermöglicht unter den Bedingungen komplex institutionalisierter und potenziell widersprüchlicher Erwartungsstrukturen die normativ neutrale Analyse objektiver Handlungschancen. In diesem Sinne lässt sich bei Merton kaum so etwas wie eine spezifische zeitdiagnostische Perspektive identifizieren, sondern eher die systematisierte Erforschung gesellschaftlich institutionalisierter Ambivalenzen als allgemeine Heurisitik für Gegenwartsdiagnosen.

Materiale gegenwartsanalytische Relevanz kommt Mertons Werk am ehesten wohl aufgrund seiner wegweisenden wissenschaftssoziologischen Analysen zu. Gerade für sich – nicht zuletzt im Zuge von Informatisierungs- und Digitalisierungprozessen – als Wissenschaftsgesellschaften verstehende Gesellschaften bieten die von ihm am empirischen Material entwickelten Modelle anschauliche Folien für weitere Analysen.

7.6 Wirkungsgeschichte

Merton ist ein ebenso faszinierender wie äußerst unterhaltsamer Autor, der eine Fülle unmittelbar einsichtiger und anschaulicher soziologischer Einsichten hinterlassen hat. Dabei ist sein Einfluss im US-amerikanischen Raum bereits zu Lebzeiten bedeutend größer als im Rahmen der europäischen soziologischen Diskussion. Und auch unabhängig von einem gewachsenen Interesse an Mertons Werk, bleibt der angesprochene Effekt einer „obliteration by incorporation", also der „Auslöschung durch Einverleibung" mit Blick auf sein Werk prägend. Mertons stets auf soziostrukturelle Effekte für die Wahl- und Handlungsentscheidungen von Akteuren ausgerichtetes Untersuchungsinteresse suchte stets den objektiv möglichen Horizont von positionsbezogenen Wahlmöglichkeiten, Handlungsoptionen und Lebenschancen auszuloten. Dieses Untersuchungsinteresse identifiziert letztlich komplexe Gelegenheitsstrukturen mit all ihren Unwägbarkeiten und Ambivalenzen. Insofern wäre im Geiste Mertons weniger von ‚Pfadabhängigkeiten', sondern eher vorsichtiger von Bahnungseffekten für soziale Prozesse zu sprechen.

Mertons Analysen entsprechender Bahnungseffekte haben verschiedene soziologische Forschungsstränge nachhaltig geprägt: Das gilt im Gefolge seiner wissenschaftsgeschichtlichen und wissenschaftssoziologischen Studien für die jüngere Wissens- und insbesondere Wissenschaftssoziologie (insbesondere die „Social Studies of Science"), es gilt im Anschluss an seine Arbeiten zum Anomiekonzept für die Devianzforschung und es gilt in besonders ausgeprägtem Maße auch für seine Analysen zu den Nebenfolgen sozialen Handelns, die paradigmenübergreifend sowohl im Rahmen der Theorie rationaler Wahl (bspw. bei Raymond Boudon oder bei Jon Elster) als auch im Rahmen der Theorie reflexiver Modernisierung bei Ulrich Beck und Anthony Giddens (vgl. Kap. 13) breite Resonanz gefunden haben (vgl. dazu insgesamt: Endreß 2010).

7.7 Zusammenfassende Übersicht

In diesem zusammenfassenden Abschnitt werden entsprechend der in der Einleitung dargelegten Kriterien zunächst die angesprochenen wesentlichen Aspekte des dargestellten Ansatzes in tabellarischer Form zusammengestellt (vgl. Tab. 7.2), anschließend werden die zentralen Begrifflichkeiten des Ansatzes nochmals knapp erläutert. Unter der Rubrik Literaturhinweise werden dann die zentralen Werke sowie ausgewählte Sekundärliteratur für das weitere Studium angegeben sowie schließlich unter dem Titel „Übungsaufgaben" einige Fragen zur Rekapitulation des Erarbeiteten zusammengestellt.

Tab. 7.2: Tabellarische Zusammenfassung Robert King Merton

Aspekt	Merton
Ansatz	Theorien mittlerer Reichweite
Soziologieverständnis	Analyse der funktionalen und dysfunktionalen Effekte institutionalisierter Strukturmuster sozialen Handelns
Methodik	funktional-strukturelle Analyse
Erklärungsvorstellung	sozio-strukturelle Bahnungseffekte
Gesellschaftsbegriff	Statusordnung
Gesellschaftstypen	funktional gering oder komplex differenzierte Gesellschaften
Macht und Herrschaft	Statushierarchien
Soziale Ungleichheit	positionsspezifische Ressourcenverfügung
Sozialer Wandel	Dysfunktionalitäten und funktionale Äquivalente als dynamisierende Faktoren
Soziale Differenzierung	rollenspezifische Positions- bzw. Statusdifferenzierung
Soziale Integration	Orientierung an gesellschaftlich institutionalisierten Erwartungsstrukturen
Gegenwartsdiagnose	Strukturelle Ambivalenz

7.7.1 Grundbegriffe

Anomie: Anomisches Verhalten ist Merton zufolge die Konsequenz der Entkopplung von kulturell vorgeschriebenen Ansprüchen auf der einen und sozial strukturierten bzw. sozialkulturell offenstehenden Wegen zu ihrer Realisierung auf der anderen Seite.
Funktional-strukturelle Analyse: Die Untersuchung des jeweiligen strukturellen Kontextes, also der „Interdependenz der Elemente einer sozialen Struktur", die „den tatsächlichen Möglichkeiten des [sozialen] Wandels oder der funktionalen Alternativen Grenzen" setzt.
Funktionen, manifeste und latente („manifest and latent functions"): Funktionen sind manifest, wenn sie als solche bekannt und beabsichtigt sind; sie sind latent, wenn sie weder erkannt noch auch beabsichtigt sind.
Matthäus-Effekt („matthew effect"): Ein Strukturprinzip von Reputations- und Ressourcenverteilungsprozessen (gerade im wissenschaftlichen Feld), wonach ein einmal erreichtes Ansehen nicht mehr in nennenswerter Weise unter dieses Niveau zurückfallen wird und somit demjenigen der hat, weiterhin gegeben wird („einmal Nobelpreisträger, immer Nobelpreisträger").

Nebenfolgen, unvorhergesehene („unanticipated consequences"): Zahlreiche soziale Phänomene verdanken sich nicht den selbsterklärten Zielen von Akteuren, sondern den nicht berücksichtigten oder aber auch unerwünschten sozialen Effekten, die das Verfolgen dieser Ziele zeitigt.

Rollenset („role-set"): Ebenso wie „Statusset" dient der Begriff zur Beschreibung der institutionalisierten Rollenmuster in einer Gesellschaft zu einem bestimmten historischen Zeitpunkt.

Serendipität („serendipity"): Der Umstand und auch die Fähigkeit, Phänomene und Daten zu identifizieren, die im Rahmen eines Forschungsprozesses nicht gesucht wurden, die sich aber dann doch als wertvoll und den Erkenntnisfortschritt befördernd erweisen.

Sich-selbst-erfüllende Prophezeiung („self-fulfilling prophecy"): Bezeichnung für eine am Anfang einer sozialen Situation falsche Situationsdefinition, die eine Veränderung des Verhaltens der betroffenen Personen hervorruft, sodass sich diese ursprünglich falsche Situationsdefinition dadurch dann doch als richtig erweist.

Theorien mittlerer Reichweite („middle range theories"): Theorien, in denen die verwendeten Konzepte einen mittleren Allgemeinheitsgrad aufweisen, sodass diese spezifisch genug sind, um die Analyse empirischer Daten zu bestimmten Bereichen des Sozialen konkret anzuleiten, und zugleich allgemein genug, um aus dieser Datenanalyse heraus Verallgemeinerungen zu ermöglichen.

7.7.2 Literaturhinweise

Werke: 1946: The Focused Interview (mit Patricia L. Kendall), 1949/68: Social Theory and Social Structure (dt.: Soziologische Theorie und soziale Struktur), 1957: The Student-Physician. Introductory Studies in the Sociology of Medical Education (hg. mit G.G. Reader, P.L. Kendall); 1965: On the Shoulders of Giants. A Shandean Postscript (dt.: Auf den Schultern von Riesen. Ein Leitfaden durch das Labyrinth der Gelehrsamkeit), 1973: The Sociology of Science. Theoretical and Empirical Investigations (dt. z.T.: Entwicklung und Wandel von Forschungsinteressen. Aufsätze zur Wissenschaftssoziologie), 1976: Sociological Ambivalence and other Esays (mit Elinor Barber), 1996: On Social Structure and Science, 2004: The Travels and Adventures of Serendipity. A Study in Sociological Semantics and the Sociology of Science (mit Elinor Barber).

Clark, Jon/Modgil, Celia/Modgil, Sohan (Hg.) (1990) Robert K. Merton: Consensus and Controversy, London: Falmer Press.
Coser, Lewis A./Fleck, Christian (2007) Robert K. Merton (1910–2003), in: Dirk Kaesler (Hg.), Klassiker der Soziologie 2: Von Talcott Parsons bis Anthony Giddens, München: Beck, 5. überarb., aktual. u. erw. Aufl., S. 152–179.

Endreß, Martin (2010) Unvorhergesehene Effekte – altes Thema, neue Probleme?, in: Gert Albert/Rainer Greshoff/Rainer Schützeichel (Hg.), Dimensionen und Konzeptionen von Sozialität, Wiesbaden: VS, S. 13–32.

Mackert, Jürgen/Steinbicker, Jochen (2013) Zur Aktualität von Robert K. Merton, Wiesbaden: Springer VS.

Mica, Adriana/Peisert, Arkadusz/Winczorek, Jan (Hg.) (2012) Sociology and the Unintended. Robert Merton revisited (Polish studies in culture, nations and politics), Frankfurt/M.: P. Lang.

Mongardini, Carlo/Tabboni, Simonetta (Hg.) (1998) Robert K. Merton and Contemporary Sociology, New Brunswick/London: Transaction.

Stehr, Nico (1985) Robert K. Mertons Wissenschaftssoziologie, in: Robert K. Merton, Entwicklung und Wandel von Forschungsinteressen. Aufsätze zur Wissenschaftssoziologie, Frankfurt/M.: Suhrkamp, S. 7–30 und 301–310.

Sztompka, Piotr (1986) Robert K. Merton: An Intellectual Profile, New York/London: Saint Martin's Press.

7.7.3 Übungsaufgaben

(1) Was versteht Merton unter einer „funktionalen Analyse"?

(2) Erläutern Sie Mertons Konzept der „Theorien mittlerer Reichweite" und grenzen Sie diese von den sog. „Grand Theories" ab.

(3) Diskutieren Sie, inwiefern Merton die Analyse „unbeabsichtigter Nebenfolgen" als eine zentrale Aufgabe der Soziologie versteht.

(4) Erläutern Sie an selbst gewählten Beispielen Mertons Konzepte der „self-fulfilling prophecy" und der „self-defeating prophecy".

(5) Beschreiben Sie die fünf Typen individueller Anpassungsformen, die Merton im Rahmen seiner Anomie-Theorie differenziert. Finden Sie Beispiele für diese Typen.

8 Norbert Elias: Figurationen, Macht und Zivilisationsprozess

Das Phänomen einer späten Wiederentdeckung im deutschen Sprachraum begegnete uns vorstehend bereits im Fall Max Webers. In noch ausgeprägterem Maße gilt das für den Aufstieg von Norbert Elias zum Klassiker der Soziologie. Elias' soziologisches Denken formiert sich in den Jahren zwischen 1924 und 1934. Publizistischen Erfolg allerdings und die Anerkennung, eine ganz eigenständige Form soziologischer Analyse auf den Weg gebracht zu haben, wird ihm – Dank der mutigen Entscheidung eines Lektors – erst ab Mitte der 1970er-Jahre insbesondere in Deutschland, den Niederlanden und in England zuteil. Die Kernthesen aller in diesen späten Lebensjahren in rascher Folge publizierten Schriften finden sich oder sind zumindest vorgebildet in seinem, um die Mitte der 1930er-Jahre geschriebenen, 1939 erstmals veröffentlichten, jedoch erst seit 1976 aufgrund der Herausgabe einer zweibändigen günstigen Taschenbuchausgabe im Suhrkamp-Verlag breit rezipierten Werk „Über den Prozess der Zivilisation. Soziogenetische und psychogenetische Untersuchungen". Elias' Interesse gilt dem Werden und Gewordensein im historischen Prozess, mit Blick auf den insbesondere die Frage nach langfristigen Entwicklungen von Wahrnehmungs-, Verhaltens- und Bewertungsschemata für Elias im Zentrum steht. Sein soziologisches Forschungsinteresse kreist um Menschen und die von ihnen gebildeten gesellschaftlichen **Verflechtungen**.

8.1 Grundzüge

Auch wenn man mit retrospektiven Selbstdeutungen eines Autors wohl stets vorsichtig umgehen muss, da in diesen nur allzu leicht die Perspektive eines ausgereiften Alterswerkes die frühen Arbeitsrichtungen und Werkintentionen überlagert, so bilden die entsprechenden Selbstdeutungen gleichwohl häufig eine erste Orientierung für zumeist komplexe und breit angelegte Werke. So auch im Falle von Elias. In einem Text aus dem Jahr 1984 identifiziert Elias drei große Themenkreise, die in seinen Augen sein Werk ausmachen (1990: 176). Dies sind *erstens* die Zivilisations- und Staatsbildungstheorie, *zweitens* die Prozess- und Figurationstheorie sowie *drittens* die Symboltheorie des Wissens und der Wissenschaften. Der erste Werkkomplex umfasst unter dem Stichwort Zivilisations- und Staatsbildungstheorie das zentrale inhaltliche Interesse von Elias' Soziologie. Als **sozio-historische Prozessanalyse** (Entwicklungstheorie) untersucht sie die fortgesetzten wechselseitigen Veränderungen von Sozial- und Persönlichkeitsstrukturen, in deren Verlauf es zu einem Wandel von sozialen Fremdzwängen zu Selbstzwängen kommt. Der zweite Gesichtspunkt, die Prozess- und Figurationstheorie, stellt den Kern von Elias' methodologischer und methodischer Grundlegung der Soziologie dar. Diese entwirft unter dem Titel **Figurationsanalyse** eine relationale Perspektive auf die Verflechtungszusammen-

hänge sozialer Wirklichkeit. Mit Figurationen sowohl als mikro- wie auch als makrosozialen Phänomenen nimmt Elias Macht als Struktureigentümlichkeit sozialer Beziehungen in den Blick, die entweder aus den Formen der Wechselseitigkeit, also den Verflechtungen selbst folgt, oder aber aus der ungleichen Ressourcenausstattung der verschiedenen gesellschaftlichen Positionen resultiert. Insgesamt erweisen sich damit drei Aspekte für Elias' Soziologieverständnis als zentral:
- Gesellschaft kommt als Verflechtungs- oder auch als Wechselwirkungszusammenhang in den Blick, aus denen sich vielfältige Figurationen bilden.
- Gesellschaft wird als Zwangszusammenhang begriffen, und zwar als Zwangszusammenhang ohne Staat und vor jeder staatlichen Herrschaft.
- Gesellschaft und insbesondere der Typus der modernen Gesellschaft formiert Menschen unter Voraussetzung einer spezifischen Subjektvorstellung als Individuen.

8.2 Biografie

Norbert Elias wird am 22. Juni 1897 in Breslau (Schlesien) geboren und wächst in der wohlhabenden jüdischen Gesellschaft dieser Stadt auf. Nach kurzem Einsatz als Kriegsfreiwilliger beginnt er 1917 ein Medizin- und Philosophiestudium in Breslau, studiert ab Sommer 1919 Philosophie in Heidelberg (bei Karl Jaspers) und im Wintersemester in Freiburg, wo er an Husserls Goethe-Seminar teilnimmt. Im Frühjahr 1920 kehrt er zur Fortsetzung des Philosophiestudiums nach Breslau zurück, stellt 1922 seine philosophische Dissertation fertig und wird im Januar 1924 promoviert. Ab 1924 wendet er sich in Heidelberg der Soziologie bei Alfred Weber und Karl Mannheim zu. Zum Sommer 1930 geht er als Assistent von Karl Mannheim mit nach Frankfurt/M. und habilitiert dort Anfang 1933 mit der Arbeit „Der höfische Mensch". Im März 1933 flieht Elias nach Frankreich und von dort im Herbst 1935 nach England; wie schon Marx vor ihm, so wird nun auch Elias zum unermüdlich Studierenden im Lesesaal des Britischen Museums.

1937 erscheint der erste Band des Werkes „Über den Prozeß der Zivilisation" bei einem kleinen deutschen Verlag, 1939 der erste und der inzwischen fertig gestellte zweite Band in einem Schweizer Verlagshaus – jedes Mal jedoch ohne wirkliche Resonanz. In den folgenden Jahren überlebt Elias notdürftig durch das Abhalten von Kursen an verschiedenen Volkshochschulen in einigen Vororten von London. Erst 1954, also im Alter von 57 Jahren, erhält er eine Dozentur am Department of Sociology der University of Leicester, die er bis 1962 innehat. Während dieser Jahre studiert auch Anthony Giddens bei Elias. 1965 folgt der erste Deutschlandaufenthalt nach der Emigration als Gastprofessor in Münster und seit 1969 hält Elias Gastvorlesungen an niederländischen (Amsterdam, Den Haag) und deutschen Universitäten (Konstanz, Aachen, Frankfurt/M., Bochum, Bielefeld). 1975 erfolgt der Umzug nach Amsterdam bevor 1976 „Über den Prozeß der Zivilisation" in einer günstigen Ausgabe zum anhaltenden Verkaufserfolg wird, ihren Autor berühmt macht und zu einer intensiven

Publikationstätigkeit bis zum Lebensende führt. Von 1978 bis 1984 weilt Elias zu einem Forschungsaufenthalt an der Universität Bielefeld und wohnt in diesen Jahren zugleich in Bielefeld, bevor er 1984 nach Amsterdam zurückkehrt, wo er am 1. August 1990 stirbt.

8.3 Methodologisch-methodische Grundlegung: Figurationsanalyse

Für Elias' Untersuchungsprofil charakteristisch ist die Beachtung der wechselseitigen Prägung von sozialen Verhältnissen auf der einen und individuellen Persönlichkeits- und Ausdrucksformen auf der anderen Seite. Ins Zentrum seines Interesses rückt er die Wahlverwandtschaft in der Entwicklung von **Persönlichkeitsstrukturen** einerseits und **Sozialstrukturen** andererseits. Beide lassen sich für Elias nur aus der Struktur und Dynamik der jeweiligen sozialen Beziehungs- und Handlungsgeflechte verstehen. In besonders anschaulicher Weise hat Elias diese Kernelemente seiner methodologischen Konzeption empirisch u. a. in der mit John Scotson erarbeiteten Studie über „Etablierte und Außenseiter" (1965) im Zuge einer Analyse sozialer Konstellationen zwischen drei Gruppen von Einwohnern in einer englischen Kleinstadt demonstriert.

Handeln geschieht in Konstellationen, also in historisch jeweils spezifischen Zusammenhangsprofilen zwischen Menschen. Für diesen Umstand bildet Elias den Begriff der „Figurationen". Er bezeichnet für Elias die **Verflechtungskonstellationen** zwischen Menschen und Menschengruppen.

> Die „Umstände", die sich ändern, sind nichts, was gleichsam von „außen" an den Menschen herankommt, die „Umstände", die sich ändern, sind die Beziehungen zwischen den Menschen selbst. (1976: II.377)

Figurationen oder Verflechtungszusammenhänge sind die sozialen Strukturformen, die Ordnungsformen sozialer Verhältnisse, die in wechselseitigen Bedingungsverhältnissen (Abhängigkeiten) stehende Menschen miteinander bilden (Reziprozität):

> Das Zusammenleben von Menschen in Gesellschaften hat immer, selbst im Chaos, im Zerfall, in der allergrößten sozialen Unordnung eine ganz bestimmte Gestalt. Das ist es, was der Begriff der Figuration zum Ausdruck bringt. (1986: 90)

Die Ursachen dieser wechselseitigen Verflechtungen können sehr vielgestaltig sein: Es kann sich um Formen der Arbeitsteilung, Machtverhältnisse, institutionelle Regelungen, Affekte und Werte oder räumliche und zeitliche Regelungen und Ordnungen (Nachbarschaft, Gemeinden, Schul- oder Arbeitszeiten etc.) wie auch um alltägliche Konstellationen beim Kartenspiel oder einem Mannschaftsspiel handeln. Bei diesen Figurationen handelt es sich immer auch um **Figurationen von Macht**, d. h. um – typischerweise fragile – Machtverhältnisse, die ihren „Antrieb", ihre Dynamik durch

Konkurrenzkonstellationen erhalten. Dynamisierendes Element wie Motor historischer Veränderungsprozesse sind Elias zufolge Konkurrenzkonstellationen interdependenter, also in wechselseitigen Beeinflussungszusammenhängen stehende Menschen oder Menschengruppen um die knappe Ressource „Macht":

> Im Zentrum der wechselnden Figurationen oder, anders ausgedrückt, des Figurationsprozesses steht ein fluktuierendes Spannungsgleichgewicht, das Hin und Her einer Machtbalance, die sich bald mehr der einen, bald mehr der anderen Seite zuneigt. Fluktuierende Machtbalancen dieser Art gehören zu den Struktureigentümlichkeiten jedes Figurationsstromes. (1970: 142f.)

Diese Einsicht in die für die historische Entwicklungsdynamik zentrale Bedeutung von Konkurrenzverhältnissen entlehnt Elias einer frühen Arbeit seines Lehrers Karl Mannheim. Dieser hatte als junger Privatdozent die versammelte Professorenschaft der Soziologen auf dem sechsten Deutschen Soziologentag 1928 (die männliche Form war zu jener Zeit noch fraglos selbstverständlich) mit einem Vortrag unter dem Titel „Die Bedeutung der Konkurrenz im Gebiete des Geistigen" dadurch zu Entrüstungsstürmen herausgefordert, weil er den so irdischen wie trivialen Konkurrenzmechanismus einfach auf das Gebiet des Geistigen übertrug, in dem es doch ihrem Selbstverständnis zufolge ausschließlich um „Wahrheit" ginge. Der damit verbundenen Generalisierung dieses Phänomens schließt Elias sich an:

> Die Konkurrenzbeziehung selbst ist eine weit allgemeinere und umfassendere soziale Erscheinung, als es bei der Beschränkung des Begriffes „Konkurrenz" auf wirtschaftliche Strukturen [...] zutage tritt. Eine Konkurrenzsituation stellt sich überall her, wo sich mehrere Menschen um dieselben Chancen bemühen, wo mehr Nachfragende vorhanden sind, als Chancen zur Befriedigung der Nachfrage. (1976: II.206)

Unabhängig von Machtgefällen und Machtunterschieden argumentiert Elias, dass „Machtbalancen" überall da vorhanden sind, „wo eine funktionale Interdependenz zwischen Menschen besteht". Diesem Verständnis zufolge ist „Macht [...] eine Struktureigentümlichkeit [...] *aller* menschlichen Beziehungen" (1970: 77). Während Weber sie aus genau diesem Grund – er begreift „Macht" als „soziologisch amorph" – als Thema der Soziologie verabschiedet und „Herrschaft" als zentrales Strukturphänomen sozialer Wirklichkeit in den Fokus seiner analytischen Aufmerksamkeit rückt, macht Elias sie genau aus diesem Grund zum Thema. Dieser Ansatz soziologischer Analyse bei Verflechtungszusammenhängen oder Figurationen weist den Weg für Elias' Verständnis von Gesellschaft, denn die

> Pläne und Handlungen, emotionale und rationale Regungen der einzelnen Menschen greifen beständig freundlich und feindlich ineinander. Diese fundamentale Verflechtung der einzelnen, menschlichen Pläne und Handlungen kann Wandlungen und Gestaltungen herbeiführen, die kein einzelner Mensch geplant oder geschaffen hat. (1976: II.314)

Für ein Verständnis des Begriffs „Gesellschaft" geht es Elias also um ein soziologisches Verständnis des Verhältnisses von intendierten und **nicht intendierten**

Handlungsfolgen – anders formuliert: um eine Analyse des Verhältnisses von subjektiv zugerechneten oder zurechenbaren Absichten auf der einen und objektiv (vom Soziologen) konstatierbaren nicht beabsichtigten Struktureffekten auf der anderen Seite. Elias spricht für das ihn leitende Verständnis von „Gesellschaftlichkeit" vom „blinden Spiel der Verflechtungsmechanismen" (1976: II.316). Die „unaufhebbare Interdependenz" der einzelnen Handlungen führe dazu, dass sich „die Aktionen vieler einzelner Individuen unaufhörlich zu langen **Handlungsketten** zusammenschließen" (1987: 33). „Diese Ketten" und „dieser Zusammenhang der Funktionen, die die Menschen füreinander haben", sind für Elias das, „was wir ‚Gesellschaft' nennen". Sie binden die Menschen im historischen Prozess mehr und mehr in wechselseitige Abhängigkeitsstrukturen ein (1987: 34; vgl. 1976: LXVII). Der Begriff **Gesellschaft** steht bei Elias also für eine Form von „Realität sui generis", die genuin rückgebunden bleibt an interaktive Konstellationen – und nicht wie im methodologischen Individualismus an die Handlungen Einzelner. Mit diesem Blick auf das kontinuierliche Arrangieren und Neu-Arrangieren von Handlungen zu Ketten und Verkettungen lenkt Elias den analytischen Blick auf die Dynamik des sozialen Lebens, d.h. auf soziale Prozesse (vgl. Kap. 8.4.1).

Mit dem figurationssoziologischen Programm seiner **Prozesstheorie sozialen Wandels** gelingt Elias die konzeptionelle Verbindung von mikrosoziologischen und makrosoziologischen bzw. von handlungs- und gesellschaftstheoretischen Perspektiven: Im Zuge seiner Analyse der Veränderung sozialer Interaktionsformen weist Elias die sich wechselseitig bedingenden Veränderungen von Persönlichkeitsstrukturen auf der einen und Sozial- bzw. Gesellschaftsstrukturen auf der anderen Seite nach. D. h. es gelingt ihm die Wechselwirkungen beider und somit die **Psychogenese** der modernen individuellen Person und die **Soziogenese** der modernen funktional differenzierten Zivilisation als Produkte eines miteinander komplex verflochtenen sozio-historischen Prozesses darzulegen (vgl. bes. Elias 1970: 139 ff., 1977: 140 ff., 1986, 1987).

Dieses figurationssoziologische Forschungsprogramm hat Elias in einer methodologisch angelegten Studie unter dem Titel „Die Gesellschaft der Individuen" zusammenfassend dargestellt. Dieses Werk stellt eine Sammlung von drei konzeptionellen Studien dar, die in weitem zeitlichem Abstand, nämlich in den Jahren 1939, in den 1940er/50er-Jahren sowie im Jahr 1987 entstanden sind. Der Band ist somit das Dokument eines fünfzigjährigen Arbeits- und Reflexionsprozesses über die Frage nach einer soziologisch angemessenen Konzeptualisierung des – klassisch gesprochen – Verhältnisses von Individuum und Gesellschaft (1987: 9, 11). Dabei zeigt der Entwicklungsgang dieser Studien eine zunehmende Betonung der Prozessdimension dieses Verhältnisses, das von Elias schließlich als je individuelle Konstellation von „Wir-Ich-Balancen" gefasst wird. Es geht um „das Verhältnis der Ich-Identität [d. h. der Persönlichkeitsstruktur] und der Wir-Identität [d. h. der Gruppenorientierung und des Gruppenbewusstseins] des einzelnen Menschen" (1987: 12). „Es gibt", so Elias, „keine Ich-Identität ohne Wir-Identität. Nur die Gewichte der Ich-Wir-Balance, die Muster der Ich-Wir-Beziehung sind wandelbar" (1987: 247). Es ist „die Prozeßnatur eines Menschen" (1987: 249), in der sich individuelle und gesellschaftliche (soziale) Aspekte stets unmittelbar verschränken (vgl. 1987: 244). Elias' Argumentation folgt konsequent der von George Herbert Mead (1934) für die Soziologie entwickelten Reflexionslinie einer **Individuierung qua Vergesellschaftung**, der zufolge Vergesellschaftung und Individuierung sich *uno actu* vollziehen.

8.4 Zentrale sozial- und gesellschaftstheoretische Konzepte

8.4.1 Analyse sozialer Prozesse

Ein prozessanalytischer Zugang ist Elias zufolge für die Soziologie deshalb unabdingbar, weil die sozialen Verhältnisse als Verflechtungszusammenhänge von Interaktionen, also als Figurationen mit ihrer je eigenen Dynamik zu verstehen sind. Es sind somit notwendig Prozessmodelle erforderlich, die das ‚Wie' und das ‚Warum' geschichtlichen Gewordenseins gesellschaftlicher Verhältnisse erst aufzuklären vermögen (1987: 233). Elias' Grundlegung der Soziologie ist damit von zwei elementaren Einsichten (anthropologischen Universalien) geprägt: *erstens* der Einsicht in die Wandelbarkeit des Menschen (Historizität) und *zweitens* der Einsicht in seine nicht hintergehbare Gesellschaftlichkeit (Sozialität). „Der Mensch *ist* ein Prozeß" (Elias 1970: 127); genauer noch: Der Mensch ist als Individuum ein sozialer Prozess, in dem sich erst in der modernen Gesellschaft die Vorstellung einer ausgeprägten Individualität ausgebildet hat. Und insofern für Elias Menschen mit den Möglichkeiten der psychischen Selbststeuerung und der interaktiven Modellierung (Formung, Plastizität) ausgestattet sind, sind für ihn analytisch Psychogenese (individuelle Veränderung) und Soziogenese (gesellschaftliche Veränderung) als strukturell notwendig interdependente, also wechselseitig aufeinander bezogene wie voneinander abhängige Prozesse zu begreifen:

> Die Aufgabe einer Theorie sozialer Prozesse ist die Diagnose und Erklärung der langfristigen und ungeplanten, aber gleichwohl strukturierten und gerichteten Trends in der Entwicklung von Gesellschafts- und Persönlichkeitsstrukturen, die die Infrastruktur dessen bilden, was man gemeinhin „Geschichte" nennt. (1977: 127)

Soziale Veränderungsprozesse, die als langfristig und ungeplant sowie als strukturiert und gerichtet zu begreifen sind, sind damit konsequent weder auf der Ebene individueller Intentionen noch mit Blick auf die Vorstellung eines irgendwie gearteten Endpunktes der Geschichte zu analysieren. Stattdessen sind für deren Untersuchung Elias zufolge Fragen potenzieller Nebenfolgen sozialen Handelns, komplexer Interdependenzen (Wechselwirkungen, Verflechtungen) und damit emergenter sozialer Phänomene sowie die Typik offener sozialer Prozesse als analytischer Rahmen ins Zentrum zu rücken. Letztlich sind sozio-historische Prozesse und deren Dynamiken für Elias dabei nur als Mehrebenenanalysen adäquat durchzuführen. Für deren Typik unterscheidet er vier ihrerseits miteinander verflochtene Ebenen: innerstaatliche

Prozesse, zwischenstaatliche Prozesse, Mensch-Natur-Prozesse und Selbstprozesse bzw. Prozesse der Ich-Bildung (vgl. Elias 2006: II.48ff.).

8.4.2 Zivilisationstheorie

Wie die klassische Soziologie, so interessiert auch Elias die Frage, wie sich bestimmte Veränderungen in den europäischen Gesellschaften erklären lassen, ob sie sich eher historischen „Zufällen" verdanken, oder aber auf ein sie strukturierendes Prinzip zurückgeführt werden können. Dieser allgemeinen Fragestellung nach den „Veränderungen des menschlichen Habitus" im Zusammenspiel von Persönlichkeits- und Sozialstrukturen (1976: II.315) ist Elias' Hauptwerk „Über den Prozeß der Zivilisation" gewidmet.

Elias geht es darum aufzuzeigen, dass der **Entstehungsprozess des modernen Gesellschaftstyps** zentral durch das Verschwinden physischer Gewaltanwendung im Rahmen alltäglicher Interaktionen und einem damit einhergehenden Prozess zunehmender Affektkontrolle, also fortschreitender Selbstkontrolle und Selbstbeherrschung des Einzelnen charakterisiert ist. Der zentrale Begriff des Titels seiner Untersuchung, der Begriff der „Zivilisation", zielt bei Elias auf diese historisch langfristige **Umwandlung von „Außenzwängen" in „Innenzwänge"**, d.h. von Formen des Fremdzwangs und der Fremdkontrolle zu Formen des Selbstzwangs und der Selbstkontrolle. Ein Prozess der „Zivilisation" (präziser wäre wohl von ‚Zivilisierung' zu sprechen), der sich für Elias ungeplant vollzogen hat und weiterhin auch vollzieht. Empirisch gewinnt Elias diese Einsicht anhand eines ausführlichen Studiums des Wandels der in sogenannten Benimm-Büchern historisch festgehaltenen Verhaltensregeln. Sie dokumentieren s. E. im historischen Prozess eine „Veränderung der Scham- und Peinlichkeitsschwellen" (1987: 10). Beispiele für diesen Prozess sind Elias zufolge die Verfeinerung der Tischsitten (Manieren) sowie der Wandel von Anstandsregeln über das Schnäuzen und Spucken, die Schamhaftigkeit und die Geschlechtsbeziehungen sowie über die Angriffslust. Im Zuge dieses langfristigen historischen Zivilisierungsprozesses einer wechselseitigen Anpassung von Persönlichkeits- und Gesellschaftsstrukturen kommt es, so Elias, zu einem fortschreitenden Wandel von Formen äußeren, körperlichen (z. B. staatlichen) Zwanges – dem Fremdzwang – hin zu Formen inneren Zwanges – des Selbstzwanges.

Zeitlich behandelt das Werk die sozialen Wandlungsprozesse von den mitteleuropäischen Feudalgesellschaften des frühen Mittelalters (lehnsrechtliche Grundherrschaft) ungefähr ab dem 6. Jahrhundert über die Formen des Ständestaates im späten Mittelalter bis zu den europäischen absolutistischen Staaten ab dem 15./16. und insbesondere im 17./18. Jahrhundert (Verdrängung der Privilegien der Feudalherren durch die monarchische Souveränität und Abdrängung der Wirksamkeit ständischer Institutionen auf regionale und lokale Ebenen). Konkret ist Elias' Fallbeispiel (1976: II.222–279) die Etablierung des Absolutismus und des verfeinerten höfischen Lebens im Zuge der Regentschaft Ludwig XIV., des Sonnenkönigs, im Frankreich des 17. Jahrhundert, der aus klug kalkulierten Machterhaltungserwägungen den gesamten Adel an den Hof in Versailles binden wollte. Elias untersucht im Zuge dieses „Königsmechanismus" den Wandel vom sozialen Typus des autonomen, freien frühen Ritters hin zum sozialen Typus des am Hofe des Königs von dessen Gunsterweisungen abhängigen Höflings. Indem Elias die Veränderung von einer zur anderen Lebensform nachzeichnet stellt seine Untersuchung eine Analyse des Wandels des Alltagslebens dar. Dieser Wandel ist Elias Indiz für eine weit reichende Transformation des gesamten sozialen Lebens hin zu einer immer weiter fortscheitenden Affektmäßigung und Selbstkontrolle.

Ein Wandel, der sich zunächst bei den Eliten vollzieht und dann sukzessive eine Durchdringung der bei ihnen einmal etablierten Kulturmuster auf allen gesellschaftlichen Ebenen nach sich zieht. Dieser Wandel des sozialen Habitus vom Hof aus zeitigt also gesamtgesellschaftliche Konsequenzen: Denn diese Avantgarde der Selbstkontrolle, wie sie die adeligen Höflinge zunächst sind, wird in ihrem Verhaltensrepertoire vom aufsteigenden Bürgertum, das einen entsprechenden gesellschaftlichen Status ebenso anstrebt (Prätention), kopiert. Sozialer Aufstieg und gesellschaftliche Anerkennung werden mit einer Stilisierung der eigenen Lebensformen verbunden oder sollen einen sozialen Aufstieg sozusagen nach sich ziehen. Durch diese Nachahmung des Vorbildes des Höflings erfährt die Umwandlung vom machtgestützten Fremdzwang in interessierten Selbstzwang (also eines verinnerlichten Fremdzwanges) eine rasche Verbreitung über alle sozialen Schichten, denn, so Elias:

> Die Angst vor dem Verlust oder auch nur vor der Minderung des gesellschaftlichen Prestiges ist einer der stärksten Motoren zur Umwandlung von Fremdzwängen in Selbstzwänge. (1976: II.366)

Seinem methodologischen Selbstverständnis entsprechend betont Elias, dass sich dieser Prozess ungeplant und ungesteuert vollzieht. Im Rahmen dieses **Prozesses einer fortschreitenden Disziplinierung sozialen Verhaltens** vollzieht sich zugleich ein Prozess sozio-kultureller Veränderungen, konkret: des Typus von Herrschaft. Im zweiten Kapitel (Band I.65–301) beschreibt Elias im Kern die soeben angedeuteten Veränderungen von Verhaltensstandards der Menschen, während er im dritten Kapitel (Band II.1–311) wesentlich die **Entstehung von dauerhaften gesellschaftlichen Zentralorganen** – also der modernen politischen Systeme – schildert, die über Gewalt- und Steuermonopole verfügen (vgl. bes. „Zur Soziogenese des Staates", 1976: II.123–311). Insgesamt steht der Begriff der „Zivilisation" damit bei Elias für die Beschreibung eines historischen Prozesses, im Zuge dessen sich einmal Außenzwänge in Innenzwänge umwandeln und zu dem zum anderen das Entstehen mächtiger Institutionen mit ausgeprägtem Steuerungspotenzial, d. h. das staatliche Gewaltmonopol bei steigender funktionaler Differenzierung gehört. In dieser historisch-soziologischen Analyse bleibt Elias' konkurrenz- und konfliktsoziologische Perspektive leitend.

Das Entstehen mächtiger Zentralorgane vollzieht sich für Elias in einem doppelten Prozess: einmal (1) über die Entwicklung einer sozio-ökonomischen **Funktionsteilung** (dem Übergang von Natural- zu Geldwirtschaften, fortschreitender Arbeitsteilung, zunehmenden Handelsverflechtungen, Verstädterungsprozessen, dem sozialen Aufstieg des Bürgertums und der Herausbildung eines „dritten Standes") und sodann (2) über den sozio-politischen Prozess der **Staatenbildung** (Verkleinerung der Zahl der Konkurrenten, Monopolstellung einzelner Fürsten, Herausbildung des absolutistischen Staates mit der Monopolisierung physischer Gewaltanwendung durch die Institutionen des Königtums). Damit ergibt sich im Zivilisationsprozess, so Elias, „aus der Interdependenz der Menschen [...] eine Ordnung von ganz spezifischer Art, eine Ordnung, die zwingender und stärker ist als Wille und Vernunft der einzelnen Menschen, die sie bilden. Es ist diese Verflechtungsordnung, die den Gang des geschichtlichen Wandels bestimmt; sie ist es, die dem Prozess der Zivilisation zugrunde liegt" (1976: II.314). Die zentrale Frage, die dieser retrospektiv zu beobachtende Veränderungsprozess aufwirft, ist: „wie und warum es zu dieser Monopolbildung kommt" (1976: II.143). Und Elias' allgemeine Antwort auf diese Frage verweist auf den sogenannten „**Mechanismus der Monopolbildung**":

> Wenn in einer größeren, gesellschaftlichen Einheit [...] viele der kleineren, gesellschaftlichen Einheiten, die die größere durch ihre Interdependenz bilden, relativ gleiche, gesellschaftliche Stärke haben und dementsprechend frei – ungehindert durch schon vorhandene Monopole – miteinander um Chancen der gesellschaftlichen Stärke konkurrieren können, also vor allem um Subsistenz- und Produktionsmittel, dann besteht eine sehr große Wahrscheinlichkeit dafür, daß einige siegen, andere unterliegen und daß als Folge davon nach und nach immer weniger über immer mehr Chancen verfügen, daß immer mehr aus dem Konkurrenzkampf ausscheiden müssen und in direkte oder indirekte Abhängigkeit von einer immer kleineren Anzahl geraten. (1976: II.144)

Diesen „gesellschaftlichen Mechanismus" oder „Monopolmechanismus" beschreibt Elias an anderer Stelle ähnlich prägnant:

> Ein Menschengeflecht, in dem kraft der Größe ihrer Machtmittel relativ viele Einheiten miteinander konkurrieren, neigt dazu, diese Gleichgewichtslage ([die] Balance vieler durch viele, [bei] relativ freie[r] Konkurrenz) zu verlassen und sich einer anderen zu nähern, bei der immer weniger Einheiten miteinander konkurrieren können; sie nähert sich mit anderen Worten einer Lage, bei der eine gesellschaftliche Einheit durch Akkumulation ein Monopol über die umstrittenen Machtchancen erlangt. (1976: II.135, 145)

Prozesslogisch identifiziert Elias einen „rekursiven" Zusammenhang: Ausgehend von faktisch etablierten regionalen Zentralmächten in Gestalt auf ihre Autonomie bedachter lokaler Machthaber identifiziert er nach einer Machtzunahme der Zentralmacht ein Umschalten der lokalen Machthaber von Konkurrenz auf Kooperation mit dem Zweck gemeinsam eine Schwächung der Zentralmacht herbeizuführen. Ist diese Politik erfolgreich, also gelingt es der Koalition kleinerer Fürsten die Etablierung einer dominierenden Zentralmacht zu verhindern, ist bei diesen Fürsten ein erneutes Umschalten von Kooperation auf Konkurrenz zu beobachten, wodurch der einmal durchlaufene Mechanismus erneut in Gang gesetzt wird.

Nimmt man das figurationssoziologische Programm und den zivilisationstheoretischen Zuschnitt zusammen, so ergibt sich für das Werk von Elias das Bemühen um die Aufklärung langfristiger inner- und zwischengesellschaftlicher Prozesse der Menschheitsgeschichte, die von ihm zwar als ungeplant und ungesteuert begriffen werden, die aber gleichwohl die immanente Ordnung einer gerichteten Veränderung aufweisen. Mit Marx, Durkheim und Weber teilt Elias somit das Interesse an einer soziologischen Aufklärung historischer Prozesse sozialen Wandels. Und dieser von Elias im Kern als Zivilisationsprozess begriffene Wandel vollzieht sich seiner Auffassung zufolge zugleich auf zwei Ebenen: Einmal als Wandel von Figurationen aufgrund der Differenzierung und Ausdehnung von interdependenten Handlungsketten (Soziogenese, Sozialstrukturen), sodann als Wandel von individuellen Konfigurationen aufgrund der Differenzierung und Stabilisierung von sozialen Kontrollmechanismen (Psychogenese, Persönlichkeitsstrukturen). Beide Prozesse zusammen führen zu einer, wie Elias formuliert, ebenso langfristigen wie kontinuierlichen (und im Kern wohl unumkehrbaren) „Veränderung des menschlichen **Habitus**" (1976: II.315; vgl. Kap. 16.4.1).

8.5 Gegenwartsdiagnose

In zeitdiagnostischer Hinsicht zeichnet Elias ein **ambivalentes Bild.** Einerseits geht er davon aus, dass die für moderne Gesellschaften spezifischen Verflechtungsordnungen und Figurationen Menschen überhaupt erst als Individuen (in diesem modern verstandenen Sinne) erzeugen. Insofern aber im Zuge dieses Prozesses Individualität zum zentralen Selbstbeschreibungsmodus moderner Subjekte avanciert, setzen sich, so Elias, diese Subjekte reflexiv in eine geradezu ontologisierende Distanz und Differenz zur Gesellschaft. Insofern wird auf der Ebene gesellschaftlicher Kommunikationen und individueller Deutungen eine Differenz mobilisiert, die ein vormodernes Deutungsmuster revitalisiert und somit in eigentümlicher Spannung zur anderen Seite dieses Selbstbeschreibungsmodus steht, der gerade auf die Handlungsmächtigkeit des modernen Subjekts abstellt. Ein Thema für die Wissenssoziologie. Damit sind es im Kern drei Spaltungen, die für die Situation des modernen Individuums charakteristisch sind: Es weist *erstens* ein gespaltenes Verhältnis zu natürlichen Affekten, Bedürfnissen und Gefühlen auf (qua (Selbst-)Disziplinierung), moderne Individuen erleben sich *zweitens* als getrennt voneinander (qua fortschreitenden Entschwindens von Wir-Identität-Optionen) und sie erfahren sich *drittens* als eigentümliches ‚Zwischen' von Individuum und Gesellschaft (vgl. dazu u. a. Elias' Untersuchungen zur Ich-Wir-Balance in seinen Studien zur „Gesellschaft der Individuen" (1987: 207 ff.)).

8.6 Wirkungsgeschichte

Elias' Werk hat eine Wirkungsgeschichte auf Umwegen erfahren. Eine durch diesen Umstand motivierte Behandlung und Beurteilung seines Werkes könnte dazu verleiten, Elias' Ansetzen bei Handlungsmustern und Interaktionskonstellationen als objektiv gegen eine systemtheoretische Konzeptualisierung der soziologischen Forschungsperspektive gerichtet zu deuten wie sie im Werk von Talcott Parsons erfolgreich etabliert wurde. Doch Elias' Hauptwerk „Über den Prozeß der Zivilisation" erschien im Jahr 1939 zwölf Jahre vor Parsons' systemanalytischer Grundlegung in „The Social System" (1951). Eine solche Betrachtung würde also dazu führen, Elias' vor der Karriere systemtheoretischen Denkens entwickeltes Werk sogleich im Horizont einer Perspektive zu betrachten, die für dessen Entwicklung noch gänzlich ohne jeden Belang war. Entsprechend ist der originär interaktions- und konstellationsanalytische Zugang der von Elias entwickelten soziologischen Perspektive unverfälscht zu würdigen: also seine Untersuchung von Figurationen und Verflechtungen. Denn erst in seinen späteren Arbeiten pointiert Elias wiederholt die Frontstellung seiner prozesssoziologischen Perspektive gegenüber dem Ansatz von Parsons (vgl. 1976: Einleitung, 1990).

Eine kritische Beurteilung des Werkes von Elias muss zwei Aspekte deutlich voneinander unterscheiden. Das ist einmal die Frage der Bedeutung seines Beitrages in konzeptioneller Hinsicht für die Grundlegung und Entwicklung einer mikro- wie makroanalytische Perspektiven produktiv verzahnenden Soziologie, die im Anschluss an die Soziologie Simmels (vgl. Kap. 4) konsequent eine relationale Perspektive einnimmt. Und es ist zum anderen die Frage nach der Generalisierbarkeit der von Elias aufgrund sehr spezifischer empirischer Materialien, nämlich der Literatur über Tischsitten und Schamgrenzen, gewonnenen allgemeinen Thesen über den Entwicklungsprozess hin zu modernen Gesellschaften als eines „Zivilisierungsprozesses". Hinsichtlich dieses letzteren Aspektes sind in der Diskussion mehrere systematische Kritiken formuliert worden (vgl. Münch 2004: 370 ff.), von denen wohl insbesondere die Hinweise auf eine Vernachlässigung genuin moralischer Anstöße zur Affektregulierung, auf die zu schmale empirische Basis sowie auf den fehlenden Nachweis für die Einzigartigkeit dieser Entwicklung in Europa gewichtig sind.

Ungeachtet dieser empirischen wie konzeptionellen Einwände jedoch bleibt die grundsätzliche Leistung von Elias herauszustellen: Es gelingt ihm *erstens* die Konzeption eines Erklärungsmusters, das mikro- oder handlungsanalytische und makro- oder gesellschaftsanalytische Perspektiven unmittelbar miteinander verschränkt. D.h. Elias realisiert in seinen Studien durchgängig die wechselseitige Bezugnahme von Vorgängen der Staatsbildung (der Ausbildung politischer Herrschaft) und der Veränderung von sozio-strukturellen Rahmenbedingungen auf der einen Seite (Vergesellschaftungsformen) auf die Bildung sozialer Persönlichkeitsstrukturen von Individuen, also auf Individuierungsprozesse auf der anderen Seite. Es gelingt Elias zudem *zweitens*, mit dem „Monopolmechanismus" die Identifikation eines Verlaufsmusters für einen zentralen Aspekt des komplexen historischen Vorgangs der Herausbildung des Typus moderner Gesellschaft zu identifizieren. Dieser konzeptionelle Zugriff findet nachfolgend (1) in der Bemühungen um die Entwicklung einer relationalen Soziologie ebenso seines Resonanz, wie (2) in den Machtanalysen Michel Foucaults, die analog auf Disziplinierungsprozesse im Zuge der Ausbildung moderner Gesellschaften abstellen, wie auch schließlich (3) in der Konfliktsoziologie über Analysen des Mechanismus der Konkurrenz.

8.7 Zusammenfassende Übersicht

In diesem zusammenfassenden Abschnitt werden entsprechend der in der Einleitung dargelegten Kriterien zunächst die angesprochenen wesentlichen Aspekte des dargestellten Ansatzes in tabellarischer Form zusammengestellt (vgl. Tab. 8.1), anschließend werden die zentralen Begrifflichkeiten des Ansatzes nochmals knapp erläutert. Unter der Rubrik Literaturhinweise werden dann die zentralen Werke sowie ausgewählte Sekundärliteratur für das weitere Studium angegeben sowie schließlich unter dem Titel „Übungsaufgaben" einige Fragen zur Rekapitulation des Erarbeiteten zusammengestellt.

Tab. 8.1: Tabellarische Zusammenfassung Nobert Elias

Aspekt	Elias
Ansatz	Prozess- und Figurationssoziologie
Soziologieverständnis	Wissenschaft der Verflechtungszusammenhänge
Methodik	historische Analyse
Erklärungsvorstellung	Identifizierung historischer Entwicklungsmuster (Strukturen)
Gesellschaftsbegriff	Verflechtungszusammenhang (Handlungsketten)
Gesellschaftstypen	(monozentrische – multizentrische Gesellschaften)
Macht und Herrschaft	Figurationen als historisch spezifische Machtkonstellationen
Soziale Ungleichheit	Ausschließungsprozesse: Etablierte–Außenseiter–Figurationen
Sozialer Wandel	offener Prozess: Konkurrenzkampf, Wandel von Figurationen aufgrund nicht intendierter Handlungsfolgen; Zivilisierungsprozess: vom Fremdzwang zum Selbstzwang
Soziale Differenzierung	Figurationen, Machtungleichgewichte
Soziale Integration	Zwang: qua fortschreitender Affektkontrolle vom Fremdzwang zum Selbstzwang; Zunahme langer Handlungsketten: Interdependenzen
Gegenwartsdiagnose	individuell: Über-Ich-Dominanz gesellschaftlich: Monopolisierungen

8.7.1 Grundbegriffe

Figuration: Verflechtungskonstellationen (Interdependenzketten unterschiedlicher Länge) zwischen Menschen und Menschengruppen. Menschen bilden miteinander Figurationen des Zusammenlebens in Dyaden, Triaden oder in kleinen und großen Gruppen, die durch intergenerationelle Wissensübertragung, die Übertragung von Symbolwelten charakterisiert sind (Tradierung). Bei diesen Figurationen handelt es sich typischerweise um Figurationen von Macht. Entscheidender Anlass ihrer Bildung sind Konkurrenzsituationen.

Fremdzwang/Selbstzwang: Die im Zivilisationsprozess fortschreitende Veränderung der Formen sozialer Kontrolle: Während in früheren Gesellschaften typischerweise durch äußere Gewalt, also Fremdzwang, Folgebereitschaft erzwungen wurde, so geschieht dies im Zuge der Entwicklung von modernen Gesellschaften immer mehr durch steigende Anforderungen an die individuelle Kontrolle von Trieben und Affekten, also durch die Steigerung von Selbstkontrolle und Selbstüberwindung, durch Selbstzwang.

Soziale Prozesse: Kontinuierliche, langfristige, typischerweise nicht weniger als drei Generationen umfassende Wandlungen von Figurationen oder einzelner ihrer Aspekte (z. B.: Integration – Desintegration, Differenzierung – Entdifferenzierung, Zivilisierung – Entzivilisierung, Aufstieg – Abstieg, Engagement – Distanzierung); Hauptantriebe sozialer Prozesse sind Monopolisierungen. Sie entstehen durch Verflechtungen zwischen Handlungen von Individuen und ihren Effekten.

Verflechtung: Spezifische Figurationen, d. h. Konstellationen des Eingebundenseins und der wechselseitigen Angewiesenheit aufeinander in gesellschaftlichen Rahmenbedingungen und Gruppenzusammenhängen.

Zivilisation(sprozess): Der wechselseitig sich vollziehende Prozess des sozialen Wandels von sozialen Figurationsstrukturen auf der einen und individuellen Persönlichkeitsstrukturen auf der anderen Seite. Während sich auf der Ebene der sozio-politischen Strukturen eine Verlängerung der Interdependenzketten von feudalen Gesellschaftsstrukturen über absolutistische Herrschaftsstrukturen bis zu demokratischen Herrschaftsformen vollzieht, so kommt es auf der Ebene der Persönlichkeitsstrukturen zu einem sozialen Wandel von Formen äußerer Kontrolle zu Formen der Selbstregulierung, der Affektkontrolle im Sinne gesellschaftsspezifischer (Normalisierungs- und Normierungs-)Muster (Habitus-Entwicklung). Zu den Hauptkriterien der Richtungstendenz von zivilisierenden Veränderungen des sozialen Habitus der Menschen gehört die Ausbildung auf allseitigere und stabilere Selbstkontrollmuster.

8.7.2 Literaturhinweise

Werke: 1939: Über den Prozeß der Zivilisation, 1965: Etablierte und Außenseiter (mit John L. Scotson), 1969: Die höfische Gesellschaft, 1970: Was ist Soziologie? 1982: Über die Einsamkeit der Sterbenden in unseren Tagen, 1983: Engagement und Distanzierung. Arbeiten zur Wissenssoziologie I, 1983: Sport im Zivilisationsprozeß (mit Eric Dunning), 1984: Über die Zeit. Arbeiten zur Wissenssoziologie II, 1987: Die Gesellschaft der Individuen, 1989: Studien über die Deutschen, 1990: Norbert Elias über sich selbst, 1991: Mozart. Zur Soziologie eines Genies, 2006: Aufsätze und andere Schriften (3 Bde.). Vgl. insgesamt: „Norbert Elias, Gesammelte Schriften (in 19 Bänden)" im Suhrkamp Verlag.

Eichener, Volker/Baumgart, Ralf (2013) Norbert Elias zur Einführung, 3. vollst. überarb. Aufl., Hamburg: Junius.
Ernst, Stefanie/Korte, Hermann (Hg.) (2017) Gesellschaftsprozesse und individuelle Praxis. Vorlesungsreihe zur Erinnerung an Norbert Elias, Wiesbaden: Springer VS.
Gleichmann, Peter et al. (Hg.) (1984) Macht und Zivilisation. Materialien zu Norbert Elias' Zivilisationstheorie, Frankfurt/M.: Suhrkamp.
Gleichmann, Peter et al. (Hg.) (1977) Materialien zu Norbert Elias' Zivilisationstheorie, Frankfurt/M.: Suhrkamp.
Korte, Hermann (1997) Über Norbert Elias. Das Werden eines Menschenwissenschaftlers, Opladen: Leske + Budrich.
Rampp, Benjamin (2015) „Die Zivilisation ist noch nicht abgeschlossen. Sie ist im Werden." – Norbert Elias' prozess- und figurationstheoretische Perspektive auf Transformation, in: Michael Thomas/Ulrich Busch (Hg.), Transformation im 21. Jahrhundert. Theorien – Geschichte – Fallstudien, II. Halbband, Berlin: trafo, S. 313–336.
Treibel, Annette (2008) Die Soziologie von Norbert Elias. Eine Einführung in ihre Geschichte, Systematik und Perspektiven, Wiesbaden: VS.

8.7.3 Übungsaufgaben

(1) Was versteht Elias unter einer Figuration, welche Bedeutung kommt diesem Begriff für seine Soziologie zu und inwiefern drückt sich darin die Idee der Prozesssoziologie aus?

(2) Welche Vorstellung des Zivilisationsprozesses ist für Elias leitend und in welchem Verhältnis stehen dabei die Aspekte der Soziogenese und der Psychogenese?

(3) Erläutern Sie Elias' These, dass sich im Zuge des historischen Wandels eine Veränderung vom Fremdzwang zum Selbstzwang vollzogen hat.

(4) Welche Rolle spielen Machtverhältnisse sowie Konkurrenz- und Konfliktkonstellationen in Elias' Analysen?

(5) Erläutern Sie Elias' Vorstellung von der Logik des Monopolbildungsprozesses.

9 Alfred Schütz: Sinnhafter Aufbau der sozialen Welt

Alfred Schütz wird heute unbestritten zu den Klassikern der Soziologie gezählt. Die grundlagentheoretische Verbindung von Phänomenologie, Handlungsanalyse und Wissenssoziologie, die mit seinem Namen verbunden wird, gilt als eine der wesentlichen Anstöße für eine hermeneutisch orientierte, qualitativ verfahrende Soziologie. Schütz hat mit seinen Arbeiten zu einer phänomenologisch fundierten Sozialtheorie eine grundlagentheoretisch umfassende Bestimmung des Gegenstandes und der Methode soziologischer Analyse vorgelegt, deren Anregungsreichtum für die aktuelle soziologische Theoriebildung bereits der Karriere des Begriffs der **„Lebenswelt"** zu entnehmen ist. In Schütz' Werk erhält das in der Philosophie von Edmund Husserl (1859–1939) entfaltete Modell eines – gegenüber wissenschaftlichen Zugängen – *primären* Welt- und Wirklichkeitsbezuges eine für die Soziologie anschlussfähige handlungstheoretische Fassung. Mit dem Titel „Lebenswelt" wird eine Grundlegung der Wissenschaften vom Menschen (einschließlich der Soziologie) angezielt, die über eine Aufklärung der Konstitution der Geltung von Welt in der natürlichen Einstellung, also über eine Klärung der ursprünglichen Sinnentstehung und **Sinnstruktur** der Lebenswelt erfolgt.

9.1 Grundzüge

Schütz wie Husserl geht es um die Freilegung der apriorischen Grundstruktur von Sinnsetzungsprozessen. Dabei ist für Schütz klar, dass nicht die Grundstrukturen selbst, sondern diese jeweils nur in konkreter soziokulturell spezifischer Ausformung sinngenerierend wirken. Ausgegangen wird von einem erlebenden und erkennenden Subjekt, für das die „Lebenswelt" eine Strukturiertheit nach Sinnzusammenhängen, nach Interessen und Relevanzen, kurz: eine grundlegend pragmatische Strukturierung aufweist und ein Wissen darum einschließt. Die wesentliche Konsequenz dieser Begriffseinführung ist, dass die Begriffe „Lebenswelt" und **„Alltag"** nicht deckungsgleich sind. Beide Begriffe liegen auf verschiedenen Ebenen. Denn es ist eines der zentralen Strukturmomente der Lebenswelt, dass sie unterschiedliche Modi konkreter Welterfahrung und Sinnsetzung kennt. Der „Alltag" ist lediglich eine, wenn auch die für die Soziologie zentrale Form des Weltzugangs, der Welterfahrung, der Sinnsetzung: „In dieser Einstellung [des Alltags wird] [...] die Existenz der Lebenswelt und die Typik ihrer Inhalte bis auf weiteres fraglos gegeben hingenommen" (2003a: 327). Das sieht ersichtlich in der **Wissenschaft**, für die die grundsätzliche Infragestellung des Selbstverständlichen charakteristisch ist, anders aus. Aber es gibt in jeder Kulturwelt neben einem alltäglichen Modus der Welterfahrung ebenso außeralltägliche Modi, für die die Begriffe Traum, Phantasie, Kunst, Spiel oder Wissenschaft stehen. Und auf diese Gesamtheit von Modi der Welterfahrung bezieht sich der von Husserl übernommene Begriff der Lebenswelt.

Für die soziologische Analyse der sozialen Wirklichkeit ist Schütz zufolge dabei vor allen Dingen die Erkenntnis von Bedeutung, dass die Soziologie es mit einer je spezifischen Vorverstandenheit ihres Gegenstandes zu tun hat (2004: 90 f.), d. h. der Gegenstandsbereich der Soziologie, „die Sozialwelt, [...] hat eine besondere Sinn- und Relevanzstruktur für die in ihr lebenden, denkenden und handelnden Menschen" (2010: 334). Die soziale Welt ist eine von Akteuren immer schon gedeutete: „Alle Tatsachen sind", so Schütz, „immer schon [...] interpretierte Tatsachen" (2010: 333). Die soziale Wirklichkeit wird mit unterschiedlichen **Sinnzuschreibungen** versehen und „existiert" als solche aufgrund dieser Sinnzuschreibungen. Die Aufgabe, die sich der Soziologie demnach stellt, ist die der „Rekonstruktion" dieser Sinnzuschreibungen (2004: 349). Soziologie bildet nicht einfach die Wirklichkeit ab, sondern analysiert die konstitutive Pluralität der Deutungen sozialer Wirklichkeit. Wirklichkeit ist in soziologischer Optik ausschließlich im Modus vielfältiger Wirklichkeitsdeutungen gegeben und auch nur als solche zugänglich. Die Verfahren der verstehenden Soziologie Webers wie der **phänomenologisch fundierten Soziologie** von Schütz lassen sich somit als ein Verstehen des alltäglich bereits vollzogenen Verstehens umschreiben, als eine Hermeneutik der Alltagshermeneutik. Anthony Giddens wird diesen Gedanken dann in reflexiver Erweiterung als Prinzip der „doppelten Hermeneutik" reformulieren (vgl. Kap. 13.3). Sprache und Wissen werden solchermaßen zu zentralen Kategorien der verstehenden Soziologie.

9.2 Biografie

Alfred Schütz wird am 13. April 1899 in Wien als Sohn von Johanna und Alfred Schütz geboren. Der Vater stirbt noch vor der Geburt des Sohnes. Nach einem zehnmonatigen freiwilligen Militärdienst beginnt Schütz 1918 sein Studium an der rechts- und staatswissenschaftlichen Fakultät der Universität Wien, legt 1919 seine rechtshistorische Staatsprüfung ab und erwirbt 1921 die juristische Doktorwürde. Es folgt eine Anstellung bei der Bankvereinigung in Wien. Ab 1922/23 beginnt Schütz sein so genanntes „Doppelleben": tagsüber als Bankkaufmann, abends als Wissenschaftler. Nach ersten Schriften unter dem Einfluss von Max Weber und Henri Bergson widmet Schütz sich seit 1928 intensiv dem Studium der Philosophie Edmund Husserls. 1932 erscheint sein Hauptwerk „Der sinnhafte Aufbau der sozialen Welt". Schütz steht nun im intensiven Austausch mit Husserl. 1939 emigriert Schütz mit seiner Familie in die USA. Er arbeitet nun in New York für das Bankhaus Reitler & Co., wird Mitbegründer der International Phenomenological Society und lehrt ab 1943 an der New School for Social Research in New York zunächst als „Lecturer", ab 1944 als „Visiting Professor". Im selben Jahr erhält er die amerikanische Staatsbürgerschaft. 1952 wird Schütz Full Professor für Sociology and Social Psychology an der New School, beendet 1956 sein berufliches Engagement im Bankbereich und damit sein über 35 Jahre währendes

„Doppelleben" und widmet sich nun vollständig seiner Lehr- und Forschungstätigkeit. 1958 erfolgt die Niederschrift der fünf „Notizbücher", die den Entwurf der geplanten zusammenfassenden Darstellung seiner Lebenswelttheorie unter dem Titel „Strukturen der Lebenswelt" bilden. Aus gesundheitlichen Gründen kann Schütz seine Lehrtätigkeit nicht mehr wahrnehmen. Er stirbt nach schwerem Herzleiden am 20. Mai 1959 in New York.

9.3 Methodologisch-methodische Grundlegung: Sinnkonstitutionsanalyse

„Die Soziologie", so formuliert Schütz in seiner klassischen Studie „Der sinnhafte Aufbau der sozialen Welt" aus dem Jahr 1932, hat die „Aufgabe [...], gerade das ‚Selbstverständliche' in Frage zu stellen" (2004: 89). Sein Ziel ist es die „jeweils als ‚fraglos gegeben' hingenommene Sinnstruktur [...] als zentrales Gegenstandsgebiet der Soziologie" (2004: 91) in methodische Bahnen zu gießen und so rekonstruktiv den komplexen Aufbau der sozialen Welt aufzuzeigen. Dieses Verfahren der radikalen Infragestellung des bisher als fraglos gegeben und gültig Hingenommenen bezeichnet Schütz mit Husserl als „‚Einklammern' der objektiven Welt" im Vollzug einer „phänomenologischen ἐποχή" (Epoché) (1931: 22, 27). Zu analysieren sind die Strukturen der **„relativ natürlichen Einstellung"**, in der „die Existenz der Lebenswelt und die Typik ihrer Inhalte als bis auf Widerruf fraglos gegeben hingenommen" werden (2003a: 327).

Die Selbstverständlichkeit der sozialen Wirklichkeit ist dabei begründet durch intersubjektiv geteilte Typisierungen und Symbolisierungen, also durch „die sozial bedingten Ausdrucks- und Deutungsschemata der Gruppe, der wir angehören" (2003a: 330). Deren Entstehen verdankt sich, so Schütz, wesentlich zwei Mechanismen: *erstens* den **Idealisierungen** des „Und-so-weiter" (objektiv) und des „Ich-kann-immer-wieder" (subjektiv), die sich ableiten aus den „Grundannahmen [...] der Konstanz der Weltstruktur, der Konstanz der Gültigkeit unserer Erfahrung von der Welt und der Konstanz unserer Vermöglichkeit, auf die Welt und in ihr zu wirken" (2003a: 327). *Zweitens* sind sie Ausdruck des Prinzips der **Reziprozität der Perspektiven** als Bedingung der Möglichkeit von Kommunikation (2003a: 342). Doch entgegen dieses konsensuellen Anscheins ist für Schütz klar, dass sich das Alltagsleben in der kontinuierlichen Spannung von Routinen und Krisen (Erwartungen werden nicht erfüllt, Gültiges wird zweifelhaft, Pläne werden undurchführbar), von Problemen und Problemlösungen (2003a: 327), vollzieht.

Diese elementaren alltäglichen sozialen Strukturmuster konstituierten Ausdrucks- und Deutungsschemata sozialer Gruppen zeichnen sich durch das zentrale Merkmal menschlichen Wissens aus: dieses ist stets typisches Wissen (2003a: 330, 335f., 337, 341f.). Im Anschluss an die Bestimmung Webers hat die Soziologie die Analyse des „subjektiv gemeinten Sinns" der Handelnden zur Aufgabe. Wie ist es aber möglich, so fragt Schütz, einen „objektiven Sinnzusammenhang von subjektiven

Sinnzusammenhängen [...] zu konstituieren" (2004: 406)? Die Suche nach einer Antwort auf diese Frage verweist für Schütz auf die Struktur menschlichen Alltagsdenkens. Denn schon im Alltag verwenden wir „Konstruktionen", also „Abstraktionen, Generalisierungen, Formalisierungen und Idealisierungen" (2010: 333). Wir haben es also mit einer strukturellen Homologie alltäglicher und wissenschaftlicher **Typenbildung** zu tun. Deshalb ist, so Schütz, für eine Erläuterung der „typisierenden Erfassung" im sozialwissenschaftlichen Forschungsprozess lediglich „den besonderen Modifikationen nachzugehen, welche die Gesetze der Typisierung, die in der Sphäre des alltäglichen Lebens" routinemäßig zur Anwendung kommen, „durch die Eigenart des vorgegebenen wissenschaftlichen Erfahrungszusammenhanges von Welt überhaupt und durch das Fehlen jeder sozialen Umwelt erleiden" (2004: 407):

> Die Konstruktionen, die der Sozialwissenschaftler benutzt, sind Konstruktionen zweiten Grades: es sind Konstruktionen jener Konstruktionen [ersten Grades], die im Sozialfeld von den Handelnden gebildet werden. (2010: 334)

Um diese konzeptionelle **Analogie alltäglichen und wissenschaftlichen Verstehens** methodisch kontrollierbar zu machen, formuliert Schütz eine Reihe von Kriterien, denen die sozialwissenschaftliche Bildung von Idealtypen entsprechen muss. Schütz nennt diese Kriterien „Postulate". In Orientierung an seinem zentralen methodologischen Aufsatz lassen sich diese auf die drei folgenden **Postulate** kondensieren: (1) Postulat der logischen Konsistenz: Es gelten die allgemeinen Gesetze wissenschaftlicher Rationalität und der formalen Logik. (2) Postulat der subjektiven Interpretation: Der Bezugspunkt der sozialwissenschaftlichen Analyse ist die Interpretation des Handelns und seines Situationsrahmens so wie diese vom Handelnden selbst erfasst werden. (3) Postulat der Adäquanz: Die wissenschaftlichen Konstruktionen müssen alltagsweltlich als hinreichend motiviert begreifbar sein (2010: 365f., 374f.).

Die methodische Grundhaltung des Bezweifelns hat sich soziologisch auf die in den Interpretationen der sozialen Welt zur Anwendung kommenden Deutungsmuster zu richten, die sowohl von grundlegenden, quasi-anthropologischen Strukturen menschlichen Weltverhältnisses als auch von soziokulturell geformten Strukturen des Wirklichkeitsverständnisses geprägt sind. Für eine Rekonstruktion der „Strukturverhältnisse des sinnhaften Aufbaus der sozialen Welt" sind demnach zum einen allgemeine räumliche, zeitliche und soziale Grundstrukturen konstitutiv (die Reflexionsebene der Lebenswelt), zum anderen – aufbauend auf diese – spezifische soziokulturelle und gesellschaftliche Ausprägungen historisch-konkreter Alltagswelten (die Reflexionsebene der Sozialwelt). Deshalb begreift Schütz sein Programm als das einer mundanen Phänomenologie, als eine

> Phänomenologie der Lebenswelt [...], die der Mensch in natürlicher Einstellung nicht nur denkend, sondern auch handelnd und fühlend zu bewältigen hat. (2003a: 336)

9.4 Zentrale sozial- und gesellschaftstheoretische Konzepte

9.4.1 Strukturanalyse der Lebenswelt

Es sind vier „Strukturverhältnisse", die für Schütz den „sinnhaften Aufbau der sozialen Welt" kennzeichnen: die soziale Strukturierung der Lebenswelt (1), die zeitlich-räumliche Aufschichtung der Lebenswelt (2), die Strukturierung des Wissens nach Vertrautheitsgraden (3) sowie die Strukturierung durch Relevanztypen (4).

(1) Soziale Strukturierung der Lebenswelt
Für die soziale Strukturierung der Lebenswelt unterscheidet Schütz in *formaler* wie *idealtypischer* Absicht die soziale Umwelt (Mitmenschen) von der Mitwelt (Nebenmenschen), der Vorwelt (Vorgänger) und der Folgewelt (Nachfolger) (2003a: 329f., vgl. 2004: 313–376, 387, zsfd. 289; vgl. Tab. 9.1): Die soziale **Umwelt** ist die, die „Mitmenschen" untereinander in zeitlicher und räumlicher Gemeinsamkeit teilen. Räumlich liegt ein bestimmter Ausschnitt der sozialen Welt in der Reichweite eines jeden der Beteiligten und zeitlich nimmt jeder wechselseitig am Lebenslauf des anderen und in „lebendiger Gegenwart" („vivid present") am schrittweisen Aufbau seiner Gedanken Teil. Mitmenschen, so Schütz zuspitzend, „altern zusammen" in dieser „reinen Wir-Beziehung" oder „unmittelbaren sozialen Beziehung" („face-to-face relationship") (2010: 345f.). Aufgrund des formalen Charakters dieser Analyse gilt das ebenso für ein Gespräch unter Freunden (Vertraute) wie auch für zufällig miteinander Reisende im Bahnabteil (Fremde). Im Unterschied dazu ist die soziale **Mitwelt** die der „Nebenmenschen", der im weiteren Sinne Zeitgenossen, mit denen nicht unmittelbar eine zeitliche und räumliche Gemeinsamkeit, also keine „lebendige Gegenwart" geteilt wird, die aber wieder oder aber potenziell überhaupt erst in die Umwelt eines Akteurs eintreten können. Als soziale **Vorwelt** bezeichnet Schütz sodann die geschichtlich bereits vergangene Sozialwelt der Vorfahren und als soziale **Folgewelt** die Welt der Nachfahren.

Dieser erste Schritt einer „Strukturanalyse der Sozialwelt" zeigt die verschiedenen Formen räumlicher und zeitlicher Distanzen sowie die ihnen entsprechenden sozialen Beziehungstypen und jeweils spezifischen Beobachtungsformen auf. Er veranschaulicht die zunehmende Anonymisierung sozialer Typisierungen in den ein- oder wechselseitigen Erfahrungs- und Deutungsschemata der Handelnden. So vollzieht sich das Verstehen in der Umwelt durch verschiedene aktuelle Erfahrungen, das Verstehen in der Mitwelt durch die Konstruktion von „(subjektiven) personalen Typen" und „(objektiven) Typen des Handlungsablaufs" (2010: 346f., 355). Mit zunehmender Anonymität der Sozialsituation werden Konstruktionen subjektiver Typen durch Konstruktionen objektiver Typen ersetzt (2010: 347f., vgl. 2004: 347).

Tab. 9.1: Strukturanalyse der Lebenswelt

Weltbezug	Sozialkonstellation	Einstellung	Typik
Umwelt	Mitmenschen	1) Du-Einstellung	reine Wir-Beziehung in lebendiger Gegenwärtigkeit
		2) wechselseitige Fremdeinstellung	soziale Beziehung
		3) einseitige Fremdeinstellung	(alltägliche) Beobachtung
Mitwelt	Nebenmenschen	1) Ihr-Einstellung	Erfahrung vom Du lediglich mittelbar
		2) mitweltliche (Fremd-)Einstellung	personale Idealtypen und Ablauftypen
Vorwelt	Vorfahren	einseitige Fremdeinstellung	typisierende Erfassung
Folgewelt	Nachfahren	einseitige Fremdeinstellung	lediglich Annahme

(2) Räumlich-zeitliche Aufschichtung der Lebenswelt

Für die räumlich-zeitliche Aufschichtung der Lebenswelt ergibt sich ausgehend vom leibgebundenen räumlichen „Hier" und zeitlichen „Jetzt" eines Subjekts eine konzentrische Gliederung der Lebenswelt in die Zonen der aktuellen, der wiederherstellbaren und der erlangbaren Reichweite (2003a: 328 f.). In dieser typologischen Gliederung werden von Schütz die Probleme von Handeln und Zeit miteinander verschränkt. Dabei berücksichtigt diese Unterscheidung die beiden Dimensionen der objektiven Zeitlichkeit (Gegenwart, Vergangenheit, Zukunft) auf der einen und ihre subjektiven Korrelate ((Wieder-)Erinnerung, Erwartung) auf der anderen Seite. Entsprechend lassen sich drei „Reichweiten" des Handelns unterscheiden:

Erstens die der unmittelbaren Erfahrung zugängliche „**Welt in aktueller Reichweite**": Ihre herausragende Stellung nimmt sie aufgrund des Umstandes ein, dass dies die Zone ist, auf die Akteure jeweils durch direktes Handeln einwirken können. Es handelt sich um die „Wirkzone" als den Bereich des unmittelbaren Handelns, der als „manipulatory area" in der Sprache von George Herbert Mead den Kern der Wirklichkeit darstellt. Die Lebenswelt hat auf der Ebene der alltäglichen Welt des Wirkens ihren Kern in der „Welt in meiner Reichweite", dem „Handhabungsbereich". Davon zu unterscheiden ist *zweitens* die der unmittelbaren Erfahrung unzugängliche „**Welt in potenzieller Reichweite**". Diese kennt zwei Formen: Einmal den Typus der „**Welt in wiederherstellbarer Reichweite**", d. h. die Annahme, vormals in der Reichweite eines Handelnden Befindliches, aktuell aber aus ihr Verschwundenes, könne wieder in dessen Reichweite gebracht werden. Eine Annahme, die auf den Grundannahmen der „Konstanz der Weltstruktur" und somit den lebensweltlichen Idealisierungen des „Und-so-weiter" (Vergangenheitsbezug) und des „Ich-kann-immer-wieder" (Zukunftsbezug) beruht. Ebenfalls der unmittelbaren Erfahrung unzugänglich ist *drittens* die zweite Potentialitätsform, die „**Welt in erlangbarer Reichweite**", also die Annahme, noch niemals in der eigenen Reichweite Befindliches könne in diese gelangen. Eine Annahme, die sowohl von subjektiven Vermögensgraden (Kompetenzstrukturen) des Handelns, Denkens, Wissens etc. sowie objektiven Möglichkeiten (Gelegenheitsstrukturen) aufgrund eigener biografischen Situationen und Rahmenbedingungen abhängt.

Exkurs zur Handlungsanalyse
Leitend für Schütz' Analyse menschlichen Handelns sind die Unterscheidungen zwischen Verhalten und Handeln, zwischen Handeln und Handlung sowie die zwischen Handeln und Wirken.

Erstens: Als „**Verhalten**" bestimmt Schütz „alle möglichen Arten von subjektiv sinnvollen Erfahrungen der Spontaneität", also gewohnheitsmäßiges, traditionelles und affektives Handeln und Denken (2003a: 185). Im Unterschied zu üblichen Begriffsbestimmungen ist für ihn Verhalten mitnichten sinnlos, sondern für Verhalten ist ein „Verhalten-zu-etwas" konstitutiv (2004: 101). Verhalten und Handeln sind somit durch unterschiedliche Formen der Sinnverbindung gekennzeichnet; im Unterschied zum Verhalten zeichnet sich Handeln durch die Form der Reflexivität aus: „**Handeln**" beruht im Unterschied zum Verhalten „auf einem vorgefassten Entwurf" (2003a: 186). Ihm liegt ein Handlungsplan zugrunde.

Zweitens: Konstitutiv für Handeln ist dessen Anleitung durch einen Entwurf, d. h. von einer bestimmten Gegenwart aus verweist der Entwurf eines Handelns in die Zukunft, während die Deutung des vollzogenen Handelns, also der abgeschlossenen Handlung, in die Vergangenheit verweist. Schütz unterscheidet also zwischen dem Vollzug des „Handelns" und der vollzogenen „**Handlung**" (Prozess – Produkt, Aktualität – Reflexivität, Erleben – Erkennen) (2004: 124). Ihren Grund hat diese Unterscheidung in einem reflexiven Sinnbegriff. Denn der mit einem Verhalten oder Handeln verbundene Sinn lässt sich Schütz zufolge immer erst *ex post*, also nach vollzogenem Verhalten oder vollzogener Handlung bestimmen. Somit ist für Schütz „das *Sinnproblem* ein *Zeitproblem*" (2004: 93), denn dessen Bestimmung hängt aufseiten des Handelnden davon ab, welche Pläne seinem Handeln zugrunde liegen (also von ihrem Zukunftshorizont). Zudem hängt sie – das ist soziologisch einzig von Belang – aufseiten eines alltäglichen wie wissenschaftlichen Beobachters davon ab, welche vollzogenen Ereignissequenzen einem Handeln zugerechnet (beobachtet) wurden (also vom Vergangenheitshorizont des Beobachters). Zentral für Schütz ist somit ein reflexiver Sinnbegriff:

> Sinn ist [...] die Bezeichnung einer bestimmten Blickrichtung auf ein eigenes Erlebnis. [...] Sinn [...] ist nichts anderes als das besondere Wie dieser Zuwendung zum eigenen Erlebnis, also das, was das Handeln erst konstituiert. (2004: 127, 128)

Dabei hält Schütz fest, dass „wir von jeder Sinndeutung der Sozialwelt aussagen [können], dass sie *‚pragmatisch bedingt'*" ist (2004: 123). Handeln und damit Entwerfen sind jeweils motivgeleitet. Dabei sind zwei Motivtypen zu unterscheiden: die **„Um-zu-Motive"**, die den Zweck, also den konzipierten Endzustand eines Handelns spezifizieren (Zukunftsbezug), und die **„Weil-Motive"**, d. h. die manifesten und latenten Gründe und Ursachen eines Handelns (Vergangenheitsbezug: qua Lebensgeschichte, Erfahrungen, Charakter, „Habitus").

Drittens: **„Wirken"** ist [...] ein auf einen Entwurf gegründetes Handeln in der Außenwelt" (2003a: 186), während Handeln auch nur als verdecktes, bspw. in der kognitiven Bewältigung eines mathematischen Problems bestehen kann. „Wirken" zeichnet sich für Schütz durch eine wechselseitige Motivverschränkung aus: im Zuge eines wechselseitigen Aufeinanderbezogenseins in einer Handlungskette werden die Um-zu-Motive des einen zu Weil-Motiven des anderen und umgekehrt: Wenn also A etwas fragt, um eine Antwort von B zu erhalten, wird B darauf antworten weil gefragt wurde. Diese Struktur der Motivverkettung bezeichnet Schütz als die „Idealisierung der Reziprozität der Motive" (2010: 353), die im Alltag in intersubjektiven Situationen stets bis auf Widerruf, also bis zum Falle des Scheiterns entsprechender Motivverkettungen, leitend bleiben. Die herausragende Stellung des „Wirkens" mittels körperlicher Eingriffe in die äußere Welt ist darin begründet, dass von den „Formen der Spontaneität [...] [das] Wirken für die Konstitution der Wirklichkeit der Welt des täglichen Lebens die wichtigste" ist (2003a: 186). Entsprechend betrachtet Schütz die „Wirkensbeziehung" als das Konstitutionsprinzip der sozialen Welt, da in dieser „ein Akt [...] in der Erwartung gesetzt wird, der Andere, auf den dieses Wirken abzielt, werde darauf reagieren oder doch wenigstens hinsehen" (2004: 308 f.). Im Unterschied zur (objektiven) „Wechselwirkung" wird ein Wirken zum Wirken nicht erst durch eine entsprechende Handlungsreaktion des alter ego, sondern es genügt dessen subjektives Eingestelltsein auf das ego.

Verhalten, Handeln und Wirken vollziehen sich nun stets unter konkreten Umständen, für deren Analyse die beiden Aspekte des objektiv verfügbaren Wissens und der subjektiven Relevanzen unterschieden werden müssen.

(3) Strukturierung des Wissens von der Lebenswelt

Für die Strukturierung des Wissensvorrates eines Handelnden unterscheidet Schütz neben der objektiven Ungleichverteilung des Wissens und ihrer subjektiven Korrelate auch verschiedene „Vertrautheitsgrade". Für letztere ist die Differenzierung in **„Bekanntheitswissen"**, **„Vertrautheitswissen"**, „Dimensionen bloßen Glaubens" und das „Unbekannte" leitend. Das, was Menschen als ihr Wissen bezeichnen, liegt nicht einfach in punktuell und in voneinander isolierten Partikeln vor, sondern in spezifisch verdichteter Form: Kontinuierlich vollzieht sich eine Sedimentierung von Wissen in Typiken, d. h. aufgrund der sich ungeplant (objektiv) vollziehenden typologischen Verdichtung und Generalisierung individuellen wie kollektiven menschlichen Wissens konstituieren Wissen und Typik für jeden Erfahrungsgegenstand einen „Horizont der Vertrautheit und des Bekanntseins" – wie auch reziprok des Unvertrauten und der Fremdheit.

Anders als diese Unterscheidung subjektiver Vertrautheitsgrade stellt Schütz für die „Ungleichheit der Verteilung" (2003a: 330 f., vgl. 334) auf die objektive Differenzierung von Wissensformen sowie als ihr „subjektives Korrelat" auf die „entsprechenden Zonen von Interessen" ab (2003a: 332). Wissen ist ungleich verteilt aufgrund (subjektiv) unterschiedlich strukturierter Relevanzen und Aufmerksamkeiten sowie aufgrund (objektiv) sozio-strukturell, institutionell und positionsbezogen unterschiedlicher Zugänge zu verfügbarem Wissen.

(4) Strukturierung der Lebenswelt durch Relevanzen
Jede Handlungssituation weist für Schütz zwei Hauptkomponenten auf: einmal die „ontologische Struktur der vorgegebenen Welt" und sodann den „aktuellen biografischen Zustand des Individuums" und die damit verbundene **„Definition der Situation"** im Sinne von Dorothy Swaine Thomas und William Isaac Thomas:

> Wenn die Menschen Situationen als real definieren, so sind auch ihre Folgen real. (1928: 333)

Während die erstere Bestimmung die objektiv „auferlegten" Aspekte jeder Handlungssituation zum Thema macht, zielt die zweite auf die subjektiv „spontanen" Momente entsprechender Situationen, die als prinzipiell veränderbar erlebt werden (2003a: 332). Dabei lassen sich Schütz zufolge für die weitere Bestimmung dieser biografischen Definition der Situation drei **Typen von Relevanzen** analytisch unterscheiden: *Erstens* die „Motivationsrelevanz" (2003a: 333), d. h. die Motivstruktur zur Definition der Situation im Sinne der Bestimmung dessen, was relevant ist, „um die Situation denkend, handelnd, emotional zu definieren, sich in ihr zu orientieren und mit ihr fertig zu werden". *Zweitens* die „thematische Relevanz" (2003a: 334) zur Bestimmung des als fragwürdig wie auch als befragenswert Geltenden auf der Basis motivationsrelevanter Interessenlagen und Problemkreise. Schließlich *drittens* der Typus der „Interpretationsrelevanz" (2003a: 337) aufgrund dessen die Bestimmung dessen erfolgt, was als Lösung für ein im Thema enthaltenes Problem als relevant erachtet wird.

Mit der Analyse dieser vier Strukturierungsphänomene der Lebenswelt, also ihrer sozialen Strukturierung, ihrer zeitlich-räumlichen Aufschichtung, ihrer Strukturierung nach Vertrautheitsgraden des Wissens sowie ihrer Strukturierung durch Relevanztypen ist für Schütz der erste Schritt einer Theorie der Lebenswelt vollzogen. Die Gesamtarchitektur der Theorie der Lebenswelt umfasst neben dieser Analyse der strukturellen Gliederung der Lebenswelt darüber hinaus zwei weitere Schritte: die Analysen der geschlossenen Sinnprovinzen und des Sinnzusammenhangs der Lebenswelt. Entsprechend verweist Schütz auf die „auf der Realität der Lebenswelt aufgestuften mannigfaltigen anderen Realitätsbereiche, die durch Symbole auf die Lebenswelt rückbezogen und in ihr gedeutet werden" (2003a: 340).

9.4.2 Theorie der mannigfachen Wirklichkeiten

Die alltägliche Wirkwelt begreift Schütz als die „ausgezeichnete Wirklichkeit" („paramount reality"), in der Menschen von einem eminent „praktischen Interesse" geleitet sind, ihre grundlegenden Lebenserfordernisse zu bewältigen. Von besonderer Bedeutung ist insbesondere der Umstand, dass nur in ihr Kommunikation möglich ist (2003a: 203f., 206 sowie 2003b: 159, 179, 181f.). Diese alltägliche Welt des Wirkens ist jedoch nur ein Teil der Lebenswelt. Zur Lebenswelt gehören ebenso weitere Wirklichkeitsbereiche, weitere „Realitätsbereiche geschlossener Sinnstruktur" wie „die Welt der Träume, der imaginierten Vorstellungen und der Phantasie, insbesondere die Welt der Kunst, die Welt der religiösen Erfahrung, die Welt der wissenschaftlichen Kontemplation, die Spielwelt des Kindes und die Welt des Geisteskranken" (2003a: 208). Schütz ergänzt seine Lebenswelttheorie damit um eine Theorie der Sinndifferenzierung (1) und des Sinnzusammenhangs (2).

(1) Sinndifferenzierung der Lebenswelt

Mit dieser Erweiterung seiner Grundlegung trägt Schütz dem Umstand Rechnung, dass menschliches Erleben, Handeln und Denken nicht nur auf den Bereich des Alltags beschränkt ist, sondern sich in verschiedenen, wechselseitig voneinander unabhängigen und insofern **geschlossenen Sinnprovinzen** („finite provinces of meaning") abspielt (2003a: 208, 206). Schütz spricht von „Sinnprovinzen", weil es „nicht die ontologische Struktur der Gegenstände, sondern der Sinn unserer Erfahrungen" ist, der die Wirklichkeit „konstituiert" (2003a: 206, 2003b: 180). Es handelt sich also nicht um eine raum-zeitliche Strukturierung der Wirklichkeit in unterschiedliche Regionen ähnlicher Gegenstände (vgl. Husserl 1913: 120), sondern jeder dieser idealtypisch abgegrenzten **vielfachen Wirklichkeitsbereiche** („multiple realities") zeichnet sich durch einen spezifischen „Erkenntnisstil" aus, der der jeweiligen Perspektive auf die soziale Wirklichkeit ihr spezifisches Profil verleiht. Aufgrund dieser jeweils spezifischen Erkenntnisstile stellt jeder Übergang von einer Sinnprovinz in eine andere objektiv einen „Sprung" (Kierkegaard) dar, der subjektiv als „Schock" erlebt wird (2003a: 207ff., 211ff., 217ff., 222ff. sowie 2003b: 183). Für die **typologische Differenzierung dieser Erkenntnisstile** unterscheidet Schütz mehrere Dimensionen: den Grad der Bewusstseinsspannung oder Aufmerksamkeitsintensität („attention à la vie"), den Charakter der spezifischen Epoché (als Vertrauen in die sinnhafte Plausibilität jeder Sinnprovinz), die vorherrschende Form der Spontaneität, die spezifische Form der Selbsterfahrung, die spezifische Form der Sozialität, die spezifische Zeitperspektive (2003a: 207). Von herausragender Bedeutung unter diesen Dimensionen ist der jeweilige Grad von Aufmerksamkeitsintensität: Für die alltägliche Wirkwelt ist das „Hellwach-Sein" konstitutiv, während im Bereich der Traumwelt eine „völlige Entspannung" eintritt, da hier „nicht das geringste pragmatische Interesse" mehr vorherrscht. Und auch für die Welt der wissenschaftlichen Theorie verzeichnet Schütz eine geringere Bewusstseinsspannung als in der alltäglichen Welt des Wirkens, da für den Wissenschaftler eine „Loslösung aus den Relevanzsystemen, die im praktischen Bereich der natürlichen Einstellung gelten", charakteristisch ist. Der/die Wissenschaftler/in nimmt, wie Schütz formuliert, eine Haltung als „desinteressierter Beobachter" ein (2010: 357).

Die Lebenswelt wird nicht nur subjektiv in „mannigfache Wirklichkeiten" gegliedert, sondern sie weist zudem *soziale* Modifikationen auf. Der als selbstverständlich erfahrenen Alltagswirklichkeit der „Eigengruppe" steht eine Pluralität von Alltagswirklichkeiten von „Fremdgruppen" gegenüber: Die historisch gewachsenen „Zivilisationsmuster" der verschiedenen sozio-kulturellen Gruppen mit ihren unterschiedlichen Orientierungs- und Relevanzschemata sind wechselseitig nicht übereinstimmend; sie transzendieren sich wechselseitig, sodass – eine weitere soziale Perspektivierung des Wissens – ein und dieselbe soziale Wirklichkeit für Person A ihren Alltag, für B jedoch einen außeralltäglichen Wirklichkeitsbereich darstellen kann (2003b: 167 ff. sowie die Studien über den „Fremden" und den „gut informierten Bürger": 1972: 53 ff. und 85 ff.). So werden die Menschen in der alltäglichen Sozialwelt in mehrfacher Hinsicht mit Grenzerfahrungen konfrontiert: Die jeweils erfahrbare Welt weist Horizonte auf, die die jeweilige biografische Situation in ihrem räumlichen „Hier" und zeitlichen „Jetzt" transzendieren. Zudem stoßen Akteure etwa in religiösen Erfahrungen, im Spiel oder beim Übergang in den wissenschaftlichen Handlungsraum an die Grenzen der Alltagswelt (2003a: 141 ff.).

Wenn die Sozialwelt somit eine Differenzierung nicht nur in vielfältige (wenn auch möglicherweise begrenzte) Sinnbereiche oder Sinnprovinzen, „mannigfaltige Wirklichkeiten", sondern auch in gruppenspezifische Differenzierungen aufweist, für sie also eine mehrfache Partikularisierung von Sinnhorizonten konstitutiv ist, wie lässt sich dann zugleich von ihrer Einheit sprechen?

(2) Sinnzusammenhang der Lebenswelt

Die Lebenswelttheorie wird von Schütz aus der Perspektive des Sinnzusammenhangs dieser Mehrschichtigkeit und Differenziertheit vervollständigt. Die Sprache ist das wichtigste Mittel der Konstruktion subjektiver Erfahrungen und intersubjektiver wie gesellschaftlicher Wirklichkeiten, weil sie das wichtigste Zeichensystem möglicher Verweisungen, also **„Appräsentationen"** ist. Unter „Appräsentation" versteht Husserl die für unsere Wahrnehmung charakteristische „Art des Mitgegenwärtig-Machens" (1931: 112) und der „Paarung" (1931: 115). Danach betrachten wir aufgrund unserer Vorerfahrungen typischerweise die Wahrnehmung von A als einen Verweis auf B, oder das Ereignis X ruft ein Bild von Y in uns hervor. Jeder Gegenstand und jede Wahrnehmung stehen so innerhalb eines weiteren sinngebenden thematischen Feldes, sie sind von einem Bedeutungshorizont mit „offenen Rändern" („fringes") umgeben, aus dem sie erst verständlich werden. Die entsprechenden Sinnverweisungen bilden sich umso selbstverständlicher aus und werden sprachlich als Deutungsmuster fixiert, je häufiger und intensiver sie für die Bewältigung von Situationen von Bedeutung sind. Wichtig ist an dieser Stelle Schütz' These, dass „Appräsentationsverweisungen die Funktion [haben], die verschiedenartigen Transzendenzen, die wir erfahren, zu bewältigen" (2003b: 163, 127f.).

Dabei ist nun zwischen zwei **Typen von Verweisungen** zu unterscheiden: Während alle Transzendenzen *innerhalb* der Alltagswelt mit Hilfe von verbalen und non-verbalen Merkzeichen, Anzeichen und Zeichen bewältigt werden (2003b: 141ff., 163), versucht der Mensch mit Hilfe von Symbolen die Transzendenzerfahrungen einzuholen, die *zwischen* den geschlossenen Sinnprovinzen bestehen bzw. die aus der Alltagswelt auf andere geschlossene Sinnbereiche verweisen. Symbole fungieren somit als „Brücken" zwischen den verschiedenen Wirklichkeitsbereichen (2003b: 128, 167ff., 182ff.).

9.5 Gegenwartsdiagnose

Es ist diese zuletzt angeführte Brückenfunktion von Symbolen, die unter den Konstellationen vielfältiger Sinnprovinzen, wie sie für gegenwärtige Gesellschaften typisch sind, zunehmende Relevanz erhält, und die einen unmittelbaren Zugang zu den zeitdiagnostischen Implikationen von Schütz' Analysen eröffnet. Diese stehen generell unter dem Stichwort einer forcierten Sinnpluralisierung.

Insofern die phänomenologisch fundierte Sozialtheorie von Schütz mit ihrem Grundkonzept der Lebenswelt gerade „die Vielschichtigkeit und die Ambivalenz" sozialer Sinnkonstitutionsprozesse ins Zentrum ihrer analytischen Aufmerksamkeit rückt (vgl. Srubar 2007: 32), identifiziert er den konstitutiven Mechanismus jeder Form von Sinnpluralisierung. Und wenn Schütz die „jeweils als ‚fraglos gegeben' hingenommene Sinnstruktur [...] als zentrales Gegenstandsgebiet der Soziologie" (Schütz 2004: 91) identifiziert, dann adressiert er hier mit dem Verweis auf die diese Fraglosigkeit erzeugende Form der Typenbildung zugleich die kulturelle Logik sozialer Einschließungs- und Ausschließungsprozesse: Denn es sind exakt die gleichen Mechanismen der Sinnkonstitution, die für spezifische Sozialgruppen und Sinnprovinzen auf der einen Seite deren alltäglich selbstverständliche Typik von Selbstverständlichkeit und auf der anderen Seiten als dessen Kehrseite strukturell notwendig die Fremdheit dieser Alltagstypik für die Nichtzugehörigen erzeugen. Mit diesem Nachweis der strukturellen Ambivalenz jedweder Sinnkonstitutionsprozesse, also ihres potenziell gleichermaßen inkludierenden wie exkludierenden Charakters unterbreitet Schütz nicht nur eine Erklärung für die forcierte Dynamik kultureller Parzellierungsprozesse in fortgeschrittenen heterogenen Gesellschaften, sondern ihm gelingt es damit zugleich die Eigenlogik dieser Prozesse zu identifizieren.

Mit der Identifizierung dieser Dynamik veranschaulicht Schütz, dass jedweder Sinnzusammenhang komplexer Gesellschaften als das Produkt einerseits der sich qua Differenzierung bzw. Pluralisierung konstitutiv wechselseitig transzendierenden Sinnhorizonte, andererseits der diese Pluralität selektiv und situativ gewissermaßen ‚auffangenden' Übertragungsprozesse, also des kontinuierlichen Abgleichs und der kontinuierlichen Überführung verschiedener Sinnzusammenhänge ineinander zu verstehen ist. Dieses von Schütz identifizierte Transzendenz-Problem der Lebenswelt, das sich als Phänomen der ungleichzeitigen Gleichzeitigkeit von Segregation und Integration beschreiben lässt, dient dann als Folie für spätere zeitdiagnostische Überlegungen bspw. von Luckmann (vgl. Kap. 10.5) oder Habermas (vgl. Kap. 11.5).

9.6 Wirkungsgeschichte

Der politische erzwungene Wechsel des kulturellen Verständigungsraums durch die Emigration vom europäischen in den amerikanischen Kulturraum wird bei Schütz flankiert durch die Kontinuitätslinie des Pragmatismus, die er sich in Europa über Scheler und Bergson, in den USA dann über die Rezeption von William James, George Herbert Mead und John Dewey aneignet. Dieser einfache Ideentransfer im Zuge der massenhaften Emigration der europäischen Intelligenz wird auch im Falle von Schütz zu einem doppelten Ideentransfer, wenn seine Arbeiten erst seit Anfang der 1970er-Jahre – nunmehr in Rückübersetzung – wieder im europäischen Kulturraum aufgenommen werden.

In der Rezeption des Werkes von Schütz kommt dabei die konzeptionell nicht vollends ausgeglichene Doppelperspektivität seines Theorieprogramms zum Ausdruck: nämlich sowohl eine Rekonstruktion der allgemeinen Voraussetzungen subjektiver und intersubjektiver Sinnsetzungsprozesse (phänomenologisch verfahrende „Proto-Soziologie" der universellen Strukturen der Lebenswelt) als auch eine Rekonstruktion ihrer jeweiligen soziokulturellen und institutionalisierten Ausprägungen (empirisch verfahrende verstehende Soziologie konkreter historischer Kulturwelten) anzustreben. Diese Doppelperspektivität führt zu einer Parallelität von drei Reflexionsstufen in seinem Werk: (1) die „phänomenologische Analyse der Strukturen der Lebenswelt" schafft die „Vorbedingungen" für (2) die „philosophische Soziologie", die die „Modifikationen nachzugehen" hat, die umweltliche Relevanzsysteme „in den zunehmend anonymisierenden Zonen der Mitwelt und in den Auslegungen der Vorwelt und in den Antizipationen der Nachwelt" erfahren, während es (3) „Aufgabe der Gesellschaftswissenschaften" ist zu untersuchen, „wie weit die verschiedenen Formen der lebensweltlichen Relevanzsysteme […] sozial und kulturell mitbedingt sind" (2003a: 341f.).

Entsprechend dieser drei im Werk auszumachenden Reflexionsstufen lassen sich ebenso drei Positionen seiner Rezeption unterscheiden: Während Thomas Luckmann mit Schütz eine „Proto-Soziologie" entwickelt, die die phänomenologisch aufweisbaren Lebensweltstrukturen als *universelle Matrix* begreift, die der soziologischen Typenbildung als struktureller Leitfaden dient, vertritt Richard Grathoff die Perspektive einer „phänomenologischen Soziologie", die die Lebenswelt als *Milieuwelt* begreift, deren Sinnstrukturen sich in konkreten Phänomenen wie etwa Generationen oder Nachbarschaft aufbauen. Demgegenüber spitzt George Psathas den phänomenologischen Ansatz auf ein ausschließlich empirisches Programm im Sinne von Ethnomethodologie und Ethnographie zu. Jenseits dieser Differenzen in der Werkrezeption ist für die Werkgenese und die Gesamtinterpretation von Schütz' Werk mit den Arbeiten von Ilja Srubar eine anthropologisch-pragmatische Wende eingeleitet worden. In gewisser Weise quer zu diesen Rezeptionslinien liegt die Perspektive einer sozialen Konstruktion der Wirklichkeit wie sie von Peter L. Berger und Thomas Luckmann entwickelt worden ist (vgl. Kap. 10), in der der Versuch unternommen wird die sozialtheoretische (lebensweltanalytische) und die gesellschaftstheoretische (kulturweltanalytische) Dimension von Schütz' Werk auf produktive Weise zu verbinden. Insbesondere vermittelt über diesen Ansatz sind die methodologischen Reflexionen von Schütz und seine Anregungen zu materialen soziologischen Studien zum zentralen Bezugspunkt für die methodologische Grundlegung qualitativer Sozialforschung avanciert.

Auch in der jüngeren Theoriediskussion des Faches bildet der Ansatz von Schütz einen Bezugspunkt. Das gilt in ganz unterschiedlicher Weise für Pierre Bourdieu, bei dem u. a. Schütz unter dem Label „Subjektivismus" als kritische Folie der eigenen Theoriebildung fungiert (vgl. Kap. 16.3), es gilt für Jürgen Habermas, der seine Gesellschaftstheorie um die Polarität der als gesellschaftliche Handlungsbereiche verstandenen „Räume" der Lebenswelt und des Systems organisiert (vgl. Kap. 11.4), es gilt für Niklas Luhmann, dessen Systemtheorie nicht nur Verwandtschaft zum phänomenologischen Prozedere aufweist, sondern mit einer vergleichbaren Fassung des Sinnbegriffs und einer entsprechenden kognitiven Differenzierungstheorie arbeitet (vgl. Kap. 12.4) und es gilt schließlich auch für Hartmut Essers Auseinandersetzung mit Schütz zur Profilierung des eigenen Rational Choice-Ansatzes. Ohne damit systematisch eine zirkuläre Entwicklungskonzeption im Rahmen der Ideengeschichte der Soziologie vertreten zu müssen, kann man deshalb sagen, dass es gerade die methodologischen Ausgangsüberlegungen von Schütz sind, die dem dort entwickelten Ansatz heute neue Aktualität verleiht: Schütz' Absage an ökonomische Handlungsbegriffe, die Akteuren von außen Orientierungen in typischer Form zuschreiben, und seine Gegenposition, die das Pragma und die Intentionalität in der Konzeption der Sinnkonstitutionstheorie zusammenzieht, erhält vor dem Hintergrund der aktuellen Dominanz z. B. spiel- und entscheidungstheoretischer Konzeptualisierungen des Gegenstandsbereichs der Soziologie und als deren Kontrapunkt neues Gewicht.

9.7 Zusammenfassende Übersicht

In diesem zusammenfassenden Abschnitt werden entsprechend der in der Einleitung dargelegten Kriterien zunächst die angesprochenen wesentlichen Aspekte des dargestellten Ansatzes in tabellarischer Form zusammengestellt (vgl. Tab. 9.2), anschließend werden die zentralen Begrifflichkeiten des Ansatzes nochmals knapp erläutert. Unter der Rubrik Literaturhinweise werden dann die zentralen Werke sowie ausgewählte Sekundärliteratur für das weitere Studium angegeben sowie schließlich unter dem Titel „Übungsaufgaben" einige Fragen zur Rekapitulation des Erarbeiteten zusammengestellt.

Tab. 9.2: Tabellarische Zusammenfassung Alfred Schütz

Aspekt	Schütz
Ansatz	phänomenologisch-fundierte Sozial- und Wissenstheorie
Soziologieverständnis	reflexive Analyse der (Sinn-)Strukturen der Lebenswelt
Methodik	phänomenologisch sowie wissens- und handlungsanalytisch
Erklärungsvorstellung	verstehend-rekonstruktiv
Gesellschaftsbegriff	Geflecht von Wirkensbeziehungen und Wissensordnungen
Gesellschaftstypen	(frühe – moderne Gesellschaften)
Macht und Herrschaft	Wissensformierung
Soziale Ungleichheit	ungleiche Verteilung von Wissen
Sozialer Wandel	grundlegende Prozessperspektive: fundamentale Dialektik; Habitualisierung – Typisierung – Institutionalisierung
Soziale Differenzierung	Sinndifferenzierung in mannigfaltige Wirklichkeiten
Soziale Integration	geteiltes Wissen
Gegenwartsdiagnose	Sinnpluralisierung

9.7.1 Grundbegriffe

Alltägliche Wirkwelt („paramount reality"): Die Sinnprovinz der Lebenswelt, die als Bereich der physischen Dinge und der Körperlichkeit des Menschen, als Bereich körperlicher Aktivitäten und Kommunikationen das dominierende Wirkungsfeld bildet und den Kern menschlicher Erfahrung formiert.

Handeln-Handlung: Die Unterscheidung zwischen Handeln als andauerndem Prozess und der nachträglich erfolgenden Reflexion auf einen als abgeschlossen angesehenen Handlungsprozess als vollzogene Handlung, die aufgrund der Zeitstruktur menschlichen Handelns und seiner Entwurfsstruktur erforderlich ist.

Konstruktionen erster/zweiter Ordnung: Unterscheidung von zwei Formen der Begriffsbildung, die zwar strukturell analog erfolgen (über Typisierungen), aber unterschiedlichen Handlungs- und Reflexionsbereichen mit verschiedenen Funktionsbestimmungen zuzurechnen sind: Während alltägliche Konstruktionen erster Ordnung primär auf die pragmatische Bewältigung von Handlungssituationen zugeschnitten sind, dienen die wissenschaftlichen Konstruktionen zweiter Ordnung der präzisen analytischen Erfassung des empirischen Materials einer Untersuchung und seiner Analyse.

Lebenswelt: Dieser von Husserl entlehnte Begriff für „das ganze Universum des Lebens" ist ein Grenzbegriff, der mit seinem Totalitätsanspruch den umgreifenden Horizont des sozialen Lebens mit seinen vielfältigen Sinnprovinzen bezeichnet.

Relevanz: Bezeichnet die spezifische Bedeutsamkeit sozialer Phänomene entweder in alltäglichen Handlungs- oder Deutungsfragen (Motivationsrelevanz, thematische Relevanz, Interpretationsrelevanz) oder aber in Fragen wissenschaftlicher Untersuchungen.

Sinnprovinzen: Bereiche spezifischer Sinnkonstitution („kognitiver Stile") aufgrund insbesondere unterschiedlicher Modi der Aufmerksamkeit und des alltagspraktischen Engagements. Sinnprovinzen zeichnen sich durch einen jeweils unterschiedlichen „Wirklichkeitsakzent" aus (Witz, Traum, Kunst, Arbeitswelt, religiöse Erfahrung), die über Symbole an die Lebenswelt rückgebunden werden.

Typisierung: Prozess der erfahrungsgestützten fortschreitenden Verdichtung und Generalisierung empirischer Einzelaspekte zu (sozio-kulturell spezifischen) begrifflichen Standardisierungen. Diese beziehen sich sowohl auf Urteile („Berge sind schön"), wie auf Handelnde („der Postbote") und auf Handlungsformen („reiten"). Alltäglich handelt es sich um gesellschaftlich etablierte Beschreibungen und Eigenschaftszurechnungen die von einzelnen Begriffen („Onkel") bis zu komplexeren Aussagen reichen („Soziologie studieren ist spannend").

Um-zu-Motive: Diejenigen Motive eines Handelns, die vom Zeitpunkt seines Vollzuges aus gesehen in dessen Zukunft liegen und somit das Um-Willen eines Handelns, also seine Ziele und Zwecke ausmachen, mit Blick auf die ein Handeln entworfen wurde oder wird („Orientierung an Zukünftigem als Motiv").

Weil-Motive: Diejenigen Motive eines Handelns, die vom Zeitpunkt seines Vollzuges aus gesehen in dessen Vergangenheit liegen und somit typischerweise als biografische Erfahrungen und erworbenes Wissen die Gründe eines Handelns prägen bzw. ausmachen: die in der abgeschlossenen Vergangenheit liegenden Erlebnisse, die die Konstituierung eines Handlungsentwurfes erklären. Sie sind auch grammatikalisch mit den Um-zu-Motiven nicht zu verwechseln.

Wirken: Wechselseitig aufeinander bezogenes Handeln, das im höchsten Maße pragmatisch bedingt, von vorrangiger Relevanz für die Akteure und durch eine „natürliche Einstellung" charakterisiert ist, die von der selbstverständlichen Gegebenheit der umgebenden Welt ausgeht. Es ist diejenige Handlungsform, die sowohl durch vorsätzliche körperliche Bewegungen als auch durch die wechselseitige Verschränkung der Um-zu- und der Weil-Motive der miteinander Interagierenden gekennzeichnet ist. Dieser Typus der Wirkensbeziehung bildet für Schütz den zentralen Mechanismus der sozialen Konstitution der sozialen Welt.

9.7.2 Literaturhinweise

Werke: 1932: Der sinnhafte Aufbau der sozialen Welt, 1945: On Multiple Realities (dt.: Über die mannigfaltigen Wirklichkeiten) (Aufsatz), 1954: Common-Sense and Scientific Interpretation of Human Action (dt.: Wissenschaftliche Interpretation und Alltagsverständnis menschlichen Handelns) (Aufsatz), 1955: Symbol, Reality, and Society (dt.: Symbol, Wirklichkeit und Gesellschaft) (Aufsatz), 1957: Strukturen der Lebenswelt (Aufsatz); posthum erschienen: 1962–1966: Collected Papers (dt.: Gesammelte Aufsätze), 1973/89: Strukturen der Lebenswelt (mit Thomas Luckmann) (NA 2017). Seit 2003 erscheinen seine Arbeiten in der „Alfred Schütz Werkausgabe" im Universitätsverlag Konstanz.

Barber, Michael D. (2004) The Participating Citizen. A Biography of Alfred Schutz, Albany, NY: State University of New York Press.
Endreß, Martin (2006) Alfred Schütz (Klassiker der Wissenssoziologie), Konstanz: UVK.
Nasu, Hisashi/Embree, Lester/Psathas, George/Srubar, Ilja (Hg.) (2009) Alfred Schutz and his Intellectual Partners, Konstanz: UVK.
Raab, Jürgen/Pfadenhauer, Michaela Stegmaier, Peter/Dreher, Jochen/Schnettler, Bernt (Hg.) (2008) Phänomenologie und Soziologie. Theoretische Positionen, aktuelle Problemfelder und empirische Umsetzungen, Wiesbaden: VS.
Sprondel, Walter M./Grathoff, Richard (Hg.) (1979) Alfred Schütz und die Idee des Alltags in den Sozialwissenschaften, Stuttgart: Enke.
Srubar, Ilja (1988) Kosmion. Die Genese der pragmatischen Lebensweltheorie von Alfred Schütz und ihr anthropologischer Hintergrund, Frankfurt/M.: Suhrkamp.
Srubar, Ilja (2007) Phänomenologie und soziologische Theorie. Aufsätze zur pragmatischen Lebensweltheorie, Wiesbaden: VS.
Staudigl, Michael (Hg.) (2010) Alfred Schütz und die Hermeneutik, Konstanz: UVK.
Wagner, Helmut R. (1983) Alfred Schütz: An Intellectual Biography, Chicago: University of Chicago Press.

9.7.3 Übungsaufgaben

(1) Erläutern Sie das Konzept der „Lebenswelt" in der Theorie von Schütz und skizzieren Sie dessen Bedeutung für seine Grundlegung der Soziologie.

(2) Welche Bedeutung kommt der Untersuchung der zeitlichen Verhältnisse des sinnhaften Aufbaus der sozialen Welt für Schütz' Unterscheidung der Begriffe Handeln und Handlung sowie für seine Unterscheidung von Um-zu-Motiven und Weil-Motiven zu?

(3) Stellen Sie Schütz' Überlegungen zur Unterscheidung von Handeln als Prozess und Handlung als abgeschlossenem Handeln dar und erläutern Sie die Relevanz dieser Unterscheidung.

(4) Aufgrund welcher Einsicht unterscheidet Schütz vielfältige Sinnprovinzen in der Lebenswelt und anhand welcher zentralen Strukturmerkmale lässt sich dies verdeutlichen?

(5) Welche Bedeutung kommt dem „Wissen" in Schütz' Soziologie zu?

10 Peter L. Berger und Thomas Luckmann: Soziale Konstruktion der sozialen Welt

Hermeneutische Neuorientierungen in den Sozialwissenschaften haben seit Ende der 1960er-, Anfang der 1970er-Jahre eine handlungstheoretische Wende in der Soziologie ausgelöst und in kritischer Abgrenzung insbesondere von Parsons' Strukturfunktionalismus zur Entwicklung eines etwas unspezifisch als „**interpretatives Paradigma**" bezeichneten Ansatzes geführt. Ihre theoretischen Grundlagen verdankt diese Neuorientierung vor allem zwei Impulsen: zum einen der phänomenologisch fundierten Sozialtheorie von Alfred Schütz, zum anderen insbesondere der an diese Grundlegung anschließenden und sie produktiv weiterführenden Gemeinschaftsarbeit von Peter L. Berger und Thomas Luckmann über „Die gesellschaftliche Konstruktion der Wirklichkeit" („The Social Construction of Reality") von 1966, die 1969 in deutscher Ausgabe erschien. Diese paradigmatischen Neueinsätze soziologischer Theorie erhielten wesentliche Impulse von der Sozialpsychologie George Herbert Meads und der Chicago School of Sociology (William Isaac Thomas, Ernest W. Burgess, Everett C. Hughes, Robert E. Park, William Foote Whyte) und wurden flankiert wie erweitert durch die reiche Tradition des Interaktionismus vornehmlich in den Beiträgen von Harold Garfinkel, Erving Goffman, Herbert Blumer und Anselm Strauss.

10.1 Grundzüge

Zum Kreis der Publikationen, die für die Vermittlung von Schütz' Werk in die moderne Soziologie hinein von zentraler Bedeutung sind, gehört insbesondere die Arbeit von Peter L. Berger und Thomas Luckmann über „Die gesellschaftliche Konstruktion der Wirklichkeit". Die Autoren entfalten in ihrem Entwurf die sprach- und wissenssoziologische Grundlegung von Schütz' Ansatz. Berger und Luckmann präsentieren ihren Text als systematisch intendierte Synthese zentraler Einsichten von Karl Marx, Émile Durkheim, Max Weber, Alfred Schütz und George Herbert Mead auf der einen, von Max Scheler, Helmuth Plessner und Arnold Gehlen – also der Traditionslinie philosophischer Anthropologie – auf der anderen Seite (1969: 17, 18, 49). Ist die **sprach- und wissenstheoretische Grundlegung** durch das Bemühen um eine konzeptionelle Vermittlung der Ansätze bei Mead und Schütz geleitet, so zielt die allgemeine soziologisch-theoretische Grundlegung – und in diesem Rahmen die der gesellschaftstheoretischen Perspektive – auf das Zusammenführen der Beiträge von Mead und Durkheim vor dem Hintergrund eines an Weber und Schütz geschulten Soziologieverständnisses. In dieser komplexen Komposition aus vorderhand sehr heterogenem Material verbirgt sich die eigentliche Herausforderung der „Social Construction".

Damit liegt die doppelte theoretische Provokation dieses Ansatzes in der konzeptionell intendierten Synthese von Schütz' sozialpragmatisch ansetzender Analyse subjektiver Sinnstrukturen mit dem „Objektivismus" der Soziologie Durkheims sowie in dem gleichzeitigen Versuch einer Vermittlung von Meads Theorie objektiver Subjektkonstitution mit Schütz' Theorie subjektiver Weltkonstitution. Die als durchgängiger Bezugspunkt weitgehend im Hintergrund bleibende Grundlegung der verstehenden Soziologie Webers wird also gewissermaßen zur subjektiven wie zur objektiven Seite hin einer konzeptionellen Reformulierung in systematischer Absicht unterzogen. Deren zentraler Anstoß ist die phänomenologisch fundierte Soziologie ihres Lehrers Alfred Schütz, auf deren Grundlage Berger und Luckmann sowohl gemeinsam als auch in gesonderten Arbeiten an der Entwicklung einer phänomenologisch fundierten Soziologie entweder in stärker makro-soziologischer (Berger) oder in eher mikro-soziologischer (Luckmann) Ausrichtung arbeiten. Als dritter Autor ist in diesem Rahmen Hansfried Kellner einzuführen, dessen Beiträge in den gemeinsamen Arbeiten einerseits (insbesondere mit Berger) stärker der Ausarbeitung der grundlagentheoretischen Perspektive gelten, andererseits (mit Bohler und Heuberger) den makrosozialen Konstellationen moderner Gesellschaften.

10.2 Biografien

Peter L. Berger wird am 17. März 1929 in Wien geboren, Thomas Luckmann am 14. Oktober 1927 in Jesenice (im heutigen Slowenien). Beide entstammen dem politischen Kosmos des österreichisch-ungarischen Vielvölkerstaates, emigrierten in die Vereinigten Staaten (Berger 1946, Luckmann 1950) und beide gehörten zum Schülerkreis von Alfred Schütz an der New School for Social Research. Berger bleibt ab 1946 in den USA, lehrt von 1963 bis 1971 an der New School, dann bis 1979 an der Rutgers University sowie ab 1979 zunächst am Boston College und von 1981 bis 1999 an der Boston University. Er stirbt in 27. Juni 2017 in Brookline, Mass. Luckmann wechselt im Anschluss an eine Professur an der New School von 1960 bis 1965 in die deutsche Universitätslandschaft, ist von 1965 bis 1970 Professor in Frankfurt/M. und von 1970 bis 1994 Professor für Soziologie an der Universität Konstanz. Er stirbt am 10. Mai 2016 am Ossiacher See. Hansfried Kellner (geb. 29. April 1934) studierte zunächst Mathematik und Philosophie in Göttingen, von 1961 bis 1965 an der New School, wo er während der dortigen Gastprofessur von Helmuth Plessner 1962/63 auch dessen Assistent war. Von 1965 bis 1970 war er an der Universität Frankfurt/M. Assistent von Thomas Luckmann, ab 1972 Professor an der TH Darmstadt, von 1982 bis 1999 Professor für Soziologie an der Universität Frankfurt/M. Kellner stirbt am 25. Juni 2017 in München. Für alle drei Autoren gilt, dass sie aufgrund der jeweils skizzierten biografischen Umstände ihr Werk durchgängig zweisprachig entwickelten.

10.3 Methodologisch-methodische Grundlegung: Theorie sozialer Konstruktion

Peter L. Berger und Thomas Luckmann bezeichnen ihren Essay (an dessen Ausarbeitung zunächst u. a. auch Hansfried Kellner mitwirkte) „The Social Construction of Reality" im Untertitel als eine „Theorie der Wissenssoziologie". Es geht ihnen nicht um eine historisch orientierende Darstellung der bisherigen Beiträge zu diesem soziologischen Forschungsfeld, sondern die Autoren verstehen ihre wissenssoziologische Arbeit als einen Beitrag zur allgemeinen soziologischen Theorie (1969: 15). Ihrer Auffassung zufolge stellt eine recht verstandene Theorie der Wissenssoziologie eine **allgemeine Theorie der sozialen Wirklichkeit** dar (1969: 16, 20). Mit diesem weitergehenden Anspruch verbinden die Autoren eine grundsätzliche Kritik an zwei zentralen Vereinseitigungen der soziologischen Diskussion: Sie richten sich einmal gegen die Aufspaltung gesellschaftswissenschaftlicher Analysen in subjektivistische (individualistische) und objektivistische (kollektivistische) Ansätze und sie richten sich darüber hinaus gegen die in beiden Varianten soziologischen Denkens konzeptionell jeweils leitende klassische Dichotomie von den substantialistisch verstandenen Konzepten „Individuum" und „Gesellschaft". Berger und Luckmann verabschieden diese Dichotomie als disziplinäre Leitdifferenz und verbinden mit dieser eine Absage an die Annahme der Vorgängigkeit von Subjektivität gegenüber Intersubjektivität. Insofern nehmen sie die zuvor angedeuteten Impulse von George Herbert Mead auf (vgl. dazu Kellner 1969). Im Gegenzug konzentrieren die Autoren der „Social Construction" ihre Analyse auf die **Grundprozesse der Konstruktion sozialer Wirklichkeit** unter den Stichworten „Institutionalisierung", „Legitimierung" und „Internalisierung" und richten ihre Analyse systematisch auf soziale Prozesse aus. Auf Prozesse, die das sich historisch in jeweils veränderter Form ausprägende Verständnis der Abstrakta „Individuum" und „Gesellschaft" kontinuierlich formieren und transformieren.

Zu den Konstanten der *conditio humana* zählt für die Autoren der Umstand, dass Menschen sich aufgrund ihrer konstitutiven Plastizität im Rahmen einer stets schon bestehenden sozialen Wirklichkeit ebenso selbst produzieren wie diese Wirklichkeit wiederum ihrerseits als Produkt fortgesetzten menschlichen „Produzierens" zu betrachten ist (1969: 51 f., 55):

> Menschliche Existenz ist ab initio fortgesetzte Externalisierung. Indem der Mensch sich entäußert, konstruiert er die Welt, in die hinein er sich entäußert. (1969: 112)

Als ein „instinktreduziertes" Wesen ist der Mensch, so Berger und Luckmann, anthropologisch notwendig zur „Entäußerung", zur „Externalisierung" gezwungen, um sich „eine stabile Umwelt für sein Verhalten" zu schaffen (1969: 56). Wenn der Mensch sich notwendig äußern und entäußern muss, verändert er damit stets zugleich fortgesetzt die Welt, in die hinein und aufgrund derer er sich entäußert, d. h. er arbeitet objektiv gesehen strukturell kontinuierlich an der Produktion und Reproduktion –

und damit zugleich an der kontinuierlichen Veränderung – der Bedingungen des eigenen Sich-Entäußerns. Es ist dies die kontinuierliche Dialektik der Formation und Transformation sozialer Wirklichkeit. Die Autoren begreifen das Verhältnis des Menschen zur sozialen Wirklichkeit explizit als ein „dialektisches", insofern das Produkt zurückwirkt auf seinen Produzenten, es also – in der Sprache Bourdieus (vgl. Kap. 16) – ein produziertes Produzierendes ist (vgl. 1969: 65 sowie 21f., 51f.). Diese strukturell wechselseitige Verschränkung der drei Prozesse der **Externalisierung**, **Objektivierung** (als objektive Vergegenständlichung, nicht als subjektive Verdinglichung) und **Internalisierung** bringen Berger und Luckmann auf die inzwischen klassische Formel:

> Gesellschaft ist ein menschliches Produkt. Gesellschaft ist eine objektive Wirklichkeit. Der Mensch ist ein gesellschaftliches Produkt – das ist die fundamentale gesellschaftliche [soziale] Dialektik. (1969: 65)

Mit dieser Unterscheidung der drei Prozesselemente der sozialen Elementardialektik formulieren die Autoren eine „dialektische Konstitutionsanalyse" von sozialer Wirklichkeit (1969: 65, 71, 83, 92f.). Sie weisen darauf hin, dass keiner dieser Prozessaspekte für eine adäquate Perspektive auf soziale Wirklichkeit ausgeblendet werden darf. Die beanspruchte dialektische Perspektive zielt damit auf ein gleichursprüngliches, gleichzeitiges und gleichgewichtiges Verhältnis streng wechselseitiger Durchdringung der drei angeführten Prozesselemente. Der Titel einer „Dialektik" steht im vorliegenden Zusammenhang also für die hermeneutische Sensibilität einer sinnverstehenden Soziologie, die die elementaren Strukturen sozialer Wirklichkeit zu explizieren sucht.

Weil Berger und Luckmann den von Schütz analysierten Prozess der Sinngenese für den Gesamthorizont sozialer Wirklichkeit generalisieren und damit reflexiv verfügbare Kenntnisse über sozial etablierte und somit sozial gebilligte **Typisierungen** ins Zentrum der Objektivierungsproblematik rücken, steht für sie „Wissen [...] im Mittelpunkt der fundamentalen Dialektik der Gesellschaft": Wissen ist zugleich Produkt des Prozesses, den es selbst steuert: Wissen als ein gesellschaftliches Produkt „programmiert" die Externalisierung, d.h. die Produktion einer objektiven Welt. Die Autoren gehen von der stets typischen Vorstrukturierung menschlichen Wissens von sozialer Wirklichkeit aus: „Typisierungen" ermöglichen die Wahrnehmung und das Verstehen von Gegenständen und Personen – aber dies eben stets nur in bestimmter Hinsicht (1969: 33f.). Typisierungen wirken als Deutungsoptionen ebenso sinngenerierend wie ihnen aufgrund des damit verbundenen Strukturierungseffekts zugleich der Charakter von „Objektivierungen", also von Sinngrenzen zukommt, insofern sie als solche von subjektiven wie intersubjektiven Situationen ihres Entstehens entkoppelt sind:

> Die soziale Wirklichkeit der Alltagswelt wird als ein Kontinuum von Typisierungen verstanden, welche umso anonymer werden, je mehr sie sich vom „Hier und Jetzt" der face-to-face-Situation entfernen. (1969: 36)

Die wichtigste Grundlage der Ausbildung dieser Typisierungen ist die jeweilige **Sprache**. Wird somit soziale Wirklichkeit mittels Typisierungen erfahrbar und bildet Sprache die zentrale Grundlage ihrer Ausprägung, dann ist „ein Verständnis von Sprache [...] essentiell für jedes Verstehen der Wirklichkeit des Alltagslebens" (1969: 39). Sprache ist „das wichtigste Zeichensystem der menschlichen Gesellschaft" (1969: 39) und „die bekannten Objektivationen der Alltagswelt behaupten sich wesentlich durch ihre Versprachlichung". Sprache kommt damit für die Formierung der „natürlichen Weltanschauung" herausragende Bedeutung zu (1969: 24). In diesem Sinne bildet eine Sprachsoziologie für Berger und Luckmann die unabdingbare Grundlage für eine empirisch verfahrende Wissenssoziologie (vgl. Luckmann 1975). Sprachlich und im Zuge konkreter Verständigungsprozesse (Gespräche) vollzieht sich die kontinuierliche Produktion und Reproduktion der Vertrautheit von Welt(en) und der Stabilisierung von Identität(en), und zwar vorrangig durch signifikante Gespräche mit signifikanten Personen/Gesprächspartnern in signifikanten (Gesprächs-)Situationen.

Wissen steuert die Objektivierung der sozialen Welt durch Sprache und dieses Wissen fungiert im Zuge der Internalisierung als kontinuierlicher (intra- wie intergenerationeller) Sinngenerator. Durch diesen Prozess der strukturellen Verfestigung des Sozialen wird der durch Handlungsvollzüge ausgelöste Objektivierungsprozess zu einem – jedoch stets vorläufigen – Abschluss gebracht (1969: 70f., 92). Objektivierungen unterliegen also prinzipiell stets der Logik eines „bis auf weiteres":

> Wissen über die Gesellschaft ist demnach Verwirklichung im doppelten Sinne des Wortes: Im Sinne des Erfassens der objektivierten gesellschaftlichen Wirklichkeit und im Sinne des fortwährenden Produzierens dieser Wirklichkeit. (1969: 71)

Mit dieser Weiterentwicklung der von Schütz gelegten Grundlagen rücken jenseits von Bewusstseinsprozessen und Wirkensbeziehungen auf der Ebene der dialektischen Produktion sozialer Wirklichkeit Wissen und damit insbesondere Sprache ins Zentrum der Theorie sozialer Wirklichkeit. Entsprechend liegt in der „Social Construction" eine sprach- und wissenssoziologisch fundierte Sozialtheorie vor. Sprache ist Medium *erstens* der Vergegenständlichung von gemeinsamen Erfahrungen (der „Transformation [von gemeinsam Erlebtem] in ein allgemein fassliches Wissensobjekt"), sie ist *zweitens* Medium der Eingliederung solchermaßen reflexiv verfügbar gemachter Erlebnisse in den vorhandenen Wissensvorrat und sie ist *drittens* Medium der Tradierung dieser Sedimentierungen an nachfolgende Generationen (1969: 72f.).

Damit wird der strukturtheoretische Kern der „Social Construction" offensichtlich, den Berger und Luckmann unter dem Begriff „Dialektik" fassen: Es ist die „fundamentale soziale Dialektik" (1969: 65), also der Aufweis des Zusammenspiels der „drei dialektischen Prozessaspekte [moments] sozialer Wirklichkeit" (1969: 65), die aus systematischen Gründen eine Verabschiedung sowohl eines schlichten Subjektivismus („Gesellschaft ist nur, soweit Individuen sich ihrer bewusst sind") wie auch eines unreflektierten Objektivismus („Individuelles Bewusstsein ist vollständig gesellschaftlich determiniert") notwendig nach sich zieht (1969: 83). Aufbauend auf

Schütz' Grundlegung denken die Autoren diesen Ansatz konsequent weiter und akzentuieren die **Doppelperspektivität sozialer Wirklichkeit**, insofern die subjektiv selbstverständliche Gewissheit der Welt mit ihrem Charakter als objektiver „selbstverständlicher und zwingender [compelling] Faktizität" einhergeht (1969: 26).

10.4 Zentrale sozial- und gesellschaftstheoretische Konzepte

10.4.1 Institutionalisierungsprozesse

Für die Analyse des sich wesentlich durch Sprache vollziehenden Aufbaus objektiver sozialer Wirklichkeit unterscheiden Berger und Luckmann zwei Ebenen: Institutionalisierungen als primäre Objektivationen von Sinn und Legitimierungen als „sekundäre" Objektivationen von Sinn (1969: 98).

Unter dem Titel „Gesellschaft als objektive Wirklichkeit" beschreiben Berger und Luckmann zunächst den Prozess des zur objektiven Faktizität sich kristallisierenden Aufbaus eines gesellschaftlich vorgegebenen Rahmens der Deutung der sozialen Welt. Dabei gehen sie in zwei Schritten vor: Zunächst untersuchen sie, vermittels welcher Prozesse soziale Wirklichkeit die Eigenart „objektiver Faktizität" bekommt, sodann fragen sie nach den Formen, in denen dieser Prozess und seine sozialen Resultate mit Bedeutungen versehen werden. Sie entwickeln somit ein Verständnis gesellschaftlicher Ordnung über eine Theorie der Institutionalisierungs- und Legitimierungsprozesse (1969: 56).

Generell antwortet die „Social Construction" unter dem Stichwort „**Institutionalisierung**" auf die Frage, worauf die empirisch beobachtbare Stabilität menschlicher Ordnungen beruht. Diesbezüglich unterscheiden Berger und Luckmann zwei Antwortstrategien: eine erste weist allgemein auf den Umstand der Vorgegebenheit jeder sozialen Ordnung vor dem individuellen Leben hin, eine zweite fragt spezifischer danach, wie soziale Ordnung überhaupt entsteht (1969: 54f.). Fokussiert die erste – mit Durkheim – die Vorordnung der emergenten Ebene der Transsubjektivität vor der der Subjektivität, so konzentriert sich die zweite – mit Mead und Schütz – auf die Intersubjektivität ihrer Genese. Es ist diese zweite Argumentationsstrategie, der Berger und Luckmann folgen. Im Hintergrund steht die anthropologische Annahme der relativen „Weltoffenheit" des Menschen, die strukturell die Notwendigkeit der Konstruktion relativer Weltgeschlossenheit nach sich zieht.

Für diesen Prozess der intersubjektiven Genese sozialer Ordnung lässt sich in der „Social Construction" auf der Basis des Anthropologicums der Externalisierung letztlich eine Differenzierung von – auf der Ebene des Textes unter den Titeln **Habitualisierung – Typisierung – Institutionalisierung** weitgehend implizit bleibenden – sechs Stufen rekonstruieren. Zu unterscheiden sind die Entwicklungsstufen der Habitualisierung (1969: 56ff.), der reziproken Typisierung (1969: 59ff.), der (transsubjektiven) Typisierung (1969: 58f., 62ff.), der **Sedimentierung** und Traditionsbildung (1969: 72ff.), der Ausbildung von Rollen und rollenförmigen (kognitiven wie normativen) Erwartungen (1969: 76 ff., 81 ff.) sowie der Abstimmung von Rollen (Vis-à-vis-Rollen) und Rollenkomplexen (1969: 79 ff.). Unter Habitualisierung ist die ursprüngliche musterförmige Verdichtung menschlicher Tätigkeiten und deren subjektive Gewöhnung zu verstehen. Typisierungsprozesse vollziehen sich, wenn es zwischen (mindestens) zwei Akteuren zu einer schematisierenden Normalisierung und Objektivierung von Handlungsvollzügen und ihnen zugeordneten Typen von Handelnden (Schornsteinfegen – Schornsteinfeger) kommt. Im Zuge dieser Prozesse der Habitualisierung und zunächst reziproken, dann transsubjektiven („kollektiven') Typisierung kommt es zur Sedimentierung, d. h. zum Aufbau von Erinnerung durch Einfügung gemeinsamer biografischer Erfahrungen in einen gemeinsamen Wissensvorrat. Im Zuge des weiteren Prozesses der Institutionalisierung entwickeln sich Rollen und (Rollen-)Erwartungen. Es entsteht die strukturelle Verfestigung des Sozialen über rechtlich und anderweitig etablierte gesellschaftliche Arrangements, die den Handelnden in der Alltagsperspektive dann im Sinne Durkheims als ‚objektive Faktizität' erscheinen.

Die theoriestrategische Pointe dieser Konzeption liegt in der Überwindung der Mikro-Makro-Dichotomie durch Analyse der Genese von sozialen Institutionen über wechselseitige Habitualisierungs- und Typisierungsprozesse, also in der intersubjektiven Rückbindung sogenannter Makrophänomene an alltägliche Interaktionsprozesse. Und entsprechend der von Berger und Luckmann konsequent verfolgten Prozessperspektive auf soziale Wirklichkeit stehen für sie damit zugleich Prozesse der Institutionalisierung kontinuierlich neben solchen der Ent-Institutionalisierung (auf der Ebene objektiver sozialer Prozesse) wie auch solche der Verdinglichung grundsätzlich neben solchen der Ent-Dinglichung (auf der Ebene subjektiver Bewusstseinsprozesse).

10.4.2 Legitimierungsprozesse

Soziale Wirklichkeit ist in soziologischer Optik ausschließlich im Modus vielfältiger Wirklichkeitsdeutungen gegeben und auch nur über solche zugänglich. Mehr oder weniger allen Wirklichkeitsdeutungen kommt dabei implizit oder explizit der Charakter von Legitimierungen zu. Dabei reichen „Legitimationen [...] von einfachen Maximen [...] bis zu komplizierten mythologischen Konstruktionen" (1969: 70, 150). **Legitimierungen** werden in Form kognitiver und normativer Interpretationen, d. h. als Formen der Erklärung und Rechtfertigung über die Institutionalisierungen und die institutionelle Ordnung gelegt (1969: 66). Dabei sind kognitive (Wissen) und normative (Werte) Aspekte auseinanderzuhalten: Legitimierungen sind zunächst Zuschreibungen darüber, was die Dinge sind und erst dann Aussagen über Werte, warum bestimmte Handlungen ausgeführt werden sollen (1969: 100). Hauptfunktion von Legitimationen ist es, mittels des Hauptinstruments der Sprache primäre Objektivationen von Sinn (Institutionalisierungen) objektiv zugänglich (durch Legitimitätsausweis) und subjektiv ersichtlich (durch Plausibilisierung) zu machen (1969: 99).

Dabei sind Legitimierungen und Legitimierungsstrategien keineswegs sozial ortlos, sondern sie werden von Individuen bzw. in der Regel von Gruppen vertreten und propagiert: Legitimatoren, Vermittler und Trägergruppen treten hier als gesellschaftliche Akteure in den Blick (1969: 75f., 90f., 94, 101).

Durch die Bemühungen um Legitimierungen lösen soziale Gruppen und Gesellschaften vornehmlich vier Probleme: *erstens* das Problem der Tradierung von Sinn in der objektiven Generationenabfolge (1969: 62, 63, 66, 99f.), *zweitens* das Problem gesamtgesellschaftlicher Integration aufgrund der objektiven gesellschaftlichen Differenzierung und kulturellen Pluralisierung (1969: 69, 98f., 111), *drittens* das Problem der vertikalen biografischen Sinnorientierung, d. h. die subjektive Integration des Lebenslaufes (1969: 69, 99, 106f.) und schließlich *viertens* die horizontale biografische Sinnorientierung, d. h. die subjektive Integration der Gesamtperson (1969: 99, 107f.). Während die ersten beiden der angeführten Probleme die soziale (oder gesellschaftliche) Sinnintegration betreffen, zielen die beiden folgenden auf die Lösung der Probleme der subjektiven (biografischen) Integration von Sinn.

Mit Bezug auf diese vier Problemfelder der sozialen und subjektiven Sinnintegration im Verhältnis von Individuum und Gesellschaft ist Berger und Luckmann zufolge eine **Unterscheidung von Legitimierungsstufen** zentral, genauer: eine hierarchische Aufstufung der Legitimierungen. Wird nämlich eine Ebene der Legitimierung problematisiert, dann muss in sozialen Situationen zur nächsthöheren Legitimierungsebene übergegangen werden, weshalb sich zeitlich Sequenzen von Legitimierungen identifizieren lassen (1969: 74).

Hinsichtlich der sozialen (intersubjektiven wie transsubjektiven) Integration von Sinn entwickeln Berger und Luckmann deshalb ein doppeltes Stufenmodell, insofern sie einmal zwischen Legitimierungen ersten Grades und Legitimierungen zweiten Grades differenzieren und sodann für **Legitimierungen ersten Grades**, also für Legitimierungen von Institutionen, nochmals vier Legitimierungsstufen unterscheiden (1969: 100ff.): Diese reichen von alltäglichen (sprachlich-kognitiven wie pragmatischen) Konventionen (sprachliche Objektivationen) über tradierte Verdichtungen (rudimentäre theoretische Postulate) und explizite Legitimationstheorien bis zu symbolischen Sinnwelten. Die vortheoretische *erste Stufe* umfasst die Legitimierungen, die bereits in die Sprache selbst eingebaut sind, also die vielfach bereits durch bestimmte Begriffe gesetzten oder mit der Verwendung bestimmter Worte erfolgenden, impliziten, sozial etablierten Legitimierungen in Form von alltäglich pragmatisch verfügbaren Typisierungen: Die Autoren verweisen auf die Erschließung von Verwandtschaftsverhältnissen über das Erlernen der Bedeutung von Begriffen wie „Vetter" oder auch auf konventionalistische Begründungsversuche im Sinne von „So macht man das" oder „So ist das eben". Einer späteren Formulierung Luckmanns zufolge (2002: 114) umfasst diese Stufe „das semantische Inventar einer Sprache mit seinen Ein- und Ausgrenzungen von Handlungsweisen und den darin enthaltenen Bewertungshorizonten". Die *zweite*, theoretische Aussagen in rudimentärer Form umfassende *Stufe* besteht im Wesentlichen aus historisch überlieferten Redensarten und Belehrungsfloskeln, die am ehesten als tradierte Verdichtungen umschrieben werden können (Sprichwörter, Weisheiten, Legenden, Märchen), für die gleichfalls noch eine hochgradig pragmatische Ausrichtung konstitutiv ist (1969: 101). Beispiele wären Sprichworte wie „Wer anderen eine Grube gräbt, fällt selbst hinein", sog. Bauernregeln, Struwelpetergeschichten oder auch biblische Weisheiten wie „Eher geht ein Kamel durchs Nadelöhr als [...]".

Auf der *dritten Stufe* von Legitimierungen ersten Grades siedeln Berger und Luckmann „explizite Legitimationstheorien" für spezifische institutionelle Sektoren einer Gesellschaft auf der Basis spezialisierten Wissens an, die aufgrund ihrer Komplexität und Differenziertheit zumeist gesondertem Personal, also „hauptamtlichen Legitimatoren" übertragen werden (1969: 101f.). Auf dieser Stufe von Legitimierungen ist ihre sukzessive Entkopplung von unmittelbaren pragmatischen Zwecken und Kontexten wahrscheinlich, was zur Ausbildung einer autonomisierten Theorieentwicklung führt, für deren Produkte in der Wissenssoziologie bei Marx der Titel der Ideologie geläufig ist. Beispiele für diese dritte Stufe wären Legitimationstheorien bestimmter Herrschaftsformen (Diktaturen, Monarchien, Demokratien) oder auch bestimmter Organisationsformen des Wirtschaftens (Soziale Marktwirtschaft, Keynesianismus, Monetarismus). Auf der abschließenden *vierten Stufe* der Legitimierungen ersten Grades sehen die Autoren „symbolische Universen" oder Sinnwelten, die sie als „synoptische Traditionsgesamtheiten *(bodies of theoretical tradition)*" umschreiben, die jede Form alltäglicher Erfahrungstatbestände transzendieren (1969: 102f.). Charakteristische Beispiele symbolischer Universen oder Sinnwelten sind die großen Religionen, zu Weltbildern verdichtete philosophische Positionen wie Naturalismus, Realismus oder Nominalismus, Anthropologien, politisch motivierte Erlösungsideen wie der Kommunismus oder die Befreiungstheologie sowie jede Form von sektiererischer Weltbildschließung und -totalisierung. Das herausragende Charakteristikum der auf dieser Stufe verorteten Legitimierungen ist es, dass in ihnen „alle Sektoren der institutionellen Ordnung in einen umfassenden Bezugsrahmen integriert werden":

> Das symbolische Universum ist als Matrix aller sozial objektivierten und subjektiv wirklichen Bedeutungen zu verstehen. Die gesamte Gesellschaftsgeschichte und die gesamte Biographie des Einzelnen werden als Ereignisse gedeutet, die sich innerhalb dieses Universums vollziehen. (1969: 103)

Zentral ist damit der geltungstheoretische Status derartiger Legitimationen als ihrem Anspruch nach endgültiger, abschließender, absoluter Legitimationen (1969: 104). Letztlich ist diese „oberste", „generalisierteste", „höchste" Legitimationsebene symbolischer Sinnwelten nicht nur als die allgemeinste und abschließende zu verstehen, sondern – in genetischer Perspektive – zugleich auch als die elementarste, insofern sie die Ausbildung von Legitimationsfiguren auf allen anderen Ebenen vorbereitet und vorstrukturiert, wie sie aber natürlich zugleich selbst auch als historisches Produkt der „unteren", „weniger generalisierten", vorgelagerten Ebenen gesellschaftlicher Sinnsetzungsprozesse anzusehen ist (1969: 104, 106). In der von Berger und Luckmann bevorzugten Sprache ist hier erneut ein „dialektischer" Zusammenhang zu identifizieren, in dem die vier Legitimierungsstufen miteinander verzahnt sind.

Dabei entfalten symbolische Sinnwelten ihr integratives Potenzial sowohl (a) subjektiv bspw. für das Verhältnis biografischer Phasen, die Frage der persönlichen Identität oder das Ende des Lebens, den Tod, wie auch (b) sozial bzw. gesellschaftlich bezüglich der Grenzen des sozial Relevanten und (c) historisch mit Blick auf den übergreifenden Zusammenhang von Vergangenheit, Gegenwart und Zukunft (1969: 104–111).

Werden symbolische Sinnwelten ihrerseits problematisiert und zu ihrer Sicherung eigene Legitimierungen entwickelt, dann sind diese als **Legitimierungen zweiten Grades** beschreibbar (1969: 112ff.). Hauptanlass der Entwicklung von Legitimierungen zweiten Grades sind soziale Kontakte, die zur Konfrontation von mindestens zwei als verschieden oder vorderhand als unvereinbar gedeuteten Sinnwelten führen, wie dies typischerweise entweder bei der Ausbildung von „Subkulturen" oder bei „interkulturellen Kontakten" der Fall ist. Die faktische Präsenz einer im Grenzfall als vollständig alternativ begriffenen Sinnwelt dokumentiert nachdrücklich den kontingenten Status der eigenen, bisher als einzig gültig angesehenen Sinnwelt. Verdankt sich die Problematisierung symbolischer Sinnwelten somit typischerweise der Konfrontation mit alternativen symbolischen Sinnwelten, so ist die komplexe Aufgabe ihrer Legitimierung Sache theoretischer Reflexion, für die auch auf der Ebene von Legitimierungen zweiten Grades verschiedene Stufen zu unterscheiden sind. Allerdings kann für diese Stufen nicht davon ausgegangen werden, dass sie ihrerseits – wie bei Legitimierungen ersten Grades – bis auf die vortheoretische Stufe zurückreichen.

Für die Geschichte normativ-kognitiver Stützkonzeptionen symbolischer Sinnwelten unterscheiden Berger und Luckmann vier herausragende Typen, die – ohne dass die Autoren diese Reihung mit einer These hinsichtlich der Evolution der Denkgeschichte verbinden würden – eine historische (systematische) Stufung ausgehend vom mythologischen über das theologische und philosophische Denken bis zur Wissenschaft annehmen (1969: 118ff.). Ist noch für jede Form mythologischen Denkens sowohl die Annahme einer dauernden Einwirkung „heiliger Kräfte" in der Alltagswelt als auch die faktische Verzahnung dieses Wissens mit dem allgemeinen Wissensvorrat charakteristisch, so handelt es sich im Unterschied dazu bei allen späteren Stützkonzeptionen um von Eliten erzeugte und dominierte Formen eines Spezialwissens. Eine erste Form eines „höheren Grades theoretischer Systematik", die zugleich einen ersten Säkularisierungsschub wie auch eine alltagsweltliche Distanzierung mit sich bringt, findet sich historisch im theologischen Denken; eine Entwicklung, die letztlich in der vollständigen Säkularisierung und *„sophistication"* der modernen Naturwissenschaften kulminiert. Zugleich eine Entwicklung, an deren (vorläufigem) Ende der Sachverhalt zu konstatieren ist, dass in der Gegenwart „das ‚Laien'-Mitglied einer Gesellschaft nicht länger weiß, wie sein Sinnuniversum theoretisch gestützt werden muss; auch wenn es natürlich nach wie vor weiß, welches mutmaßlich die Spezialisten für die Abstützung der Sinnwelt sind" (1969: 120). In der

Konsequenz fortschreitender Spezialisierung wie Theoretisierung von Legitimierungen liegt die Ausbildung von **Expertenkulturen.**

Insofern eine einmal etablierte Hierarchie stets komplexer werdender Legitimierungen sozialer Wirklichkeit ersten Grades nicht nur intern beständigem Wandel unterworfen und keineswegs auf Dauer gestellt ist, sondern auch komplexeste Legitimierungen ersten Grades („symbolische Sinnwelten") im Zuge kultureller Pluralisierungsprozesse oder aufgrund sonstiger (interessenbedingter) Infragestellungen „auf dem Spiel" stehen können (Legitimierungen zweiten Grades), identifizieren Berger und Luckmann für diesen Fall historisch zwei Typen von Gegenreaktionen: Von *defensiven* Gegenreaktionen sprechen sie, wenn „Stützkonzeptionen", also Legitimierungen zweiten Grades, für fraglich gewordene Deutungen ersten Grades entwickelt werden (1969: 118 ff.); von *offensiven* Gegenreaktionen zur Kontrolle oder Ausschaltung alternativer Wirklichkeitsdeutungen sprechen sie im Falle der Anwendung von „Therapien" (1969: 121) oder der grundsätzlichen „Nihilierung" als Form „negativer Legitimierung" (1969: 123). Diese Prozesse vollziehen sich weder in einem interessefreien noch in einem gesellschaftlich unstrukturierten Raum: Das Deutungsgeschäft wird in pluralisierten Gesellschaften unter den Bedingungen von zunehmender Differenzierung und Konkurrenz – bei der stets latent bestehenden Möglichkeit von Monopolisierungen – von Trägergruppen wie auch von gesellschaftlich mehr oder weniger anerkannten Experten getragen, die ihrerseits jeweils spezifische Interessen verfolgen (1969: 124 ff.). Es ist somit im Gefolge kultureller **Pluralisierungsprozesse** von einer dauerhaften **Konkurrenz um Deutungen der sozialen Welt** auszugehen.

10.4.3 Subjektivierungsprozesse

Unter dem Titel „Gesellschaft als subjektive Wirklichkeit" thematisieren Berger und Luckmann den Aufbau subjektiver Weltorientierung im Rahmen eines stets „objektiv" vorgegebenen Verständnisses sozialer Wirklichkeit. Im unmittelbaren Anschluss an Meads Sozialisationstheorie erläutern sie unter dem Titel „Internalisierung" die Prozesse der primären (1969: 139 ff.) und sekundären (1969: 148 ff.) Sozialisation und der sich in ihrem Rahmen vollziehenden Identitätsbildung (1969: 174 ff.). Über Mead hinausführende Bedeutung kommt in diesem Zusammenhang insbesondere der Akzentuierung von Gesprächen als Wirklichkeitsgeneratoren zu (1969: 163 ff.). Sind **Gespräche** (Kommunikationen) als soziale Scharnierstellen der Konstruktion sozialer Wirklichkeit auszuzeichnen, dann gewinnen für eine empirische wissenssoziologische Analyse moderner, in erheblichem Maße pluralisierter Gesellschaften insbesondere solche Prozesse und Einrichtungen erhebliche Bedeutung, die dem Gespräch eine institutionalisierte Form geben. Akteure dieser „kommunikativen Konstruktion der Wirklichkeit" (Luckmann 2002: 157 ff., 2006) sind bspw. kirchliche Akademien, Mediationsverfahren, Talkshows, Formen des Familiengesprächs, „Meetings" im beruflichen Alltag von Arbeitsgruppen oder Abteilungsleitungen, Dienstbesprechungen unter Mitarbeitern, Therapien, Beratungen etc.

Ins Zentrum der Theoriebildung treten in der „Social Construction" somit eine Reihe – wenn nicht unabschließbarer, so doch prinzipiell offener, an pragmatische Relevanzen gebundener Prozesse: Prozesse der Habitualisierung, der Typisierung, der Sedimentierung, der Institutionalisierung, der Legitimierung, der Therapierung, der Nihilierung, der Internalisierung, der Sozialisierung und der Identifizierung. Den damit bereits auf sprachlicher Ebene prinzipiell akzentuierten prozessualen Charakter sozialer Wirklichkeit und ihrer Konstruktion dokumentieren Berger und Luckmann darüber hinaus durch ihre Betonung des Umstandes, dass „in-der-Gesellschaft-Sein einen andauernden Prozess der Modifizierung subjektiver Wirklichkeit mit sich bringt" (1969: 167).

10.5 Gegenwartsdiagnose

Ihren zeitdiagnostischen Zuschnitt erfährt die wissensanalytisch angelegte Sozial- und Gesellschaftstheorie durch die These weitreichender **sozio-kultureller Pluralisierungsprozesse** (Berger/Berger/Kellner 1973). Der Fokus dieser Analyse liegt auf den „institutionellen Begleiterscheinungen des durch die Technik herbeigeführten wirtschaftlichen Wachstums" sowie deren Auswirkungen auf den Denkstil (die Bewusstseinsformen) und die Wissensorganisation der mit diesen Institutionen in Kontakt stehenden Akteure (1973: 14). Als primäre Träger von ‚Modernität' identifizieren die Autoren die Bereiche der technischen Produktion und der Bürokratie, als sekundäre Träger Verstädterungsprozesse, ausgeprägte Mobilitätschancen im gesellschaftlichen Ungleichheitsgefüge, einen Bedeutungszugewinn der Privatsphäre, Prozesse der Verwissenschaftlichung sowie die Entwicklung der Massenmedien und die Etablierung der Massenerziehung. Diese Prozesse führen den Autoren zufolge auf der Ebene des individuellen Bewusstseins zur Ausprägung eines funktionell-rationalistischen Denkstils unter Einschluss einer Maximierungsvorstellung (Machbarkeit, Progressivität) und eines Bewusstseins von Multirelationalität, das die Vorstellung von Gesamtzusammenhängen schwinden lässt.

Kulturelle Pluralisierung führt dieser Diagnose zufolge zu einer Segmentierung auf der Ebene des individuellen Bewusstseins, die institutionell durch die Trennung von Arbeitswelt und privater Lebensform einerseits und die Trennung von öffentlichem Raum und Privatleben andererseits forciert wird. Diese typisch **moderne Bewusstseinskonfiguration** führe dann zur Ausbildung einer offenen, differenzierten, reflexiven wie individuierten modernen Identität, die die Menschen in der Moderne in einen ebenso dauerhaften wie vertieften „Zustand der ‚Heimatlosigkeit'" versetze (1973: 74); mit der Folge von Sinnlosigkeitsdiagnosen, Identitätsverlustklagen und Anomie-Erfahrungen.

Diese Gesamtdiagnose haben Berger, Kellner und Luckmann für ihre Auswirkungen auf Prozesse und Strukturen der Identitätsbildung und die sog. Krise der modernen Identität ebenso vertieft (Luckmann 2007) wie mit Blick auf deren Auswirkungen auf religiöse Sinnwelten hinsichtlich der aufgrund von **Privatisierungs-**

prozessen „unsichtbar" gewordenen Religion (Luckmann 1967) wie auch hinsichtlich der neuerdings ins Zentrum der Aufmerksamkeit gerückten Analyse von weltweiten Re-Sakralisierungsprozessen (Berger 1999). Darüber hinaus verfolgen die Autoren in verschiedenen Perspektiven die ausgemachte Orientierungskrise und die Frage der Bedeutung intermediärer Institutionen,, oder Strukturen (Berger/Neuhaus 1977, Berger/Luckmann 1995). In diesem Zusammenhang stehen auch Untersuchungen zu den Trägergruppen der Moderne und Postmoderne (Kellner/Heuberger 1988, 1992) und der Karriere der Berater im Zuge des gesellschaftlich diagnostizierten Orientierungsbedarfs (Bohler/Kellner 2004).

10.6 Wirkungsgeschichte

Die Rezeption der Arbeiten von Peter L. Berger und Thomas Luckmann ist wie schon im Falle von Alfred Schütz angesichts der nahezu durchgängigen Zweisprachigkeit durch einen Doppelhorizont gekennzeichnet. Dabei dient der Bezug auf das Hauptwerk über „die gesellschaftliche Konstruktion der Wirklichkeit" weit über den Rahmen des engeren Wirkungskreises hinaus als *die* Referenz für ein Verständnis des Typus moderner, auf den alltäglich stets vorverstandenen Charakter sozialer Wirklichkeit verweisender und um ihren sozial erzeugten und für historische Interpretationsprozesse offenen Charakter wissender soziologischer Analyse. Die Abhandlung „Social Construction" gehört entsprechend nicht zufällig zu den weltweit meist verkauften soziologischen Werken, die positionsübergreifend als herausragende Einführung in soziologisches Denken geschätzt wird. Demgegenüber sind die theoretischen wie empirischen Einflüsse dieser soziologischen Perspektive eher jenseits expliziter Auseinandersetzungen und unmittelbarer Fortführungen verlaufen.

Neben der Bedeutung, die die Grundlegung von Berger und Luckmann unter Einschluss der Werke von Weber und Schütz für die methodologische Grundlegung qualitativer Sozialforschung hat, ist die Resonanz dieser soziologischen Perspektive bisher eher weniger auf theoretischen Wegen, als vielmehr über den Einfluss und die Anregung für empirische Studien in verschiedenen materialen Soziologien zu sehen. Dieser entwickelt sich im Gefolge der von den Autoren in den eigenen Arbeiten eröffneten Forschungsperspektiven: bei Berger auf den Gebieten der Religionssoziologie (Berger 1999) und der politischen Soziologie (Berger/Neuhaus 1977, Berger/Luckmann 1995), bei Luckmann in der Sprach- und Kommunikationssoziologie (Luckmann 1975, 2002: 157 ff., 2006, 2007: 255 ff.), der Religionssoziologie (Luckmann 1967, 2002: 131 ff.), der Theorie sozialen Handelns (Luckmann 1992, 2002: 69 ff.) sowie der Lebenswelttheorie (Luckmann 2002: 45 ff., 2007: 25 ff.) und bei Kellner im Bereich der Grundlagentheorie (Kellner/Heuberger 1999) und Gegenwartsanalyse (Kellner/Heuberger 1998, 1992 sowie Bohler/Kellner 2004). Im Anschluss an diese Arbeiten wird die Perspektive dieser wissenssoziologisch angelegten und phänomenologisch fundierten Soziologie insbesondere in den Beiträgen von Ulrich Oevermann, Hans-Georg Soeffner, Ilja Srubar, Ronald Hitzler und Hubert Knoblauch weiterentwickelt (vgl.

Raab et al. 2008). Einen konzeptionellen Integrationsversuch mit der Diskursanalyse Foucaults verfolgt Reiner Keller.

10.7 Zusammenfassende Übersicht

In diesem zusammenfassenden Abschnitt werden entsprechend der in der Einleitung dargelegten Kriterien zunächst die angesprochenen wesentlichen Aspekte des dargestellten Ansatzes in tabellarischer Form zusammengestellt (vgl. Tab. 10.1), anschließend werden die zentralen Begrifflichkeiten des Ansatzes nochmals knapp erläutert. Unter der Rubrik Literaturhinweise werden dann die zentralen Werke sowie ausgewählte Sekundärliteratur für das weitere Studium angegeben sowie schließlich unter dem Titel „Übungsaufgaben" einige Fragen zur Rekapitulation des Erarbeiteten zusammengestellt.

Tab. 10.1: Tabellarische Zusammenfassung Peter L. Berger und Thomas Luckmann

Aspekt	Berger und Luckmann
Ansatz	wissensanalytische Sozial- und Gesellschaftstheorie
Soziologieverständnis	reflexive Analyse der Konstruktionsprozesse sozialer Sinnzusammenhänge
Methodik	sozialkonstruktivistisch (wissens- und handlungsanalytisch)
Erklärungsvorstellung	verstehend-rekonstruktiv
Gesellschaftsbegriff	Geflecht von Wirkensbeziehungen und Wissensordnungen in wechselseitiger Formierung von Institutionalisierungs- und Legitimierungsprozessen
Gesellschaftstypen	(frühe – moderne Gesellschaften)
Macht und Herrschaft	Wissensformierung, Deutungsmacht und soziale Kontrolle
Soziale Ungleichheit	ungleiche Verteilung von Wissen als Ressource für politische Beteiligung und die Akkumulation von Lebenschancen
Sozialer Wandel	grundlegende Prozessperspektive: fundamentale Dialektik; Habitualisierung – Typisierung – Institutionalisierung
Soziale Differenzierung	symbolische Sinnwelten als soziale Konstruktionen kommunikativer Prozesse; Institutionalisierung von Wissensmodi und Wissensakteuren
Soziale Integration	nomosbildender Prozess qua kommunikativer Praktiken und Konstruktionen
Gegenwartsdiagnose	kulturelle Pluralisierung

10.7.1 Grundbegriffe

Externalisierung: Begriff für die Veräußerlichung, also Effekte individuellen und sozialen Handelns in Gestalt von Ausdrucksformen körperlichen Handelns in der sozialen Welt.

Fundamentale Dialektik des Sozialen: Der kontinuierliche, sich wechselseitig bedingende Prozess des Entstehens, der Veränderung und der Deutung der sozialen

Welt. In diesem Sinne der Begriff für das Phänomen der sozialen Konstruktion der Wirklichkeit.

Habitualisierung: Prozess des Selbstverständlich-Werdens und des gewohnheitsmäßigen Vollzuges eingewöhnter, eingeschliffener Verhaltens-, Handlungs- und Denkmuster.

Institutionalisierung: Prozess der verbindlichen gruppen-, gemeinschafts- oder gesellschaftsbezogenen Etablierung von normativen und kognitiven Regeln etc.

Internalisierung: Prozess der sukzessiven Aneignung (Verinnerlichung) sprachlicher, sozio-kultureller und pragmatischer Muster und Regeln einer historischen Lebensform. Die Kehrseite dieses intergenerational strukturierten Einverleibungsprozesses stellt die soziale Kontrolle der Denk-, Verhaltens- und Handlungsmuster der sozialisierten Individuen dar.

Legitimierungen ersten/zweiten Grades: Die in sozio-kulturellen Kontexten ausgebildeten und etablierten Formen der Rechtfertigung sozialer Verhältnisse. Legitimierungen ersten Grades zielen auf die direkte (normative und kognitive) Begründung sozialer Regeln und Verhältnisse, Legitimierungen zweiten Grades treten dann auf, wenn die höchste Stufe der Legitimierungen ersten Grades in ihrer Gültigkeit bezweifelt wird.

Objektivierung: Prozess der fortschreitenden Verfestigung sozialer Wirklichkeit in Form von kognitiven und normativen Regeln, Handlungsmustern und -zusammenhängen sowie komplexen Organisationsformen, also zu objektiver Faktizität, die deren individuelles wie interaktives handlungspraktisches Entstehen nicht oder kaum mehr erkennen lässt.

Symbolische Sinnwelten: Alle sozialen Phänomene in einer Gesellschaft umfassende Deutungen und Legitimationen, d. h. kulturelle Gesamtorientierungen.

Typisierung: Prozess der sukzessiven Verdichtung und Generalisierung sozialer Erfahrungen in Form von sprachlichen Allgemeinbegriffen.

Wissen: Intergenerationell tradierte und gesellschaftlich etablierte Vorstellungen über die Eigenschaften und den Charakter von (sozialer) Wirklichkeit.

10.7.2 Literaturhinweise

Werke: 1963: Invitation to Sociology (PB) (dt.: Einladung zur Soziologie), 1964: Marriage and the Construction of Reality (PB mit Hansfried Kellner) (dt.: Die Ehe und die Konstruktion der Wirklichkeit), 1966: The Social Construction of Reality (PB, TL) (dt.: Die gesellschaftliche Konstruktion der Wirklichkeit), 1967: The Invisible Religion (TL) (dt.: Die unsichtbare Religion), 1967: The Sacred Canopy (PB) (dt.: Zur Dialektik von Religion und Gesellschaft), 1973: The Homeless Mind (PB mit Hansfried Kellner) (dt.: Das Unbehagen in der Modernität), 1975: Sociology of Language (TL) (dt.: Soziologie der Sprache), 1975: Strukturen der Lebenswelt I (TL mit Alfred Schütz), 1977: To Empower People (PB mit Richard Neuhaus), 1979: The Heretical Imperative (PB) (Dt.: Der Zwang zur Häresie), 1980: Lebenswelt und Gesellschaft (TL), 1981: Sociology

Reinterpreted (PB mit Hansfried Kellner) (dt.: Für eine neue Soziologie), 1989: Strukturen der Lebenswelt II (TL mit Alfred Schütz), 1992: Theorie des Handelns (TL), 1995: Modernität, Pluralismus und Sinnkrise (PB, TL), 2002: Wissen und Gesellschaft (TL), 2007: Lebenswelt, Identität und Gesellschaft (TL), 2009: In Praise of Doubt (PB mit Anton Zijderveld) (dt.: Lob des Zweifels), 2015: Altäre der Moderne. Religion in pluralistischen Gesellschaften (PB).

Endreß, Martin (2008) Reflexive Wissenssoziologie als Sozialtheorie und Gesellschaftsanalyse. Zur phänomenologisch fundierten Analytik von Vergesellschaftungsprozessen, in: Jürgen Raab et al. (Hg.), Phänomenologie und Soziologie. Theoretische Positionen, aktuelle Problemfelder und empirische Umsetzungen, Wiesbaden: VS, S. 85–95.
Endreß, Martin/Nicolae, Stefan (Hg.) (2016) Special Issue on „The Social Construction of Reality", in: Human Studies 39, Heft 1, S. 1–165.
Keller, Reiner (2012) Sozialkonstruktive Wissenssoziologie, in: ders., Das interpretative Paradigma. Eine Einführung, Wiesbaden: VS, S. 175–239.
Knoblauch, Hubert (2005) Thomas Luckmann, in: Dirk Kaesler (Hg.), Aktuelle Theorien der Soziologie, München: Beck, S. 127–146.
Knoblauch, Hubert (2014) Wissenssoziologie, Konstanz/München: UVK/Lucius, bes. S. 153 ff.
Pfadenhauer, Michaela (2010) Peter L. Berger, Konstanz: UVK.
Prisching, Manfred (Hg.) (2001) Gesellschaft verstehen. Peter L. Berger und die Soziologie der Gegenwart, Wien: Passagen.
Schnettler, Bernt (2006) Thomas Luckmann, Konstanz: UVK.

10.7.3 Übungsaufgaben

(1) Warum gehen Berger und Luckmann im Kern von einer Identität von „Wissen" und „Wirklichkeit" aus?

(2) Erläutern Sie die Unterscheidung der Begriffe Habitualisierung, Typisierung und Institutionalisierung und erklären Sie deren Zusammenhang.

(3) Warum und inwiefern unterscheiden Berger und Luckmann die Prozesse der Institutionalisierung und der Legitimierung voneinander?

(4) Was meinen Berger und Luckmann mit der Unterscheidung von Legitimierungen ersten Grades und Legitimierungen zweiten Grades und worauf zielt diese Unterscheidung?

(5) Welchen Vereinseitigungen der soziologischen Diskussion versuchen Berger und Luckmann mit ihrer „Theorie der Wissenssoziologie" entgegenzutreten?

11 Jürgen Habermas: Theorie und Kritik der Moderne

Will man das konzeptionelle Selbstverständnis kritischer Gesellschaftstheorie (bei allen Vorbehalten, die gegenüber derartigen, normative Auszeichnungen implizierenden Selbstbeschreibungen stets angebracht sind) bündig fassen, dann bietet sich unmittelbar ein Zitat eines ihrer Gründungsväter an. So schreibt Max Horkheimer in seiner berühmten Abhandlung über „Traditionelle und kritische Theorie" aus dem Jahr 1937: „Die kritische Theorie der Gesellschaft hat [...] die Menschen als die Produzenten ihrer gesamten historischen Lebensformen zum Gegenstand" (1937: 57); sie ist eine Theorie, „die zur Transformation des gesellschaftlichen Ganzen treibt" (1937: 37). Eine Initialzündung zur Entwicklung eines solchen Projektes Kritischer Theorie ging von der Entdeckung der Frühschriften Karl Marx' aus, den „ökonomisch-philosophische Manuskripten": Texten und Textfragmenten, die 1844/45 in Paris entstanden (also unmittelbar vor Veröffentlichung der berühmten „Feuerbach-Thesen" 1845 in Brüssel) und die 1932 erstmals publiziert wurden. Damit eröffnete sich ein Marx-immanenter Weg, diese Theorie aus der inzwischen erfolgten dogmatischen Verengung im Rahmen des Marxismus-Leninismus zu befreien, sie als kritische Waffe auch gegen sich auf diese Tradition berufende Totalitarismen einzusetzen und als Grundlage einer kritischen empirischen Sozialforschung zu nutzen. Es ergab sich die Chance, von einem reduktionistischen zu einem kritischen, dialektisch reflektierten Marx-Verständnis zu gelangen.

Die **„Kritische Theorie"** entstand aufgrund dieses Impulses in den 1930er-Jahren im Rahmen des „Instituts für Sozialforschung", das zunächst in Frankfurt/M. angesiedelt war. Verbunden ist ihre Entwicklung insbesondere mit den Namen Theodor W. Adorno (1903–1969), Max Horkheimer (1895–1973) und Herbert Marcuse (1898–1979). Das Frankfurter Institut wurde, im Anschluss an die „Erste Marxistische Arbeitswoche" 1922 initiiert, mit den Mitteln von Felix Weil am 3. Februar 1923 unter dem Namen „Institut für Sozialforschung" gegründet und am 22. Juni 1924 eröffnet. Als Nachfolger von Carl Grünberg stand ihm ab 1929 Max Horkheimer vor, der im selben Jahr auch eine eigens für ihn an der Frankfurter Universität eingerichtete Professur für „Sozialphilosophie" erhielt. 1932 erfolgt die Aufnahme Herbert Marcuses, 1938 die von Adorno. Institutionell trat das Institut von 1932 bis 1941 nicht zuletzt mit der berühmt gewordenen „Zeitschrift für Sozialforschung" hervor, die – ein außergewöhnliches publizistisches Ereignis – 1980 als Taschenbuchausgabe einen vollständigen Reprint erlebte. Doch wie so viele Traditionen, so wurde auch diese durch die Machtergreifung der NSDAP 1933 unterbrochen: Es folgte die Auflösung des Frankfurter Instituts, seine Emigration zunächst nach Genf, dann für drei Jahre nach England und schließlich ab 1937 in die USA (New York). Im Zuge dieses Schicksals und der weiteren Zeiterfahrung der späten 1930er- und frühen 1940er-Jahre entwickelte sich die Kritische Theorie zu einer pessimistischen Geschichtsphilosophie, die die konstruktiven Impulse von Horkheimers Aufsatz über „Traditionelle und kritische

Theorie" von 1937 verschüttete und eine „total verwaltete Welt" und den „Untergang des Individuums" heraufziehen sah. Nachhaltig dokumentiert sich dies in der publizistischen ‚Parallelaktion' von 1947: Einerseits wurde dieses Szenario in der „Dialektik der Aufklärung" von Horkheimer und Adorno, andererseits in Horkheimers „Eclipse of Reason" (dt.: „Zur Kritik der instrumentellen Vernunft") im selben Jahr entfaltet. Den erneuten Schritt aus geschichtsphilosophischen Orakeln heraus zu einer Analyse von Gegenwartsgesellschaften, die Anschluss an die empirische Sozialforschung hält, unternimmt dann der herausragende Vertreter der Nachfolgegeneration: Jürgen Habermas.

11.1 Grundzüge

Das kritische Selbstverständnis der Theorie von Habermas drückt sich in dem für sein analytisches Interesse leitenden Motiv der „Versöhnung der mit sich selber zerfallenen Moderne" aus. Dieses Motiv ist von der Überzeugung geleitet, „dass man ohne Preisgabe der Differenzierungen, die die Moderne [...] möglich gemacht haben, Formen des Zusammenlebens findet, in der wirkliche Autonomie und Abhängigkeit in ein befriedetes Verhältnis treten" können (1985b: 202). Seinen konkreten historischen Impuls findet dieses Motiv im Rückblick auf das 20. Jahrhundert, denn, so Habermas:

> Nach einem Jahrhundert [...] existierender Unvernunft [...] bleibt [...] die Moderne [...] auf eine prozedurale, [...] auf eine gegen sich selbst prozessierende Vernunft angewiesen. (1992: 11)

Angesichts eines solchen auf prinzipielle wie systematische Reflexivität abstellenden Selbstverständnisses ist es nicht verwunderlich, dass Habermas als öffentlicher, intervenierender Intellektueller wahrgenommen wird. Immer wieder ist es ihm gelungen, entscheidende, die Debatten national wie international prägende Stichworte zu geben, wie bspw. die Rede von der „Legitimationskrise" (1973), der „Neuen Unübersichtlichkeit" (1985a), der „Moderne als unvollendetes Projekt" (1980), den „Verrechtlichungstendenzen" oder der „Kolonialisierung der Lebenswelt" (1981a).

Habermas ist ein streitbarer Geist, ein leidenschaftlicher Anhänger *der* Sozialform, deren konzeptioneller Analyse er einen Großteil seiner intellektuellen Energie gewidmet hat: des „Diskurses". Folglich fehlt sein Name weder in den die Bundesrepublik seit dem Zweiten Weltkrieg prägenden soziologischen noch den allgemeinen politischen Debatten: Das gilt im Rahmen der Soziologie für den Positivismusstreit, für die Sozialtechnologie-Kontroverse mit Luhmann Anfang der 1970er-Jahre, für die Auseinandersetzung mit der sog. „Postmoderne" wie auch mit den politisch-philosophischen Strömungen des „Neo-Aristotelismus" und des Kommunitarismus; und es gilt im öffentlichen Raum für die Studentenbewegung, für die Terrorismus-Debatte und den Streit um die Tendenzwende in den 1970er-Jahren, für die Auseinandersetzung um die Nachrüstung, für die deutsche Wiedervereinigung und das Problem postnationaler Identitäten wie auch für die Debatten über Asylrecht und Ausländerfeindlichkeit, für den Historikerstreit (Revisionismusdebatte), für die Heidegger-Kontroverse und auch noch für die jüngste Auseinandersetzung um die Gentechnologie wie für seine Intervention im Zuge der Debatte um den Irak-Krieg mit Jacques Derrida hinsichtlich des Selbstverständnisses Europas und die Auseinandersetzung mit Kardinal Ratzinger um das Verhältnis von Glauben und Wissen und damit über die rationalen Grundlagen des westlichen kulturellen Selbstverständnisses. Habermas hat wie wohl kein anderer Zeitgenosse Anstrengungen unternommen, die gesellschaftliche Situation der Gegenwart zu deuten.

Dabei geht es Habermas bei allen konzeptionellen Übereinstimmungen seines Programms kritischer sozialwissenschaftlicher Forschung mit dem der frühen Kritischen Theorie, sowohl was – methodisch – die Interdisziplinarität anbelangt, als auch was – inhaltlich – die Analyse gesellschaftlicher **Integrationsformen**, Sozialisationsmuster und **Öffentlichkeitsstrukturen** betrifft, keineswegs um Schul-Orthodoxie. Konkreten Korrekturbedarf dieser Tradition sieht Habermas insbesondere in drei Hinsichten:

> Was mir, rückblickend, als Schwächen der Kritischen Theorie erscheint, lässt sich unter die Stichworte „normative Grundlagen", „Wahrheitsbegriff und Verhältnis zu den Wissenschaften" und „Unterschätzung demokratisch-rechtsstaatlicher Traditionen" bringen. (1981b: 171; zum Ganzen: 1981b: 171–178)

So geht es insbesondere darum *erstens* (intern) „den normativen Gehalt der in [...] Kommunikationen angelegten Idee der Verständigung herauszuarbeiten" (1981b: 185), *zweitens* (extern) einen **Typus rekonstruktiver Analyse** als methodisches Profil kritischer Sozial- und Gesellschaftstheorie zu entwickeln und *drittens* darum, die Blickverengung aufzuheben, die seines Erachtens daraus resultierte, „dass aus der Perspektive der *Dialektik der Aufklärung* die Selbstdementierung der Vernunft [also die geradezu paradoxe Absage der Vernunft an sich selbst] soweit gediehen war, dass Horkheimer und Adorno [...] die politischen Institutionen vollkommen entleert gesehen haben von allen Spuren der Vernunft – alle gesellschaftlichen Institutionen und auch die Alltagspraxis" (1981b: 177). Im Rahmen der Kritischen Theorie ist es das Verdienst von Jürgen Habermas, diese Reflexionsblockaden aufgebrochen und das theoretische Potenzial verschiedener in der frühen Kritischen Theorie unterschätzter Theorietraditionen – Pragmatismus, Durkheim, amerikanische Tradition der Sozialisationstheorie (Mead), soziologische Systemtheorie (Parsons, Luhmann) sowie nicht zuletzt auch eine entspannte Lektüre Webers – in eine revidierte kritische Gesellschaftstheorie eingebaut zu haben. Habermas, der nach Parsons' „The Structure of Social Action" erneut den Typus einer „Theoriegeschichte in systematischer Absicht" verfolgt, wird damit geradezu zu einem soziologisch-theoriegeschichtlichen ‚Allesfresser'. Darüber hinaus ist die Bedeutung kaum zu überschätzen, die Habermas' „Literaturbericht zur Logik der Sozialwissenschaften" von 1967 sowohl für die Rezeption der phänomenologisch-hermeneutisch-interaktionistischen Soziologie aus dem angelsächsischen Raum (Schütz, Berger und Luckmann, Garfinkel, Goffman,

Cicourel, Blumer) als auch für die Kenntnisnahme der Analytischen Philosophie, insbesondere der Sprachphilosophie (Wittgenstein, Austin, Searle) im deutschen Sprachraum zukommt.

11.2 Biografie

Jürgen Habermas wird am 18. Juni 1929 in Düsseldorf geboren, wächst in Gummersbach auf und nimmt 1949 ein Studium u. a. der Philosophie und Geschichte auf, das er 1954 mit einer Promotion in Philosophie abschließt. Nach einer Tätigkeit als freier Journalist ist er von 1956 bis 1962 Assistent am Frankfurter Institut und dann ab 1964 als Professor für Philosophie und Soziologie in Frankfurt Nachfolger auf Horkheimers Lehrstuhl. 1971 verlässt Habermas die Frankfurter Universität nach den Auseinandersetzungen mit den Studierenden und wird gemeinsam mit Carl Friedrich von Weizsäcker Direktor des neu gegründeten „Max-Planck Instituts zur Erforschung der Lebensbedingungen der wissenschaftlich-technischen Welt" in Starnberg bei München. 1981 legt er dieses Amt nieder und kehrt – nach einem gescheiterten Berufungsversuch in München – von 1983 bis 1989 als Professor für Philosophie zurück an die Frankfurter Universität. Emeritierung im September 1994. Bis heute ist er in öffentlichen wie akademischen Debatten nicht nur in Deutschland höchst präsent.

11.3 Methodologisch-methodische Grundlegung: Kritische Gesellschaftstheorie

Den Versuch einer revidierten Bestimmung des Typus „kritischer Gesellschaftstheorie" unternimmt Habermas früh über die Unterscheidung von nicht aufeinander reduzierbaren **Erkenntnisinteressen** zur Rechtfertigung unterschiedlicher Wertbeziehungen soziologischer Analyse: dem technischen, praktischen und emanzipatorischen Erkenntnisinteresse. Habermas zufolge liegt dem empirisch-analytischen Wissenschaftsverständnis *erstens* ein rein „technisches Erkenntnisinteresse" zugrunde, das nicht monopolisiert werden könne, da demgegenüber eben weitere, und zwar gleichrangige und somit irreduzible Typen von Erkenntnisinteressen stünden. Dazu gehöre *zweitens* das „praktische Erkenntnisinteresse" als das Interesse an der Herstellung und Aufrechterhaltung intersubjektiver Beziehungen und Verständigungsprozesse sowie *drittens* das „emanzipatorische Erkenntnisinteresse" als das Interesse an der Herstellung und Aufrechterhaltung nicht verzerrter, herrschaftsfreier Kommunikation („Diskurs"). Die Frage, wie sich diesem Programm zufolge für den Anspruch kritischer Gesellschaftstheorie ein **Maßstab** für eine ‚objektive Kritik' der gesellschaftlichen Verhältnisse ausweisen lasse, beantwortet Habermas folgendermaßen:

> Was sich normativ auszeichnen lässt, sind notwendige [...] Bedingungen für eine kommunikative Alltagspraxis und für ein Verfahren der diskursiven Willensbildung, welche die Beteiligten selbst in die Lage versetzen könnten, konkrete Möglichkeiten eines besseren und weniger gefährdeten Lebens nach eigenen Bedürfnissen und Einsichten aus eigener Initiative zu verwirklichen. (1985a: 161 f.) Jedem Akt des Sprechens wohnt das Telos der Verständigung schon inne [...] Verständigung ist ein normativer Begriff; [...] wir versuchen, die normativen Implikate des Begriffs möglicher Verständigung, der jedem Redenden (und Hörenden) naiv vertraut ist, zu klären. (1971: 23 f.)

Es geht (für die angezielte „Theorie der kommunikativen Kompetenz") also um ein methodisches Vorgehen, das Habermas als „rekonstruktive Analyse" bezeichnen wird; um eine Erinnerung an die und Rekonstruktion der normativen Implikationen alltäglichen Tuns bzw. alltäglicher Verständigungsprozesse (‚Formalpragmatik'). Das dafür erforderliche Verständnis von ‚Verständigung' als eines „normativen Begriffs" sucht Habermas über die Unterscheidung von drei **Geltungsansprüchen** zu gewinnen (1982: 588). Danach ist jedes Sprechen durch einen unhintergehbaren Bezug auf drei Ansprüche auf Geltung charakterisiert: durch den Bezug *erstens* auf die Wahrheit der Sachaussagen (Zutreffen eines propositionalen Gehalts), *zweitens* auf die Richtigkeit der Handlungsorientierungen (Legitimität des normativen Kontextes) und *drittens* auf die Wahrhaftigkeit der Selbstdarstellungen (Aufrichtigkeit der manifesten Sprecherintention). Die Gleichzeitigkeit dieser Geltungsansprüche ist für Alltagspraxis wie alltägliche Verständigung ersichtlich konstitutiv. Handelnde beziehen sich auf alle drei Geltungsansprüche notwendig, sodass es sich um „interne Ansprüche" handelt. Der entscheidende Akzent liegt für Habermas darauf, dass hier ein theoretisches Vorverständnis in Gestalt einer regulativen Idee nicht einfach von außen, also von einer eher beliebig ins Spiel gebrachten externen normativen Position aus artikuliert wird, sondern dass dieser Anspruch als ein solcher erhoben wird von dem nachweisbar ist, dass er in den Institutionen und der Idee diskursiver Selbstverständigung (Praktiken) in der Moderne immanent angelegt ist. Er rekonstruiert das interne, zumeist implizit bleibende normativ gehaltvolle Selbstverständnis dieser Moderne adäquat und trägt dieses dann als kritische Folie, als kritischen Spiegel an die konkrete historische Realität heran; einer Realität, der es zuvor sozusagen ‚entnommen' wurde. Das normative Selbstverständnis, das die gesellschaftlichen Institutionen für sich beanspruchen, wird systematisch ernst genommen und die historisch-gesellschaftliche Realität dieser Institutionen kritisch mit diesem intern leitenden Selbstverständnis konfrontiert. Die Spannung zwischen Begriff und Wirklichkeit wird damit zum methodischen Ansatzpunkt. Der methodische Zuschnitt kritischer Gesellschaftstheorie bei Habermas auf die Typik der „rekonstruktiven Analyse" – wie sie von Habermas sowohl in der „Theorie des kommunikativen Handelns" (1981a) als auch (wenn nicht ausgeprägter) in „Faktizität und Geltung" (1992) verfolgt wird – ist damit wesentlich als Ausdruck der Spannung zwischen regulativer Idee und empirisch-historischer Wirklichkeit zu verstehen. Aus dieser Zielbestimmung ergeben sich laut Habermas drei Leistungen eines rekonstruktiven Theorieansatzes: eine kritische, eine konstruktive und eine theoretische:

> [1] Soweit rationale Rekonstruktionen die Bedingungen der Gültigkeit von Äußerungen explizieren, können sie auch abweichende Fälle erklären und mit dieser indirekt gesetzgeberischen Autorität auch eine kritische Funktion erlangen. [2] In dem Maße wie rationale Rekonstruktionen die Differenzierungen zwischen einzelnen Geltungsansprüchen über die traditionell eingespielten Grenzen hinaustreiben, können sie sogar neue analytische Standards festlegen und damit eine konstruktive Rolle übernehmen. [3] Und soweit wir bei der Analyse sehr allgemeiner [„universaler"] Geltungsbedingungen erfolgreich sind, können rationale Rekonstruktionen mit dem Anspruch auftreten, Universalien zu beschreiben und damit ein konkurrenzfähiges theoretisches Wissen darzustellen. Auf dieser Ebene treten schwache transzendentale Argumente auf den Plan, die darauf angelegt sind, die Unausweichlichkeit [...] von Voraussetzungen relevanter Praktiken nachzuweisen. (1983: 41)

Entsprechend versteht Habermas seine „Theorie des kommunikativen Handelns" als den „Anfang einer Gesellschaftstheorie, die sich bemüht, ihre kritischen Maßstäbe auszuweisen" (1981a: I.7, vgl. II.583). Dies gelingt ihr seines Erachtens vermittels des Typus der „rekonstruktiv verfahrenden Wissenschaften, die an das vortheoretische Wissen kompetent urteilender, handelnder und sprechender Subjekte, auch an überlieferte kulturelle Wissenssysteme anknüpfen, um die präsumptiv [vorausgesetzten, vermutlichen, angenommenen] allgemeinen Grundlagen der Rationalität von Erfahrung und Urteil, Handlung und sprachlicher Verständigung zu klären" (1983: 23). Das damit angesprochene Theoriedesign bezeichnet Habermas als seine „zentrale Intuition":

> Die Intuition, dass in sprachlicher Kommunikation ein Telos von gegenseitiger Verständigung eingebaut ist. Anhand dieses Leitfadens gelangt man zu einem Begriff von kommunikativer Rationalität. (1983: 23)

Ein Begriff „kommunikativer Rationalität", der dann anwendbar sein soll „auf gesellschaftliche Verhältnisse, auf institutionalisierte Interaktionszusammenhänge" (1981b: 173).

11.4 Zentrale sozial- und gesellschaftstheoretische Konzepte

11.4.1 Zweistufige Gesellschaftstheorie

Will man, wie Habermas, die Vermutung einer durchgreifenden, d.h. strukturellen Ambivalenz im Hinblick auf eine bestimmte Organisationsform des gesellschaftlichen Lebens in eine publizierbare Form bringen, dann braucht man eine Gesellschaftstheorie, die durch ihre Konstruktion auf Kritik hin angelegt ist. Genau dies sieht Habermas mit seinem Konzept einer **zweistufigen**, Lebenswelt und System unterscheidenden und aufeinander beziehenden **Gesellschaftstheorie** realisiert, die er 1981 in seinem *opus magnum*, der „Theorie des kommunikativen Handelns" vorlegt. Für deren Ausarbeitung nennt Habermas zwei „zentrale Motive": einmal den Aufweis der *„Dialektik der gesellschaftlichen Rationalisierung"* und der aus ihr folgenden

„sozialpathologischen Phänomene", sodann „einen *Gesellschaftsbegriff* [zu entwickeln], *der System- und Handlungstheorie zusammenführt*" (1981b: 178–180).

Als „Analyse der allgemeinen Strukturen verständigungsorientierten Handelns" (1981a: I.7) geht die Theorie in einem argumentativen Dreischritt vor: Ausgehend *erstens* von der Entwicklung eines „Begriffs der kommunikativen Rationalität" wird *zweitens* ein „zweistufiges Konzept der Gesellschaft" erarbeitet, um daran anschließend *drittens* eine „Theorie der Moderne" zu skizzieren (1981a: I.8, 196–203). Zur Ausarbeitung dieses Programms wählt Habermas den Weg einer „Theoriegeschichte in systematischer Absicht" von Weber über Durkheim und Mead bis zu Parsons (1981a: I.201). In diesem Rahmen will er „die Frage [angehen]: ob und gegebenenfalls wie die kapitalistische Modernisierung als ein Vorgang vereinseitigter Rationalisierung begriffen werden kann" (1981a: I.202).

Im ersten Schritt geht es Habermas mit dem **Begriff kommunikativer Rationalität** darum, „Mechanismen der Handlungskoordinierung" zu identifizieren, „die eine regelhafte und stabile Vernetzung von Interaktionen ermöglichen" (1982: 571). Insofern der Fokus auf der „Regel"-Haftigkeit (1982: 571) des Handelns liegt, unterscheidet Habermas zwischen zwei Orientierungsweisen oder Einstellungen des Handelns: der erfolgsorientierten oder einflussnehmenden im Unterschied zu einer einverständnis- oder verständigungsorientierten Einstellung (1982: 573, 576). Während „Einflussnahme" als externe Operation durch Einseitigkeit und Erfolgsorientiertheit bei objektivierender Einstellung gegenüber Alter erfolgt, stellt sich demgegenüber „Einverständnis" aufgrund gemeinsamen Wissens in reziproker, in performativer oder in verständigungsorientierter interner Einstellung gegenüber Alter ein.

Vor dem Hintergrund dieser Unterscheidung ordnet Habermas die bisher im Rahmen der Soziologie entwickelten Handlungsbegriffe und gewinnt daraus ein systematisches Argument. Zu unterscheiden seien vier „Handlungsmodelle": ein strategisches und drei nicht strategische Modelle – das normenregulierte (Parsons), das dramaturgische (Goffman) und das sprachlich vermittelte Handeln (Mead) (1982: 576–583). Die Kritik an diesen Konzeptionen nimmt Habermas über eine Analyse der in ihnen jeweils realisierten und ihnen damit zugrunde liegenden „Weltbezüge" vor. In Aufnahme von Karl Poppers Drei-Welten-Lehre unterscheidet Habermas (1982: 584–587) zwischen objektiver Welt als „Gesamtheit der gesetzmäßig verknüpften Sachverhalte", „sozialer Welt" als Bereich der „legitim geregelten sozialen Beziehungen" und „subjektiver Welt" als „Gesamtheit der Erlebnisse" eines Handelnden. Vor dem Hintergrund dieser drei Weltbegriffe ergibt sich: **Strategisches Handeln** bezieht sich einzig auf die objektive Welt, normenreguliertes Handeln auf die objektive und soziale Welt, dramaturgisches Handeln auf die objektive und subjektive Welt. Einzig für sprachlich-vermitteltes, einverständnisorientiertes, **kommunikatives Handeln** ist eine Realisierung aller drei Weltbezüge im Handeln konstatierbar, also zur objektiven, sozialen und subjektiven Welt (1982: 583–595). Der Begriff des kommunikativen Handelns erweist sich damit als der komplexeste und einzig nicht reduktionistische Handlungsbegriff – vor allem gegenüber dem Konzept des strategischen Handelns. Es ist dieser Begriff, der auf den Begriff der „kommunikativen

Rationalität" führt (1982: 605): Im Unterschied zur „kognitiv-instrumentellen Rationalität", die dem strategischen Handeln entspricht, ermöglicht die Rekonstruktion „der Geltungsbasis der Rede also einen unverkürzten Begriff der Vernunft" zu explizieren, nämlich denjenigen der „kommunikativen Rationalität". Er stellt auf die „kommunikative Verwendung propositionalen Wissens" ab und geht somit für Habermas, „auf die zentrale Erfahrung der zwanglos einigenden Kraft argumentativer Rede" zurück (1982: 605), also auf die Vorstellung verständigungsorientierten Handelns im Medium des Diskurses.

Seine Vorstellung von **Gesellschaft** als einem zweistufigen Konzept von „Lebenswelt" und „System" (1982: 603) leitet Habermas aus der Unterscheidung von strategischem und kommunikativem Handeln ab. Dieses zweistufige Konzept soll das die Soziologie von Anfang an begleitende Grundproblem des Verhältnisses von System- und Handlungsparadigma lösen (1979: 88 f.) (vgl. Tab. 11.1). Habermas unterscheidet „zwischen [einerseits] den mehr oder weniger differenzierten oder ‚rationalisierten' Lebenswelten, die übers kommunikative Handeln reproduziert werden, und andererseits [den] formal organisierten Handlungssystemen, die über Steuerungsmedien laufen" (1981b: 189):

> Ich gebrauche „System" und „Lebenswelt" als Konzepte für gesellschaftliche Ordnungen, die sich nach den Mechanismen der gesellschaftlichen Integration, d. h. der Vernetzung von Interaktionen unterscheiden. In „sozial integrierten" Handlungsbereichen kommt diese Verkettung [...] [subjektiv] über das Bewußtsein der Aktoren selbst zustande oder über ihr intuitiv gegenwärtiges Hintergrundverständnis der Lebenswelt; in „systemisch integrierten" Handlungsbereichen stellt sich Ordnung objektiv, gleichsam „über die Köpfe der Beteiligten" hinweg her, und zwar auf dem Wege eines funktionalen Ineinandergreifens und einer gegenseitigen Stabilisierung von Handlungsfolgen, die den Aktoren nicht bewußt sein müssen. (1990: 134 f.)

Tab. 11.1: Zweistufige Gesellschaftstheorie: Lebenswelt und System

Lebenswelt	System
symbolische Reproduktion	materielle Reproduktion
kommunikatives Handeln	zweckrationales (strategisches) Handeln
verständigungsorientiert	erfolgsorientiert
Sozialintegration	Systemintegration
Komponenten: Kultur (Wissensvorrat), Gesellschaft (legitime Ordnungen), Person (Kompetenzen)	Teilsysteme: Wirtschaft, Verwaltung (Bürokratie), Recht

In Anlehnung an das Konzept der **Lebenswelt** bei Husserl und Alfred Schütz (vgl. Kap. 9) wird diese von Habermas „als horizontbildender Kontext von Verständigungsprozessen" (1982: 590), als „fundamentales Hintergrundwissen" begriffen:

> Angehörige sozialer Kollektive teilen normalerweise eine Lebenswelt. Diese ist in der Kommunikation, aber auch in Erkenntnisprozessen, immer nur in einer eigentümlich prä-reflexiven Form von Hintergrundannahmen, von Hintergrundfertigkeiten oder Hintergrundbeziehungen gegeben.

> Die Lebenswelt ist das merkwürdige Ding, das vor unseren Augen zerfällt und verschwindet, sobald wir sie stückweise vor uns bringen wollen. [...] Die Lebenswelt funktioniert im Hinblick auf Kommunikationsprozesse als Ressource für das, was in explizite Äußerungen eingeht; aber in dem Augenblick, wo dieses Hintergrundwissen in kommunikative Äußerungen eingeht, wo es zu einem expliziten Wissen und damit kritisierbar wird, verliert es gerade den Gewissheitscharakter und den Nichthintergehbarkeitscharakter, den die Lebensweltstrukturen für ihre Angehörigen jeweils haben. (1981b: 185/186)

Als grundsätzlich nicht problematisierter Horizont allen Handelns und Kommunizierens fungiert die Lebenswelt nach Habermas als „*Ressource*", die einerseits „für Prozesse der Verständigung *konstitutiv*" ist (1982: 591), während andererseits der Typus „kommunikativen" oder „verständigungsorientierten Handelns" seinerseits konstitutiv für die „Reproduktion der Lebenswelt" ist (1982: 594). Drei Beiträge des kommunikativen Handelns „zur Erhaltung und Generierung der Lebenswelt" identifiziert Habermas: *erstens* die Erneuerung/Vermittlung des/r kulturellen Wissens/ Überlieferung, *zweitens* die Herstellung von Solidarität und die Bekräftigung von Zugehörigkeiten, *drittens* die Ausbildung von personalen Identitäten/Formierung von Persönlichkeitsstrukturen bzw. Internalisierung von Wertorientierungen und Erwerb generalisierter Handlungsfähigkeiten (1982: 584, 594, 601). Für eine Erweiterung des Konzepts der Lebenswelt differenziert Habermas drei „strukturelle Komponenten der Lebenswelt", die ersichtlich den Einfluss der Theoriearchitektur von Talcott Parsons und seiner Unterscheidung von Kultur, Gesellschaft und Persönlichkeit als Komponenten des Handlungssystems dokumentieren (1982: 594). Danach ist:
- *Kultur* als Wissensvorrat auf den Vorgang der kulturellen Reproduktion,
- *Gesellschaft* als Horizont legitimer Ordnungen auf den Vorgang der sozialen Integration und
- *Persönlichkeit* als Kompetenzkonzept auf den Vorgang der Sozialisation bezogen.

Zusammengenommen leisten diese drei strukturellen Komponenten die „**symbolische Reproduktion**" der Lebenswelt, die „allein auf verständigungsorientiertes Handeln angewiesen" ist, während die materielle Reproduktion der Lebenswelt sich über „das Medium der Zwecktätigkeit" vollzieht und auf die systemische Komponente von Gesellschaft verweist (1982: 602f.). Diese Theorie sozialer Ordnung hat ihr Zentrum also in der Betonung des sozialintegrativen Potenzials legitim mittels normativer Einverständnisse und rechtlicher Strukturen geregelter sozialer Beziehungen, sozialer Zugehörigkeiten und Verpflichtungen.

Das Konzept **System** steht bei Habermas in Aufnahme von Anleihen bei Parsons für den Umstand der Ausdifferenzierung „formal organisierter Handlungsbereiche", die über „Steuerungsmedien" wie insbesondere Macht und Geld (in Verwaltung/Bürokratie und Ökonomie) funktionieren und deren „Imperative" (d.h. die mit ihnen einhergehenden Funktionslogiken) die Lebenswelt mit ihren Hintergrundressourcen marginalisieren. Die systemischen Imperative drängen dieser Konzeption zufolge die Bedeutung der Hintergrundressourcen für alltägliche Handlungs- und Kommunikationsprozesse und -zusammenhänge nicht nur zurück, sondern entsubstantiieren diese auf Dauer auch. Ihre Bedeutung für die symbolische Reproduktion der Lebenswelt wird sukzessive ausgehöhlt, sodass diese unabdingbare Handlungs- und Interaktionsressource Habermas zufolge letztlich vernichtet zu werden droht.

Habermas entwickelt somit ein strikt zweigliedriges, letztlich dualistisches gesellschaftstheoretisches Konzept. Auf der einen Seite steht der dialektische Zusammenhang von kommunikativem Handeln und Lebenswelt in seiner Funktion für die **Sozialintegration** von Gesellschaften, auf der anderen Seite das Verhältnis von strategischem Handeln und gesellschaftlichen Funktionssystemen mit ihrer Funktion für die **Systemintegration** von Gesellschaften. Während Sozialintegration also ausschließlich über kommunikatives Handeln läuft, so funktioniert Systemintegration lediglich über die Folgen von strategischen Zwecktätigkeiten, also aufgrund strategischen Handelns (1982: 603f.).

11.4.2 Rechtstheorie und Politische Theorie

Im Zusammenhang der Argumentationsperspektive der „Theorie des kommunikativen Handelns" bleiben der politische Bereich wie auch die Stellung des Rechts ebenso ambivalent wie eigentümlich im Hintergrund. So dient das Recht hier einmal als sozialintegrative, Legitimität sichernde Klammer zwischen systemischen und lebensweltlichen gesellschaftlichen Bereichen und ist zum anderen die fundamentale Struktur des sog. „Systems", das sich – so Habermas' Diagnose – in die Lebenswelt hineindrängt und deshalb zu deren „Kolonialisierung" führt. Zwar benennt Habermas das an der konzeptionellen Systematik der Lebenswelt-System-Dichotomie entwickelte Spannungsverhältnis zwischen einer lebensweltlichen Komponente des Rechts als „Institution" mit Legitimitätsausweis auf der einen und seinem systemischen Charakter als „Organisationsmittel" mittels reiner Verfahrensrationalität (Prozeduralität) auf der anderen Seite (1981a: II.536f.). Aber im Fortgang der Argumentation dominiert die unter dem Konzept der **„Verrechtlichung"** firmierende Kritik an den Kolonialisierungspotenzialen des Steuerungsmediums ‚Recht' gegenüber den lebensweltlichen Ressourcen kommunikativen Handelns. Und als deren Kehrseite zeitigt eine autonom gewordene, nicht mehr von Religion und eingelebten Gewohnheiten getragene Moral erheblich gesteigerte Anforderungsprofile an das Handeln und Entscheiden der einzelnen Person:

> So verschiebt sich die Bürde der sozialen Integration immer weiter auf die Verständigungsleistungen von Aktoren, für die Geltung und Faktizität, also die bindende Kraft von rational motivierten Überzeugungen und der auferlegte Zwang äußerer Sanktionen, jedenfalls außerhalb der durch Sitte und Gewohnheit regulierten Handlungsbereiche, inkompatibel auseinandergetreten sind. (1992: 43)

Die skelettös gewordene Lebenswelt, dieser „Resonanzboden für Krisenerfahrungen" (1993b: 76), bedarf deshalb als funktionale Ergänzung der Dimension des Rechts, um die hochkomplexen **Integrations- und Steuerungsprobleme fortgeschrittener**

Gesellschaften durch „die normative Regelung strategischer Interaktionen, auf die sich die Aktoren selbst verständigen" (1992: 44), bewältigen zu können. Wenn moralische Normen also allein keine für moderne Gesellschaften hinreichende Verbindlichkeit bei der Regelung praktischer Probleme mehr gewährleisten können (1992: 150, 397), bedarf es ihrer Ergänzung durch ein Recht, das von den Angehörigen eines Gemeinwesens als legitim zur Regelung individuellen und sozialen Handelns anerkannt werden kann (1992: 135 ff.):

> Das Recht kann man sich als Transmissionsriemen vorstellen, der [die] aus konkreten Verhältnissen bekannten Strukturen gegenseitiger Anerkennung auf abstrakte Beziehungen zwischen Fremden überträgt. (1995: 78)

Denn, so ist zu folgern, „das positive Recht ist [...] die einzige Sprache, in der sich die Bürger gegenseitig die Teilnahme an der Praxis der Selbstgesetzgebung zusichern können" (1995: 158) – für Habermas die leitende Vorstellung von **Solidarität**. „Solidarität" begreift Habermas als einen Beziehungsmodus unter Rechtsgenossen für das „kommunikative Alltagshandeln, für die Routinen der Verständigung, für die stillschweigende Orientierung an Werten und Normen, für mehr oder weniger diskursive Auseinandersetzungen in der Öffentlichkeit" (1992: 97) – er schließt also unmittelbar an das Konzept der „Lebenswelt" an. Entsprechend lautet seine Antwort auf die sozialintegrative wie ordnungstheoretische Ausgangsfrage:

> Moderne Gesellschaften werden durch Geld, administrative Macht und Solidarität zusammengehalten. (1992: 97)

Steigerte sich das für die gesellschaftstheoretische Grundlegung konstitutive, bisweilen dichotomisch zugespitzte Spannungsverhältnis von Lebenswelt und System auf der Ebene des Rechts zur unvermittelten Polarität von Recht als Lebensweltkomponente und Komplement von Moral auf der einen und „Recht als Organisationsmittel für mediengesteuerte Teilsysteme" auf der anderen Seite, so wird diese vorwiegend kritisch gehaltene Thematisierung des Rechts im Rahmen der Rechtstheorie durch eine konstruktiv ansetzende, die sozialintegrativen Effekte betonende Erörterung der Funktion des Rechts in modernen Gesellschaften abgelöst. Die Rede von den „Kolonialisierungspotenzialen" des Rechts hat hier keinen Ort mehr. Recht wird nun als Bindemittel des in modernen Gesellschaften stets hochgradig fragilen Netzes „der sozialintegrativen gesamtgesellschaftlichen Kommunikation" begriffen (1992: 78). Der Rechtscode avanciert zum Transformationsprinzip der von sich aus gegeneinander abgeschotteten und somit wechselseitig direkt unzugänglichen „Sprachen" von Lebenswelt und System (1992: 78, 429). So wird das Recht – systematisch gesehen – zum Angelpunkt der Überwindung der allzu dichotomisch angelegten Gesellschaftstheorie und – zeitdiagnostisch gesehen – zum Ansatzpunkt einer Konzeption der sich mit sich selbst versöhnenden Moderne.

Habermas' Rekonstruktion des Rechts in „Faktizität und Geltung" (1992) zielt auf die Freilegung eines dritten Weges jenseits eines die subjektiven Rechte einseitig als

Abwehrrechte akzentuierenden Liberalismus (1992: 300) und jenseits eines die subjektiven Rechte materialiter schützen-wollenden, sozialstaatlich aber letztlich dann unzumutbar einschränkenden, weil überzogenen Paternalismus (1992: 504, 528). Um diese vereinseitigenden Alternativen zu überwinden, bedürfe es – so Habermas – eines **dialektisch vermittelten Verständnisses der Rechtsgenossen untereinander** sowohl als „Adressaten" als auch als „Urheber" (Akteure) des Rechts (1992: 52, 153f.). Damit steht der Aufweis des internen Zusammenhangs von privater Autonomie (als Rechtssubjekte) und öffentlicher Autonomie (als Staatsbürger, als Rechtsobjekt, d.h. Gegenstand rechtlicher Regulierung) (1992: 151, 161, 209, 381; vgl. 1995: 79) im Zentrum seiner rechtstheoretischen Systematik:

> Das demokratische Verfahren der Gesetzgebung, das die Adressaten des Rechts erst zu dessen Autoren macht, ist auf eine aktive Staatsbürgerschaft angewiesen, auf Motive, die rechtlich nicht erzwingbar sind. Insofern zehren die Institutionen des Rechtsstaats vom Kommunikationszusammenhang politischer Öffentlichkeiten und liberaler Traditionen, die das Rechtssystem nicht aus eigener Kraft hervorbringen kann. (1995: 77; vgl. dazu Durkheims Verweis auf die nicht-vertraglichen Voraussetzungen eines jeden Vertrages, vgl. Kap. 3.1)

Das damit angedeutete Argumentationsprogramm entwickelt Habermas im Ausgang vom allgemeinen **Diskursprinzip**, wonach all jene Handlungsnormen gültig sind, „denen alle möglicherweise Betroffenen als Teilnehmer an rationalen Diskursen zustimmen können", über ein davon abgeleitetes Moralprinzip und ein Demokratieprinzip (1992: 138, 140, 141). Das **Demokratieprinzip** resultiert danach aus einer „Verschränkung von Diskursprinzip und Rechtsform" (1992: 154) und bezieht die diskurstheoretische Legitimierungsstrategie auf solche „Handlungsnormen, die in Rechtsform auftreten und mit Hilfe pragmatischer, ethisch-politischer und moralischer Gründe [...] gerechtfertigt werden können" (1992: 139). Und so wie das als Alternative favorisierte prozeduralistische Rechtsparadigma seinen Kern in der „durchgängigen Kombination und wechselseitigen Vermittlung rechtlich institutionalisierter und nicht-institutionalisierter Volkssouveränität" hat (1992: 532), so zeichnet sich das prozeduralistische Verständnis von Demokratie dadurch aus, dass „Diskurse und Verhandlungen mit Hilfe von Kommunikationsformen institutionalisiert [werden], die für alle verfahrenskonform erzielten Ergebnisse die Vermittlung der Vernünftigkeit begründen sollen" (1992: 368):

> Das demokratische Verfahren begründet eine Vermutung auf die Vernünftigkeit verfahrenskonform zustande gekommener Ergebnisse nur dann, wenn und soweit es, zusammen mit der rechtlichen Institutionalisierung entsprechender Argumentationsformen (und Verhandlungen), eine [...] diskursive Meinungs- und Willensbildung garantiert. (1995: 154)

Mit diesem Ansatz wird ein Typus **„deliberativer Politik"** (d.h. ein Verständnis von Politik als eines kontinuierlichen beratschlagenden Prozesses) zum demokratietheoretischen „Kernstück", der sich aus einem „Netzwerk von Diskursen und Verhandlungen" aufbaut (1992: 359, 388f.):

> Ich verstehe [...] das Verfahren deliberativer Politik so, dass es die Verwendung administrativer Macht an den öffentlichen Gebrauch kommunikativer Freiheiten rückkoppelt und die öffentliche Verwaltung an einer Selbstprogrammierung gerade hindert. (1995: 79f.)

Nicht also eine von Experten ‚von oben' getragene ‚Politikberatung', sondern umgekehrt ein sich ‚von unten' aufbauender Typus ‚beratender Politik' – eine diskursive Strukturierung des politischen Prozesses jenseits seiner regelmäßig wiederkehrenden bürokratischen und expertokratischen Schließung:

> Es gibt keine noch so spezielle Frage, die, soweit sie politisch relevant wird, nicht übersetzt werden könnte, und zwar so angemessen, dass die von den Experten behandelten Alternativen auch in einer breiteren Öffentlichkeit rational verhandelt werden könnten. In der Demokratie kann es kein politisches Privileg des Sachverstandes geben. (1995: 143)

In der Rechtstheorie kommt der Kategorie **„Öffentlichkeit"**, also der Erzeugung eines „sozialen Raumes" (1992: 436), die Vermittlungsfunktion für die in der Gesellschaftstheorie noch dualistisch angelegte Thematisierung des Rechts – eingespannt zwischen Lebenswelt und System – zu. So schlägt Habermas mit seiner Argumentation den Bogen von der späten Rechtstheorie zu seinen frühen Studien über den „Strukturwandel der Öffentlichkeit" (1962). Der Deutungs-, Handlungs- und Solidaritätsressource „Lebenswelt" tritt jetzt die Kategorie der „Öffentlichkeit" systematisch zur Seite:

> Die Kommunikationsstrukturen der Öffentlichkeit sind mit den privaten Lebensbereichen in der Weise verknüpft, dass die zivilgesellschaftliche Peripherie gegenüber den Zentren der Politik den Vorzug größerer Sensibilität für die Wahrnehmung und Identifizierung neuer Problemlagen besitzt. (1992: 460)

Damit komplettiert Habermas seine Ordnungstheorie mit dem Konzept der **„Zivilgesellschaft"** als einem „Netzwerk von sich überlappenden subkulturellen Öffentlichkeiten" (1992: 373), „die aus intakt gehaltenen Privatsphären hervorgeht" und die als „vitale Öffentlichkeit, die in eine liberale politische Kultur eingebettet ist, die Bürde normativer Erwartung" trägt (1995: 137). Denn für Habermas ist klar: Ohne eine zwischenzeitlich immer wieder „wirksame, innovative Kraft sozialer Bewegungen ändert sich nichts" (1995: 137):

> Die Zivilgesellschaft setzt sich aus jenen mehr oder weniger spontan entstandenen Vereinigungen, Organisationen und Bewegungen zusammen, welche die Resonanz, die die gesellschaftlichen Problemlagen in den privaten Lebensbereichen finden, aufnehmen, kondensieren und lautverstärkend an die politische Öffentlichkeit weiterleiten. Der Kern der Zivilgesellschaft bildet ein Assoziationswesen, das problemlösende Diskurse zu Fragen allgemeinen Interesses im Rahmen veranstalteter Öffentlichkeiten institutionalisiert. (1992: 443f.)

Insofern kristallisiert sich heraus, dass „das Recht [...] auch in modernen Gesellschaften die Funktion der Erwartungsstabilisierung nur erfüllen [kann], wenn es einen internen

Zusammenhang mit der sozialintegrativen Kraft kommunikativen Handelns bewahrt" (1992: 111) – dass also „bindende Entscheidungen, um legitim zu sein, von Kommunikationsflüssen gesteuert sein [müssen], die von der Peripherie ausgehen" (1992: 432). Nicht Entkopplung, sondern umgekehrt Ankopplung lautet Habermas' Plädoyer und diese These verweist erneut zurück auf die Frage des „Entgegenkommen[s] einer rationalisierten Lebenswelt" (1992: 434), denn „resonanzfähige und autonome Öffentlichkeiten [der angesprochenen] Art sind [...] angewiesen auf eine soziale Verankerung in zivilgesellschaftlichen Assoziationen und auf eine Einbettung in liberale Muster der politischen Kultur und Sozialisation" (1992: 434). Die Erhaltung und Stärkung der „Formen kommunikativer Selbstbestimmungspraktiken" (1992: 536) ist der einzige Garant dafür, dass die Chancen ebenso kontinuierlicher wie unabschließbarer Realisierungsbemühungen des in modernen Gesellschaften über den Weg der Verfassungsgebung institutionalisierten Erwartungshorizonts des „Projekt[s] einer gerechten Gesellschaft" (1992: 464) gewahrt bleiben.

11.5 Gegenwartsdiagnose

Die von Habermas entworfene Theorie der Moderne und kritische Gegenwartsdiagnose versteht sich als eine durch Marx belehrte Reformulierung der Gegenwartsdiagnose Webers (1981a: II.470 – 488). Sie hat ihren Kern in den beiden Thesen der „**Entkopplung von System und Lebenswelt**" und der „**Kolonialisierung der Lebenswelt**" (vgl. 1981a: II.293, 470, 457/58). In dieser Gegenwartsdiagnose stehen also sowohl der ‚Angriff' der administrativen Macht (des bürokratisch erstarrten politischen Systems und Verwaltungsapparates) auf die demokratische Substanz lebensweltlicher Verständigungsbahnen im Vordergrund, als auch die sich aufgrund ökonomischer Imperative vollziehenden „kolonialisierenden Übergriffe des Mediums Geld auf kommunikativ strukturierte Lebensbereiche" (1995: 145).

Der argumentative Zuschnitt dieser Gegenwartsdiagnose umfasst drei Schritte: Ausgehend (a) von der sozio-historisch diagnostizierten ‚Entkopplung' (d. h. der wechselseitigen Loslösung bzw. zunehmend ‚verdampfenden', porös werdenden Rückbindung) von „Lebenswelt" einerseits (den kulturell eingewöhnten Hintergrundannahmen, Solidaritäten und Kompetenzen als Handlungsressourcen) und „System" andererseits (den mediengesteuerten Teilsystemen) – sowie (b) der entsprechenden Differenzierung der diesen gesellschaftlichen Bereichen als reproduktiven Mechanismen jeweils zugeordneten (also komplementären) Typen kommunikativen (verständigungsorientierten) und strategischen Handelns –, wird von Habermas (c) eine gesellschaftliche Krisendiagnose dahingehend entwickelt, wonach im Zuge der fortschreitenden „Entkopplung von System- und Sozialintegration" die verselbstständigten mediengesteuerten (Geld, Macht) Teilsysteme des Wirtschafts- und Verwaltungshandelns die kommunikativ strukturierte Lebenswelt „kolonialisieren". Damit, so die These, würden die Ressourcen gelingender Identitätsbildungs-, Sozialisations- und gesellschaftlicher Integrationsprozesse kontinuierlich ‚aufgefressen'. Entwicklungen, die Habermas unter den Thesen vom Sinn- und

vom Freiheitsverlust in fortgeschrittenen Gesellschaften in der Tradition Max Webers zusammenfasst (1981a: I.333 ff.).
– Die These vom **Sinnverlust** fokussiert den Orientierungsverlust aufgrund der Pluralität letzter Wertangebote und einer auf das kognitiv-instrumentelle reduzierten Rationalitätsvorstellung.
– Die These vom **Freiheitsverlust** zielt auf die Entwicklung eines „Gehäuses der Hörigkeit" aufgrund um- und ausgreifender Bürokratisierungs- und Verrechtlichungstendenzen und einer durchgreifenden Ökonomisierung der Gesellschaft.

Die Theorie der Moderne soll die offenkundigen „Sozialpathologien mit der Annahme erklär[en], dass die kommunikativ strukturierten Lebensbereiche den Imperativen verselbständigter, formal organisierter Handlungssysteme unterworfen werden" (1981a: I.584):

> Heute [...] beobachten wir [...] und erleiden wir einen „overspill", einen Übergriff des Systems in Bereiche, die gar nicht mehr die der materiellen Reproduktion sind. Diese Bereiche der kulturellen Überlieferung, der sozialen Integration über Werte und Normen, der Erziehung, der Sozialisation der nachwachsenden Generationen sind aber [...] ihrer Natur nach darauf angewiesen, dass sie über das Medium des kommunikativen Handelns zusammengehalten werden. Wenn in diese Bereiche jetzt die Steuerungsmedien Geld und Macht eindringen, [...] dann werden nicht nur Traditionen aufgerollt, sondern Grundlagen einer bereits rationalisierten Lebenswelt angegriffen – auf dem Spiel steht die symbolische Reproduktion der Lebenswelt. Mit einem Wort: die in Bereichen der materiellen Reproduktion entstehenden Krisen werden auf Kosten einer Pathologisierung der Lebenswelt aufgefangen. (1981b: 194–195)

Der Zusammenhang von lebensweltlichen Reproduktionsprozessen, den dadurch erbrachten Reproduktionsleistungen sowie den in der Gegenwart zu beobachtenden Reproduktionsstörungen ergibt folgendes Bild (vgl. Tab. 11.2):
Im Kontext dieser zeitdiagnostisch zugespitzten Optik verdeutlicht Habermas die in seinen Augen für moderne Gesellschaften charakteristischen Krisenphänomene anhand der Zerstörung religiöser und metaphysischer Weltbilder, also mit dem Aufbrechen geschlossener, alle Lebensbereiche überspannender Sinnsysteme und -perspektiven. Auf gesellschaftlicher Ebene spiegelt sich diese Diagnose der kulturellen Signatur der Moderne als einer „Dezentrierung des Weltverständnisses" (Pluralisierungsprozesse) in der Problematik nicht mehr gelingender sozialer Integrationsprozesse (Desintegrationsprozesse). Nach dem Verlust der Tragfähigkeit der alten Sittlichkeit ist Habermas zufolge dann nur noch auf das diskurstheoretisch rekonstruierte Zusammenspiel von Recht und Moral zur Konsolidierung solidarischer Lebenszusammenhänge zu setzen. D. h. lediglich der ergänzende Bezug auf universalistische Gerechtigkeitsstandpunkte vermag seiner Überzeugung zufolge die Koexistenz pluraler, mitunter inkommensurabler Werthorizonte und Weltanschauungen herzustellen und zu sichern, insofern diese nur dann von der Erkenntnis der für moderne Gesellschaften ebenso unabdingbaren Existenz von Solidargemeinschaften begleitet werden. Eine **Verlustanzeige** für die neben dem „Markt" und der „Macht" dritte gesellschaftliche Integrationsquelle „Solidarität" hat für Haber-

Tab. 11.2: Lebensweltlicher Reproduktionszusammenhang und gesellschaftliche Krisen

Strukturelle Komponenten der Lebenswelt	Reproduktionsprozesse	Bewertungsdimensionen	Reproduktionsleistungen zur Erhaltung der strukturellen Komponenten der Lebenswelt	Krisenerscheinungen bei Reproduktionsstörungen der Lebenswelt: Gegenwartsdiagnose
Kultur	kulturelle Reproduktion	Rationalität des Wissens	konsensfähige Deutungsschemata, gültiges Wissen	Sinnverlust
Gesellschaft	Sozialintegration	Solidarität der Angehörigen	legitim geordnete interpersonale Beziehungen	Anomie
Person	Sozialisation	Zurechnungsfähigkeit der Person	Interaktionsfähigkeit („personale Identität")	Psychopathologien

mas somit jeder modernen Theorie sozialer Integration als Problemdiagnose vorauszugehen.

In seiner Gesellschaftstheorie geht es Habermas letztlich darum, „ein theoretisches Instrument zu entwickeln, mit dem sich Phänomene der ‚Verdinglichung' [ein bei Habermas im Unterschied zu Durkheim kritischer Begriff] fassen lassen". Da es jedoch letztlich „eine empirische Frage" sei, „wessen Imperative welcher Seite in welchem Maße Beschränkungen auferlegen", seien die „Kolonialisierung der Lebenswelt und [die] demokratische Eindämmung der Dynamik von Systemen, [...] gleichberechtigte analytische Perspektiven" (1990: 138; vgl. 1981a: II.579 ff.); d. h. komplementär einander zugeordnete Untersuchungsfragen um einen ebenso vorschnellen wie umstandslosen Kulturpessimismus zu vermeiden.

11.6 Wirkungsgeschichte

Die theoretisch-konzeptionellen Anstrengungen von Habermas gelten dem Bemühen um eine Versöhnung der Tradition der frühen Kritischen Theorie mit dem Erbe der Soziologie Webers auf der einen und der theoretischen Systematik der Soziologie von Talcott Parsons auf der anderen Seite. Unter diese Formel lässt sich sowohl seine über mehrere Jahrzehnte zumindest deutschsprachigen Debatten bestimmende Auseinandersetzung mit der Systemtheorie Niklas Luhmanns wie auch sein Anliegen einer kritischen Gesellschaftstheorie bringen. Über die breit angelegte Rezeption und rekonstruktive Aufnahme der systemanalytischen Soziologie von Parsons versucht Habermas eine erneutere kritische Gesellschaftstheorie an die Entwicklungsrichtungen der modernen Soziologie anzubinden. Als Kernproblem bleibt dabei neben der weitgehenden Abkopplung dieses Denkens von empirischer Forschung die Frage des Ausweises normativer Kriterien bestehen, insofern der Typus rekonstruktiver Analyse intern an seinen jeweiligen Gegenstand gebunden bleibt.

Habermas' Werk gehört international zu den am intensivsten diskutierten. Das gilt sowohl für die unmittelbare Auseinandersetzung mit seinen Arbeiten und den darin formulierten Positionen und gesellschafts- und modernitätstheoretischen Konzeptionen, wie auch für die verschiedenen an sein Werk kritisch oder konstruktiv anschließenden Versuche die kritische Theorie weiter zu entwickeln (bspw. bei Thomas McCarthy, Axel Honneth, Claus Offe, Seyla Benhabib, Bernhard Peters). Schließlich spiegelt sich die nachhaltige Wirkung der Arbeiten von Habermas nicht zuletzt in wiederkehrenden und teilweise öffentlich (medial) geführten Debatten über inhaltliche Probleme moderner Gesellschaften (so zur Bedeutung der Religion (2001, 2005), zu Fragen der Bioethik (2001) und zur Zukunft Europas (2011)).

11.7 Zusammenfassende Übersicht

In diesem zusammenfassenden Abschnitt werden entsprechend der in der Einleitung dargelegten Kriterien zunächst die angesprochenen wesentlichen Aspekte des dargestellten Ansatzes in tabellarischer Form zusammengestellt (vgl. Tab. 11.3), anschließend werden die zentralen Begrifflichkeiten des Ansatzes nochmals knapp erläutert. Unter der Rubrik Literaturhinweise werden dann die zentralen Werke sowie ausgewählte Sekundärliteratur für das weitere Studium angegeben sowie schließlich unter dem Titel „Übungsaufgaben" einige Fragen zur Rekapitulation des Erarbeiteten zusammengestellt.

Tab. 11.3: Tabellarische Zusammenfassung Jürgen Habermas

Aspekt	Habermas
Ansatz	kritische Gesellschaftstheorie
Soziologieverständnis	Aufklärung, Gesellschaftstheorie
Methodik	rekonstruktive Analyse
Erklärungsvorstellung	verstehend-rekonstruktiv
Gesellschaftsbegriff	systemisch stabilisierter Zusammenhang sozial integrierter Gruppen
Gesellschaftstypen	frühe, hochkulturelle und moderne Gesellschaften
Macht und Herrschaft	politische und administrative Systeme und Eliten
Soziale Ungleichheit	ungleiche materielle Reproduktion
Sozialer Wandel	Rationalisierung (Versprachlichung des Sakralen, Systemausdifferenzierung)
Soziale Differenzierung	Lebenswelt in institutionelle Ordnungen, System in Teilsysteme gegliedert
Soziale Integration	Sozialintegration (kommunikativ, Lebenswelt) und Systemintegration (strategisch, System), Recht und Solidaritäten
Gegenwartsdiagnose	Kolonialisierung der Lebenswelt durch systemische Imperative aufgrund der fortschreitenden Entkopplung von System und Lebenswelt; dieser Prozess führt zu Sinn- und Freiheitsverlusten

11.7.1 Grundbegriffe

Erkenntnisinteressen: Die mit der jeweiligen gesellschaftlichen Position einhergehenden Interessen, die für die Richtung und Akzentuierung auch der soziologischen Theoriebildung maßgeblich sind: das empirisch-analytische Erkenntnisinteresse mit seinem Fokus auf technischer Nutzung und Verwertung, das historisch-hermeneutische Erkenntnisinteresse mit seiner Ausrichtung auf handlungspraktisches Orientierungswissen und das kritische Erkenntnisinteresse mit seinem aufklärerischen und emanzipatorischen Impetus.
Geltungsansprüche: Standards bzw. Normen der Anerkennung von Aussagen über die Welt („Wahrheit"), über intersubjektive Verhältnisse („Richtigkeit") oder über Absichten und Urteile eines Sprechers („Wahrhaftigkeit").
Handeln, kommunikatives: Komplexeste, da auf die objektive, subjektive und soziale Welt gleichermaßen bezogene Handlungsform, die auf das Einverständnis mit anderen Akteuren zielt.
Handeln, strategisches: Reduzierte, da lediglich auf die objektive Welt zur Durchsetzung individueller Interessen gerichtete Handlungsform, die ausschließlich auf die individuelle Nutzenmaximierung zielt.
Kolonialisierung der Lebenswelt: Prozess der fortscheitenden, sich im Zuge kultureller und gesellschaftlicher Rationalisierungsprozesse vollziehenden Austrocknung der symbolischen von Gesellschaften.
Lebenswelt: Begriff für diejenigen Komponenten von Gesellschaften, die auf deren symbolische Reproduktion zugeschnitten sind: Kultur, Institutionen, Persönlichkeitsstrukturen.
Öffentlichkeit: Begriff für den sozialen Raum, der kommunikatives Handeln und kommunikative Macht im Horizont eines solidarischen Zusammenlebens möglich macht und der unter modernen Vergesellschaftungsbedingungen zugleich dauerhaften Gefährdungen durch ökonomische, administrative und mediale Macht ausgesetzt ist.
Rekonstruktive Analyse: Das methodische Konzept der kritischen Gesellschaftstheorie mittels dessen diese über die Identifizierung und Analyse der in gesellschaftlich realisierten Ordnungen impliziten oder auch explizit verfolgten normativen Standards mit der jeweils historisch realisierten gesellschaftlichen Praxis und institutionellen Ordnung verglichen werden.
Sozialintegration und Systemintegration: Die beiden Typen bzw. Teilaspekte von gesamtgesellschaftlichen Integrationsprozessen, deren gleichrangige und gleichgewichtige Erfüllung Bedingung der Etablierung und Stabilisierung sozialer Ordnung ist.
System: Begriff für diejenigen Bereiche von Gesellschaften, die auf deren materielle Reproduktion zugeschnitten bzw. funktional spezifiziert sind: Ökonomie, Administration (Verwaltung) und Recht.
Verrechtlichung: Zentraler Prozess der fortschreitenden rechtlichen Regulierung zunehmend aller Lebensbereiche in modernen Gesellschaften als Begleiterscheinung fortgesetzter funktionaler Differenzierungsprozesse.

11.7.2 Literaturhinweise

Werke: 1961: Strukturwandel der Öffentlichkeit, 1963: Theorie und Praxis, 1967: Zur Logik der Sozialwissenschaften, 1968: Technik und Wissenschaft als „Ideologie", 1968: Erkenntnis und Interesse, 1971: Theorie der Gesellschaft oder Sozialtechnologie – Was leistet die Systemforschung? (mit Niklas Luhmann), 1973: Legitimationsprobleme im Spätkapitalismus, 1976: Zur Rekonstruktion des Historischen Materialismus, 1981: Theorie des kommunikativen Handelns, 1981–2008: Kleine Politische Schriften I–XI, 1983: Moralbewußtsein und kommunikatives Handeln, 1985: Der philosophische Diskurs der Moderne, 1992: Faktizität und Geltung, 1996: Die Einbeziehung des Anderen, 2001: Die Zukunft der menschlichen Natur, 2001: Glauben und Wissen, 2005: Zwischen Naturalismus und Religion, 2011: Zur Verfassung Europas.

Brunkhorst, Hauke (2013) Habermas. 2., durchges. und erw. Aufl., Stuttgart: Reclam.
Brunkhorst, Hauke/Kreide, Regina/Lafont, Cristina (Hg.) (2009) Habermas-Handbuch. Leben – Werk – Wirkung, Stuttgart: Metzler.
Greve, Jens (2009) Jürgen Habermas. Eine Einführung, Konstanz: UVK (UTB).
Honneth, Axel/Joas, Hans (Hg.) (1986) Kommunikatives Handeln. Beiträge zu Habermas' Theorie des kommunikativen Handelns, Frankfurt/M.: Suhrkamp.
Joas, Hans/Knöbl, Wolfgang (2004) Habermas und die Kritische Theorie sowie: Habermas' Theorie des kommunikativen Handelns, in: dies., Sozialtheorie. Zwanzig einführende Vorlesungen, Frankfurt/M.: Suhrkamp, S. 284–350.
McCarthy, Thomas (1980) Kritik der Verständigungsverhältnisse. Zur Theorie von Jürgen Habermas, Frankfurt/M.: Suhrkamp.
Müller-Doohm, Stefan (2014) Jürgen Habermas. Eine Biographie, Berlin: Suhrkamp.

11.7.3 Übungsaufgaben

(1) Welche handlungstheoretischen Grundbegriffe sind für die kritische Gesellschaftstheorie von Jürgen Habermas zentral? Skizzieren Sie deren Bedeutung (ihre Stellung) im Rahmen seiner Gesellschaftstheorie.

(2) Welche Komponenten des Gesellschaftsbegriffs unterscheidet Habermas und welchen Integrationstypen ordnet er diese jeweils aus welchen Gründen zu?

(3) Im Rahmen eines zweistufig angelegten Gesellschaftsbegriffs unterscheidet Jürgen Habermas für die Stufe der „Lebenswelt" drei strukturelle Komponenten, denen er jeweils einen Reproduktionsprozess und spezifische Reproduktionsleistungen zuordnet. Im Falle von Störungen im Reproduktionsprozess moderner Gesellschaften identifiziert Habermas entsprechend für jeden dieser Prozesse das Auftreten spezifischer Krisenerscheinungen. Skizzieren Sie den geschilderten Zusammenhang.

(4) Welche Bedeutung kommt für Habermas' Idee von Kritischer Gesellschaftstheorie der Untersuchung von Geltungsansprüchen zu?

(5) Welche Gefahren identifiziert Habermas für den Fortbestand moderner Gesellschaften im Rahmen seiner Gegenwartsdiagnose?

12 Niklas Luhmann: Systemtheorie der Gesellschaft

Niklas Luhmann war seit 1971 einer der präsentesten Wissenschaftler im öffentlichen Leben der Bundesrepublik, vor allem war er seither, bis zu seinem Tod im Jahr 1998, neben Jürgen Habermas die zweite dominierende Figur der Soziologie in Deutschland. Stärker noch als Talcott Parsons hat Luhmann ein Werk von geradezu hegelianischem Umfang vorgelegt: Über 30 Bücher sind zu seinen Lebzeiten erschienen, seither weitere sechs Bände aus dem weiterhin noch nicht ausgeschöpften Nachlass. Geradezu Kult-Status erreicht hat Luhmanns Antwort auf die ihm im Jahr 1969 von der Verwaltung der neu gegründeten Universität Bielefeld gestellte Frage nach seinen Projekten, deren Laufzeiten und Kosten. Luhmanns berühmte Antwort lautete: „Projekt: Gesellschaftstheorie, Laufzeit: 30 Jahre, Kosten: keine." Und genauso verhielt es sich: Seit Luhmann im Jahr 1984 sein Werk „Soziale Systeme" vorlegte, folgten in den Jahren 1988–1996 mehrere Bände zu einzelnen Funktionssystemen moderner Gesellschaften (zur Wirtschaft, Wissenschaft, Recht, Kunst, Massenmedien – posthum kamen dazu noch Politik, Religion und Erziehung) und im Jahr 1997 dann die abschließende Darstellung seiner aus **systemtheoretischer Perspektive** entworfenen **Gesellschaftstheorie** in den beiden Bänden unter dem Titel „Die Gesellschaft der Gesellschaft": Projekt abgeschlossen.

12.1 Grundzüge

Im Kern lässt sich Luhmanns Ansatz als Versuch der Generalisierung und Dynamisierung von Parsons' systemtheoretischer Grundlegung verstehen. Luhmann übernimmt von Talcott Parsons die Idee (vgl. Kap. 6), soziale Wirklichkeit in allen ihren Formen als „System" zu beschreiben. Die Systemtheorie ist damit auch in ihrer von Luhmann entwickelten Variante ein soziologisches Beschreibungsangebot für die Darstellung und Analyse sozialer Wirklichkeit. Systeme sind damit das Resultat von Beobachtungen. Die Systemtheorie beginnt und operiert dabei mit einer grundlegenden Unterscheidung von **System und Umwelt**. Beide Begriffe sind längst zum Bestandteil der Alltagssprache geworden, sodass sie vorab genauer zu betrachten sind, um sie für den spezifischen Gebrauch, den die Systemtheorie von ihnen macht, von alltäglichen Bedeutungsschlacken zu befreien.

Hinter dem Versuch, eine soziologische Gesellschaftstheorie über die Vorstellung von System-Umwelt-Differenzierungen zu konzipieren, verbirgt sich die Annahme, dass Systeme nicht als solche existieren, sondern nur als Differenz von System und Umwelt. Systeme entstehen, wenn ihre Operationen (bei sozialen Systemen sind das Kommunikationen) eine Grenze ziehen, die das System von dem unterscheidet, was nicht zu ihm gehört, und was die Systemtheorie als die „Umwelt" des Systems beschreibt. Für Luhmann fungiert die Allgemeine Systemtheorie als Basistheorie der

Soziologischen Systemtheorie, die im Kern Gesellschaftstheorie ist, Gesellschaften als Systeme der (Re-)Produktion von sinnhafter Kommunikation konzipiert und diesen Prozess in modernen, als funktional differenziert begriffenen Gesellschaften vor allem über eine Theorie der Kommunikationsmedien erläutert.

Charakteristisch für Luhmanns Weiterentwicklung einer systemanalytischen Gesellschaftstheorie ist *erstens* die Umstellung der Theoriegrundlagen von der Problemformel **„Komplexitätsreduktion"** auf die Problemformel **„Anschlussfähigkeit"** vor dem Hintergrund der im Unterschied zu Parsons leitenden Annahme, dass soziale Ordnung angesichts fortschreitend komplexerer Sozialverhältnisse eher unwahrscheinlich ist, *zweitens* eine Umstellung vom sozialen Grundelement „Handlung" (so Parsons) auf das soziale Elementarteilchen „Kommunikation" (Handlungen werden danach als kommunikative Zurechnungen begriffen) und *drittens* das Bemühen um eine Verbesserung und Systematisierung der Typologie gesellschaftlicher Differenzierungsformen, die zu einer Erweiterung auf im Kern drei im Prinzip funktional äquivalenten Formen führt, für die historisch jeweils von einem Wechsel des Primats und nicht einer strikt teleologischen Entwicklung auszugehen ist.

12.2 Biografie

Niklas Luhmann wird am 8. Dezember 1927 in Lüneburg geboren, kommt 1944 zu einem kurzzeitigen Einsatz als Luftwaffenhelfer, studiert von 1946 bis 1949 Jurisprudenz in Freiburg und nimmt von 1950 bis 1960 eine Tätigkeit in der öffentlichen Verwaltung wahr. 1960/61 lässt er sich für ein Studium der Verwaltungswissenschaft und Soziologie an der Harvard University bei Talcott Parsons beurlauben. Nach seiner Rückkehr arbeitet er von 1962 bis 1965 am Forschungsinstitut der Verwaltungshochschule Speyer, wird 1966 bis 1968 Abteilungsleiter an der Sozialforschungsstelle Dortmund und erhält 1968 die erste Professur für Soziologie an der Universität Bielefeld. Dort arbeitet er bis zu seiner Emeritierung im Jahr 1993. Am 6. November 1998 stirbt Luhmann an seinem Wohnort in Oerlinghausen bei Bielefeld.

12.3 Methodologisch-methodische Grundlegung: Systemtheoretische Soziologie

Zur Profilierung seines Verständnisses von soziologischer Systemtheorie unterscheidet Luhmann vier Entwicklungsstufen der allgemeinen Systemtheorie sowie Systemanalytik in der Soziologie (vgl. 1984: 20–27; 1987, 308–318; 1997: 64 ff.): Danach beginnt diese als ontologische Systemtheorie mit dem analytischen Fokus auf das Verhältnis Ganzes-Teil und der damit verbundenen Vorstellung determinierter Systeme. In der Soziologie identifiziert Luhmann diese Systemvorstellung bei Herbert Spencer (1820–1903), der mit darwinistischem Einschlag mit einer Organismus-Analogie für die Gesellschaftsanalyse arbeitet und soziale Evolution als Entwicklung von ungegliederter Vielheit zu gegliederter Einheit deutet. Eine zweite Stufe systemanalytischen Denkens sei in der gleichgewichtstheoretischen Systemtheorie mit ihrem Bestands- wie auch kausalwissenschaftlichen Funktionalismus erreicht. In der Soziologie ist diese Version im Werk von Parsons (1902–1979) als strukturell-funktionale Systemtheorie umgesetzt (vgl. Kap. 6). Als Struktur kommen hier die sich durchhaltenden Systemelemente in den Blick und als Funktionen die dynamischen Systemerhaltungsmechanismen. Dabei ist das Bestandserhaltungsproblem zentral und wird im Hinblick auf die Unterscheidung funktionaler und dysfunktionaler Effekte behandelt.

Eine dritte Stufe der Theoriebildung sieht Luhmann in seinen eigenen frühen Arbeiten realisiert, die mit einer Theorie offener Systeme operiert und die Ganzes-Teil-Differenz als Theorie der Systemdifferenzierung einbaut und reformuliert. Diese Fassung der Luhmann bis Anfang der 1980er-Jahre leitenden funktional-strukturellen Systemtheorie impliziert insbesondere drei Kritiken am Ansatz von Talcott Parsons: *Erstens* eine Absage an das Konzept normativer Integration und Ordnung, d. h. Luhmann plädiert für eine System-Umwelt-Differenzierung ohne *apriori* Hierarchisierungen; Ordnungs- und damit Systembildung werden demzufolge lediglich als Stabilisierung einer Grenze zwischen System und Umwelt begriffen. Insbesondere diese Vorstellung einer nicht mehr gegebenen gesellschaftlichen Hierarchie der Systeme ist eine zentrale Einsicht der Systemtheorie. Galt bei Thomas Hobbes und Hegel noch die Politik als oberstes Ordnung stiftendes „System", bei Adam Smith und Karl Marx die Ökonomie (vgl. Kap. 1 und 2) und bei Auguste Comte und Émile Durkheim die Kultur (vgl. Kap. 3), so beginnt bereits mit Max Webers Einsicht in die Ausdifferenzierung verschiedener Wertsphären der Prozess der Ablösung der Soziologie von der Vorstellung eines hierarchischen Ordnungsmodells (vgl. Kap. 5). Ein Prozess, dessen radikalisierter Ausdruck in der Neufassung der Systemtheorie bei Niklas Luhmann seinen Ausdruck findet. *Zweitens* eine Absage an die Idee funktional spezifischer Systemleistungen: d. h. die Darlegung funktionaler Äquivalente im Zusammenhang von Problemen und Problemlösungen. Und *drittens* eine Absage an Bestandserhaltung als höchste funktionale Bezugsebene: Das bedeutet, dass Welt bzw. ihre Komplexität sowohl zum obersten Bezugsproblem der Analyse wie zur einzig möglichen Lösung der Differenz eines Systems zur Umwelt wird.

Auf ein ausgearbeitetes theoretisches Niveau wird diese systemtheoretische Konzeption von Luhmann durch ihre Revision hin zu einer Theorie selbstreferenzieller bzw. autopoietischer Systeme gehoben. Ausgehend von der Differenz von Identität und Differenz argumentiert Luhmann, dass es gerade die Einheit dieser Differenz ist, die durch jedes System selbst konstituiert werden muss und die jedes System zudem operativ nutzt. Diese letzte Phase des werkgeschichtlichen Entwicklungsprozesses wird von Luhmann seit Anfang der 1980er-Jahre beschritten; sie findet ihren Ausdruck im von ihm selbst so bezeichneten „ersten Hauptwerk", dem Band „Soziale Systeme" von 1984.

Für diese autopoietische Phase ist der Anschluss an den neueren biologischen Systembegriff charakteristisch, dessen Karriere auf die dreißiger Jahre des 20. Jahrhunderts datiert. Ausgangspunkt ist die Vorstellung von „Leben" als Grundbegriff der Biologie, d. h. der Blick auf Einheiten und Relationen als Elementen in Ganzheiten im Anschluss an Ludwig von Bertalanffys „General Systems Theory" von 1940, die Systeme als Relationengefüge begreift. Der Systembegriff dient hier als analytischer Rahmen zur Untersuchung von „organisierter Komplexität" im Unterschied zu linear abbildbarer unorganisierter Komplexität. Zum zentralen Bezugspunkt wird der Aspekt der Wechselseitigkeiten, also die Vorstellung von Prozessen, für die wechselseitige Bedingungsverhältnise konstitutiv sind. Solche rekursiven Prozesse lassen sich nicht mit klassischen linearen Kausalitätsmodellen und ihren eindeutigen Ursache-Wirkung-Unterscheidungen (im Sinne von: aus A folgt B) darstellen und aufklären. Es ist diese Einsicht, die Luhmann zur Annahme motiviert, auch für die soziale Welt von autologischen, sich selbstorganisierenden, autopoietischen Prozessen auszugehen (vgl. Luhmann 1984: 18–24). Dieses von Luhmann der neueren Biologie entlehnte Autopoiesiskonzept wurde ursprünglich von den chilenischen Biologen und Neurophysiologen Humberto R. Maturana und Francisco J. Varela ausgearbeitet, die in Arbeiten der frühen siebziger Jahre den Begriff der „**Autopoiesis**" als Grundbegriff für das Verständnis des Lebendigen explizierten. Dieser Begriff der „Autopoiesis" also des „Selbstmachens", der Selbsterzeugung, der Selbstherstellung als allgemeines Organisationsprinzip des Lebendigen wird von Luhmann auf die Systemtheorie übertragen und zu ihrem neuen Grundbegriff erhoben.

Unter diesem Konzept der „Autopoiesis" hat man sich einen Vorgang vorzustellen, der sich selbst erzeugt und sich so selbst ermöglicht. Autopoietische Systeme sind demnach Systeme, in denen es möglich ist, eine spezifische Operationsweise festzustellen, die in diesem System und nur dort stattfindet, d. h. sie sind durch **operative Schließung** gekennzeichnet. Das System konstituiert sich, seine Einheiten und seine Grenzen durch sich selbst (1997: 67). Autopoietische Systeme reproduzieren sich rekursiv in einem geschlossenen Netzwerk ohne Kontakt mit der Umwelt. Ihr Bezugsproblem ist die Fortsetzung der Autopoiesis (der Selbstproduktion) im Verhältnis zur Umwelt. Umwelt ist notwendiges und ausfüllungsbedürftiges Korrelat des Selbstkontaktes: „Irritationen" der Umwelt führen zur Fortführung des Prozesses der Selbstherstellung. Autopoiesis produziert zudem die innere Differenzierung eines Systems. Für autopoietische Systeme ist also eine Form der Selbstbezüglichkeit, der Selbstreferenz charakteristisch. Ein System nimmt in der Konstitution seiner Elemente und seiner elementaren Operationen auf sich selbst Bezug. Entsprechende Beispiele sind für Luhmann psychische Systeme, in denen sich Bewusstseinsprozesse aneinander anschließen, also Gedanken an Gedanken, oder auch soziale Systeme, in denen sich **Kommunikationen** an Kommunikationen anschließen.

Derartig als autopoietisch begriffene Systeme sind sowohl geschlossen als auch offen: Geschlossen sind autopoietische Systeme, insofern sie sich ausschließlich auf sich selbst beziehen, sie selbstreferentiell, also selbstbezüglich im Sinne des Anschlusses von Kommunikation an Kommunikation des Systems operieren. Diese Selbstbezüglichkeit zeichnet sich durch Rekursivität aus: Im Produktionsprozess werden die Produkte und Ergebnisse seiner Operationen ständig als Grundlage weiterer Operationen verwendet (1997: 68). Die gleichzeitige Offenheit der Systeme resultiert aus der (Selbst-)Beobachtung der Kommunikation anhand der Unterscheidung von Mitteilung und Information (vgl. Kap. 12.4.1). Die Mitteilung ist als Kommunikation Element des Systems, der „Gehalt" der Kommunikation ist – wenn auch wiederum systemintern generierter – Sinnverweis auf Umwelt (1997: 97). Leitend bleibt damit auch in dieser abschließenden Entwicklungsstufe von Luhmanns soziologischer Systemtheorie die System-Umwelt-Differenzierung: Der Sinn von Systembildung besteht danach nicht darin, möglichst exklusiv zu sein (also Systeme von Umweltkontakten abzukoppeln), sondern im Prinzip gerade umgekehrt darin, eine „strukturierte Offenheit für andere Möglichkeiten" aufzubauen. Systeme existieren nicht als solche, sondern nur als Differenz von System und Umwelt, d.h. sie entstehen, wenn ihre Operationen (bei sozialen Systemen sind das Kommunikationen) eine Grenze ziehen, die das System von dem unterscheidet, was als seine Umwelt nicht zu ihm gehört. Systeme sind also, wie bereits erwähnt, das Resultat von Beobachtungen.

Dabei sind Systeme aber nicht einfach existent. Denn wie Schütz (vgl. Kap. 9), Berger und Luckmann (vgl. Kap. 10), Foucault (vgl. Kap. 15) und Bourdieu (vgl. Kap. 16) verfolgt ebenso Luhmann eine – wenn auch spezifische – **konstruktivistische Sichtweise**. Auch für Luhmann sind Systeme das Resultat von – wie er formuliert – „**Beobachtungen zweiter Ordnung**". Ausgehend von der für die Soziologie als Wissenschaft vom Sozialen konstitutive Spannung von Begriff und Wirklichkeit entwickelt Luhmann die Konzeption der „Beobachtung zweiter Ordnung": Eine Beobachtung erster Ordnung ist eine Bezeichnung-anhand-einer-Unterscheidung, also die Handhabung einer Unterscheidung auf der Ebene des Faktischen, die nicht zwischen System und Umwelt unterscheiden kann, d.h. sie kann nicht zugleich beobachten und sich als Beobachtung beobachten: Sie verfügt über einen „blinden Fleck" (Asymmetrisierung in zeitlicher Hinsicht). Entsprechend versteht Luhmann unter einer Beobachtung zweiter Ordnung eine Beobachtung, die sieht, also beobachtet, wie der Beobachter erster Ordnung sieht bzw. beobachtet und warum er deshalb etwas Bestimmtes sieht und nicht etwas Anderes (1997: 69f.). Dabei ist klar, dass diese Beobachtung ihrerseits natürlich blinde Flecken hat – nur eben andere und solche auf einer anderen Beobachtungsebene.

Folgende **erkenntnistheoretische Konsequenzen** hat dieses Konzept der Beobachtung zweiter Ordnung für den Ansatz der soziologischen Systemtheorie:
- Systeme gewinnen mittels Beobachtung keinen unmittelbaren Umweltkontakt – Beobachtung ist eine Konstruktion des Systems, eine Kommunikation über die Umwelt (Absage an Abbildtheorie der Wahrheit – eben Spannung von Begriff und Wirklichkeit).
- Jede Beobachtung ist an die zur Beobachtung gewählte Unterscheidung gebunden, d.h. die Perspektiven/Aspekte/Ebenen dürfen nicht durcheinander gebracht werden.
- Keine Beobachtung kann sich im Moment der Beobachtung selbst beobachten – sie erfährt die von ihr angewandte Unterscheidung notwendig als blinden Fleck (was erst im Zuge einer Beobachtung zweiter Ordnung aufzuheben wäre).

- Auch eine Beobachtung zweiter Ordnung ist wiederum an ihre eigene Unterscheidung gebunden – sie besitzt damit nur eine relational, nicht aber eine absolut privilegierte Position, da auch sie einen blinden Fleck aufweist (Welt ohne Zentrum).
- Während die Welt auf der Ebene des Beobachters erster Ordnung monokontextural erscheint, also eine Perspektive sich als absolut gültig darstellt, so erscheint sie auf der Ebene des Beobachters zweiter Ordnung polykontextural, also in einen Perspektivenpluralismus eingebunden (vs. Relativismus).
- Es ergibt sich mithin eine Paradoxie hinsichtlich des mit einer Beobachtung verbundenen Geltungsanspruchs – jede auf Vollständigkeit zielende Beobachtung verstrickt sich in eine Paradoxie, d.h. die Sicherung von Anschlussfähigkeit für weitere Operationen ist ausschließlich über Entparadoxierung, also über ein Selbstverständnis ihrer Ergänzungsbedürftigkeit möglich.
- Und das zielt bereits auf den Gesichtspunkt der Autologie – das, was die Theorie über das Beobachten aussagt, gilt auch für sie selbst (Selbstreflexivität): das „Erfordernis der Selbstimplikation der Theorie" (1997: 64), die eben auch nur eine Perspektive ist.

Insofern also im Alltag stets beobachtet wird, und zwar aufgrund vorhandener Wissensbestände, die wiederum vom gesellschaftlichen Entwicklungsstand abhängig sind, insofern ist für die Theorie bereits auf dieser Ebene von einem unmittelbaren **Zusammenhang zwischen Gesellschaftsstruktur und Semantik** auszugehen. Da auch die Soziologie beobachtet, also ihre Erkenntnisse über Beobachtungen gewinnt und dadurch bzw. auf dieser Grundlage Wissen akkumuliert, gilt dieser Zusammenhang ebenso für sie. Man kann im Hinblick auf die Systemtheorie deshalb davon sprechen, dass hier die Wissenstheorie als – wenn auch implizite – Basistheorie fungiert (vgl. Göbel 2000).

12.4 Zentrale sozial- und gesellschaftstheoretische Konzepte

12.4.1 Systemtheorie als Gesellschaftstheorie

Luhmanns Werk ist im Kern Gesellschaftstheorie. Gesellschaft, die tendenziell auf eine Weltgesellschaft) hinweist, ist der umfassendste Typ sozialer Systeme, und die elementaren Einheiten, die soziale Systeme konstituieren, sind Kommunikationen (1997: 812–847):

> Sozialität [...] wird in sozialen Systemen über Kommunikation und Attribution konstituiert als eine Reduktion von Komplexität. (1984: 191; 1975: 9) Das Gesellschaftssystem wird [...] charakterisiert [...] allein durch die Operation, die Gesellschaft produziert und reproduziert. Das ist Kommunikation. (1997: 70)

Kommunikation „produziert und reproduziert" das „Soziale" als „Einheit" (1986a: 50). Für dieses Soziale unterscheidet Luhmann drei **Formen sozialer Systeme:** Interaktion – Organisation – Gesellschaft (1984: 535), deren Differenzierung sich über die für sie jeweils konstitutiven Grenzziehungen bzw. Selektionen für die jeweils als zugehörig definierten (zugerechneten) Kommunikationen ergibt (1975: 11). Für den Typus Interaktion ist dies das Kriterium der Anwesenheit (Kopräsenz). Beispiele für Interaktionssysteme sind danach flüchtige Begegnungen, kurze Gespräche, stumme gemeinsame Fahrten im Zugabteil, das gemeinsame Warten an einer Ampel, wissenschaftliche Diskussion, ein Fußballspiel, ein polizeiliches oder eheliches Verhör, die Essensbestellung, ein gemeinsame Spaziergang, ein familiäres Mittagessen oder auch eine Massenversammlung (vgl. 1975: 21, 25, 26, 29; 1975: 10). Im Unterschied dazu lautet das Kriterium für den Typus Organisation: Mitgliedschaft, und für den Systemtyp Gesellschaft identifiziert Luhmann als Kriterium das Ensemble aller füreinander erreichbaren und erwartbaren Kommunikationen (1997: 76) – strukturell ist Gesellschaft von daher als Weltgesellschaft) zu konzipieren (1997: 78).

Die **sozio-kulturelle Evolution** wird von Luhmann dann als zunehmende Differenzierung dieser Ebenen sozialer Systembildung begriffen: Für archaische Gesellschaften gilt, dass in ihnen Interaktion, Organisation und Gesellschaft nahezu identisch, also noch nicht gegeneinander ausdifferenziert sind. Auf dem Entwicklungsstadium hochkultureller Gesellschaften sprengt das Gesellschaftssystem den Umfang des individuell verfügbaren Interaktionsbereichs, sodass sich Organisationen ausbilden, die aber zunächst nur geringfügig in die alltägliche Lebensführung eingreifen. Im Kontext einer sich entwickelnden **Weltgesellschaft**) hingegen ist sowohl eine Trennung der Systemformen Organisation und Gesellschaft als auch der Systemformen Interaktion und Gesellschaft vollzogen.

Ist mit Luhmann ein autopoietischer Prozess als „Erzeugung einer systeminternen Unbestimmtheit [zu verstehen], die nur durch systemeigene Strukturbildungen reduziert werden kann", so erklärt das für ihn, „dass Gesellschaftssysteme das Medium Sinn erfunden haben, um der Offenheit für weitere Bestimmungen in den systeminternen Operationen Rechnung zu tragen. Sie kennen als eigene Operationen deshalb nur Sinnformen selegierende Kommunikationen" (1997: 67). Hier ist ganz offenkundig ein sehr spezifischer Sinnbegriff am Werke, den Luhmann in der für ihn typisch zuspitzenden und ironisch distanzierten Art erläutert:

> Die Vorstellung, dass Sinn ein Bedürfnis des Menschen sei, wird sich auf der Straße kaum verifizieren lassen, sondern erscheint als Verlegenheitsgeste von Intellektuellen, die für etwas gut sein und den am Sinnverlust leidenden Menschen helfen möchten. (1997: 987)

Systembildung wird von Luhmann gleichwohl verstanden als Lösung eines Identitätsproblems – dies allerdings, wie bereits erläutert, durch die Unterscheidung von Innen (System) und Außen (Umwelt). Systembildung dient also der Stabilisierung einer Innen–Außen-Differenz. Deshalb gelingt es Systemen eine strukturierte Offenheit für andere Möglichkeiten bereit zu stellen. Das ist der Sinn von Systembildung.

Sinn versteht Luhmann somit als die Einheit der Unterscheidung von Aktualität (Realisiertem) und Potenzialität (Möglichem). Sinn konstituiert sich nur in sozialen und psychischen Systemen. Kommunikationen und Gedanken realisieren sich im Medium des Sinns. Sinn ermöglicht die basale Selbstreferenz (Selbstbezüglichkeit) von Sinnsystemen, also von sozialen und psychischen Systemen. Sinn bestimmt danach die Anschlussfähigkeit der Elemente, die diesen Systemen die Möglichkeit sichert, weiter zu operieren. Sinn erlaubt die gleichzeitige Reduktion und Erhaltung der Weltkomplexität im System, da Sinn in jedem Augenblick die ganze Welt präsentiert. Umweltgrenzen sind hier also Sinngrenzen, d. h. es sind Grenzen, die aus der Fülle des Möglichen und Unerwarteten (Variation) Hilfen zur Auswahl daraus bereitstellen (Selektion), um das Ausgewählte dann zukünftig als Erwartbares in die bisherigen Elemente einbauen zu können (Stabilisierung/Gedächtnis). Solchermaßen löst sich Luhmann zufolge das von Parsons (vgl. Kap. 6.4.1) so bezeichnete Problem der **„doppelten Kontingenz"**:

> Kommunikation hat Erfolg, wenn ihr Sinn als Prämisse weiteren Verhaltens übernommen und in diesem Sinne Kommunikation durch andere Kommunikationen fortgesetzt wird. (1997: 337)

Luhmanns Sinnbegriff ist also wie bei Weber oder Schütz ein formaler Sinnbegriff, der auf den „Überschuss von Weisungen auf weitere Möglichkeiten des Erlebens und Handelns" abstellt (1984: 93). Allerdings ist eine Differenzierung des Sinnbegriffs notwendig, da die Theorie davon ausgeht, dass sinnverarbeitende, also psychische und soziale Systeme ihre autopoietische Reproduktion nur durch die Nichtidentität von aneinander anschlussfähigen Ereignissen sicherstellen können. Diese sog. „Asymmetrisierung" leisten für den Sinnbegriff die sog. „Weltdimensionen" oder „Sinndimensionen": Das Abstraktum „Sinn", so die These Luhmanns, artikuliert sich – als konstitutive Einheit der Differenz von Aktualität und Möglichkeit – stets in **drei Sinndimensionen** (1984: 111): in zeitlicher, in sozialer und in sachlicher Hinsicht (1997: 1138; vgl. 1984: 109, 111 f., 112 ff., 120 f., 123 ff.). Die drei Sinndimensionen bilden für Luhmann eine allgemeine Heuristik, ein Beobachtungsschema für unterschiedlichste Gegenstände. Diese „dimensionale Dekomposition der Welt auf Grund von Sinn" vollzieht sich Luhmann zufolge auf der Basis der „Zuordnung eines konstitutiven Doppelhorizontes zu jeder Dimension" von Sinn (1984: 122):

- **Zeitdimension** (Vergangenheit – Zukunft bzw. Vorher – Nachher): „Interpretation der Realität im Hinblick auf eine Differenz von Vergangenheit und Zukunft" (1984: 116), also im Hinblick auf die Unterscheidung von Jetzt und Später realisierbar erscheinenden Möglichkeiten.
- **Sozialdimension** (Ego – Alter): „Die Sozialdimension [...] wird in dem Maße relevant, als sich im Erleben und Handeln abzeichnet, dass die Auffassungsperspektiven, die ein System auf sich bezieht, von anderen [Systemen] nicht geteilt werden" (1984: 120). Es geht also nicht um Personen, sondern um abstrakte Vergleichsgesichtspunkte für die Analyse interaktiver Situationen.

- **Sachdimension** (Dies – Das/Anderes bzw. „Innen/Außenhorizonte"): Die Annahme, „daß es stets und zwangsläufig zwei Horizonte sind, die an der sachlichen Konstitution von Sinn mitwirken" (1984: 115), d. h. diese Dimension bezieht sich auf die Unterscheidung dessen, was Gegenstand einer Beobachtung ist, und dessen, was nicht ihr Gegenstand ist (vgl. 1984: 132), um sowohl einem naiven Realismus (1984: 109, 121) als auch einer Form der „Verdinglichung" eine Absage zu erteilen.

Diese Sinndimensionen markieren auf der Ebene der Gesellschaftstheorie drei analytische Schritte. Sie formieren eine Perspektive auf den Beobachtungsgegenstand „Gesellschaft": in der Zeitdimension als Evolutionstheorie (1), in der Sozialdimension als Kommunikationstheorie (2) und in der Sachdimension als Differenzierungstheorie (3).

(1) Zeitdimension: Evolutionstheorie

Die Zeitdimension behandelt „Fragen der Entstehung [Genese] und der Morphogenese [Ausgestaltung und Evolution]" (1997: 13). Dabei ist zwischen Entwicklung und Evolution zu unterscheiden: Während Entwicklung als Veränderung im Rahmen vorgegebener Strukturen zu begreifen ist, zielt der Begriff der Evolution auf eine Strukturveränderung. Evolution ist ein Prozess in der Zeit. Und **Zeit** konstituiert sich, so Luhmann, durch die Unterscheidung von Aktualität (also dessen, was in Gleichzeitigkeit alles geschieht) und Inaktualität (also dessen, was nicht mehr oder noch nicht möglich ist). Insofern nun Gesellschaft als autopoietisches System begriffen wird und autopoietische Systeme in der Zeit operieren, gilt, dass autopoietische Systeme und d. h. auch Gesellschaften nicht alle Möglichkeiten der Relationierung ihrer Elemente gleichzeitig realisieren bzw. aktualisieren können. Es existiert notwendig stets ein Überschuss an Möglichkeiten. **Evolution** wird von Luhmann deshalb begriffen als Zurechnung eines Beobachters, dass ein System unerwartete Ereignisse seiner Umwelt wahrnimmt (Variation), die das System zu Strukturänderungen veranlassen (Selektion), welche sich dann bewähren können ((Re-)Stabilisierung). Evolution ist damit die Einheit der Differenz von Differenz und Anpassung (von Variation und Stabilität), d. h. Evolution wird auf der Grundlage des Schemas Variation – Selektion – (Re-)Stabilisierung begriffen als rekursives Verfahren (1984: 415 f., 425 f.). Die Luhmann hier leitende Grundaussage lautet somit, dass Evolution geringe Entstehungswahrscheinlichkeit (das Unerwartete) in hohe Erhaltungswahrscheinlichkeit (das Erwartbare, Stabilisierte) transformiert (1984: 414):

> Von einer Evolution des Sozialsystems Gesellschaft kann man [...] nur sprechen, wenn man [...] an ein kommunizierendes System denkt, das in jeder seiner Operationen Sinn reproduziert, Wissen voraussetzt, aus eigenem Gedächtnis schöpft [und] kulturelle Formen benutzt. (1997: 436)

Dabei ist „in Systemen ein Spielraum für evolutionäre Strukturentwicklungen gegeben":

> Strukturen sind zwar notwendig, denn sie verengen den Spielraum für passende Anschlussoperationen so weit, dass der Fortgang von Operation zu Operation vollzogen werden kann. [objektiver Möglichkeitshorizont] [...] Mit dieser Selektivität der Strukturbildung ist jedoch zugleich die Chance unterschiedlicher Entwicklungen gegeben. Die Notwendigkeit einer mit Autopoiesis kompatiblen Strukturselektion begründet [...] die Chance differentieller Evolution. (1997: 438)

Es ist dieses „Zusammenspiel von Selbstfortsetzung und Strukturbildung", das Evolution „ermöglicht und erzwingt" (1997: 438).

Was bedeutet es, wenn man dieses Verständnis von Evolution als eines durch Beobachtung strukturierten Prozesses der Variation, Selektion und (Re-)Stabilisierung auf die Komponenten der **Autopoiesis der Gesellschaft**, also auf die soziale Evolution bezieht? **Variation** besteht in der abweichenden Reproduktion der Elemente der Gesellschaft, d. h. in der kommunikativen Produktion von unerwarteter, überraschender Kommunikation (1984: 454). Ihre Quelle ist somit „die Verschiedenheit der Individuen im Kollektiv" (1984: 435) und sie kommt durch eine Kommunikationsinhalte ablehnende Kommunikation zustande (1984: 461). Variation ist somit das Auftreten von systemrelativ zufälligen oder unwahrscheinlichen neuen Umweltereignissen. **Selektion** wählt anhand abweichender Kommunikation entweder solche Sinnbezüge aus, die Strukturaufbauwert versprechen, oder aber sie verwirft die Neuerungen (1984: 454). Dabei erfolgt durch symbolisch generalisierte Kommunikationsmedien eine sozial rücksichtslose Öffnung und Schließung eines Spielraums von Selektionsmöglichkeiten (1984: 483). Selektion ist somit die systemeigene Auswahl neuartiger Umwelterlebnisse, von denen das System annimmt, es müsse dadurch etwas an seiner Struktur ändern. Der Begriff der **Restabilisierung** bezeichnet dann den Zustand des Systems nach erfolgter positiver oder negativer Selektion (1984: 454), also die Sequenzen des Einbaus von Strukturänderungen in ein strukturdeterminiert operierendes System (1984: 488). Insgesamt erfolgen gesellschaftliche Stabilisierungsbemühungen als Reparaturbetrieb (1984: 491) und mit dem Übergang der Restabilisierungsfunktion auf Funktionssysteme – was im Zuge der Herausbildung der modernen, funktional differenzierten Gesellschaft geschieht – wird Stabilität selbst zu einem dynamischen Prinzip, denn die Funktionssysteme stellen ihre Selektionsweise auf prinzipiell instabile Kriterien um (1984: 492f.).

(2) Sozialdimension: Kommunikationstheorie
Kommunikation ist Luhmanns Verständnis zufolge „der elementare, Soziales als besondere Realität konstituierende Prozeß" (1984: 193), d. h. ein eigener, nicht auf anderes zurückführbarer Vorgang. Luhmann begreift das Verhältnis von Gesellschaft und Kommunikation damit als eines der wechselseitigen Konstitution durch Beobachtung:

Das Verhältnis ist zirkulär zu denken: Gesellschaft ist nicht ohne Kommunikation zu denken, aber auch Kommunikation nicht ohne Gesellschaft. (1997: 13)

Kommunikation wird von Luhmann begriffen als die Synthese aus drei Selektionen, d. h. sie ist als das Zusammentreffen und die wechselseitige Bestätigung von Information, Mitteilung und Verstehen zu konzeptualisieren. Eine Mitteilung als solche ist noch keine Information. Erst wenn die Mitteilung durch Anschlusskommunikation als Information ratifiziert wird, kann von Verstehen gesprochen werden. Dieses ist dann aber immer noch indifferent gegenüber einer möglichen Zustimmung oder Ablehnung. Es gilt somit: „Erst das Verstehen generiert nachträglich Kommunikation" (1997: 72) – und wirkt damit gesellschaftlich strukturbildend.

Diese rekursiven bzw. selbstreferentiellen Kommunikationsprozesse erzeugen im Zeitverlauf „generalisierte Sinninvarianten", die sich „aus Verwendungserfahrungen [ergeben]" und den „Grund für die Evolution symbolisch generalisierter Kommunikationsmedien" bilden (1997: 75). Wiederholte erfolgreiche, d. h. kommunikativen Anschluss ermöglichende kommunikative Prozesse führen also zu Ausbildung hinreichend stabiler Erwartungsstrukturen für Kommunikationen. Strukturen, die selbst wiederum veränderbar sind, reduzieren die prinzipiell unendlichen Möglichkeiten für Anschlusskommunikationen auf ein bestimmtes erwartbares Maß (**Reduktion von Komplexität**). Die Ausschließung des Unwahrscheinlichen wird dergestalt zum strukturbildenden Moment. Auf der Ebene sinnhaft operierender Systeme geschieht diese Reduktion (dessen, was, wann, von wem erwartet werden kann) mittels Semantik als der „Gesamtheit der benutzbaren Formen einer Gesellschaft", d. h. des „Vorrats an bereitgehaltenen Sinnverarbeitungsregeln" (1980: 19).

Im Zuge nachhaltigen sozialen Wandels führt die sukzessive Entwicklung von „Verbreitungstechnologien" wie Schrift, Buchdruck und elektronischen Medien dann dazu, dass sich „das Ereignis der Kommunikation zeitlich und räumlich an viele Adressaten verteilen und damit zu unvorhersehbar vielen Zeitpunkten realisieren [aktualisieren] kann" (1997: 71). Die **symbolisch generalisierten Kommunikationsmedien** sorgen gleichwohl dafür, dass die Annahmewahrscheinlichkeit von Sinnofferten nicht sinkt, obwohl die unmittelbare Bindungswirkung wie sie für eine Interaktion unter Anwesenden charakteristisch ist, nun auf abstrakte Einrichtungen der Funktionssysteme übertragen ist. Sowohl also die im Prinzip weltgesellschaftlich) generalisierte Aktualisierbarkeit führt zur fortgesetzten Stabilisierung kommunikativer Regeln als auch die Funktionssystem-bezogene Spezialisierung der Kommunikationen mit der Ausbildung binärer Codierungen aufgrund je spezifischer Beobachtungsperspektiven, die zum Spezifikum moderner Gesellschaften wird (vgl. Kap. 12.4.2).

(3) Sachdimension: Differenzierungstheorie

Die Beschreibung der historischen Veränderung der Formen menschlichen Zusammenlebens und seiner Organisation als ein Vorgang der **Differenzierung** (lat.: differentia = Unterschied), also als ein Prozess der Trennung (horizontal oder vertikal) von zunächst homogenen Gebilden, gehört zum klassischen Repertoire der Soziologie. Sie dient als Erklärungsstrategie für die zunehmende Ungleichartigkeit im Sozialen primär aufgrund erheblich fortschreitender beruflicher Arbeitsteilung im Zuge sich intensivierender technischer Spezialisierung (Rollendifferenzierung) und Freisetzung zunächst wirtschaftlichen (später auch politischen, wissenschaftlichen, künstlerischen) Handelns von anderen gesellschaftlichen Bezügen (teilsystemische Ausdifferenzierung). Diesen Vorgang hatten die soziologischen Klassiker der Differenzierungstheorie verschiedenartig beschrieben: Marx unterschied auf der Grundlage der Differenz von Gebrauchswert und Tauschwert der Waren zwei Formen wirtschaftlichen Handelns (W–G–W und G–W–G') (vgl. Kap. 2.4.1), Durkheim unterschied einfache, segmentär differenzierte Gesellschaften mit mechanischer Solidarität von höheren, funktional differenzierten Gesellschaften mit organischer Solidarität (vgl. Kap. 3.4.2), Weber skizzierte den okzidentalen Rationalisierungsprozess als Prozess der Verselbstständigung der Wertsphären (theoretisch, ethisch, außer-ethisch), d.h. als Prozess der Differenzierung kultureller Leitideen (vgl. Kap. 5.4.2), und Parsons schließlich begriff diesen Prozess als Vorgang der Ausdifferenzierung von funktionalen Teilsystemen (vgl. Kap. 6.4.2).

In Luhmanns Fassung der systemanalytischen Differenzierungstheorie werden Differenzierungen schlicht als Folge von **Systemausdifferenzierungen wie Systembinnendifferenzierungen** (1997: 597) begriffen. Jeder Prozess der Systemdifferenzierung generiert systeminterne Umwelten, d. h. jedes Teilsystem rekonstruiert das umfassende System durch eine eigene Differenz von System und Umwelt (1997: 595f., 600, 609). Insofern jede dieser Rekonstruktionsperspektiven im Rahmen der kommunikationstheoretischen Fassung von Luhmanns Theorie autopoietischer Systeme systemintern eine Totalperspektive darstellt, Teilsysteme also als institutionalisierte Beobachtungsperspektiven zu verstehen sind, sind diese Formen der Differenzierung zugleich als Formen der Integration von Gesellschaft zu begreifen (1997: 618).

Zentral ist für Luhmann in diesem Rahmen die Unterscheidung von primären und sekundären gesellschaftlichen Differenzierungsformen. Während **primäre Differenzierungsformen** für das Gesamtsystem einer Gesellschaft charakteristisch, also strukturprägend sind, sind **sekundäre Differenzierungsformen** entweder nur partiell institutionalisiert oder aber nur im Rahmen der ersteren ausgebildet. So kann bspw. eine als funktional-differenziert zu beschreibende moderne Gesellschaft durchaus in bestimmten Bereichen auch segmentär differenziert sein (wie im Falle Deutschlands durch die Gliederung in Bundesländer). Ein Umstand jedoch, der am Primat funktionaler Differenzierung dieser Gesellschaft nichts ändert, denn jede Gesellschaft wählt nur einen „dominanten Differenzierungstyp" (1990: 608).

Für die Analyse von Gesellschaftssystemen folgt aus der Differenzierung einer Gesellschaft nach einem primären Differenzierungskriterium/-mechanismus (1) die Pluralität von (nicht notwendig gleichrangigen) Beobachtungsperspektiven und damit Repräsentationsverhältnissen dieser Gesellschaft – die Gesellschaftstheorie hat somit diese zu identifizieren und deren Verhältnis zueinander zu analysieren und

(2) die drei entstehenden Verhältnisse bzw. Relationierungen für die Analyse zu beachten: die Verhältnisse Gesamtsystem – Teilsystem, Teilsystem – Teilsystem und die der jeweiligen Teilsysteme zu sich selbst (1990: 635) – die Gesellschaftstheorie hat somit diese zu bestimmen, in ihrem Verhältnis zueinander zu analysieren und so die Struktur moderner Gesellschaft zu beschreiben.

Die gesellschaftliche Entwicklung bzw. Evolution ist als historischer Prozess der Umformung, Reduzierung oder Erweiterung aussichtsreicher Kommunikationschancen zu verstehen (1984: 219). Die Selektivität dieses Prozesses ist das dynamisierende und Variationsvielfalt sichernde Moment im evolutionären Prozess. Deshalb muss die soziokulturelle Evolution als kontingent, also als nicht gesteuerter und auch nicht steuerbarer Prozess begriffen werden. Historisch ist in diesem Prozess im Kern die Ausbildung von **drei primären Differenzierungsformen** beobachtbar, von denen jeweils eine evolutionär in Führung gegangen ist. Diese Unterscheidung wird von Luhmann durch Kombination der Fragen nach der Gleichrangigkeit und der Gleichartigkeit von Elementen bzw. Teilen von Systemen gewonnen (vgl. Tab. 12.1):

Tab. 12.1: Logik der Unterscheidung von Differenzierungsmustern

	nicht gleichartig	gleichartig
nichtgleichrangig	stratifikatorisch differenzierte (hochkulturelle) Gesellschaften	–
gleichrangig	funktional differenzierte (moderne) Gesellschaften	segmentär differenzierte (archaische) Gesellschaften

Im Zuge der sozio-kulturellen Evolution werden von Luhmann als Stufen gesellschaftlicher Strukturbildungen also vor allem segmentäre, stratifizierte und funktional differenzierte Gesellschaften unterschieden (1997: 613):
- **segmentäre Differenzierung** (archaische Gesellschaften): Gleichheit gesellschaftlicher Teilsysteme (Familien, Stämme, Dörfer, Clans etc.); Kriterium der Zugehörigkeit zum System ist die Anwesenheit (Kopräsenz und Ko-Lokalität) von Personen; hier angelegter und erweiterungsfähiger Ansatzpunkt einer gesellschaftlichen Fortentwicklung ist die Ausbildung erster Rollendifferenzierungen (Sakralrollen, Geschlechterrollen, Altersrollen);
- **stratifikatorische Differenzierung** (mittelalterliche Ständegesellschaften): rangmäßige Ungleichheit der Teilsysteme (Schichten, Stände, klare Hierarchien für alle Lebensbereiche); hier angelegte und erweiterungsfähige Ansatzpunkte einer gesellschaftlichen Fortentwicklung sind: partielle Ausdifferenzierung einzelner Handlungsbereiche oder einzelner ihrer Aspekte aus dem einheitlich religiös-moralisch dominierten Sinnordnungen (z. B. Politik);
- **funktionale Differenzierung** (moderne Gesellschaften) (1997: 707–805): sowohl Ungleichheit als auch rangmäßige Gleichheit der Teilsysteme (seit Ende des 16. Jahrhunderts sich abzeichnend, ab Mitte des 19. Jahrhunderts durchgesetzt); Differenzierung von Teilsystemen, die sich über das Operieren mit binären Co-

dierungen konstituieren, d.h.: Primat funktionaler Differenzierung als die Form der modernen Gesellschaft (1997: 776); das heißt auch: „auf der Ebene des umfassenden Systems der Gesellschaft kann keine allgemeingültige, für alle Teilsysteme verbindliche Rangordnung der Funktionen eingerichtet werden" (1997: 747 f.):

> Funktionale Differenzierung besagt, dass der Gesichtspunkt der Einheit [...] die Funktion ist, die das ausdifferenzierte System für das Gesamtsystem erfüllt. [...] das Gesamtsystem verzichtet auf jede Vorgabe einer Ordnung [...] der Beziehung zwischen den Funktionssystemen. (1997: 745 f., vgl. zur Funktionslogik funktional differenzierter Gesellschaften 1997: 743 – 805)

12.4.2 Analyse funktional differenzierter Gesellschaften

Moderne Gesellschaften begreift Luhmann als wesentlich **funktional differenzierte Gesellschaften**. Damit verbindet sich der Anspruch, dass funktionale Differenzierung die empirisch adäquate Beschreibung der gesellschaftlichen Wirklichkeit in der Moderne darstellt. In dieser Hinsicht also geht der methodologische Anspruch der im Kern konstruktivistisch angelegten Systemtheorie dahin, eine phänomenologisch adäquate Rekonstruktion (des Alltagswissens von) der gesellschaftlichen Wirklichkeit zu bieten. Dabei erfolgt die Begründung dieser Annahme funktionaler Differenziertheit nicht mehr (wie noch bei Durkheim) durch einen Verweis auf fortschreitende Arbeitsteilungsprozesse, sondern durch den Bezug auf **kommunikationssteuernde Leitdifferenzen**, also auf die verschiedenen binären Codes der funktionalen Teilsysteme. Während also von Luhmann umweltoffene Systeme in den frühen Arbeiten zunächst konsequent über ihre gesellschaftliche Funktion bestimmt werden können, sind autopoietisch geschlossene Systeme nunmehr über die binären Codes zu bestimmen, die die teilsystemspezifischen Kommunikationszusammenhänge als Sinngrenzen bestimmen. Funktionale Differenzierung wird jetzt verstanden als Institutionalisierung vielfältiger kommunikativer Perspektiven, unter denen die „Realität", die gesellschaftliche Wirklichkeit, behandelt wird (vgl. Schimank 2008: 137 ff.).

Vier konstitutive **Strukturdimensionen** gesellschaftlicher Teilsysteme sind im Zuge dieser Neufassung des systemtheoretischen Ansatzes zu unterscheiden: binäre Codes, Programme, symbolisch generalisierte Kommunikationsmedien und Organisationen (vgl. Schimank 2008: 143 ff.) (vgl. Tab. 12.2): (1) Zweistellige, also **binäre Codes** bilden zum einen „Totalkonstruktionen" (es gibt nichts Drittes) und sie formulieren deshalb zum anderen kontingente Absolutheitsansprüche; sie bilden einen perspektivischen Universalismus, für den jeweils eine „legitime Indifferenz" gegenüber anderen Perspektiven gilt; (2) konkretisierende Strukturvorgaben, d. h. spezifizierende Differenzierungen der Erwartungsstrukturen innerhalb der Funktionssysteme werden dann durch sog. „**Programme**" erreicht, die als Entscheidungsregeln der binären Codes im Einzelfall fungieren; so ist eine zweistufige Spezifikation etabliert: binäre Codes und Programme; (3) **symbolisch generalisierte Kommunikations-**

medien fungieren sodann als Mechanismen der Selektionsverstärkung codegeprägter Kommunikation und (4) **Organisationen** dienen als Mechanismen zur Einprägung teilsystemspezifischer Programmstrukturen in den verschiedenen gesellschaftlichen Funktionsbereichen. Der Zusammenhang dieser vier Strukturdimensionen lässt sich anhand einiger Funktionssysteme exemplarisch vorstellen:

Tab. 12.2: Strukturdimensionen gesellschaftlicher Teilsysteme

Aspekt System	Funktion	Medium	binärer Code	Programm	Organisationen
Wirtschaft	Knappheitsregulierung	Geld	Haben/Nichthaben von Eigentum (Zahlungsfähigkeit)	Wirtschaftsordnung, Investitionsprogramme (Budgets)	Unternehmen, Betriebe
Recht	Stabilisierung normativen Erwartens (Kontingenzausschaltung)	Recht	Recht/Unrecht	Rechtsordnungen, Gesetze, Verträge	Gerichte
Wissenschaft	Erzeugung von Wissen	Erkenntnis, Wahrheit	wahr/unwahr (richtig/falsch)	Theorien, Methoden, Methodologien	Forschungsinstitutionen
Politik	Formulierung kollektiv bindender Entscheidungen	Macht (öffentliche Ämter)	Macht/Amt innehaben/nicht innehaben (Regierung/Opposition)	Parteiprogramme, Ideologien, Regeln der Politik	Parteien, Parlamente
Religion	Kontingenzausschaltung	Glaube	Immanenz/Transzendenz	Heilige Schriften (Dogmatiken)	Kirchen
Erziehung	Selektion von Karrieren	Kind	gute/schlechte Zensuren (besser/schlechter)	Lehr- und Lernpläne	Kindergarten, Schule

Die funktional differenzierte Gesellschaft ist damit als **polykontexturale Gesellschaft** zu beschreiben. Funktionale Differenzierung wird als Ausdruck für Multiperspektivität verstehbar. Dabei konstituieren sich die Perspektiven teilsystemisch über die unterschiedlichen binären Codierungen und sind somit wechselseitig füreinander inkommensurabel; d.h. die Teilsysteme sind durch wechselseitige Undurchschaubarkeit und Verständnislosigkeit füreinander gekennzeichnet. Darüber hinaus ist in modernen, funktional differenzierten Gesellschaften weder eine Hierarchie der Teilsysteme noch eine deren spezifische Horizonte überwölbende Kultur etabliert. Soziokulturelle Integration ist bei Luhmann deshalb negativ gedacht, als Nichtvorhandensein von Desintegration, die durch die **strukturelle Kopplung** der Teilsysteme untereinander im Prinzip verhindert wird (vgl. Schimank 2008: 167 ff., vgl. Tab. 12.3):

Tab. 12.3: Strukturelle Kopplung gesellschaftlicher Teilsysteme

Funktionssystem	Struktureller Kopplungsmechanismus	Strukturell gekoppelt mit den Funktionssystemen:
Rechtssystem	Verfassung	Politik
	Eigentum, Vertrag	Wirtschaft
Erziehungssystem	Universitäten	Wissenschaft
	Zeugnisse, Zertifikate	Wirtschaft
Politiksystem	Steuern, Abgaben, Notenbank	Wirtschaft
	Politische Beratung, Expertise	Wissenschaft
Wissenschaftssystem	finanzielle Grundausstattung	Politik
	Drittmittel	Wirtschaft, Politik
	Schulsystem	Erziehung

Neben dem Mechanismus der strukturellen Kopplung identifiziert Luhmann vier weitere **Mechanismen gesellschaftlicher Integration:** (a) Sachzwänge als Anspruchsabweisungsinstanzen (ökologische Knappheiten, teilsystemspezifische Interdependenzen, finanzielle Knappheit), (b) Reflexionen als teilsystemische Selbstreferentialitäten, (c) Kontextsteuerungen als Abstimmungsprozess seitens des politischen Systems mittels reflexiven Rechts (Institutionalisierung von Verhandlungsformen und -verfahren). Der Mechanismus der Kontextsteuerung scheint dabei im Vergleich zu Sachzwängen treffsicherer im Hinblick auf desintegrative Tendenzen und im Vergleich zu Reflexion empirisch häufiger vorzukommen. Schließlich tritt als weiterer und biografisch wohl wichtigster Integrationsmechanismus zwischen Individuum und Gesellschaft in der modernen Gesellschaft die (berufliche) Karriere hinzu (1997: 742; vgl. 773; vgl. Schimank 2008: 175 ff.).

Die **Signatur moderner Gesellschaften** ist dieser Analyse zufolge vornehmlich durch semantische Komplexitätssteigerungen gekennzeichnet. D. h. in der **Sachdimension** durch eine Vervielfältigung von Themen und die Vertiefung von Themen durch deren Differenzierung; in der **Zeitdimension** durch eine gesteigerte Toleranz für Differenzen zwischen Vergangenheit und Zukunft, also durch größere Veränderungstoleranz, insofern die in die Zukunft projizierten Planungshorizonte erheblich kürzer werden, diese somit näher an die Gegenwart rücken und die Vergangenheit dadurch schneller unmaßgeblich wird; in der **Sozialdimension** durch eine Komplexitätssteigerung, insofern der Mensch lediglich als Individuum oder Subjekt (De-Naturalisierung) potenziell jederzeit in jedes der Funktionssysteme inkludiert werden kann bzw. ist (vgl. 1997: 764 ff.; vgl. 1984: 134, 144 f.). Aus dem Zusammenhang von gesellschaftlicher Evolution und funktionaler Differenzierung folgt damit letztlich:

> Im Ergebnis löst sich dadurch jede gesamtgesellschaftlich verbindliche Ordnung des Verhältnisses der Funktionssysteme zueinander auf; und umso mehr ist dann jedes Funktionssystem auf eigene Schließung, auf eigene Autopoiesis angewiesen. (1997: 770)

Anders gewendet heißt das: Für die moderne, funktional differenzierte Gesellschaft lässt sich die ambivalente Diagnose einer Über-Integration bei gleichzeitiger Des-Integration formulieren, die ihren Bestand tendenziell immer gefährdet; der Stabilitätsgarantie durch die Autopoiesis der Funktionssysteme steht das dadurch erheblich gesteigerte Maß einer Irritierbarkeit durch sich selbst gegenüber (1997: 618).

12.5 Gegenwartsdiagnose

Ebenso wie sich die Systematik von Luhmanns Theorie der System-Umwelt-Unterscheidung verdankt, so schließen an diese argumentative Grundfigur auch seine Hinweise auf potenzielle Krisen und gesellschaftliche Gefährdungsszenarien an. Generell ist dabei für Luhmanns Zugriff kennzeichnend, dass er Funktionsprobleme moderner Gesellschaften im Prinzip als Folge noch nicht hinreichender gesellschaftlicher Differenzierung begreift (vgl. die strukturell analoge Argumentation bei Durkheim, Kap. 3.5). Unabhängig davon ist allerdings zu beachten, dass Luhmanns Theorie keineswegs vorrangig auf die Diagnose von Pathologien moderner Gesellschaften zugeschnitten ist.

Gleichwohl lassen sich seines Erachtens Probleme der gesellschaftlichen Entwicklung im Zuge von **Entdifferenzierungsprozessen** identifizieren, also im Falle des Übergriffes eines Funktionssystems auf ein anderes (wie bspw. der Politik auf die Wirtschaft oder der Wirtschaft auf die Wissenschaft). Ähnliches gilt Luhmann zufolge für das Gesamtverhältnis einer Gesellschaft zu ihrer **ökologischen Umwelt**. Auf Wahrnehmung von und den Umgang mit Gefährdungen der naturalen Grundlagen des sozialen Lebens sind gerade funktional differenzierte Gesellschaften aufgrund ihrer Funktionslogik besonders schlecht eingestellt. Einzig der Aufbau struktureller Kopplungen, die die funktional differenzierte Gesellschaft für Konsequenzen von Veränderungen der natürlichen Lebensgrundlagen empfänglich machte, könnten diesen Zustand auffangen (1986). Mit vergleichbarer Sensibilität beobachtet Luhmann die Entwicklung der **Massenmedien** und die durch sie ausgelösten sozialen Veränderungen (1996). Dazu gehört insbesondere die wachsende Diskrepanz zwischen aktueller und potenzieller Kommunikation, die nicht nur eine fortschreitende Asymmetrisierung von Kommunikationen und eine Formung öffentlicher Meinung nach sich zieht, sondern die auch einen Selektionszwang erzeugt, auf den die Massenmedien einen zunehmend stärkeren Einfluss nehmen durch eigene, u. a. durch spezifische Präsentationslogiken getriebene, Selektivitäten mit Blick auf Vermarktungschancen

Zwei weitere gegenwartsdiagnostische Beobachtungen betreffen die Integration funktional differenzierter Gesellschaften: Zum einen identifiziert Luhmann die forcierte Entwicklung **sozialer Ungleichheiten**, von Ausbeutungsverhältnissen und gesellschaftlichen Exklusionen als (Neben-)Folge der eigenlogischen „Operationsweise von Funktionssystemen" (1992/93: 77 ff.). Zum anderen ist in seinen Augen sowohl eine Entdramatisierung wie zugleich Zuspitzung des Problems der **Integration**

moderner Gesellschaften zu beobachten: Eine Entspannung ergibt sich durch die funktionssystemspezifische kleinteilige Bearbeitung dieser gesamtgesellschaftlichen Großfrage, das Problem einer Überintegration kann sich andererseits aufgrund einer mit der Differenzierung von Funktionssystemen notwendig einhergehenden multiperspektivisch-pluralen Totalperspektivik („Totalinklusion") auf jedes gesellschaftliche Phänomen einstellen (vgl. insges. 1997: 618 ff.).

12.6 Wirkungsgeschichte

Die Rezeption von Luhmanns Systemtheorie ist hoch kontrovers (vgl. Merz-Benz/Wagner 2000, de Berg/Schmidt 2000). Sein Werk scheint entweder Bewunderung oder aber abgrundtiefe Ablehnung hervorzurufen. Gleichwohl kann man die Wirkungsgeschichte dieses Klassikers insofern als noch nicht annähernd abgeschlossen ansehen, als eine ganze Reihe von Texten noch aus dem Nachlass zur Publikation vorbereitet werden. Die Diskussionen zentrieren sich werkintern nicht zuletzt um die Frage der Bedeutung der autopoietischen Wende, während theorieextern immer wieder kritisch auf die Distanz dieses Ansatzes zur empirischen Forschung verwiesen wird. Dabei konzentriert sich die Diskussion nach wie vor nicht nur weitgehend auf die deutschsprachige Soziologie, sondern zugleich über die Soziologie hinaus auch zumeist nur auf einzelne Segmente von Luhmanns überaus komplexem Theoriegebäude.

12.7 Zusammenfassende Übersicht

In diesem zusammenfassenden Abschnitt werden entsprechend der in der Einleitung dargelegten Kriterien zunächst die angesprochenen wesentlichen Aspekte des dargestellten Ansatzes in tabellarischer Form zusammengestellt (vgl. Tab. 12.4), anschließend werden die zentralen Begrifflichkeiten des Ansatzes nochmals knapp erläutert. Unter der Rubrik Literaturhinweise werden dann die zentralen Werke sowie ausgewählte Sekundärliteratur für das weitere Studium angegeben sowie schließlich unter dem Titel „Übungsaufgaben" einige Fragen zur Rekapitulation des Erarbeiteten zusammengestellt.

Tab. 12.4: Tabellarische Zusammenfassung Niklas Luhmann

Aspekt	Luhmann
Ansatz	Systemtheorie
Soziologieverständnis	Theorie der Gesellschaft
Methodik	konstruktivistisch (Beobachtungen zweiter Ordnung) – Koevolution von Sozialstruktur und Semantik
Erklärungsvorstellung	Erklären durch Verweis auf die Strukturen gesellschaftlicher Differenzierungsformen (funktional-strukturelle Analyse)
Gesellschaftsbegriff	soziales System als Kommunikationssystem (kommunikative Erreichbarkeit = Weltgesellschaft))
Gesellschaftstypen	segmentäre, stratifizierte, funktional differenzierte Gesellschaften
Macht und Herrschaft	moderne Gesellschaften als der Idee nach enthierarchisierte Gesellschaften
Soziale Ungleichheit	Ausschluss aus gesellschaftlichen Teilsystemen (Exklusion)
Sozialer Wandel	Differenzierungsdynamik
Soziale Differenzierung	segmentäre, stratifikatorische, funktionale Differenzierung
Soziale Integration	Kontingenzreduktion qua Stabilisierung von Erwartungsstrukturen; gleichzeitige Unter- und Überintegration
Gegenwartsdiagnose	Weltgesellschaft, Risiko Entdifferenzierung, Ökologie, Massenmedien, Exklusionsprozesse

12.7.1 Grundbegriffe

Autopoiesis: Grundbegriff der Systemtheorie, der das „Selbstmachen", die „Selbstherstellung" bzw. die „Selbsterhaltung" als allgemeines Organisationsprinzip eines Systems beschreibt; ursprünglich von Maturana und Varela in der Biologie ausgearbeiteter Begriff.

Beobachtung erster und zweiter Ordnung: Beobachten ist das Handhaben einer Unterscheidung mit dem Ziel der Bezeichnung. Während ein Beobachter erster Ordnung nicht zwischen System und Umwelt unterscheiden kann, kann ein Beobachter zweiter Ordnung als Beobachter von Beobachtern erster Ordnung beobachten, was diese mit welcher System-Umwelt-Differenz wie beobachten.

Differenzierung (segmentäre, stratifikatorische, funktionale): Beschreibt den Wandel von Gesellschaft; gesellschaftliche Differenzierung als Ausdifferenzierung lässt drei historisch beobachtbare und jeweils das evolutionäre Primat einnehmende Differenzierungsformen entstehen: segmentäre (archaische Gesellschaften: Gleichartigkeit und -rangigkeit der Teilsysteme), stratifikatorische (mittelalterliche Ständegesellschaften: Un-Gleichartigkeit und -rangigkeit der Teilsysteme) und funktionale (moderne Gesellschaften: Un-Gleichartigkeit und Gleichrangigkeit der Teilsysteme).

Interaktion – Organisation – Gesellschaft: Formen sozialer Systeme als selbstselektiv aufeinander bezogener Kommunikationen.

Operative Geschlossenheit: Charakteristikum autopoietischer Systeme; sie zeichnen sich durch spezifische Operationsweisen aus und unterscheiden sich dadurch von anderen Teilsystemen.
Komplexität: Konsequenz der Aus- und Binnendifferenzierung sozialer Systeme, die sowohl zur Reduktion wie auch zur Steigerung von Komplexität führt.
Kopplung, strukturelle: Begriff für die Verbindung mindestens zweier Funktionssysteme; bei sozialen Systemen typischerweise im Zuge der Operationsweise von Organisationen.
System-Umwelt: Zentrale Beobachtungsachse von Welt seitens der Systemtheorie.

12.7.2 Literaturhinweise

Werke: 1964: Funktionen und Folgen formaler Organisationen, 1968: Zweckbegriff und Systemrationalität, 1969: Legitimation durch Verfahren, 1970–1995: Soziologische Aufklärung, Bde. 1–6, 1971: Theorie der Gesellschaft oder Sozialtechnologie – Was leistet die Systemforschung? (mit Jürgen Habermas), 1980–1995: Gesellschaftsstruktur und Semantik, Bde. 1–4, 1984: Soziale Systeme, 1986: Ökologische Kommunikation, 1991: Soziologie des Risikos, 1992: Beobachtungen der Moderne, 1996: Die Realität der Massenmedien, 1997: Die Gesellschaft der Gesellschaft, 2005: Einführung in die Theorie der Gesellschaft, hg.v. Dirk Baecker, Heidelberg: Auer.

Baraldi, Claudio et al. (1997) GLU. Glossar zu Niklas Luhmanns Theorie sozialer Systeme, Frankfurt/M.: Suhrkamp.
De Berg, Henk/Schmidt, Johannes (Hg.) (2000) Rezeption und Reflexion. Zur Resonanz der Systemtheorie Niklas Luhmanns, Frankfurt/M.: Suhrkamp.
Göbel, Andreas (2000) Theoriegenese als Problemgenese. Eine problemgeschichtliche Rekonstruktion der soziologischen Systemtheorie Niklas Luhmanns, Konstanz: UVK.
Jahraus, Oliver/Nassehi, Armin et al. (Hg.) (2012) Luhmann-Handbuch. Leben – Werk – Wirkung, Stuttgart/Weimar: Metzler.
Krause, Detlef (2001) Luhmann-Lexikon. Eine Einführung in das Gesamtwerk von Niklas Luhmann, Stuttgart: Lucius & Lucius, 3. neu bearb. Aufl.
Merz-Benz, Peter-Ulrich/Wagner, Gerhard (Hg.) (2000) Die Logik der Systeme. Zur Kritik der systemtheoretischen Soziologie Niklas Luhmanns, Konstanz: UVK.
Schimank, Uwe (2008) Theorien gesellschaftlicher Differenzierung, Wiesbaden: VS, 3. Aufl.
Schimank, Uwe (Hg.) (2003) Beobachter der Gesellschaft. Beiträge zu Niklas Luhmanns „Die Gesellschaft der Gesellschaft", Frankfurt/M.: Suhrkamp.

12.7.3 Übungsaufgaben

(1) Welche Ebenen sozialer Systembildung unterscheidet Niklas Luhmann und welche Differenzierungskriterien zieht er dafür jeweils heran? Erläutern Sie diese kurz.

(2) Welche Differenzierungsformen von Gesellschaften unterscheidet Niklas Luhmann und wie lassen sich diese kurz umschreiben?

(3) Entsprechend seiner Aufgliederung des Sinnbegriffs nimmt Luhmann auch eine Aufgliederung der Gesellschaftstheorie in drei Hinsichten vor. Führen Sie die Differenzierungen des Sinnbegriffs sowie die ihnen zugeordneten gesellschaftstheoretischen Perspektiven an.

(4) Welche Selektionen gehören laut Luhmann zu Kommunikationsprozessen? Erläutern Sie die drei Elemente anhand eines selbstgewählten Beispiels.

(5) Stellen Sie zentrale Begriffe Luhmanns zur Analyse funktional differenzierter Gesellschaften in ihrem Zusammenhang dar (Code, Programm, Medium, etc.). Veranschaulichen Sie dies an einem gesellschaftlichen Teilsystem wie bspw. der Wirtschaft.

13 Anthony Giddens: Strukturationstheorie

Mit dem Namen von Anthony Giddens verbinden sich zwei für die Soziologie seit den beiden letzten Jahrzehnten des 20. Jahrhunderts markante Neuorientierungen: einmal die Abkehr vom klassischen nationalstaatlichen Gesellschaftskonzept und zum anderen die Neuorientierung soziologischer Theorie auf die Vielfältigkeit fortgeschritten moderner Lebensführungen, Raum-Zeit-Arrangements, Identitätsformationen etc. Die mit dem Namen von Giddens verbundenen Projekte der **"Theorie der Strukturierung"** und der – gemeinsam mit Ulrich Beck entworfenen – **"Theorie reflexiver Modernisierung"** lassen sich als Konsequenzen dieser Neuorientierungen lesen. Ähnlich wie bei Pierre Bourdieu (vgl. Kap. 16) ist auch bei Giddens – womöglich als Folge der gegenwartsanalytischen Ausrichtung seiner Arbeiten – im Anschluss an die Ausarbeitung einer allgemeinen Theorieperspektive die Entwicklung hin zu einem politisch engagierten Intellektuellen zu beobachten. So folgen auf die grundlagentheoretisch orientierten Publikationen zur Konzeption seiner Soziologie in den Jahren 1976 bis 1984 (insbesondere: 1976: New Rules of Sociological Methods, 1981: A Contemporary Critique of Historical Materialism, 1984: The Constitution of Society) ab 1990 fortschreitend Beiträge zur Analyse spätmoderner Gesellschaftsverhältnisse (insbesondere 1990: Consequences of Modernity, 1991: Modernity and Self-Identity, 1992: Transformation of Intimacy, 1994: Reflexive Modernization), die bis in den Bereich der politischen Praxis und die Politikberatung (Politik des „dritten Weges") reichen (insbesondere 1994: Beyond Left and Right, 1998: The Third Way, 2003: The Progressive Manifesto).

13.1 Grundzüge

Drei Neuorientierungen sind es, die Giddens in Anbetracht des Reflexionsstandes soziologischer Theorie und der Konturen (spät-)moderner Gegenwartsgesellschaften für die soziologische Analyse als notwendig erachtet: *Erstens* fordert er eine Abkehr von der Annahme einer einzigen, als vorrangig bedeutsam unterstellten Umgestaltungsdynamik (wie bei Marx der Kapitalismus, bei Durkheim der Industrialismus oder bei Weber die Rationalisierung). Demgegenüber sei die Moderne auf der Ebene der Institutionen wie der dynamisierenden Faktoren als vieldimensional anzusehen (1995: 22). *Zweitens* sei eine Abkehr von der Vorstellung der Gesellschaft als eines abgegrenzten Systems, also deren Gleichsetzung mit Nationalstaaten und einer Konzentration auf die Ordnungsfrage in Form einer binnenstaatlichen Integrationsfrage erforderlich. Demgegenüber plädiert er dafür, dass Problem der Ordnung als Problem der **raum-zeitlichen** Abstandsvergrößerung zu fassen und die Frage zu stellen, wie moderne Institutionen zu ihrer Situierung in Raum und Zeit gelangen (1995: 24f.). *Drittens* sei eine Vorstellung von Soziologie als Prognose- und Steuerungswissenschaft angesichts der Komplexität und Nebenfolgendynamik aktueller gesellschaftlicher Verhältnisse zu verabschieden. Methodologisch sei vielmehr eine komplexe Reflexivitätsvorstellung zwischen der Soziologie und ihrem Gegenstand im Sinne einer **doppelten Hermeneutik** geboten (1995: 26).

Die von ihm entworfene „Theorie der Strukturierung" versteht Giddens als Antwort auf diese Herausforderungen. Zusammenfassend entwickelt er in seinem zuerst 1984 als theoretische Synthese erschienenen Werk über „Die Konstitution der Gesellschaft" (1988a) auf der Basis eines wechselseitigen Konstitutionsverhältnisses von Handeln und Strukturen ein Verständnis der strukturellen Ambivalenz von Herrschaft und Strukturen und entfaltet ein Modell der Generierung sozialer räumlich-zeitlicher Verhältnisse mittels des Begriffspaares **Regeln** und **Ressourcen**. Gesellschaften werden danach als räumlich-zeitlich situierte soziale Konstellationen verstanden, die sich durch variabel organisierte Interdependenzen (soziale Konstruktionen) im historischen Prozess zu verschiedenen Gesellschaftsformationen als institutionalisierten Ordnungen (Giddens unterscheidet vier Typen) ausgeprägt haben.

13.2 Biografie

Anthony Giddens wird am 18. Januar 1938 in Edmonton im Norden Londons geboren. Nach dem Studium der Soziologie und Psychologie von 1956 bis 1959 an der University of Hull erhält er ein Stipendium an der London School of Economics (LSE), erwirbt 1961 seinen Masterabschluss und tritt eine Stelle als Lecturer an der University of Leicester an. Von 1966 bis 1969 ist Giddens dann in Nordamerika tätig: zunächst an der Simon Fraser University in Vancouver (Kanada), anschließend an der University of California Los Angeles (UCLA). Diese drei Jahre entfalten eine prägende Wirkung für Giddens. Seine Ideen zu einer nach-parsonianischen soziologischen Theorie wie auch zu einer Konzentration auf die Lebensbedingungen in einer nach-industriegesellschaftlichen Moderne erhalten hier erste und wesentliche Impulse. Nach seiner Rückkehr nach Großbritannien verfolgt Giddens diese Impulse konsequent: zunächst ab 1969 am King's College der University of Cambridge, von 1997 bis 2004 als Direktor der London School of Economics. Parallel bekleidet Giddens seit 1989 halbjährlich eine Professur an der University of California Santa Barbara. Er wird 1997 in den Beraterkreis von Tony Blair aufgenommen und 2004 zum Mitglied des „Houses of Lords" ernannt.

13.3 Methodologisch-methodische Grundlegung: Theorie der Strukturierung

Wie parallel Pierre Bourdieu (vgl. Kap. 16.3), so eröffnet auch Giddens seine theoretische Grundlegung mit einer theoriepolitischen Positionierung (1988a: 25–55). Danach grenzt er seinen Ansatz sowohl vom Subjektivismus des symbolischen Interaktionismus und der Ethnomethodologie (der er Anfang der 1970er-Jahren gleichwohl entscheidende Impulse verdankt) als auch vom vermeintlichen Objektivismus des Marxismus, Funktionalismus und Strukturalismus (1988a: 215–279) ab. Giddens' Bemühungen zielen entsprechend auf eine Synthese, auf eine diese Vereinseitigungen überwindende komplexere Sozialtheorie. Das zentrale Problem für jede Sozialtheorie sieht Giddens in der Entwicklung einer befriedigenden theoretischen (wie empirisch aufweisbaren) Lösung bzw. Schließung der „konzeptionellen Lücke zwischen dem [individuellen] Subjekt und dem sozialen Objekt". Giddens versteht seine Arbeit über „Die Konstitution der Gesellschaft" als den Entwurf einer solchen „Sozialtheorie". Deren Aufgabe sei es, „Konzepte des Wesens menschlichen sozialen Handelns und des menschlichen Akteurs zu erarbeiten" (Grundlegung), „die Analyse konkreter sozialer Prozesse" vorzunehmen (Anbindung an empirische Forschung) (1988a: 31) sowie „die Bereitstellung begrifflicher Mittel für eine Analyse dessen, was Handelnde über die Gründe ihres Handelns wissen" (hermeneutisches Profil) (1988a: 33).

> Menschliche Handlungen sind [...] rekursiv. Das bedeutet, dass sie nicht nur durch die sozialen Akteure hervorgebracht werden, sondern von ihnen mit Hilfe eben jener Mittel fortwährend reproduziert werden, durch die sie sich als Akteure ausdrücken. In und durch ihre Handlungen reproduzieren die Handelnden die Bedingungen, die ihr Handeln ermöglichen. (1988a: 52) Strukturen existieren nicht als eigenständige Phänomene räumlicher und zeitlicher Natur, sondern immer nur in der Form von Handlungen oder Praktiken menschlicher Individuen. (1988b: 290)

Aus dieser grundlagentheoretischen Perspektive ergeben sich für Giddens drei „Leitlinien" für die sozialwissenschaftliche Forschung:
- die Perspektive einer „doppelten Hermeneutik" (1988a: 338 f.; vgl. 46 f.), d. h. eines Verstehens, das auf dem alltäglich immer schon vollzogenen Verstehen aufruht (vgl. Schütz, Kap. 9.1) und zugleich immer auch schon von sozialwissenschaftlichen Deutungen im Zuge dieses Verstehen durchdrungen ist, sodass sozialwissenschaftliche Forschung sich in ihrem Gegenstand zugleich immer auch selbst begegnet;
- eine Sensibilität für die komplexe Handlungswirklichkeit alltäglicher Vollzüge (1988a: 339 f.; vgl. 77, 83, 89, 235) – mit der Konsequenz einer Absage an zu einfache Vorstellungen bezüglich einer „Mikro-Makro-Polarität" in soziologischen Analysen (1988a: 192–198);
- eine Analyse der – politische und damit nationalstaatliche Grenzen konstitutiv überschreitenden – räumlich-zeitlichen Konstitutionsprozesse sozialen Lebens (1988a: 340; vgl. 40, 52, 53, 62, 68 f., 185 ff., 196–198, 217, 235).

Mit diesen Leitlinien geht es Giddens um die Entwicklung einer durchgearbeiteten Fassung des Verständnisses „der gesellschaftlichen Reproduktion und der gesellschaftlichen Veränderung" (1988a: 34). Eine solche sieht er mit seiner Konzeption der **„Dualität von Struktur"** auf den Begriff gebracht (1988a: 34; vgl. 55–81, 352–359). Da Giddens zufolge „die Strukturmomente sozialer Systeme [...] nur insofern [existieren], als Formen sozialen Verhaltens über Raum und Zeit hinweg permanent reproduziert werden", rückt für sein Verständnis von sozialer Wirklichkeit, d.h. für seinen Rekonstruktionsversuch „die Raum-Zeit-Problematik in den Mittelpunkt der Sozialtheorie" (1988a: 34):

> Das zentrale Forschungsfeld der Sozialwissenschaften besteht – der Theorie der Strukturierung zufolge – [...] in den über Zeit und Raum geregelten gesellschaftlichen Praktiken. (1988a: 52)

Die von ihm angestrebte Theorie der Strukturierung als Analyse der gesellschaftlich geregelten räumlich-zeitlichen Strukturierung von Handlungschancen zielt somit auf die Analyse der Dimensionen Raum und Zeit und der jeweiligen Formen ihrer gesellschaftlich-historischen Organisationsweisen als dem konstitutiven Prinzip sozialer Praktiken (1988a: 53). In einem dem sechsten Kapitel seines Werkes über „Die Konstitution der Gesellschaft" vorangestellten Abschnitt (1988a: 335–338) fasst Giddens diese „Kerngedanken" seines Ansatzes in zehn Leitsätzen zusammen: (1) „Alle Menschen sind bewusst handelnde Subjekte" (1988a: 335; vgl. 36). Gerade in Abgrenzung zu Positionen wie der von Talcott Parsons muss Giddens zufolge „die Bewusstheit sozialer Akteure [...] im Zentrum der Bemühungen einer Sozialtheorie" stehen (1988a: 28: Anm.; vgl. 44f., 65f., 246); (2) „Die Bewusstheit menschlicher Akteure ist immer begrenzt" (1988a: 335; vgl. 54f., 79, 384–391); (3) „Das Studium des Alltagslebens ist für die Analyse der Reproduktion institutionalisierter Praktiken unerlässlich" (1988a: 336; vgl. 36f., 74, 89); (4) „Die Routine ist die vorherrschende Form der sozialen Alltagsaktivität" (1988a: 336; vgl. 36f., 71, 89, 230); (5) „Das Studium des Kontextes bzw. der Kontextualitäten der Interaktion ist ein wesentlicher Bestandteil der Untersuchung sozialer Reproduktion" (1988a: 336; vgl. 38f., 185); (6) „Soziale Identitäten und die mit ihnen verknüpften Beziehungen von Positionen und entsprechenden Praktiken sind ‚Markierungen' in der virtuellen Raum-Zeit-Sphäre der Struktur" (1988a: 336); (7) „Dem Zwang kann man in sozialwissenschaftlichen Analysen eine einheitliche Bedeutung geben" (1988a: 336f.; vgl. 235); (8) „Unter den Strukturmomenten sozialer Systeme sind die Strukturprinzipien besonders wichtig, da sie Typen von Gesamtgesellschaften spezifizieren" (1988a: 337; vgl. 41, 69, 235f.); (9) „Es gibt kein elementareres Konzept als das der Macht. [...] Macht ist einer von mehreren Grundbegriffen der Sozialwissenschaften, die sich alle um die Beziehungen zwischen Handeln und Struktur herum gruppieren. Macht ist das Mittel der Ausführung von Dingen und kommt als solches unmittelbar in menschlichem Handeln zur Geltung" (1988a: 337; vgl. 65–67); (10) „Es gibt keinen von den Sozialwissenschaftlern identifizierten Mechanismus sozialer Organisation oder sozialer Reproduktion, den sich nicht auch handelnde Laien zu Bewusstsein bringen und aktiv in ihr Tun inkorporieren können" (1988a: 338). Diese thetisch von Giddens zusammengefassten Grundlinien der Theorie der Strukturierung werden nachfolgend ausgeführt.

13.4 Zentrale sozial- und gesellschaftstheoretische Konzepte

13.4.1 Handeln – Struktur – Dualität von Struktur

Giddens' Bestimmung der Begriffe der Handelnden und des Handelns (1988a: 55–60) nimmt ihren Ausgang von der Bedeutung von Wissen für jeden Handlungsplan und -vollzug. Gleichwohl ist offenkundig, dass man niemals alles weiß, sodass unerkannte wie erkannte Handlungsbedingungen durchaus zu nicht abgeschätzten Folgen führen können. Von Anfang an sind damit Begriff und Bedeutung des Konzepts der nicht intendierten Handlungsfolgen für Giddens zentral (1988a: 62; vgl. dazu Merton, Kap. 7.4.3). Giddens bemüht hier das Beispiel der Regentänze bzw. zeremoniellen Tänze in Stammesgesellschaften, die subjektiv die Götter gnädig stimmen sollen, deren bedeutsamer objektiver Sinn jedoch in ihrer Identitätsstiftungsfunktion unter den Bedingungen verstreuten Gruppenlebens in segmentär differenzierten Gesellschaften liegt (vgl. Merton, Kap. 7.4.4). Mit Blick auf dieses Phänomen unbeabsichtigter Handlungsfolgen unterscheidet Giddens drei Hauptforschungskontexte (1988a: 60–65): (1) die Kumulation von Ereignissen, d.h. die Betrachtung einer Sequenz von objektiven Folgen, (2) die Musterbildung aufgrund eines Komplexes individueller Aktivitäten, also die Betrachtung einer Aggregierung (Gruppe/Masse) einzelner Handlungen, sowie (3) die Mechanismen der Reproduktion institutionalisierter Praktiken, d.h. die Betrachtung der Folgewirkungen nicht intendierter Handlungsfolgen.

Gerade der Fall der nicht intendierten Handlungsfolgen verdeutlicht für Giddens, welche herausragende Bedeutung die Dimensionen des Wissens und der vor-bewussten Motive für ein Verständnis der Produktion und Reproduktion des sozialen Lebens und seiner Strukturen zukommt. Aus diesem Grund zieht Giddens häufig den Begriff der „Praktiken" zur Klärung seines Handlungsverständnisses dem des „Handelns" vor, um so der Relevanz der Dimension des implizit bleibenden „praktischen Bewusstseins" (1988a: 57, 73) im Unterschied zu einem auf Intentionalität und **Reflexivität** abstellenden Handlungsbegriff zu verdeutlichen. Mit dieser Orientierung an „Praktiken" sucht Giddens also – wie Bourdieu (vgl. Kap. 16) – Distanz zu einer in seinen Augen zu engen handlungstheoretischen Sprache des Subjektivismus, um die strukturierte Komplexität von Praxis und ihre Geschichtsmächtigkeit zum Ausdruck bringen zu können. Es geht Giddens im Kern also darum, den Pointillismus, den die Rede vom einem Handelnden und seiner singulären Handlung transportiert, zu überwinden. In diesem Sinne geht er von zwei zentralen Annahmen aus: *Erstens*, dass Akteure über eine elementare Bewusstheit, eine Bewusstseinsfähigkeit verfügen, die neben der Dimension des diskursiven Bewusstseins (Reflexion und reflexive Handlungssteuerung) primär die Gestalt eines praktischen Bewusstseins annimmt (1988a: 55–65, 91–95). *Zweitens*, dass Akteure über die Fähigkeit verfügen, Wissen zu erwerben und im Rahmen ihrer Praxis zur Anwendung zu bringen („knowledgeability") (1988a: 53–65, 144–147, 335–343). Wissen prägt das Handeln, die Praxis der Akteure, also die Handlungsformen, -strategien etc., die nicht nur über das Gelingen oder

Misslingen des Handelns wesentlich mitentscheiden, sondern nicht zuletzt in entscheidender Weise die Erzeugung (Produktion), also die Erhaltung und Veränderung (Reproduktion und Transformation) sozialen Strukturen prägen. Wissen strukturiert in diesem Sinne im Kern Handlungschancen, d. h. erzeugt Bahnungseffekte: Es kann diese eröffnen ebenso wie das Nichtverfügen über Wissen die möglichen Handlungskorridore entscheidend verengen, also Handlungschancen verschließen kann. Insgesamt heißt das mit Blick auf die struktural-handlungstheoretischen Grundlagen von Giddens' Theorie: Es ist eine Dezentrierung des Subjekts in Rechnung zu stellen, aber damit verbindet sich keine Auflösung von Subjektivität (1988a: 35; vgl. 52); es bedarf einer hermeneutischen oder sprachtheoretischen Orientierung für die Soziologie, aber diese darf nicht zu einem hermeneutischen Idealismus führen, sondern nötigt zu einem erweiterten Praxisverständnis (1988a: 35 f.).

Handeln versteht Giddens dabei stets als Form von Machtentfaltung (1988a: 65 f., 66 f., 313 – 321) bzw. Handeln schließt für ihn „Macht im Sinne eines umgestaltenden Vermögens logisch ein":

> Handeln hängt von der Fähigkeit des Individuums ab, „einen Unterschied herzustellen" zu einem vorher existierenden Zustand oder Ereignisablauf, d. h. irgendeine Form von Macht auszuüben. (1988a: 66)

Dieser im Kern noch offene Machtbegriff wird unter Einbeziehung einiger weiterer Konzeptionen von Giddens' Sozialtheorie spezifiziert: Denn diese elementare Mächtigkeit bzw. diese Ausübung von Macht ist an das Verfügen über Ressourcen gebunden:

> Ressourcen [sind] [...] fundamental für die Konzeptualisierung von Macht (1988a: 81), sie bilden die Medien der [räumlich-zeitlichen] Ausdehnung von Macht innerhalb der verschiedenen Gesellschaftsformen. (1988a: 316)

Dabei ist zwischen zwei Typen von Ressourcen zu unterscheiden: zwischen allokativen Ressourcen und autoritativen Ressourcen (1988a: 315 f.). Unter allokativen Ressourcen sind, wie der Name Allokation (also „die Zuweisung von finanziellen Mitteln, Produktivkräften und Material") andeutet, materielle Rohstoffe, Mittel zur materiellen Produktion und produzierte Güter zu verstehen. Der Begriff zielt somit auf die Dimension der materiellen Reproduktion des sozialen Lebens. Demgegenüber zielt der Begriff der autoritativen Ressourcen auf die Dimension der sozialen Reproduktion in Gestalt der räumlich-zeitlichen Organisation des sozialen Lebens und der dadurch bedingten Lebenschancen. Macht ist Giddens' Verständnis zufolge damit nicht einseitig nur eine Ressource der Herrschenden. Denn jenseits der grundlagentheoretischen Einsicht, dass Macht eine Explikationsdimension von Handeln ist, gilt die sog. „Dialektik der Herrschaft" (1988a: 67, 180, 190): Über Macht verfügen sowohl die Herrschenden wie auch die Beherrschten, denn auch Abhängigkeiten stellen den Herrschaftsunterworfenen Ressourcen zur Verfügung. Ressourcen, die auch den Körper als „‚Ort' des handelnden Selbst" einschließen (1988a: 89, 185).

Das angesprochene erweiterte Praxisverständnis führt Giddens somit auf die konstitutiven strukturellen Aspekte jedes Handelns. Strukturen (1988a: 69–71) versteht er „als Regeln [normative und sinnkonstituierende (signifikante)] und Ressourcen [autoritative und allokative], die an der sozialen Reproduktion rekursiv mitwirken" (1988a: 45; vgl. 86, 240, 315–320). „Rekursivität" (vgl. Bourdieu, Kap. 16 und Luhmann, Kap. 12) meint dabei, „dass die Strukturmomente des sozialen Handelns – mittels der Dualität von Struktur – aus eben den Ressourcen, die sie konstituieren, fortwährend neu geschaffen werden" (1988a: 37; vgl. 70, 77):

> In und durch ihre Handlungen reproduzieren die Handelnden die Bedingungen, die ihr Handeln ermöglichen. (1988a: 52)

Aufgrund dieses – unmittelbar an Marx (vgl. Kap. 2.3.1) anschließenden – Grundverständnisses der Entstehung und Veränderung sozialer Wirklichkeit plädiert Giddens für einen Begriff der „Reflexivität" als Ausdruck des Umstandes, „dass die Handelnden auf den fortlaufenden Prozess des gesellschaftlichen Lebens steuernden Einfluss nehmen" (1988a: 53). Deshalb spricht Giddens von einer Theorie der „Strukturierung", insofern seinem Verständnis zufolge Strukturen nicht ein für alle Mal gesellschaftlich vorbestimmt sind, sondern diese im Zuge der sozialen Praxis ihrerseits erst produziert, also erzeugt werden, und damit aufgrund dieser Praxis auch stets veränderungsoffen bleiben. Die Idee der praktischen Bewusstheit bezieht sich entsprechend nicht nur auf die Ressourcen, sondern ebenso auf die Regeln (1988a: 73f.) als dem zweiten Strukturphänomen des Sozialen:

> Die Regeln des gesellschaftlichen Lebens [sind] als Techniken oder verallgemeinerbare Verfahren [zu] betrachten, die in der Ausführung/Reproduktion sozialer Praktiken angewendet werden. (1988a: 73)

Auch wenn diese Regeln also primär einschränkenden Charakter zu haben scheinen, stellt Giddens mit Bezug auf diese doch ebenso wie hinsichtlich des Herrschaftsbegriffs eine spezifische „Dialektik" heraus, insofern bei ihm Regeln eben auch als Handlungsressourcen in den Blick kommen, wenn es um das kluge Anwenden von Regeln, das Umgehen von Regeln (Überraschung) oder das Bestehen auf Regeln (Schutz) geht. So lautet seine grundlagentheoretische Überzeugung:

> Die Regeln und Ressourcen, die in die Produktion und Reproduktion sozialen Handelns einbezogen sind, [stellen] gleichzeitig die Mittel der Systemreproduktion [dar]. (1988a: 70; vgl. 76)

Leitend ist also auch hier wieder die Vorstellung prinzipieller Rekursivität, also die Annahme systematischer Rückkopplungseffekte. Deshalb spricht Giddens von einer „Dualität von Struktur" und nicht von einem Dualismus von Handeln und Strukturen (1988a: 77–81): Die „Strukturmomente sozialer Systeme [sind] sowohl Medium wie Ergebnis der Praktiken, die sie rekursiv organisieren" (1988a: 77). Die Unterscheidung von Handeln und Struktur ist also lediglich als eine analytische Unterscheidung zu verstehen.

Dabei ist zwischen einer syntagmatischen und einer paradigmatischen Dimension der Strukturierung sozialer Beziehungen durch soziale Regeln zu unterscheiden (1988a: 68): Zielt die „paradigmatische Dimension" der Strukturierung sozialer Beziehungen auf den objektiven Möglichkeitshorizont, „eine virtuelle Ordnung von ‚Strukturierungsmodi'", so fokussiert die „syntagmatische Dimension der Strukturierung sozialer Beziehungen in Raum und Zeit", die spezifische „Reproduktion situierter Praktiken", also die anwendungsbezogene Konkretisierung von Regeln und damit die Dimension der konkreten Hervorbringung sozialer Praktiken in Raum und Zeit:

> Wenn [...] Struktur eine „virtuelle Ordnung" transformatorischer Relationen darstellt, dann heißt das, dass soziale Systeme, als reproduzierte soziale Praktiken, [...] Strukturmomente aufweisen, und dass Struktur, als raumzeitliches Phänomen, nur insofern existiert, als sie sich in solchen Praktiken realisiert. (1988a: 69)

In Aufnahme der Formulierungen von Bourdieu zur Umschreibung des Habituskonzeptes kann man sagen, dass die Dualität von Struktur sowohl Erzeugnis als auch erzeugend ist und als analytische Figur somit die Dialektik von Handlung und Struktur auf den Begriff bringen soll. Struktur wird damit von Giddens im Kern als Prozessbegriff, als in Zeit und Raum eingebettete Eigenschaft verstanden, die sich „in reproduzierenden Praktiken ‚vollzieht'" (1988a: 223) und nur im Zuge dieses Vollzuges Struktur ‚ist'. Entsprechend kann die Rede von „Verdinglichung" sinnvoll nur meinen, dass in systematischer Weise verdeckt wird, in welcher Weise die vermeintliche Faktizität sozialer Realität durch und im Vollzug menschlichen Handelns produziert und reproduziert wird (1988a: 233f.). Drei „Dimensionen dieser Dualität von Struktur" (1988a: 81), die zugleich die drei strukturellen Dimensionen sozialer Systeme beschreiben, unterscheidet Giddens: makroperspektivisch die „strukturelle Dimensionen sozialer Systeme" bzw. „Strukturen" in Form von Signifikation (Bezeichnungen), Herrschaft und Legitimation (1988a: 83f.), mesoperspektivisch „Strukturierungsmodalitäten" zur Reproduktion von Interaktionskonstellationen: Interpretationen und Normen (1988a: 81f.) sowie mikroperspektivisch „Interaktionen" als Kommunikationen, Machtverhältnisse und sanktionierte Beziehungen (1988a: 81).

Auch wenn Strukturen aufgrund der Einsicht in die Dualität von Struktur eben nicht nur Zwangscharakter zukommt, so gilt dies doch auch, d. h.: Strukturmomente sozialer Systeme, also strukturierte Aspekte wie insbesondere institutionalisierte Ordnungen besitzen – aufgrund der immanenten Beziehung zwischen Struktur und Handeln – sowohl ermöglichende („enabling") als auch einschränkende („constraining") Qualitäten; ihnen kommt also auch Zwangscharakter zu (1988a: 215, 222, 246). Damit betont Giddens hier erneut eine Dialektik, also die strukturelle Ambivalenz sozialer Phänomene. Drei Bedeutungen von Zwang werden von ihm unterschieden (1988a: 228–233): (a) Zwänge, die aus materiellen Gegebenheiten der Welt sowie der menschlichen Körperlichkeit resultieren; (b) Zwänge als (machtgestützte) bestrafende Reaktionen; sowie (c) Zwänge, die in der Kontextualität des Handelns gründen, also in den situativ vorgegebenen Strukturmomenten des Handelns (vgl. Durkheim, Kap. 3.3 sowie Giddens' Auseinandersetzung mit seiner Konzeption (1988a: 223–227)).

13.4.2 Integrationsformen – Regionalisierungsweisen – Gesellschaft

Die konzeptionelle Anlage seiner Sozialtheorie als Raum-Zeit-Analytik ermöglicht es Giddens von einer Verengung des Gesellschaftsbegriffs auf Nationalstaaten, also auf die Form nationalstaatlich verfasster Gesellschaftlichkeit Abstand zu nehmen (1988a: 216f.):

> Gesellschaftliche Ganzheiten [werden] ausschließlich innerhalb eines Kontextes zwischengesellschaftlicher Systeme angetroffen, die entlang von Raum-Zeit-Schwellen verteilt sind. (1988a: 217)

Gesellschaften als soziale ‚Einheiten' heben sich somit reliefartig aus den Beziehungen, in die sie eingebettet sind heraus, „weil ihnen ganz bestimmte Strukturprinzipien dazu dienen, über Raum und Zeit hinweg ein bestimmtes umfassendes ‚Gefüge von Institutionen' zu konstituieren" (1988a: 217f.). Deshalb wird in der Theorie der Strukturierung „die Ausdehnung und ‚Geschlossenheit' von Gesellschaften über Raum und Zeit hinweg als grundlegend kontingent angesehen" (1988a: 218). Sich ausprägende gesellschaftliche Strukturierungsgefüge sind dabei durch vier institutionelle Ordnungen gekennzeichnet: durch eine symbolische Ordnung (Kultur), politische Institutionen (Politik), ökonomische Institutionen (Wirtschaft) und durch rechtliche Institutionen (Recht) (1988a: 81–88). Diese Institutionengefüge betreffen einen bestimmten Ort (soziale Systeme: Territorium), die Existenz normativer Muster (Anspruch auf legitime Besetzung von Orten) sowie eine durch Gefühle gestützte gemeinsame Identität (keinen Wertekonsens, sondern Gefühle, die eine Ausdrucksgestalt von Identität betreffen: z. B. Symbole) (1988a: 218). Im Sinne dieses Ansatzes begreift Giddens auch die Frage der Integration sozialer Ordnungen über die Raum-Zeit-Wege der Alltagshandlungen sozialer Akteure (1988a: 185ff.). Anstatt mit einer Mikro-Makro-Differenz zu argumentieren (1988a: 192–198), nimmt er – in Anschluss an wie in Differenz zu Lockwood und Habermas (vgl. Kap. 11.4.1) – die Unterscheidung von **Sozialintegration** und **Systemintegration** mittels der Raum-Zeit-Analytik in revidierter Form auf (1988a: 80f., vgl. 116–120, 192–198):

> Die Verbindungen zwischen Sozial- und Systemintegration kann man zur Darstellung bringen, wenn man die Regionalisierungsweisen untersucht [s.u.], welche die Raum-Zeit-Wege, denen die Mitglieder einer Gemeinschaft oder Gesellschaft in ihren alltäglichen Aktivitäten folgen, lenken und von ihnen gelenkt werden. (1988a: 196)

Mit dem Begriff der Sozialintegration werden dabei Wechselwirkungen zwischen Praktiken von Akteuren in Situationen der Kopräsenz, also in räumlich-zeitlicher Gemeinsamkeit bezeichnet, mit dem Begriff der Systemintegration hingegen Wechselwirkungen zwischen Praktiken von Akteuren und Kollektiven über weite (ausgedehnte) Raum-Zeit-Spannen hinweg. Kontextualität ist also inhärenter Bestandteil der Verknüpfung von Sozial- und Systemintegration (1988a: 185), d. h. es ist stets von der Situiertheit von Interaktionen (Wechselwirkungen) in Raum und Zeit auszugehen („Indexikalität"). „**Regionalisierungsweisen**" sind entsprechend zu verstehen als durch spezifische räumlich-zeitliche Strukturierungen verdichtete Sozialformen. Diese Zonierung sozialer Wirklichkeit durch räumlich-zeitliche Aufteilungen verdankt sich der sog. „Dualität von Struktur".

Wenn diese Konzeption mit dem leitenden Gedanken einer konstitutiven Wechselseitigkeit also auch keineswegs vollkommen neu ist (vgl. bspw. Schütz (Kap. 9.3), Foucault (Kap. 15.4.1), Bourdieu (Kap. 16.3)), so ist die Akzentuierung und forschungspragmatische Umsetzung wie Stoßrichtung mit Blick auf die räumlich-zeitliche Strukturierung sozialer Wirklichkeit doch ein originärer Beitrag von Giddens zum theoretischen Diskurs der Soziologie. Beispiele solcher Regionalisierungsweisen sind die Aufteilung von Wohnungen in Bereiche des Essens, Schlafens und Arbeitens, die Abgrenzung der Räume des Privaten und des Öffentlichen sowie das Konzept der Öffnungszeiten, die Unterscheidung von Arbeit und Freizeit wie auch die Rhythmisierung des Tagesablaufs, Konzeptionen von Schulzeiten (Stundenpläne), Ausbildungszeiten, Studienzeiten und des Berufsalltags. Die sich in diesen Regionalisierungsweisen materialisierenden zentralen individuellen und sozio-strukturellen räumlichen Achsen von Gesellschaften sind die Unterscheidungen von Vorderseitigem und Rückseitigem, von Zur-Schau-stellen und Verbergen, von Etablierten und Außenseitern (vgl. Elias Kap. 8.4.1) oder zentralen und peripheren Regionen (1988a: 176, 184). Entsprechendes gilt für die zeitlichen Achsen auf der Basis der kosmologischen Zeit (Tag – Nacht, Weltzeit) in sozialer (standardisierte Zeitzonen, konventionalisierte Zeitregelungen, lokale Zeiten) und individueller Hinsicht (subjektives Zeiterleben, Biografie).

Für die konkrete gesellschaftstheoretische Analyse unterscheidet Giddens drei Abstraktionsebenen der angezielten institutionellen Analyse (1988a: 240, 243; vgl. Lamla 2003: 69–82): *erstens* (gesellschaftliche) Strukturprinzipien als „Organisationsprinzipien, die auf der Grundlage bestimmter Mechanismen der gesellschaftlichen Integration für die Existenz erkennbar konsistenter Formen von Raum-Zeit-Ausdehnung verantwortlich sind" (1988a: 235), und die institutionelle Komplexe, also für die Produktion und Reproduktion des sozialen Lebens übergreifende institutionelle Arrangements bilden; *zweitens* (vernetzende) Strukturgefüge bzw. -komplexe oder Strukturen wie Kommunikations- und Transportmittel, Sinnkontexte und Geltungszusammenhänge, Typen von Speichern für allokative Ressourcen (1988a: 256f., 319 f.), Konvertibilitäten und Tauschlogiken, und *drittens* einzelne (institutionelle) Strukturmomente als Strukturierungsachsen wie sich über Raum und Zeit erstreckende soziale

Systeme und für die Strukturierung alltäglicher Raum-Zeit-Wege typische Regionalisierungsmuster, insbesondere Formen der Arbeitsteilung (1988a: 243, 245).

13.4.3 Sozialer Wandel zur Moderne

Systematisch ist die Frage, warum es überhaupt sozialen Wandel gibt, durch den Hinweis auf die prinzipielle Prozessstruktur der „Dualität von Struktur" beantwortet. Insofern ist für Giddens festzuhalten, dass gesellschaftsanalytisch eigentlich stets primär umgekehrt zu fragen ist: Wieso gibt es Dauer bzw. Stabilität? Wieso bzw. wodurch entstehen relativ konstant bleibende soziale Strukturierungen (1988a: 300 ff.)? Der Zuschnitt der institutionellen Analyse zur Präzisierung des gesellschaftsanalytischen Zugriffs von Giddens' Theorie ermöglicht nun den erneuten Rückbezug auf sein Gesellschaftskonzept – diesmal in diachroner, also historischer Perspektive. Hier unterscheidet er eine dreigliedrige Typologie von Gesellschaftsformationen (1988a: 235 ff., 249 ff.): Ausgehend von Stammesgesellschaften, die als schriftlose Kulturen vor-staatlich organisiert und segmentär differenziert und deren Interaktionen durch eine hohe Anwesenheitsverfügbarkeit charakterisiert sind, entwickeln sich über klassengegliederte Gesellschaften mit Stadt-Land-Beziehungen, einer klaren Trennung von ökonomischer und politischer Sphäre sowie dominanten religiösen Legitimationen, die aber im Kern Agrarstaaten blieben und in denen zwar eine Klassenspaltung existierte, die aber nicht als Basis des gesellschaftlichen Organisationsprinzips fungierte, schließlich Klassengesellschaften, die als Nationalstaaten zugleich kapitalistische Gesellschaften sind.

Die gesellschaftliche Dynamik, also die sozialen Veränderungsprozesse, die sich im Übergang dieser Abfolge von Gesellschaftsformationen historisch vollzogen, konzipiert Giddens als durch einen Widerspruch vorangetrieben: Er unterscheidet die Typik existentieller und struktureller Widersprüche in gesamtgesellschaftlicher Entwicklungsperspektive (1988a: 248). Dabei gilt bis auf vorstaatliche Gesellschaften, dass der Staat als Brennpunkt primärer struktureller Widersprüche anzusehen ist. Das Konzept des existentiellen Widerspruchs ist dabei bezogen auf elementare Aspekte menschlicher Existenz wie Tod, Krankheit, Angst (1988a: 248), die über die Entwicklung von Mythen etc. sozial vermittelt und sozial kanalisiert werden. Das Konzept des strukturellen Widerspruchs ist bezogen auf konstitutive Grundzüge menschlicher Gesellschaften (1988a: 248), d. h. die jeweilige Form der Entgegensetzung bzw. des Gegeneinanderstehens von Strukturprinzipien der Systemorganisation. Das Verhältnis zwischen existentiellen und strukturellen Widersprüchen in der Entwicklung von Stammesgesellschaften über klassengegliederte Gesellschaften bis zu kapitalistischen Klassengesellschaften stellt sich dann folgendermaßen dar (1988a: 249–253): Während in Stammesgesellschaften ein Vorrang existentieller Widersprüche herrscht und in klassengegliederten Gesellschaften sowohl existentielle als auch strukturelle Widersprüche bestehen, sei für kapitalistische Klassengesellschaften von einem Vorrang struktureller Widersprüche auszugehen. Diese bezögen sich primär auf das Verhältnis von öffentlich-staatlicher zu privat-bürgergesellschaftlicher Sphäre, sekundär auf die Internationalisierung des Kapitals im Gegenzug zur nationalstaatlichen politischen Verfasstheit von Gesellschaften.

Basierend auf der Differenzierung der institutionellen Dimensionen der Moderne (1995: 75–81), dem kapitalistischen System der Ökonomie mit Eigentumsstruktur, Marktmechanismus und Ungleichheitssystem, dem Industrialismus als sozialorganisatorischem System von Produktions-, Kommunikations- und Interaktionsform u. a. zwischen Mensch und Natur, den Überwachungsapparaten des politischen Systems und einem militärischen Gewaltmonopol beschreibt Giddens Prozesse der **Globalisierung** (1995: 84–101) als Frage der raumzeitlichen Abstandvergrößerung, deren Niveau in der Moderne im Vergleich zu früheren Zeiten fortschreitend sehr viel größer geworden sei, was zu einer Intensivierung weltweiter sozialer Beziehungen geführt habe. Diesem vier-dimensionalen Ansatz für ein Globalisierungsverständnis in der Moderne zufolge (1995: 71, 84–101) werden die vier institutionellen Komplexe moderner Gesellschaften nunmehr in ihren Wirkungen über die Grenzen jeweiliger nationalstaatlicher Rahmen hinaus erweitert. Solchermaßen entstehen eine kapitalistische Weltwirtschaft, ein System komplexer Interdependenzen zwischen Nationalstaaten (Politik mit Kontroll- und Gewaltmonopol), eine militärische Welt- und Kriegsordnung, ein globales Arbeitsteilungssystem der industriellen Produktion und es vollziehen sich Prozesse kultureller Globalisierung (Druck, Medien).

In diesem Rahmen ist für Giddens zugleich die Veränderung der Vertrauenssignatur von vormodernen hin zu modernen Gesellschaften ein zentraler Aspekt der sozio-historischen Dynamik. Dabei unterscheidet er zwischen dem Typus des Vertrauens in (abstrakte) Systeme bzw. Expertensysteme (gesichtsunabhängiges Vertrauen) auf der einen und dem Vertrauen in Personen auf der anderen Seite (gesichtsabhängiges Vertrauen). *Vormoderne Kulturen* waren danach charakterisiert durch Vertrauenskontexte aus Verwandtschaftsbeziehungen in lokalen Gemeinschaften, die in eine religiöse Kosmologie und bewährte Traditionen eingebettet waren (1995: 128–133) und deren Risikoumwelt durch Gefahren der physischen Welt, menschliche Gewaltanwendung und göttlichen Zorn geprägt wurde (1995: 134–136). Im Gefolge einer Übergangsphase mit dem Entstehen der sozialen Institutionen der Moderne pendelt sich dann, so Giddens, eine Art bleibendes Gleichgewicht zwischen Vertrauen und Risiko sowie zwischen Sicherheit und Gefahr ein (1995: 136). *Moderne Gesellschaften* seien dann durch Vertrauenskontexte abstrakter Systeme, die zunehmende Gewichtung von Intimitätsbeziehungen sowie eine Ausrichtung auf zukunftsbezogene Projekte geprägt (1995: 128, 141–155). Ihr Risikoprofil besteht Giddens zufolge wesentlich aus sozial organisierten ökologischen Bedrohungen, aus militärischer Gewalt und einer potenziellen Sinnentleerung (1995: 138–140, 156–164; vgl. zsfd. zur Kontrastierung vormoderner und moderner Kulturen: 1995: 28 f., 30, 53 f., 78, 80 f., 82, 96, 103 f., 128 ff., 136 ff., 150).

13.5 Gegenwartsdiagnose

Mit Blick auf seine Institutionenanalyse der Moderne stellt Giddens in gegenwartsanalytischer Absicht insbesondere deren strukturell ambivalenten Charakter heraus (1995: 9, 20). Für die Gegenwart identifiziert er eine Radikalisierung und Universalisierung der Konsequenzen der Moderne (1995: 11, 70 f.), konkret eine Zersetzung des Evolutionsgedankens, ein Verschwinden der historischen Teleologie und eine durchgreifend wirksame konstitutive Reflexivität bzw. Reflexivierung sozialer Verhältnisse (1995: 71 f.). Insgesamt skizziert er eine Entwicklungsperspektive, die vor allem auf die Bedeutung des Diskontinuierlichen abstellt (1995: 11). Generell seien für die Moderne ein beispielloses Herauslösen aus allen traditionalen Typen sozialer Ordnung (1995: 13) und eine immens forcierte Reflexivität und Historizität zu beobachten (1995: 66–69). Damit stellt sich für ihn die Frage, welche Diskontinuitäten die gesellschaftlichen Institutionen der Spätmoderne von den sozialen Ordnungen der Tradition trennen (1995: 14 f., 27). Aspekte für eine Beantwortung dieser Frage identifiziert er in zeitlicher Hinsicht bzgl. der Geschwindigkeit des Wandels, in räumlicher Hinsicht bzgl. der Reichweite des Wandels und in sachlicher Hinsicht bzgl. der Typik moderner Institutionen (z. B.: Nationalstaat, künstliche Energiequellen, Kommodifizierung, moderne Stadt). Die mit der Dynamik der Moderne beobachtbare Trennung von Raum und Zeit (1995: 28–33) führe zu einer Entleerung der Zeit und des Raumes, zu einer Trennung des Raums vom Ort (Anwesenheit/Abwesenheit) sowie einer **Entbettung** („disembedding"), d. h. zu einer Auflösung der raumzeitlichen Situierung sozialer Systeme (1995: 33–43, vgl. 72, 84, 136). Rasende Zeit und Ortlosigkeit werden so zum Signum sozialer Verhältnisse in spätmodernen Gesellschaften.

Von einer durch Tradition bestimmten Ordnung sozialer Verhältnisse wird durch fortschreitende Enttraditionalisierungsprozesse solchermaßen zunehmend das Erfordernis einer reflexiven Ordnung und Umordnung gesellschaftlicher Beziehungen dominant (1995: 52–62). Im Zuge dieser reflexiven Anwendung des Wissens, die zugleich ein Prozess der Versozialwissenschaftlichung ist, werde die Moderne gewissermaßen selbst soziologisch, was zu einer konstitutiven Instabilität des alltäglichen praktischen Bewusstseins führe und dieses seiner handlungsleitenden Kraft beraube. Die Karriere vielfältiger Beratungsagenturen und Expertengruppen identifiziert Giddens als Kehrseite dieses Prozesses, um das Individuum durch die moderne Hochrisikokultur zu manövrieren. Insofern das „Wesen" moderner Institutionen für Giddens zutiefst mit den Mechanismen des Vertrauens in abstrakte Systeme verknüpft ist (1995: 107), sind Beziehungen des Vertrauens gerade auch unter den Bedingungen einer zunehmenden raum-zeitlichen Abstandvergrößerung grundlegend (1995: 112). Denn Vertrauen, so die leitende Annahme, bewirkt eine raumzeitliche Verklammerung, die in der Ausbildung eines Urvertrauens, welches **„ontologische Sicherheit"** stiftet, grundgelegt ist, und die im Gegensatz zur existentiellen Angst oder Furcht steht (1995, 123, 127). Die (spät-)moderne Entwicklung hin zu einer Dominanz expertengestützten abstrakten Systemvertrauens bedarf also bestimmter Gegenimpulse, die

Giddens zufolge in der Etablierung von „Zugangspunkten" zu den Expertenkulturen der „abstrakten Systeme" zu sehen sind (1995: 107ff.).

Giddens bringt seine Phänomenologie der Moderne zusammenfassend anschaulich auf das Bild des „Dschagannath-Wagens", einer „nicht zu zügelnden und enorm leistungsstarken Maschine" (1995: 173f.). Für seine übergreifende Diagnose einer Entbettung sozialer Beziehungen (aus Raum und Zeit) in der späten Moderne ist die Vorstellung des Durchbruchs einer in der Gegenwart vollends „radikalisierten Moderne" leitend, eines Durchbruchs von seit dem 17. Jahrhundert angelegten Tendenzen. In dieser Konstellation wirken zwei dynamisierende Faktoren zusammen: Prozesse der Entkopplung von Raum und Zeit mit den Konsequenzen einer Entwertung des Hier-und-Jetzt sowie Prozesse der Entbettung aus lokal gewachsenen Handlungszusammenhängen (Enttraditionalisierung bezogen auf Wissen, Kultur, Symbole, Normen). Daraus folgen seines Erachtens *erstens* eine zunehmende Reflexivität menschlichen Handelns, *zweitens* eine Steigerung der Risiken des Handelns und des Risikobewusstseins, *drittens* eine über das historisch bisher bekannte Maß hinaus ausgedehnte Notwendigkeit des Vertrauens in Experten und Expertensysteme sowie *viertens* eine erweiterte Bedeutung symbolischer Systeme, z.B. des Geldes. Ausschlaggebend für den Umgang mit dieser Gegenwartskonstellationen ist für ihn die Bewältigung der vier dialektisch aufeinander bezogenen Erfahrungsrahmen von Entbettung und Rückbettung, von Intimität und Unpersönlichkeit, von Expertentum und Wiederaneignung sowie von privatistischem Verhalten und gesellschaftlichem Engagement (1995: 174–182). Den Weg dazu weist Giddens zufolge die Idee eines „utopischen Realismus" (1995: 190), der eine „Lebenspolitik" entwerfe zur Politisierung des Lokalen und Globalen, für eine emanzipatorische Politik und für eine Politik der Selbstverwirklichung (1995: 192f.).

13.6 Wirkungsgeschichte

Systematische Aufnahme und Auseinandersetzungen mit dem grundlagentheoretischen Werk von Giddens finden sich insbesondere in den Arbeiten von Margaret Archer und Andreas Reckwitz; die modernitätstheoretischen und gegenwartsanalytischen Teile seines Werkes sind dagegen vornehmlich in den Arbeiten von Ulrich Beck, Manuel Castells und Peter Wagner aufgenommen und verlängert geworden. Aufmerksamkeit und Einfluss haben darüber hinaus Giddens politische Arbeiten in der weiteren Öffentlichkeit nicht zuletzt im Gefolge seiner Berufung in den Beraterstab von Tony Blair und im Rahmen der europaweiten Diskussion um eine „Politik des dritten Weges" erfahren.

13.7 Zusammenfassende Übersicht

In diesem zusammenfassenden Abschnitt werden entsprechend der in der Einleitung dargelegten Kriterien zunächst die angesprochenen wesentlichen Aspekte des dargestellten Ansatzes in tabellarischer Form zusammengestellt (vgl. Tab. 13.1), anschließend werden die zentralen Begrifflichkeiten des Ansatzes nochmals knapp erläutert. Unter der Rubrik Literaturhinweise werden dann die zentralen Werke sowie ausgewählte Sekundärliteratur für das weitere Studium angegeben sowie schließlich unter dem Titel „Übungsaufgaben" einige Fragen zur Rekapitulation des Erarbeiteten zusammengestellt.

Tab. 13.1: Tabellarische Zusammenfassung Anthony Giddens

Aspekt	Giddens
Ansatz	Strukturationstheorie
Soziologieverständnis	Theorie der Sozialwissenschaften und Gesellschaftstheorie
Methodik	Theorie der Strukturierung als Raum-Zeit-Analytik
Erklärungsvorstellung	verstehend-rekonstruktiv (doppelte Hermeneutik)
Gesellschaftsbegriff	Strukturierungstypen mit historisch veränderlichen Raum-Zeit-Schwellen
Gesellschaftstypen	Stammes-, klassengegliederte, (kapitalistische) Klassengesellschaften
Macht und Herrschaft	Macht als Handlungsmacht
Soziale Ungleichheit	Klassenstrukturen
Sozialer Wandel	Verhältnis zwischen existentiellen und strukturellen Widersprüchen
Soziale Differenzierung	Regionalisierungsweisen
Soziale Integration	Sozial- und Systemintegration (Raum-Zeit-Strukturierungen)
Gegenwartsdiagnose	Entbettung sozialer Beziehungen (aus Raum und Zeit) und Enttraditionalisierung

13.7.1 Grundbegriffe

Doppelte Hermeneutik: Methodologische Einsicht in die fortgesetzte wechselseitige Durchdringung von alltäglicher und (sozial-)wissenschaftlicher Sprache und Weltdeutung im Prozess der sinnhaften Konstitution der sozialen Welt.
Dualität von Struktur: Annahme des wechselseitigen und sich jeweils prägenden (produzierenden und reproduzierenden) Verhältnisses von Handeln und Strukturen.
Entbettung („disembedding"): Prozess des Heraushebens sozialer Beziehungen aus konkreten (lokalen) raum-zeitlichen und durch Traditionen geprägten Verankerungen.
Globalisierung: Ambivalentes Gegenwartsphänomen, durch das einerseits die Zunahme raum-zeitlicher Abstände in der Moderne zu beobachten ist, mit der aber andererseits eine Intensivierung weltweiter sozialer Beziehungen einhergeht.

Institutionelle Reflexivität: Der für spätmoderne Gesellschaften grundlegende Typus der Wissenserzeugung und Wissensaneignung über Experten und Institutionen, der zur Routinisierung sozialen Handelns und zur Revision und Reproduktion gesellschaftlicher Strukturierung führt.
Ontologische Sicherheit: Gewissheitsmodus durch grundlegendes Vertrauen in die weitere Kontinuität der sozialen Ordnung und den Erhalt der Konstellationen sozialen Lebens und der individuellen Biografie.
Raum/Zeit: Geografisch-physikalisch-soziale Konstruktionen.
Regeln: Verallgemeinerte Prinzipien des Handelns, die entweder den Sinn von Praxisvollzügen bestimmen (konstitutive Regeln) oder aber eine lediglich präskriptive bzw. Orientierungsfunktion haben (regulative Regeln).
Regionalisierung: Die räumlich-zeitliche Differenzierung sozialer Einheiten auf der Basis der sozialen Konstruktionen der räumlichen und zeitlichen Konstruktionen sozialen Lebens.
Ressourcen: Mittel zur Generierung von Macht, bei denen es sich entweder um materielle (natürliche oder technische) Handlungsmittel handelt, die sich der Herrschaft von Menschen über die Natur verdanken (allokative Ressourcen), oder aber um nicht materielle Handlungsmittel, die der Herrschaft (die Verfügbarkeit) von Menschen über Menschen entstammen (autoritative Ressourcen).
Sozialintegration: Integration über die Wechselwirkungen zwischen Praxisformen, die sich in Situationen der Kopräsenz, der gleichzeitigen Anwesenheit, also in der Gemeinsamkeit von Raum und Zeit vollziehen.
Systemintegration: Integration über die Wechselwirkungen zwischen Praxisformen, die sich über ausgedehnte Raum-Zeit-Spannen hinweg, also in Konstellationen der Abwesenheit, d. h. der Entkopplung von Raum und Zeit vollziehen.

13.7.2 Literaturhinweise

Werke: 1973: The Class Structure of Advanced Societies (dt.: Die Klassenstruktur fortgeschrittener Gesellschaften), 1976: New Rules of Sociological Method. A positive critique of interpretative sociologies (dt.: Interpretative Soziologie. Eine kritische Einführung), 1979: Central Problems in Social Theory. Action, structure and contradiction in social analysis, 1981: A Contemporary Critique of Historical Materialism, 1984: The Constitution of Society. Outline of the Theory of Structuration (dt.: Die Konstitution der Gesellschaft. Grundzüge einer Theorie der Strukturierung), 1990: Consequences of Modernity (dt.: Die Konsequenzen der Moderne), 1991: Modernity and Self-Identity. Self and Society in the late modern age, 1992a: Kritische Theorie der Spätmoderne, 1992b: The Transformation of Intimacy. Sexuality, love and eroticism in modern societies (dt.: Wandel der Intimität. Sexualität, Liebe und Erotik in modernen Gesellschaften), 1994: Reflexive Modernization. Politics, tradition and aesthetics in the modern social order (mit Ulrich Beck und Scott Lash) (dt.: Reflexive Modernisierung. Eine Kontroverse).

Bryant, Christopher G. A./Jary, David (Hg.) (2001) The Contemporary Giddens. Social Theory in a globalizing age, London/Washington: Routledge.
Bryant, Christopher G. A./Jary, David (Hg.) (1991/2012) Giddens' Theory of Structuration. A critical appreciation, London/Washington: Routledge.
Clark, Jon/Modgil, Celia/Modgil, Sohan (Hg.) (1990) Anthony Giddens. Consensus and Controversy, London/Washington: Routledge.
Joas, Hans/Knöbl, Wolfgang (2004) Anthony Giddens' Theorie der Strukturierung und die neuere britische Machtsoziologie, in: dies., Sozialtheorie. Zwanzig einführende Vorlesungen, Frankfurt/M.: Suhrkamp, S. 393–429.
Lamla, Jörn (2003) Anthony Giddens, Frankfurt/M./New York: Campus.
Müller, Klaus (2001) Die Strukturierung der Moderne: Anthony Giddens' Beitrag zu Sozialtheorie und soziologischer Zeitdiagnose, in: Carsten Stark/Christian Lahusen (Hg.), Theorien der Gesellschaft, München/Wien: Oldenbourg, S. 163–201.
Münch, Richard (2004) Die Konstitution der Gesellschaft: Anthony Giddens' Theorie der Strukturierung, in: ders., Soziologische Theorie, Bd. 3: Gesellschaftstheorie, Frankfurt/M./New York: Campus, S. 475–504.

13.7.3 Übungsaufgaben

(1) Erläutern Sie Giddens' Konzept der „Dualität von Struktur".

(2) Welche Vorstellung sozialen Wandels ist für Giddens leitend?

(3) Inwiefern und in welcher Hinsicht ändert sich Giddens zufolge die zentrale Vertrauenssignatur von Gesellschaften im historischen Prozess?

(4) Erläutern und veranschaulichen Sie Giddens' Konzept der Regionalisierungsweisen.

(5) Welche Abstraktionsebenen der institutionellen Analyse unterscheidet Giddens? Verdeutlichen Sie die Unterscheidung anhand ausgewählter Beispiele.

14 James S. Coleman: Rationales Handeln und Gesellschaft

James Coleman steht in der Soziologie für die Entwicklung der **Theorien rationalen Handelns und rationaler Entscheidungsfindung.** Colemans Hauptwerk ist die 1990 erschienene Untersuchung „Foundations of Social Theory". Darin geht es Coleman nicht nur um eine Grundlegung der Soziologie, sondern um eine Bestimmung der konzeptionellen Grundlagen einer allgemeinen, also Ökonomie, Historik, Archäologie, Sozialanthropologie sowie Ethnologie einschließenden Sozialtheorie (1991: 33, 1993: 67 ff.). Kern dieser Sozialtheorie ist neben einem allgemeinen Erklärungsschema die Behandlung des Kernproblems der Sozialwissenschaften in Form des **Makro-Mikro-Makro-Problems.**

14.1 Grundzüge

Colemans theoretische Bemühungen sind von dem Ziel geleitet, eine „Theorie zielorientierten individuellen Handelns" (1986: 58) als allgemeine Grundlage der Sozialwissenschaften zu entwickeln. Eine Handlungstheorie, die das Kriterium der (rationalen) **„Nutzenmaximierung"** bei individuellen Akteuren ins Zentrum stellt (1986: 76 f.):

> Der Akteur wird als zielgerichtet Handelnder begriffen, Handlungen werden durch ihre (antizipierten) Konsequenzen verursacht. (1986: 58)

Auszuarbeiten ist also eine Theorie, an deren Entwicklung – Coleman zufolge – nicht zuletzt auch Parsons scheiterte (1986: 56 f.), insofern er den „Übergang von der Mikro- zur Makroebene", d. h. das Auseinanderfallen von Systemfunktionen und individuellen Interessen nicht angemessen berücksichtigte (1986: 74). Insgesamt sind Colemans eigene theoretische Anstrengungen motiviert durch die Kritik an einer Sozialtheorie, die sich „zu einem auf der kollektiven Ebene verharrenden Funktionalismus entwickelte" (1986: 62). Insbesondere jedoch verweigert Coleman der bei Parsons leitenden Vorstellung die Zustimmung, dass Handelnde in irgendeiner Weise lediglich als normbefolgende Rollenspieler vorzustellen wären.

Ziel der theoretischen Bemühungen Colemans ist danach die Entwicklung eines über den engeren ökonomischen Bereich hinaus reichenden **verallgemeinerten Tauschmodells.** Mit diesem Anliegen gehen folgende theoriekonstitutive Unterstellungen einher: (1) dass Akteure rational, d. h. zielgerichtet im Sinne von nutzenorientiert handeln (1982: 12, 31), (2) dass Akteure über feststehende Ziele und Erwartungen verfügen, (3) dass sie angesichts dieser Festlegungen ihr Handeln wählen und (4) dass sie ihren auf dieser Grundlage kalkulierten Nutzen dadurch maximieren können, dass sie sich für die höchstbewertete der erwogenen Handlungsalternativen entscheiden. Dabei ist für Coleman klar, dass **Akteure** dazu gezwungen sind, ihre (a) Ziele in (b) Situationen, unter (c) beschränkten Ressourcen und (d) unter Inrechnungstellung des eigenwilligen und ebenso eigeninteressierten Handelns ihrer Mit-Akteure zu realisieren versuchen müssen. (Entsprechende Überlegungen werden von Coleman dann mit spieltheoretischen Mitteln und paradigmatisch bspw. im sog. Gefangenendilemma oder in Ultimatum-Spielen analysiert.) Wichtig ist in diesem Zusammenhang für Coleman (im Unterschied nicht zuletzt zur Systemtheorie) die Annahme, dass nur individuelle Akteure Ziele haben, nicht jedoch Systeme. In der Soziologie, so Coleman, „sollte eine theoretisch angemessene Vorgehensweise Vorstellungen von Zwecken, Zielgerichtetheit und Homöostase [also Gleichgewichtsannahmen] [...] auf die Ebene der Akteure im sozialen System begrenzen" (1986: 58).

Die Motivation, ein tauschtheoretisches Modell zur Grundlage der Sozialtheorie zu machen, ergibt sich für Coleman aus dem schlichten Umstand, dass Akteure „die Aktivitäten, die ihre Interessen befriedigen können", i. d. R. nie vollständig kontrollieren können, sodass die Verfolgung eigener Interessen einen **strukturellen Zwang zu Transaktionen** nach sich zieht (1991: 35f.). Entscheidend ist für Coleman aufseiten der handelnden Subjekte dabei die Annahme „struktureller Interdependenz", d. h. die Annahme, dass „jeder Akteur an[nimmt], dass die Handlungen der anderen von seiner eigenen Handlung unabhängig sind", sodass hier die Akteure „eher von einer fixen als von einer reaktiven Umwelt" ausgehen (1991: 36f., 38). Colemans Schlussfolgerung aufgrund dieser Vorannahmen lautet:

> Wenn es in einem System nur strukturelle Interdependenz gibt, ist Rationalität klar definiert. Da das soziale Umfeld unabhängig ist, wird eine rationale Handlung entweder mit dem Modell der Rationalität unter Gewissheit (wenn das Ergebnis mit Gewissheit aus der Handlung folgt) oder dem Modell der Rationalität unter Risiko (wenn das Ergebnis nur mit einer gewissen Wahrscheinlichkeit [...] aus der Handlung folgt) angemessen dargestellt. (1991: 37)

14.2 Biografie

James Samuel Coleman wird am 12. Mai 1926 in Bedford, Indiana, südlich von Indianapolis, geboren. Nach einem Studium der Naturwissenschaften ab 1947 an der Purdue University (Indiana) nahm er ab 1951 ein Graduiertenstudium der Soziologie an der Columbia University (New York) bei Paul F. Lazarsfeld, Seymour Martin Lipset und Robert King Merton auf. Von 1956 bis 1959 lehrte er als Assistent Professor an der University of Chicago und dann bis 1973 an der John Hopkins University in Baltimore, bevor er 1973 an die University of Chicago zurückkehrte. Dort blieb er bis zu seinem Tod am 25. März 1995. Die Hauptarbeitsgebiete von Coleman sind die empirisch fundierte Bildungs- und Jugendsoziologie, eine durch mathematische Modellanalysen gestützte Theorie sozialer Prozesse, sozialen Handelns und der modernen Gesellschaft sowie die Theorie der Normbildung.

14.3 Methodologisch-methodische Grundlegung: Theorie rationaler Wahl

Der Ansatz der „Grundlagen der Sozialtheorie" lässt sich allgemein wie folgt charakterisieren: In seinem ersten und zweiten Teil (1991: Bd. I) wird der Versuch unternommen, eine **einheitswissenschaftliche Erklärungsheuristik** für die Sozialwissenschaften in Anlehnung an die neoklassische Ökonomie und ihre **nutzentheoretische Perspektive** zu entwickeln. Als Basiskonzept fungiert die Annahme rationaler Akteure zur Entwicklung eines allgemeinen sozialen Tauschmodells. Das Problem sozialer Ordnung wird in diesem Ansatz entsprechend als ein „**Abstimmungsproblem**" zwischen individuellen, eigeninteressierten Akteuren bestimmt. Die Elemente des zugrunde gelegten Tauschmodells sind: Akteure und die Dinge, über die sie Kontrolle ausüben, also ihre Verfügung über Ressourcen (Verfügungs- und Nutzungsrechte); sodann das Interesse der Akteure an fremden, also ihnen nicht direkt zugänglichen, gleichwohl von ihnen benötigten und/oder erstrebten Ressourcen. Zu deren Erlangung werden von Akteuren Tauschangebote unterbreitet unter der Voraussetzung, dass sie über die Veräußerungsrechte der zum Tausch angebotenen Waren verfügen – was ggf. die Zustimmungspflicht von Mitakteuren einschließen kann. Damit hängt die Geltung und handlungspraktische Wirksamkeit der Regeln oder Normen des Tauschens entweder vom **Vertrauen** der Akteure zueinander ab (Zustimmung) oder aber sie ist eine Frage von **Herrschaft**.

Insofern Colemans theoretische Intuition dahin geht, nicht nur im engeren Sinne ökonomische, sondern alle sozialen Handlungsvollzüge als nutzenmaximierungsorientierte Tauschvorgänge im Sinne der klassischen Ökonomie zu deuten, stellt für ihn jeder soziale Tausch und das mit ihm einhergehende Problem der Übertragung von Kontrollrechten über Ressourcen entweder ein Vertrauens- oder aber ein Herrschaftsproblem dar. Und diese Probleme stellen sich sowohl in einfachen Interaktionsbeziehungen (also bezogen auf das Handeln von individuellen Akteuren) als auch auf der Ebene komplexer Vertrauens- und Herrschaftsbeziehungen (also auf der Ebene von Systemen).

Kern dieses Ansatzes ist ein **Erklärungsmodell** für die Sozialwissenschaften, das tauschtheoretisch angelegt ist. Den Hintergrund dieser Modellvorstellung bildet ein deduktiv-nomologisches Erklärungsschema (auch „covering law-Modell" oder „Hempel-Oppenheim-Schema" (HO-Schema) genannt). Dieses Erklärungs- bzw. Schlussschema umfasst im Explanans (das Erklärende) sog. „allgemeine Gesetze" [G] (z. B. des Handelns) sowie Beschreibungen der situativen Ausgangs- oder Rahmenbedingungen, also der Bedingungen, unter denen diese „allgemeinen Gesetze" G dann zur Anwendung kommen [S]. Aus diesen beiden Komponenten des Explanans folgt dann, so die Annahme, notwendig das Explanandum (das zu Erklärende), also die Beschreibung des zu erklärenden Sachverhalts [E]. Das Schema sieht dann wie folgt aus:

S 1, ... Sm (Situationsbedingungen, -beschreibungen)
G1, ... Gn (Explanans: Gesetze)
   E   (Explanandum – als logische Folgerung)

Zur Erläuterung dieser Erklärungspraxis dient häufig folgendes Beispiel: [S] Sokrates ist ein Mensch. [G]: Alle Menschen sind sterblich. [E]: Also ist Sokrates sterblich.

Diese, zunächst lediglich auf individuelle Akteure zugeschnittene Analyse wird von Coleman dann auf korporative Akteure und die spezifische Signatur moderner Gesellschaften erweitert: Die Frage ist hier, wie es individuellen Akteuren mit unterschiedlichen Verfahren kollektiven und kommunikativen Entscheidens gelingen kann, miteinander und über den Aufbau von Rechtsverhältnissen sog. **„korporative Akteure"** zu schaffen. Auch hier legt Coleman zunächst eine Analyse von entsprechenden kollektiven Entscheidungs- und Abstimmungsprozessen zur Zusammenlegung der Ressourcen mehrerer Akteure vor und schließt daran eine Analyse der dabei auftretenden Probleme an. Zu den analysierten Problemen zählen die Bestimmung der jeweils zu erbringenden Beiträge, die Verteilung möglicher Erträge sowie ggf. die Legitimierung von erforderlichen Herrschaftsbeziehungen zur Realisierung von Kooperationsbeziehungen. Im abschließenden Teil seiner „Grundlegung" (1991: Bd. III) folgt schließlich der Schritt zur Modellierung: Coleman unterbreitet Vorschläge zur besseren Kontrolle logischer Folgerungen aus dem Kernmodell durch dessen umfangreiche und hochkomplexe Mathematisierung. Zentrale Aspekte dieser in seinem Hauptwerk von 1990 niedergelegten Systematik sind zum einen also die handlungs- bzw. nutzentheoretische Grundkonzeption, sodann die gesellschaftsanalytische Problematik des Makro-Mikro-Makro-Verhältnisses mit der darin eingelagerten Frage nach einem adäquaten soziologischen Erklärungsmodell, sowie schließlich die Frage nach dem Verständnis moderner Gesellschaften und ihrer Zeitdiagnose.

14.4 Zentrale sozial- und gesellschaftstheoretische Konzepte

14.4.1 Makro-Mikro-Makro-Problem

Zentrales Problem der Soziologie ist es Coleman zufolge zu erklären, „wie ein soziales System funktioniert" (1991: 1). Soziale Systeme entstehen dadurch, dass individuelle Akteure ihre Handlungsziele nicht unmittelbar durch eigenes Handeln realisieren können, sondern auf das Handeln anderer zu deren Realisierung angewiesen sind. D.h. soziale Systeme entstehen – klassisch gesprochen – durch die „Wechselwirkungen" (1991: 14) zwischen einer Mehrzahl von Akteuren, also etwa durch Formen des Tauschens:

> Systeme bestehen aus Akteuren, und ihr Handeln oder Verhalten ist die emergente Folge der interdependenten [also wechselseitig einander bedingenden] Handlungen derjenigen Akteure, die das System konstituieren. (1986: 58)

Coleman ist somit der Auffassung, dass die Erklärung des Funktionierens sozialer Systeme von den Einheiten bzw. Bestandteilen sozialer Systeme auszugehen hat, also i. d. R. von individuellen Akteuren, die er als die „natürlichen" Gegenstände sozialwissenschaftlicher Beobachtung ansieht: „Systemelemente", so Coleman, „die aus soziologischer Perspektive als Akteure" zu begreifen sind, sind „Personen oder korporative Akteure [Regierungen, Firmen, Gewerkschaften, gemeinnützige Vereinigungen]" (1986: 58). Coleman vertritt damit im Unterschied zu einem strikten methodologischen Individualismus die These, „dass ein soziales System nicht nur Personen wie uns selbst als seine grundlegenden Elemente enthält, sondern ebenso eine andere Art von ‚Person'", die er „als ‚korporative Akteure' bezeichnen" möchte (1982: 16 f.). Damit wird eine Ausdehnung des Akteurbegriffs über die von Weber, Schütz und Berger und Luckmann favorisierte Eingrenzung auf individuelle Personen hinaus vorgenommen. Entsprechend dieses Zugriffs bildet die **Erklärung des Übergangs von der Mikro-Ebene individueller Akteure zur Makro-Ebene systemischer Prozesse** den eigentlichen Gegenstand der Sozialtheorie und damit das Kernproblem jeder soziologischen Erklärung:

> Die Sozialtheorie [...] muß den Übergang von der Mikro- zur Makroebene zufriedenstellend erklären können, d. h. den Übergang vom zweckgerichteten Handeln individueller Akteure zur Funktionsweise eines Handlungssystems. [...] Das größte theoretische Hindernis einer Sozialtheorie, die handlungstheoretisch fundiert ist, [ist] [...] zu suchen [...] in der Art und Weise, wie das zielgerichtete Handeln der Individuen miteinander verknüpft wird, um ein soziales Phänomen zu erzeugen. (1986: 67)

Wir haben es hier mit dem sog. Problem der Emergenz, also der Frage zu tun, wie der Übergang von der Mikroebene individueller Akteure und ihres Handelns zur Entstehung kollektiver, komplexer sozialer Phänomene (Makroebene) mit den Mittel der Soziologie erklärt werden kann. Diese Frage steht im Zentrum des theoretischen Interesses von Coleman. Denn wenn Akteure aus soziologischer Perspektive lediglich individuelle Personen und korporative Akteure sind, dann stellen sich „zwei grundlegende theoretische Probleme":

> Wie verknüpfen sich die zweckgerichteten Handlungen der Akteure zu Systemverhalten, und wie werden diese umgekehrt von den aus dem Systemverhalten resultierenden Zwängen geformt? (1986: 58 f.)

Colemans These zur Beantwortung der gestellten Frage lautet: Kollektive Phänomene, also Makrophänomene (wie z. B. auch Normen), ergeben sich durch **Interdependenzdynamiken und soziale Beschränkungen** („social constrains") aus den Handlungen einer Vielzahl von Akteuren. Ihre Erläuterung bzw. Modellierung erfahren diese „Interdependenzdynamiken" in dem von Coleman (und anderen) konzipierten sog. „Badewannen"-Erklärungsmodell (vgl. 1990: 8, 646). Dieses Modell soll die **drei Ebenen einer soziologischen Erklärung** zusammenführen, also die handlungstheoretischen Annahmen, die Konzeption von Wechselwirkungen zwischen Akteuren und die Ausbildung von Verteilungsstrukturen, also gesellschaftlichen Makrophänomenen als deren Auswirkungen. Für dieses Erklärungsmodell hat Coleman folgende schematische Darstellung entwickelt (vgl. Abb. 14.1):

Makrophänomen ⟶ 4 ⟶ Makrophänomen
↘ 2 ↗ 3
Mikrophänomen ⟶ 1 ⟶ Mikrophänomen

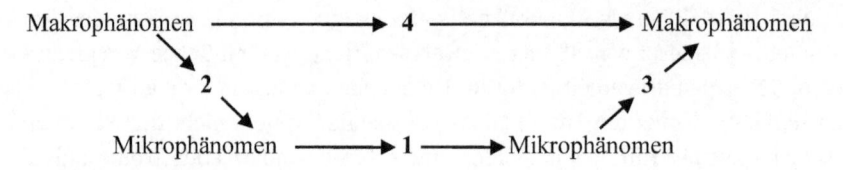

Abb. 14.1: Makro-Mikro-Makro-Modell

Unter Rückbezug auf die zuvor dargestellte Erklärungslogik Colemans (vgl. Kap. 14.3) bezeichnet die Beziehung 4 das Erklärungsproblem, das zu Erklärende (E). Dieses Erklärungsproblem soll durch die Analyse der Beziehungen 1, 2 und 3 einer Lösung zugeführt werden. Grundlegend ist dabei die Beziehung 1, die die zugrunde gelegte Handlungstheorie als allgemeines Gesetz formuliert; im Falle des Ansatzes von Coleman also die Theorie nutzenmaximierenden Handelns (G). Demgegenüber beschreiben die Beziehungen 2 und 3 die jeweils zentralen Schritte der angezielten Erklärung, also die situationsspezifischen Rahmenbedingungen (S): In Beziehung 2 geht es um die Formulierung von sog. „Brückenhypothesen" zur Verbindung von sozialem Handlungskontext und individuellem Akteur mit der Begründung, welche allgemeine Handlungsgesetze unter den jeweils untersuchten Situationen zur Anwendung kommen. Und in Beziehung 3 steht die Formulierung von sog. „Transformationsregeln" bzw. „Aggregationsregeln" zur Aufgabe; von Regeln also, die die Herbeiführung der aus den individuellen Handlungswahlen resultierenden kollektiven bzw. makrosozialen Effekte auf den Begriff bringen (erklären) sollen. Erst mit einer Beantwortung dieser letzten Beziehung ist die Vollständigkeit der angestrebten **Makro-Mikro-Makro-Erklärung** realisiert und damit eine erklärende Beantwortung des als Beziehung 4 charakterisierten und fraglichen Zusammenhangs möglich (vgl. auch Esser 1993: 91 ff.). In der von Hartmut Esser bevorzugten Sprache umfassen (a) die Elemente, die in der Beziehung 2 verbunden sind, die „Logik der Situation" (Makro-Mikro), (b) die Elemente, die in der Beziehung 1 verbunden sind, die „Logik der Selektion" (Mikro-Mikro) und (c) die Elemente, die in der Beziehung 3 miteinander verbunden sind, die „Logik der Aggregation" (Mikro-Makro).

Bevorzugtes Anwendungsbeispiel zur Demonstration der Leistungsfähigkeit dieses Erklärungsmodells sowohl bei Coleman (1986: 69 f., 1991: 7–12) als auch bei Esser (1993: 98–100) ist dann Max Webers berühmte **Protestantismus-Kapitalismus-These** (vgl. Kap. 5.4.2) (vgl. Abb. 14.2):

Zu klären ist zunächst einmal (Beziehung 2), in welcher Form sich vorliegende Makrostrukturen (im vorliegenden Fall die religiöse Doktrin der Prädestinationslehre) in handlungstheoretisch relevanten Variablen, d.h. als individuell handlungsleitende Werte niederschlagen (im vorliegenden Fall die Erlangung der Erlö-

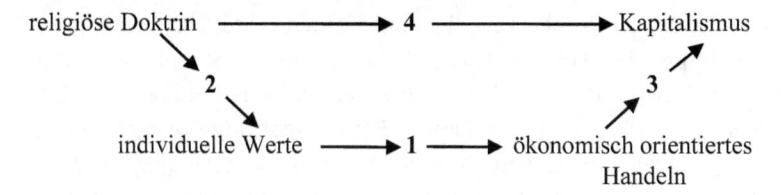

```
religiöse Doktrin ─────────▶ 4 ─────────▶ Kapitalismus
           ╲                                  ╱
            2                                3
             ╲                              ╱
            individuelle Werte ──▶ 1 ──▶ ökonomisch orientiertes
                                          Handeln
```

Abb. 14.2: Erklärungsmodell zur Protestantischen Ethik (Quelle: nach Coleman 1991: 11)

sung). Diese Werte stellen die Handlungsbeschränkungen (Restriktionen) und Handlungschancen (Opportunitäten) der Individuen, die sich in konkreten Gelegenheitsstrukturen niederschlagen. Zu klären ist sodann die Frage (Beziehung 1), wie Akteure sich angesichts dieser strukturellen Vorgaben verhalten, d. h. welche konkreten Handlungen sie aufgrund dieser Situationskonstellationen wählen und vollziehen (im vorliegenden Fall die konsequente Ausrichtung auf eine asketische und die Vermehrung von Reichtum ausgerichtete Lebensführung aufgrund der Annahme, die Erlangung von Wohlstand sei sicheres Indiz für ein Gott wohlgefälliges Leben). Als „die größte intellektuelle Hürde" für eine befriedigende Erklärung, die auch Weber nicht bewältigt habe, betrachtet Coleman es jedoch „aufzuzeigen, wie diese individuellen Orientierungen zusammenwirken, um die Struktur der ökonomischen Organisation zu erzeugen, die wir Kapitalismus nennen" (Beziehung 3) (1986: 70). Es ist Coleman zufolge das gleichgerichtete Zusammenhandeln einer Vielzahl von Akteuren, das – bspw. durch das Entstehen eines neuen Akteurs oder neuer institutioneller Zusammenhänge (einer Partei) – Effekte auf der Makroebene sozialer Wirklichkeit nach sich zieht. Offenkundig ist allerdings, dass sich der Aufbau neuer Organisationen oder die Etablierung komplexer sozialer Strukturen wie bspw. Ungleichheitsverhältnisse nicht ausschließlich durch den Bezug auf identische nutzenmaximierende Handlungsmotivationen erklären lässt. Herrschaftsstrukturen, historisch verfügbare Legitimationsmuster (Traditionen), implizit geteilte Selbstverständnisse und nicht absehbare unbeabsichtigte Effekte sozialen Handelns sind in ihrer wirklichkeitsformierenden Bedeutung für die Erklärung makroskopischer (emergenter) sozialer Phänomene stets zu berücksichtigen.

14.4.2 Moderne Gesellschaft

Colemans Interesse an der Entwicklung einer auf eine komplette Handlungstheorie gestützten facheinheitlichen Universaltheorie verdankt sich jenseits theoretischer Motivationen nicht zuletzt einem ausgeprägten politisch-praktischen und auch kritischen Impuls. Dieser lässt sich insbesondere im Rahmen seiner bildungssoziologischen Untersuchungen (den sog. Coleman-Reporten zur Bildungssituation in den USA) beobachten.

Zentrales Thema von Colemans **bildungssoziologischen Untersuchungen** (die entsprechende Aufsätze liegen nunmehr gesammelt vor: vgl. 1990) ist die Reproduktion und mögliche Reduktion sozialer Ungleichheiten durch Bildungssysteme. Kernproblem jeder institutionellen Lösung ist dabei die grundlegende Spannung zwischen den zentralen Normen der Gleichheit und der individuellen Freiheit. In einer ersten Arbeit aus dem Jahr 1966 „Equality of Educational Opportunity" weist Coleman mit seinem Team zunächst die Bedeutung von ethnischer Zugehörigkeit, der Gemeindesituation vor Ort und der Familiensituation als außerschulischen Ressourcen (oder eben Restriktionen) für die Bildungschancen von Kindern nach. Die entsprechende politische Empfehlung zur Einführung ethnisch gemischter Schulen führt zu entsprechenden Umsetzungen im Schulsystem der USA. Der Analyse des Erfolges dieser Maßnahmen war dann eine Anschlussstudie im Jahr 1975 über „Trends in School Segregation" gewidmet. In ihr gelingt der Nachweis, dass De-Segregation Re-Segregation erzeugt, dass also politisch initiierte De-Segregationsprozesse (d. h. Bemühungen um die Auflösung ethnisch homogener Milieus) zu Re-Segregationsprozessen aufseiten der Betroffenen führen. Im vorliegenden Fall zu einem sog. „white flag"-Phänomen: Weiße Eltern unterliefen die staatlich initiierte De-Segregationspolitik durch den Umzug in ethnisch homogene Bezirke an den Stadträndern und gestalten damit Re-Segregationsprozesse.

In einer weiteren bildungssoziologischen Studie aus dem Jahr 1982 über „Higher School Achievement", die sich der Frage nach den Einflussfaktoren für die Qualität von High School widmete, führte Colemans Team den Nachweis höherer Bildungsstandards bei Schülern katholischer Privatschulen gegenüber denjenigen öffentlicher Schulen aufgrund höherer Leistungs- und Disziplinanforderungen und aufgrund ihrer Lebenssituationen in den Herkunftsfamilien, Herkunftsgemeinden und heimische Nachbarschaften. Die Ergebnisse seiner Analysen generalisierte Coleman zu der These der asymmetrischen Informationsverteilung insbesondere in modernen Gesellschaften (1986: 65f.). Dieses Stichwort der „Asymmetrie" verweist generell auf den zeitdiagnostischen Zuschnitt von Colemans Ansatz (vgl. Kap. 14.5).

Colemans Leistung im Bereich der historischen Soziologie besteht insbesondere darin, eine Rekonstruktion der Entstehungsgeschichte und der Funktionsweise des die moderne Gesellschaft dominierenden **Sozialgebildes des korporativen Akteurs** und seiner verselbstständigten organisationalen Macht geliefert zu haben. Besonderes Kennzeichen moderner im Unterschied zu traditionalen Gesellschaften ist für Coleman das Aufkommen eines neuen Akteurtypus und damit der Umstand, dass Individuen als sog. „Agenten von Korporationen" handeln. Die Analyse der Entstehung der sich als intermediäre Instanzen zwischen Individuum und Gesellschaft ausbildenden „korporativen Akteure" bildet den Gegenstand von Colemans beiden Studien „Power and the Structure of Society" (1974) und „Asymmetric Society" (1982). Seine These lautet:

> Das wichtigste und vielleicht prägendste Merkmal der modernen Gesellschaftsstruktur ist die „Asymmetrie" eines Großen Teiles der Beziehungen. (1982: 32)

Mit dem Begriff des „korporativen Akteurs" will Coleman auf den Umstand reagieren, „dass ein soziales System nicht nur Personen wie uns selbst als seine grundlegenden Elemente enthält, sondern ebenso eine andere Art von ‚Person'", die als „korporative Akteure" zu bezeichnen sind (1982: 16 f.). Diesen Begriff gewinnt Coleman über Beobachtungen der Entwicklung des europäischen Rechts (1982: 17 f., 53 ff.): Korporative Akteure sind historisch konstituiert als eigene Rechtspersönlichkeiten mit eigener Ressourcenausstattung, weshalb sie vollgültige Akteure in der Gesellschaft sind. Ihren historischen Ursprung identifiziert Coleman an der Wende vom 13. zum 14. Jahrhundert mit der Etablierung der mittelalterlichen Stadt durch die Verleihung der sog. Stadtrechte, die den betroffenen Städten die Möglichkeit der Zollerhebung, des Landbesitzes wie des Handels einräumt und sie in den Stand einer eigenen Gerichtspartei erhebt (1982: 18 ff.).

Eine geradezu dramatische Zunahme solcher korporativer Akteure verzeichnet Coleman für das 19. und 20. Jahrhundert (1982: 21 ff.) mit der Konsequenz, dass heute die meisten Erwachsenen als Agenten solcher korporativen Akteure handeln. Griffig bringt Coleman diesen Wandel auf die Formel „Positionen statt Personen", d. h. von natürlichen (primordiale Gesellschaftsstruktur) zu „fiktiven Personen" (moderne Sozialstruktur), also zu Beauftragten, Angestellten, Repräsentanten, Agenten etc. (vgl. 1990: 531).

> Von der Rechtsentwicklung erleichtert und vom technischen Fortschritt unterstützt, hat eine neue Art von Person eine enorme gesellschaftliche Bedeutung gewonnen [...], deren Handeln weitreichende Konsequenzen für natürliche Personen wie uns selbst hat. (1982: 21 f.)

Im Anschluss an Coleman kann von einem Übergang von der „Eindimensionalität" in frühen Gesellschaften, in denen Personen ihre jeweils klar bestimmten Plätze in der Gesellschaftsstruktur einnahmen, zur „Mehrdimensionalität" in modernen Gesellschaften gesprochen werden, in denen Personen „zugleich mehrere Positionen in der Gesellschaftsstruktur einnehmen und solche Positionen auch frei wechseln" können (1982: 26). Für Coleman stellt dieses Phänomen einen gesellschaftlichen **Strukturbruch** dar (1982: 25 f.).

Seine gesellschaftstheoretische und gegenwartsanalytische Pointe gewinnt dieser konzeptionelle Zugriff durch eine macht- bzw. herrschaftstheoretische Reflexion: Coleman beurteilt diese Entwicklung zwar grundsätzlich als „ambivalent", insofern die sozialen Netzwerke zwischen natürlichen Personen in früheren gesellschaftlichen Entwicklungsstadien eben auch ein hohes Maß an Unfreiheit und Ungleichheit mit sich brachten, während die Kontakte zwischen „natürlichen" und „fiktiven Personen" in sich modernisierenden Gesellschaften zumeist ein hohes Maß an Unpersönlichkeit und sozialer Kälte nach sich ziehen (1982: 39 f., 41 ff.). Aber für ihn bleibt mit Blick auf die Gesamtentwicklung doch ebenso klar festzuhalten, dass die Chancen zur **Machtakkumulation** aufseiten der korporativen Akteure im historischen Prozess diejenigen natürlicher Personen bei weitem überstiegen haben und auch weiterhin übersteigen.

Weil also die Beziehungskonstellationen zwischen individuellen Personen und korporativen Akteuren „asymmetrisch" sind und sich Coleman zufolge „mit der enormen Zunahme an korporativen Akteuren in der modernen Gesellschaft [...] auch diese asymmetrische Beziehungsform in der ganzen Gesellschaftsstruktur stark zugenommen" hat, ist die moderne Gesellschaft für Coleman adäquat als **„asymmetrische Gesellschaft"** zu beschreiben (1982: 32f.). Und deren Fortbestand ist nicht nur bis heute zu konstatieren, da sich das Machtgefälle zwischen den korporativen Akteuren als juristischen Personen und den Individuen als natürlichen Personen immer mehr zu Gunsten ersterer verschiebt, sondern eine Veränderung oder gar Zurückentwicklung dieses Prozesses ist Coleman zufolge überhaupt nicht abzusehen (zur Typik dieses Herrschaftsverhältnisses im Vergleich zu antiken, mittelalterlichen und frühmodernen Formen und zum Ursprung der Rechte korporativer Akteure in modernen Staaten vgl. Coleman 1982: 60ff., 68ff.).

Das von Coleman favorisierte Handlungs- bzw. Akteur-Modell geht somit davon aus, dass Akteure ihre Ziele stets in Situationen zu verfolgen haben bzw. im Rahmen von Sozialsystemen, deren Einheit jeweils durch „ein gemeinsames System der Autorität bzw. ein gemeinsames Rechtssystem" hergestellt ist (1982: 60). An diesen Gedanken schließen sowohl seine Strukturbeschreibung moderner Gesellschaften als auch seine Gegenwartsdiagnose an, in der Coleman die Ohnmacht einzelner Akteure unter den institutionellen Rahmenbedingungen moderner Gesellschaften herausstellt; Rahmenbedingungen, die Akteure an der Einlösung ihrer konstitutionell zugesicherten Freiheitsrechte systematisch hindern.

14.5 Gegenwartsdiagnose

Eine der weitreichendsten Folgen dieses allgemeinen Zuges des historischen Entwicklungsprozesses hin zu modernen Gesellschaften ist, „dass der korporative Akteur in nahezu allen Fällen die meisten der Rahmenbedingungen, in die [eine] Beziehung [zwischen ihm und einer individuellen Person] eingebettet ist, zu kontrollieren vermag" (1982: 34f.; vgl. zu den diesbezüglichen Entwicklungen und ihren Hintergründen 1982: 72ff.). Wir haben es Coleman zufolge im historischen Prozess mit einer bemerkenswerten Verlagerung der Handlungs- und Rechtschancen von natürlichen individuellen Personen auf korporative Akteure zu tun (vgl. 1990: 579). Zumal es der erheblich größere Ressourcenreichtum korporativer Akteure für individuelle Akteure zunehmend schwieriger macht, eigene Rechtsinteressen gegen diese korporativen Akteure durchzusetzen – ein **Prozess des Rechts- und Freiheitsverlustes**, dem Mitglieder solcher Akteure ebenso ausgesetzt sind wie Nichtmitglieder.

Das dieser Entwicklung im Wesentlichen zugrunde liegende **Dilemma** lässt sich folgendermaßen formulieren: Einerseits erfolgt eine Übertragung eigener Rechte seitens der Individuen, andererseits stellt sich zugleich ein Verlust der Kontrolle über den Ressourceneinsatz der dadurch entstehenden korporativen Akteure ein, da diese die Ressourcen durchaus auch ausschließlich im Sinne der Interessen des (letztlich lediglich delegierten) Führungspersonals einsetzen können. Wir haben es also mit dem strukturellen Problem eines Trends zur Oligarchisierung, d. h. zur Ausübung von Herrschaft durch das jeweilige Führungspersonal – zumindest partiell zum lediglich eigenen Nutzen (wie bei Weber oder auch Robert Michels) zu tun – und zwar sowohl auf der Ebene korporativer Akteure als auch auf der Ebene des Staates als korporativer Akteur:

> Die allgemeine Entwicklung lässt sich so beschreiben: Wer die Rechte zur Nutzung von Ressourcen hat, kann diese Rechte einsetzen, um Ziele zu erreichen, die mit den Zielen der nominellen Eigentümer dieser Rechte nicht übereinstimmen. Auf diese Weise sind die korporativen Akteure in der Gesellschaft von Beschränkungen durch natürliche Personen zunehmend unabhängig geworden und sind dadurch in der Lage, Zielrichtungen zu verfolgen, die von jenen bestimmt werden, die die korporativen Akteure kontrollieren. (1982: 80)

Damit, so Coleman (1990: 553) resümierend, setzt sich ein Typus des Handelns durch, ohne Verantwortung für die in der Gesellschaft lebenden Menschen zu übernehmen. Insgesamt haben wir es Coleman zufolge also im Zuge des beschriebenen Wandels von **„Personen zu Positionen"** mit einem Verlust originärer sozialer Beziehungen zu tun, in denen soziales Kapital unmittelbar und dicht vorhanden war und handlungsleitende Normen erfolgreich generiert wurden. Durch diesen beobachteten „grundlegende[n] Strukturwandel" werde „die Verantwortung für Personen durch die Verantwortung für Handlungen ersetzt", insofern „Personen als Bestandteile der organisatorischen Struktur durch Positionen ersetzt" werden (1982: 86).

Exemplarisch wendet Coleman sich im Rahmen seiner Analyse der „asymmetrischen Gesellschaft" etwa der Frage zu, inwieweit die im Zuge der gesellschaftlichen Modernisierung entstandenen korporativen Akteure die Reproduktionsbedingungen insbesondere von Familien beeinflussen. Für Coleman ein besonders anschaulicher Fall der sich schleichend entwickelnden Dominanz dieser korporativen Akteure, denn, so sein Ergebnis: Durch die Parallelentwicklung einer massenmedialen Propagierung und Vermittlung von normativen Standards des individuellen Interesses, die den familiären Kooperationsnormen offen widersprechen, und der Eröffnung von Erwerbschancen für Eltern seitens der korporativen Akteure, auf deren zeitraubende Nutzung Eltern zur Sicherung familiären Auskommens angewiesen sind, würden Eltern zunehmend die Kontrolle über die Erziehung ihrer Kinder verlieren.

Als Mittel gegen diese Gefahren begreift Coleman prinzipiell die Suche nach Mechanismen, „wie diese korporativen Akteure in den Dienst natürlicher Personen gestellt werden können" (1979: 42). Strukturelle Chancen, entsprechende **Gegententendenzen** zu institutionalisieren, sieht Coleman im Rahmen der Rechtsstruktur parlamentarischer Demokratien gegeben:

> Es gibt [in einer pluralistischen Demokratie] andere, vom Staat verhältnismäßig unabhängige korporative Akteure, die gegen die in der Hand des zentralen Staatsapparats zusammengefasste Macht eingesetzt werden können. (1982: 81)

Erforderliche Strategien wären Coleman zufolge etwa Versuche Kontrollrechte zu bewahren, Haftungsansprüche neu zu regeln, Leistungserbringungskontrollen zu institutionalisieren, sich Mitspracherechte gewährleisten zu lassen und für eine Verbesserung von Entscheidungsgrundlagen durch den Abbau der asymmetrischen Informationsverteilung zu sorgen (vgl. u. a. 1982: 87 ff.). In diesen Stichworten drückt sich Colemans durchweg optimistische Annahme der **Möglichkeit rationaler Gesellschaftsreformen** aus (1992: 374 ff.). Dabei ist Coleman allerdings frei von idealistischen Höhenflügen, insofern er die These vertritt, dass es gesellschaftlich keine optimalen Verteilungslösungen gibt, die sowohl das sog. Trittbrettfahrer-Problem als auch das sog. Agency-Problem in allen Fällen verhindern könnten (1992: 67 ff.). Zudem reflektiert Coleman auch hier die Ambivalenz entsprechender Prozesse, denn auch in pluralistischen Demokratien identifiziert er Entwicklungen hin zu einer „Ausdehnung des staatlichen Regierungsapparats", die dazu führen, „dass die unabhängigen korporativen Akteure einer Kontrolle durch die staatliche Autorität näher kommen" (1982: 85) und somit im Prinzip einer Auflösung des für diesen politischen Herrschaftstypus zentralen Systems der „intermediären Institutionen" Vorschub geleistet wird (1982: 74).

14.6 Wirkungsgeschichte

Für die Frage der Rezeption der Arbeiten von Coleman und ihre Wirkung in der Soziologie ist der Umstand von Bedeutung, dass Coleman die verschiedenen Forschungsbereiche seines Gesamtwerkes im Kern nicht zusammenführt. So bleiben bspw. die empirischen Arbeiten zur Jugendsoziologie oder auch zur Bildungssoziologie ohne Anbindung an seine 1990 erschienene Sozialtheorie. Entsprechend kann man von einer eher parzellierten Wirkung seiner Arbeiten sprechen.

Die weitaus größte Wirkung hat Coleman durch seine Theorie rationalen Handelns erzielt. Ein Ansatz, der in seinen verschiedenen Facetten inzwischen zu einem der international zentral diskutierten Theorieansätze avanciert ist. In der deutschsprachigen Diskussion ist es vornehmlich Hartmut Esser, der seine mehrbändige Soziologie in kritisch-systematischer Anlehnung an die Grundlegung Colemans entwickelte (vgl. Kroneberg 2014). Dabei ist die Rezeption von Colemans Hauptwerk von einer starken Polarisierung gekennzeichnet: Auf der einen Seite stehen die Anhänger der Theorien rationaler Wahl (Rational Choice), für die die „Foundations of Social Theory" eine geradezu kanonische Bedeutung haben, auf der anderen Seite steht die scharfe Kritik an diesem Ansatz, die dieser Theorie einen grundsätzlichen Reduktionismus des Sozialen auf das Ökonomische vorwirft.

14.7 Zusammenfassende Übersicht

In diesem zusammenfassenden Abschnitt werden entsprechend der in der Einleitung dargelegten Kriterien zunächst die angesprochenen wesentlichen Aspekte des dargestellten Ansatzes in tabellarischer Form zusammengestellt (vgl. Tab. 14.1), anschließend werden die zentralen Begrifflichkeiten des Ansatzes nochmals knapp erläutert. Unter der Rubrik Literaturhinweise werden dann die zentralen Werke sowie ausgewählte Sekundärliteratur für das weitere Studium angegeben sowie schließlich unter dem Titel „Übungsaufgaben" einige Fragen zur Rekapitulation des Erarbeiteten zusammengestellt.

Tab. 14.1: Tabellarische Zusammenfassung James S. Coleman

Aspekt	Coleman
Ansatz	Rational-Choice Theorie (= Theorie rationaler Wahl)
Soziologieverständnis	Aufklärung über Kausalzusammenhänge
Methodik	nutzenkalkulatorisch (allgemeine Theorie)
Erklärungsvorstellung	deduktiv-nomologisch; Makro-Mikro-Makro-Erklärungen
Gesellschaftsbegriff	soziales System als Tauschsystem
Gesellschaftstypen	traditionale (symmetrische) Gesellschaft – moderne (asymmetrische) Gesellschaften
Macht und Herrschaft	Herrschaftsbeziehungen aufgrund von Verfügungs- und Tauschrechten; strukturelle Dominanz korporativer Akteure qua Ressourcenakkumulationschancen
Soziale Ungleichheit	Bildung und Verfügen über Ressourcen
Sozialer Wandel	Asymmetrisierung sozialer Beziehungen
Soziale Differenzierung	Schichten
Soziale Integration	normative Integration und Tausch
Gegenwartsdiagnose	Asymmetrische Gesellschaft

14.7.1 Grundbegriffe

Asymmetrische Gesellschaft: Zeitdiagnostisches Stichwort Colemans aufgrund seiner Analyse der strukturellen Dominanz korporativer Akteure in modernen Gesellschaften, die zu prinzipiell ungleichgewichtigen (asymmetrischen) Handlungs- und Einflusschancen von individuellen Akteuren einerseits und korporativen Akteuren andererseits führt.
Deduktiv-nomologische Erklärung: Schema zur logischen Ableitung eines zu erklärenden Sachverhaltes (Explanandum) aus „situativen Ausgangsbedingungen" unter Berücksichtigung von „allgemeinen Gesetzen" (Explanans).
Korporative Akteure: Neben individuellen (natürlichen) Akteuren ein zweiter Akteurstyp; korporative (juristische, fiktive) Akteure zeichnen sich durch rechtliche Verfassungen und hierarchische Organisation aus.

Makro-Mikro-Makro-Erklärung: Begriff des für die Soziologie zentralen Erklärungsproblems; bezieht sich in einem dreischrittigen Verfahren von der Makroebene gesamtgesellschaftlicher Phänomene über den Rückgang auf individuelles Handeln und intersubjektive Handlungskonstellationen erneut auf daraus resultierende gesamtgesellschaftliche Phänomene („Badewanne").

Rational Choice: Annahme einer entscheidungsleitenden rationalen Wahl zwischen Handlungsalternativen aufgrund des Rationalitätskriteriums der Wahrscheinlichkeit des Effekts einer möglichst erheblichen individuellen Nutzenmaximierung.

Tausch: Theoretisches Erklärungsmodell zur Analyse des akteurspezifischen rationalen Abwägens der Konstellation von Zielen, Handlungssituationen und Mit-Akteuren.

Herrschaft: Handlungsstruktur, die durch die partielle Übertragung von Verfügungs- und Tauschrechten individueller Akteure auf eine Autorität (zwecks Kollektivgutbereitstellung) bestimmt wird.

14.7.2 Literaturhinweise

Werke: 1956: Union Democracy (mit Seymour Martin Lipset), 1961: The Adolescent Society, 1964: Introduction to Mathematical Sociology, 1966: Equality of Educational Opportunity, 1974: Power and the Structure of Society (dt.: Macht und Gesellschaftstruktur), 1982: The Asymmetric Society (dt.: Die asymmetrische Gesellschaft), 1986: Individual Interests and Collective Action, 1990: Foundations of Social Theory (dt.: Grundlagen der Sozialtheorie), 1990: Equality and Achievement in Education.

Braun, Norman/Voss, Thomas (2014) Zur Aktualität von James Coleman. Einleitung in sein Werk, Wiesbaden: Springer VS.
Clark, Jon (Hg.) James S. Coleman, London/Washington: Routledge.
Croneberg, Clemens (2014) Theorien rationale Wahl: James S. Coleman und Hartmut Esser, in: Lamla, Jörn/Laux, Henning/Rosa, Hartmut/Strecker, David (Hg.) (2014) Handbuch der Soziologie, Konstanz/München: UVK/Lucius, S. 228–243.
Esser, Hartmut (1993) Soziologie. Allgemeine Grundlagen, Frankfurt/M./New York: Campus.
Müller, Hans-Peter/Schmid, Michael (Hg.) (1998) Norm, Herrschaft und Vertrauen. Beiträge zu James S. Colemans Grundlagen der Sozialtheorie, Wiesbaden: Westdeutscher Verlag.
Münch, Richard (2003) Handeln, Handlungssysteme, Gesellschaft und Rationale Wahl: James S. Colemans Grundlegung der Sozialtheorie, in: ders., Soziologische Theorie. Bd. 2: Handlungstheorie, Frankfurt/M./New York: Campus, S. 89–150.
Schmid, Michael (2004) Die Handlungs- und Sozialtheorie von James S. Coleman, in: Manfred Gabriel (Hg.), Paradigmen der akteurszentrierten Soziologie, Wiesbaden: VS, S. 187–221.

14.7.3 Übungsaufgaben

(1) Welche Handlungsvorstellung ist für Colemans Ansatz leitend? Erörtern Sie die Stärken und Schwächen dieser Konzeption und seines Erklärungsansatzes.

(2) Skizzieren Sie das Modell von Coleman für die Erklärung gesamtgesellschaftlicher Phänomene und deren Ursachenzusammenhänge (u. a. mittels einer Zeichnung) und erläutern Sie die jeweils erforderlichen Erklärungsschritte an einem Beispiel.

(3) Welche Vorstellung von sozialer Ordnung und sozialer Integration ist für die Soziologie Colemans leitend?

(4) Stellen Sie die Konturen von Colemans kritischer Analyse moderner Gesellschaften in herrschaftssoziologischer Hinsicht dar und erörtern Sie in diesem Zusammenhang die Bedeutung korporativer Akteure.

(5) Skizzieren Sie die Ergebnisse der bildungssoziologischen Studien Colemans und erörtern Sie deren bleibende Bedeutung.

15 Michel Foucault: Analyse der Macht der Sozialdisziplinierung

Foucault sah sich als „Experimentator" – nicht zuletzt seiner selbst: „Ich schreibe, um mich zu verändern". Diese Selbstauskunft bringt die Haltung zum eigenen Werk ebenso auf den Begriff wie sie die Lektüreanweisung impliziert, dass man es mit einem „work-in-progress" zu tun habe. Diesen Zuschnitt des Werkes legt bereits das Material dar, mit dem Foucault arbeitet: Foucault will eine bestimmte Geschichte schreiben, eine **Geschichte der Formierung des modernen Denkens** und insbesondere der Humanwissenschaften, also der Wissenschaften vom Menschen. Diese Geschichte kann für ihn nicht im Sinne klassischer, an großen Männern orientierter Historie oder klassischer Ideengeschichte geschrieben werden, da beide Varianten insbesondere einen offenen Blick auf die Diskontinuitäten und historischen Brüche verstellen. Alternativ zu einem klassischen, einen Handlungs- und Entwicklungsfaden zeichnenden Geschichtstypus entwirft Foucault deshalb die Vorstellung einer „seriellen Geschichte": Eine Geschichte, deren Faden sich sozusagen auf mehreren Ebenen konstituiert bzw. spinnt; und zwar auf Ebenen, die aus verschiedenen Serien von Ereignissen (Ereignisketten) bestehen. Gegenstand der Analyse ist also nicht mehr eine Reihe der Entwicklung des gesamten Phänomenbereichs, sondern die Entdeckung mehrerer Reihen mit je eigenen Entwicklungsprozessen und Zyklen, die Foucault zufolge das historische Profil ausmachen. Entscheidende Anregungen für diese Neuorientierung erfährt Foucault von seinen Lehrern, den Wissenschaftshistorikern Georges Canguilhem und Georges Dumézil, sowie durch die Lektüre Nietzsches und seinen Kontakt mit der historischen Schule der Annales (Lucien Febvre, Marc Bloch, Fernand Braudel, Georges Duby, Jacques le Goff et al.).

Die so begründete revidierte Form von Geschichtsschreibung versteht Foucault im Unterschied zu einer an der Rekonstruktion von großen Leitvorstellungen orientierten Ideengeschichte (als Makrohistorie) als eine an der Rekonstruktion von Aussagen und Aussagesystemen orientierte **Diskursgeschichte** (als Mikrohistorie). Nicht also – wie herkömmlich – Propositionen (übereinander geschichtet) und Sätze (nebeneinander) bilden ihren Gegenstand, sondern Aussagen (die diagonal und quer zueinander stehen können). Konkret interessiert sich Foucault für die Formierung des modernen Denkens bzw. Diskurses und für die seit dem 17. Jahrhundert („Klassik"; Formation: die konstitutive Unendlichkeit) eingetretenen Veränderungen auf diskursiver Ebene sowie insbesondere des Umbruchs vom 18. zum 19. Jahrhundert (Formation: die konstitutive Endlichkeit).

Insofern Foucault damit eine Abwendung von der klassischen Metaphysik propagiert (vgl. 1966: 340), reiht sich sein Projekt einer „Geschichte der Denksysteme" nahtlos in die Ausarbeitung der für die verstehende und phänomenologisch fundierte Soziologie konstitutiven Vorstellung von der **sozialen Konstruktion sozialer Wirklichkeit** ein: „Die Ontologie der Vernichtung der Wesen gilt [...] als Kritik der Erkenntnis" (1966: 340). Und aus dieser systematisch historisierenden Forschungsperspektive resultiert dann konsequent das Problem der Fixierung der Begrifflichkeit Foucaults. Er selbst sagt 1975 in einem Interview: „Schreiben reizt mich nur in dem Maße, wie es sich in der Wirklichkeit eines Kampfes verkörpert. Als Instrument, Taktik oder Beleuchtung" (2001–05: II.894). Damit verweist er sowohl auf den sich erst im unmittelbaren Bezug zum jeweils aktuell untersuchten Material einstellenden Aufschluss über die Bedeutung von Begriffen wie auch auf deren kontinuierliche Entwicklung im Zuge weiterer und neuer Analysen derselben oder aber anderer Gegenstände.

15.1 Grundzüge

Foucaults Ausgangsbestimmung der grundsätzlichen Geschichtlichkeit (Historizität) aller Forschungsgegenstände der Human- und Sozialwissenschaften verweist für diese Gegenstände damit notwendig auf ihren prinzipiell kontingenten Charakter, also auf den Umstand, dass sich ihr jeweiliges Sosein konkreten Situationsbedingungen und Umständen verdankt. Für Foucault weist diese Einsicht unmittelbar auf historisch etablierte **Machtverhältnisse** als Antwort auf die Entstehungsbedingungen der sozialen Welt. Foucaults Arbeiten sind somit stets Machtanalysen: Die **historische Analyse der Kontingenz von Denk- und Wissensformen** (von Diskursen bzw. Epistemai), die er Archäologie nennt, ist für ihn stets zugleich notwendig eine historische Analyse der Machtformen, die er unter dem Titel einer Genealogie abhandelt.

Analytischer Fokus der Studien Foucaults ist dabei immer wieder das moderne Subjekt, genauer: Die Art und Weise, wie moderne Subjekte gewissermaßen erzeugt, also durch bestimmte historische Mechanismen zu dem gemacht werden, was sie dann sind. Diese **Subjektivierungsformen** werden von ihm als Formen der Produktion von Individualitäten aufgrund der wissensförmigen (Selbstbeschreibung), zeitlichen und räumlichen Strukturierung bzw. Formierung des Sozialen untersucht. Entsprechend entfaltet sich Foucaults Machtanalyse als historische Analyse der Unterdrückung bzw. Führung individuellen Wollens zur Konstituierung bzw. Formierung gesellschaftlich erwünschter Subjektivitäten.

15.2 Biografie

Michel Foucault wird am 15. Oktober 1926 in Poitiers geboren. Von 1945 bis 1952 lebt er in Paris und studiert dort Philosophie, Psychologie und Psychopathologie an der École Normale Supérieure (ENS). 1950 bis 1955 arbeitet er als Lehrer für Psychologie an der ENS, 1952 bis 1958 als Wissenschaftlicher Assistent zunächst in Lille, dann in Uppsala. 1958/59 übernimmt er die Stelle des Direktor des Centre Français in Warschau, 1959/60 die des Direktors des Institut Français in Hamburg, bevor er ab 1960 zunächst als Assistent, ab 1962 als Professor für Philosophie an die Universität Clermont-Ferrand wechselt und von 1966 bis 1968 eine Gastprofessur an der Universität von Tunis wahrnimmt. 1968 kehrt Foucault nach Paris zurück, wo er dann – neben regelmäßigen Aufenthalten in San Francisco und der Universität Berkeley – bis 1984 im Prinzip durchgängig lebt. Beruflich bekleidet er von 1968 bis 1970 eine Professur für Philosophie an der Universität Paris VII (Vincennes) und von 1970 bis 1984 für Geschichte der Ideen und Denksysteme am Collège de France. Hinsichtlich seiner politischen Aktivitäten ragen in den Jahren 1971 bis 1973 die Gründung und Mitarbeit an der Groupe d'Information sur les Prisons (G.I.P.) und ab 1981 der Beginn der Zusammenarbeit mit der Gewerkschaft „Solidarnosc" heraus. Foucault stirbt am 25. Juni 1984 in Paris an den Folgen einer AIDS-Erkrankung.

15.3 Methodologisch-methodische Grundlegung: Strukturale Machtanalyse

Für ein Verständnis von Foucaults Ansatz zur Analyse der historischen Bedingungen und der Genese gegenwärtigen Verstehens der sozialen Welt ist es hilfreich, dieses von zwei typischerweise nahe liegenden Zugriffen abzugrenzen. Im Unterschied zur klassischen Ideengeschichte analysiert Foucault nicht geistige Schöpfungen heroischer Geister, sondern sozio-historisch situierte und bedingte singuläre Aussagen und **Aussagensysteme** (Episteme) (vgl. Tab. 15.1); und im Unterschied zu einer klassischen staatszentrierten Herrschaftssoziologie, die von repressiver, äußerlicher Herrschaftsmacht ausgeht, untersucht Foucault verallgemeinernd **Regierungsweisen** (Formen der Gouvernementalität), die sich (insbesondere in Form von Selbstführungstechniken) als wesentlich innerliche Konstitutionsmächte entfalten.

Tab. 15.1: Ideengeschichte vs. Diskursanalyse

Klassische Ideengeschichte	Foucaults Archäologie und Genealogie
Schöpfung, Erfindung, Emanation (Heroisierung, Prinzip des Autors)	Ereignis
Einheit	„Serie"
Ursprünglichkeit	Regelhaftigkeit
intern „wesenhafte", d. h. eigentliche Bedeutung	interne, externe und soziale (machtförmige) Möglichkeitsbedingungen von Bedeutungen („historisches Apriori")

Die Hintergründe dieser Neujustierung sozio-historischer Analysen bei Foucault sind in den Weiterentwicklungen und Revisionen des Strukturalismus seit den 1960er-Jahren zu identifizieren, die auf eine Akzentuierung der Historizität sozialer Wirklichkeit (der Prozesse sozialen Wandels), des Verhältnisses zwischen allgemeinen Strukturen und konkreten Ereignissen und eine Betonung der menschlichen Handlungs- und Deutungsfähigkeit zielen.

15.3 Methodologisch-methodische Grundlegung: Strukturale Machtanalyse

Im Sinne dieser Neujustierung geht es Foucault darum, die **soziale Erzeugung von Subjekten** bzw. Individuen durch das gesellschaftliche Nachdenken über sie (kognitiv) wie durch deren Behandlung in gesellschaftlichen Konstellationen (pragmatisch) historisch aufzuklären (zu untersuchen) und so die sich fortwährend verändernden Vorstellungen vom Menschen zu erkunden. Es geht ihm darum, die Abhängigkeit von Deutungen und praktischen Selbstverständnissen von Menschen von gesellschaftlichen Strukturvorgaben bzw. institutionalisierten Formen der Organisation des sozialen Lebens freizulegen. Insofern erkundet ein solches Forschungsprofil durch die Aufklärung des historischen Gewordenseins (also der Kontingenz) sozialer Verhältnisse wie des Nachdenkens über diese notwendig als dessen Kehrseite stets auch den Horizont alternativer Entwicklungspfade, anderer geschichtlich nicht realisierter, aber vormals faktisch bestehender Möglichkeiten (bzw. Ausgangskonstellationen). Sie ist zugleich immer auch Rekonstruktion des historisch einmal objektiv möglich Gewesenen.

Nietzsches Werk dient Foucault dabei als Modell dieser entmystifizierenden Kritik; ganz im Sinne von Nietzsches Einsicht, dass „das Perspektivische, die Grundbedingung alles Lebens" sei (1886: 12), und seiner Forderung, dass „der Philosoph [...] heute die *Pflicht* zum Misstrauen" habe (1886: 53). Foucaults Entdeckung von Nietzsche datiert auf den Sommer des Jahres 1953. Foucault selbst erklärt, dass „die Lektüre Nietzsches" ihm den „Zugang" eröffnet habe für sein übergreifendes Projekt, „Formen von Erfahrung in ihrer Geschichte zu studieren" und somit „die Historizität der Formen von Erfahrung selbst zu denken" (zit. n. Eribon 1989: 85):

> An Nietzsche hat mich frappiert, dass für ihn eine Rationalität – die einer Wissenschaft, einer Praxis, eines Diskurses – sich nicht nach der Wahrheit bemisst, die diese Wissenschaft, dieser Diskurs, diese Praxis hervorbringen können. Die Wahrheit ist selbst Teil der Geschichte des Diskurses und ist gleichsam ein Effekt innerhalb eines Diskurses oder einer Praxis. (2001–05: IV.68). Nietzsche war eine Offenbarung für mich. [...] Ich las ihn mit großer Leidenschaft und brach mit meinem bisherigen Leben; ich kündigte die Stelle im Krankenhaus und verließ Frankreich. Ich glaubte, in einem Gefängnis zu sein. Durch Nietzsche wurde mir das alles sehr fremd. (2001–05: IV.963)

Diese von Foucault für sich selbst als wegweisend begriffene Nietzsche-Begeisterung ist einerseits ein Generationenphänomen. Andererseits ist sie im Falle von Foucault auch über spezifische Milieu-Kontexte vermittelt: Einmal durch die Bewegung der sog. Anti-Psychiatrie (Laing, Cooper etc.), für die Foucaults „Wahnsinn und Gesellschaft" wichtig wird und die wiederum wichtig für Foucault ist. Diese Bewegung hat in Nietzsche einen ihrer Hauptanknüpfungspunkte. Sodann in Deleuze' Studie über „Nietzsche und die Philosophie" von 1966, die Foucault begeistert, und schließlich fungieren Deleuze und Foucault ab 1966 als verantwortliche Hauptherausgeber der französischen Nietzsche-Ausgabe (vgl. Eribon 1989: 194, 214, 233).

Im Anschluss an die von Freud formulierten drei „Kränkungen der Eigenliebe" des Menschen: der kosmologischen durch Kopernikus, der biologischen durch Darwin und der psychologischen durch ihn selbst, also Freud, lässt sich damit im Anschluss an Foucault eine vierte Kränkung ergänzen: die interpretative durch Nietzsche. Diese Kränkung umfasst einmal die Kränkung der strukturellen Unendlichkeit des Perspektivismus (2001–05: I.730, 736), und sie umfasst sodann die Kränkung der **strukturellen Unabschließbarkeit des Interpretierens** (2001–05: I.732). Denn mit Nietzsche wird ein „Vorrang der Interpretation gegenüber den Zeichen" als „das entscheidende Element in der modernen Hermeneutik" (2001–05: I.735) gesetzt. Danach ist die Moderne „eine Zeit der Interpretation, die zirkulär verläuft" (2001–05: I.737).

Forschungsgegenstände Foucaults sind im Sinne dieses methodologischen Zugriffs dann Denksysteme bzw. „Disziplinen", die in besonderer Weise auf die „Behandlung" des Menschen zugeschnitten und bezogen sind:
- die Etablierung der Unterscheidung von Vernunft und Wahnsinn als Grundlage der Entstehung von Psychiatrie und Psychologie (vgl. 1961),
- die Entstehung der modernen Medizin (vgl. 1963),
- die Entstehung von Strafpraktiken und Disziplinartechnologien (vgl. 1975),
- die Geschichte der Sexualität (vgl. 1976),
- die Form der für die Humanwissenschaften eigentümlichen Organisation des Wissens vom Menschen (vgl. 1966, 1969, 1971).

Im Rahmen dieser Studien werden von Foucault die Deutungsmuster der neuzeitlich-modernen Vernunftauffassung durch exemplarische Rekonstruktionen ihrer Geschichte als Ideologisierungen begriffen. Ziel ist demnach ihre Entlarvung als von spezifischen Interessen getragene und entsprechend selektiv ausgerichtete, also von Herrschaftsambitionen auf den Weg gebrachte **Wissens-, Deutungs- und Praxisformen**. In diesem Zuge soll zugleich das von diesen Vernunftvorstellungen Ausgegrenzte, Ausgeschlossene, Verschwiegene, das negativ wie positiv Stigmatisierte sichtbar gemacht werden.

Mit dem Strukturalismus teilt Foucault damit folgende konzeptionelle Weichenstellungen: *erstens* eine Dezentrierung des Subjekts (und des reflexiven Bewusstseins) zugunsten unbewusst determinierender Strukturen, *zweitens* die Absage an ein unmittelbar intuitiv erlebbares Sinnverständnis zugunsten unbewusster Strukturen als formalen Bedingungen der Gegebenheit von Sinn und *drittens* eine Absage an ein evolutionäres Verständnis von Geschichte zugunsten einer Konzentration auf Diskontinuitäten und Brüche (auf historische Schwellen von Plausibilitätsverlusten).

In Abgrenzung vom Strukturalismus allerdings geht es Foucault um eine Absage an die Vorstellung universaler und invarianter Strukturen des formal Sagbaren als Bedingungen der Möglichkeit des Erscheinens von Sinn, also um eine Absage an die Auffassung, alle empirischen Konstellationen seien lediglich eine begrenzte Selektion aus einem überzeitlichen Kosmos universaler Regeln. Demgegenüber plädiert Foucault für die „Positivität" von Diskursen in ihren historisch-konkreten Erscheinungsformen, d. h. für ein **Verständnis der Erzeugung sozialer Wirklichkeit im Zuge von Diskursen**.

15.4 Zentrale sozial- und gesellschaftstheoretische Konzepte

15.4.1 Archäologie und Genealogie

Es sind zwei analytische Stränge, in denen Foucault dieses Dekonstruktionsanliegen des Verständnisses sozialer Wirklichkeit verfolgt: einmal die archäologischen, sodann die genealogischen Studien. In seinen Werken zur **„Archäologie"**, die in den 1960er-Jahren erscheinen (1961, 1963, 1966) werden die historisch situierten Systeme von Aussagesystemen und diskursiven Praktiken auf ihre Formationen und Transformationen hin untersucht – diese Systeme nennt Foucault zunächst „Diskurse", später – unter Einbeziehung nicht diskursiver Praktiken – dann „Dispositive". Diese bestimmt Foucault als:

> Diskurse, Institutionen, architekturale Einrichtungen, reglementierende Entscheidungen, Gesetze, administrative Maßnahmen, wissenschaftliche Aussagen, philosophische, moralische oder philanthropische Lehrsätze, kurz: Gesagtes ebenso wie Ungesagtes. (1978: 119f.)

In den Studien zur **„Genealogie"**, die seit 1970 erscheinen (1975, 1976; vgl. Kap. 15.4), wird dann stärker die Herkunft vorherrschender Organisationsweisen von Machtkonstellationen und Machtspielen in westlichen Gegenwartsgesellschaften analysiert. Den systematischen Zugriff, also das analytische Profil dieser beiden Forschungsstrategien reflektiert Foucault in zwei weiteren prominenten Arbeiten: Einerseits in der „Archäologie des Wissens" von 1969, andererseits in seiner Inauguralvorlesung am Collège de France über „Die Ordnung des Diskurses" am 2. Dezember 1970.

In der „Archäologie des Wissens" reflektiert Foucault die Entwicklung einer **Methodologie der Diskursanalyse** im Zuge seiner empirischen Studien. Mit ihrer Konzentration auf diskursive Praktiken zielen sie auf die systematische Analyse der Formierung sozialer Wirklichkeit durch Aussagezusammenhänge. Foucaults Archäologie des Denkens soll die Strukturen explizieren, die epochenspezifischen „Epistemai", die in einer bestimmten historischen Epoche prägenden Wissens- und Rationalitätsstrukturen freilegen. Foucault fragt also in transzendentaler Einstellung nach dem „historischen Apriori" (1966: 204), den Bedingungen der Möglichkeit wissenschaftlicher Aussagen in konkreten historischen Perioden. Und ganz im Sinne dieses erkenntnistheoretischen Programms schreibt Foucault im Vorwort zu „Wahnsinn und Gesellschaft": „Man könnte die Geschichte der Grenzen schreiben [...], mit denen eine Kultur etwas zurückweist, was für sie außerhalb liegt" (1961: 9). Die Ergebnisse seiner Studien lassen sich für die drei Studien „Wahnsinn und Gesellschaft" von 1961 (WuG), „Die Geburt der Klinik" von 1963 (GdK) und „Die Ordnung der Dinge" von 1966 (OdD) folgendermaßen tabellarisch zusammenfassen (vgl. Tab. 15.2):

Tab. 15.2: Analyse epochenspezifischer Episteme

Epoche	Text	WuG (1) Deutungsmuster	WuG (2) Ausgrenzungspraktiken	GdK	OdD Wissensbasis
Mittelalter und Renaissance (16. Jhdt.)		Wahnsinn als Zeichen (der Macht) Gottes	Leprosorien (Kolonien) am Stadtrand	–	Prinzip universeller Ähnlichkeit zwischen Zeichen und Dingen
Klassik (17.–18. Jhdt.)		Wahnsinn als bloße Negation der Vernunft und als Störung	Internierungspraxis	klassifizierende medizinische Wahrnehmungsstruktur	Prinzip von Identität und Differenz: Repräsentation
Umbruch zum 19. Jhdt.		Wahnsinn als Gegenstand der Vernunft, als Krankheit	institutionelle Integration in Anstalten	Wahrnehmungsstruktur des ärztlichen Blicks	Prinzip der Konstruktion durch Menschen

Hans Ulrich Gumbrecht hat den „Gewinn archäologischer Arbeit" dahingehend beschrieben, dass sie „uns historisch fundiertes Verstehen der Gegenwart über die Sedimente der Vergangenheit [ermöglicht], auf denen die Gegenwart ruht" (2006: 9). Die archäologische Arbeit ist somit von dem Bewusstsein geleitet, dass es „uns nicht mehr gelingt, die Vergangenheit ‚hinter uns zu lassen'". Denn zwischen der „verschlossenen Zukunft und diesen nicht mehr verschwindenden Vergangenheiten hat sich die Gegenwart zu einer Zone der Simultaneitäten verbreitet" (2006: 33). Deshalb formuliert Foucault zu Recht: „Es ist meine Absicht, die Geschichte der Gegenwart zu schreiben" (1975: 43).

In seiner Vorlesung über „Die Ordnung des Diskurses" nimmt Foucault dann eine herrschaftssoziologische Zuspitzung der Diskursanalyse durch deren Ergänzung um eine Analyse der **Mechanismen (Techniken) der Kontrolle, Eingrenzung und Steuerung diskursiver Prozesse** vor. Es geht ihm nun um eine Ergänzung der Analyse diskursiver Praktiken um die Untersuchung der diese flankierenden nicht diskursive Praktiken: „**Dispositive**". Die in „Die Ordnung des Diskurses" skizzierte Diskursanalyse des Denkens soll insbesondere die Loslösung von überlieferten, ungeprüften und als selbstverständlich betrachteten Vorverständnissen ermöglichen, also die Distanzierung von eingewöhnten, auf den Leib geschriebenen Deutungsfiguren und -mustern sowie von den durch sie implizit transportierten Ontologien. Auch wenn dabei wohl die Fragen offen bleiben, was das Aufkommen und die Ausbreitung von Diskursen auslöst, worin die Dynamik diskursiver Umwälzungen und Veränderungen besteht und was diese ausmacht sowie die Frage, wie sich die Beziehungen der Diskurse untereinander und zu ihrem Umfeld letztlich gestalten, so lässt sich die „Genealogie" doch als Verfahren der historischen Analysen der Herkunft gegenwärtiger Macht- und Diskurskonstellationen verstehen. Sie ist von Foucault konzipiert zur

Beschreibung der „Kräfte" und „Mechanismen", die Diskurs-formierend wie Diskurs-transformierend wirken.

Damit lässt sich das Profil der von Foucault auf den Weg gebrachten, schrittweise im Zuge seiner Studien zu Sexualität und Biopolitik („Sexualität und Wahrheit" 1976), zur Geschichte der Psychiatrie („Wahnsinn und Gesellschaft" 1961), zur Medizin („Geburt der Klinik", 1963) oder der Strafjustiz („Überwachen und Strafen" 1975) entwickelten und der im Rahmen der qualitativen Sozialforschung wie gesellschaftstheoretischer Analysen an ihn anschließenden aktuellen Diskursanalysen wie folgt umschreiben: Die **Diskursanalyse**, die das archäologische und das genealogische Anliegen in Foucaults Werk verbindet, untersucht als empirisches Forschungsprogramm das Entstehen, die Verbreitung und die historische Veränderung von Deutungen für soziale und politische Handlungszusammenhänge.

Diskurse sind institutionalisierte Ordnungen bzw. Mechanismen der Wirklichkeitskonstruktion: Damit werden Diskurs und Macht als dialektische Einheit begriffen – ganz anders als dies bspw. bei Habermas der Fall ist. Der öffentliche Raum ist nicht einfach „da", sondern jeweils nur in spezifischer Strukturierung „da", denn die Akteure, die in ihm agieren, zeichnen sich durch unterschiedliche Bekanntheitsgrade aus, durch unterschiedliche Kompetenzen und damit verbunden verschieden gewichtete Autorität, die ihnen zugeschrieben wird, durch unterschiedliche Vernetzung, durch verschiedene Institutionalisierungsgrade (Bewegungen-Organisationen) und damit insgesamt durch unterschiedliche Zugangschancen zum öffentlichen Raum; also durch unterschiedliche Chancen, Koalitionen zu schmieden, gehört zu werden und die von ihnen favorisierten Deutungen der sozialen Welt durchzusetzen.

Insgesamt sind Diskurse also als inhaltlich bestimmte, spezifische, institutionalisierte und damit objektiv geregelte Form der öffentlichen Textproduktion in Rede, Schrift oder Bild zu umschreiben. Letztlich handelt es sich häufig um spezifische, gesellschaftlich ausdifferenzierte Formen der (unbewussten) Wissensproduktion, d. h. ihre Analyse zielt auf die kollektive Ebene von Prozessen der gesellschaftlichen Konstruktion von Wirklichkeit.

15.4.2 Subjektivierungsweisen

Die Untersuchung von sozio-historisch spezifischen Formen und Vorstellungen von Subjektivität bildet den Kern von Foucaults Forschungsanliegen. **Subjektivierungsformen** bilden das materielle Produkt, also die Produkte konkreter Sozialität aufgrund von diskursiven (Archäologie) und nicht diskursiven (Genealogie) gesellschaftlich-machtförmigen Praktiken. **Disziplin**, so Foucaults Annahme, produziert Individualität, sorgt also für Individuierungs- bzw. Subjektivierungsprozesse in vier Hinsichten bzw. mit Bezug auf vier Merkmale und unter Rekurs auf vier Techniken (vgl. Tab. 15.3):

Tab. 15.3: Individuierungstechniken

Individuierungsmerkmale	Techniken
Zellenförmig (durch Parzellierung)	Tableaus
Organisch (durch Codierung der Tätigkeit)	Manöver
Evolutiv (durch Zeithäufung)	Übung
Kombinatorisch (durch Zusammensetzung der Kräfte)	Taktik

Dabei sind es wesentlich totale Institutionen, die für eine Formierung von Raum und Zeit sorgen. Exemplarisch untersucht Foucault die für sie typische Form der Subjektproduktion im Rahmen seiner Studie über „Überwachen und Strafen" von 1975 anhand der historischen Veränderung staatlicher Strafpraxis. Danach entwickelt sich zu Beginn des 19. Jahrhunderts das Paradigma der **Disziplinartechnologien**, der auf Abrichtung des Menschen zielenden Machttechniken. Thema des Buches, wesentlich motiviert durch Foucaults Engagement bei der G.I.P. ist die, wie Foucault formuliert, „Korrelationsgeschichte der modernen Seele und einer neuen Richtgewalt" (1975: 33).

Mit der Auftaktszene eines zeitgenössischen Berichtes über die grausame öffentliche Hinrichtung des eines versuchten Attentats auf den König überführten Damiens im Jahr 1757 illustriert Foucault die Sinnlogik der monströsen Bestrafungspraxis der europäischen Herrscher. Danach macht die öffentliche Vernichtung des Lebens straffällig gewordener Untertanen den Täter zum Zeugen in eigener Sache, legitimiert also seine Schuld und stellt zugleich ein öffentliches Eingeständnis seiner Schuld dar. Die Öffentlichkeit der Marter dient der sinnbildlichen Wiederherstellung der irdischen Ordnung und der Sühne an der verletzten Majestät und (von Foucault auch als juridisch bezeichneten) Macht des Souveräns. Seit etwa 1750 sind jedoch Reformbestrebungen im Gange, und zwar objektiv nicht so sehr aus Humanitätsgründen, sondern aus Gründen der Optimierung der Ökonomie und Wirksamkeit der Strafen. Nicht Rache am Täter, sondern die Verwandlung des Täters in ein nützliches Glied bzw. Werkzeug der Gesellschaft durch Erziehung wird zum Ziel des Strafens. Und diese Verwandlung soll nicht durch Einsicht erreicht, sondern durch Übung, Gewohnheit und Disziplin gewissermaßen innerlich erzwungen werden. Zentrales Merkmal dieser Disziplinierungslogik ist eine höchst optimierte Form der Kerkerüberwachung, die den Gefangenen jede Form der Privatsphäre nimmt, indem sie sie dem Wissen aussetzt jederzeit beobachtet zu werden oder zumindest beobachtet werden zu können. Das **Panoptikum** begreift Foucault als das Paradigma der „Technologie der Individuen" (1975: 288):

> Das [Panoptikum] ist ein Bauvorhaben mit einem zentralen Turm, der eine ganze Reihe von kreisförmig gegen das Licht angeordneten Zellen überwacht, in die man die Individuen einsperrt. Vom Zentrum aus kontrolliert man jedes Ding und jede Bewegung, ohne gesehen zu werden. Die Macht verschwindet, sie stellt sich nicht mehr dar, aber sie existiert; sie verflüchtigt sich in die unendliche Mannigfaltigkeit ihres einzigen Blicks. (2001–05: II.899)

Weitere Modelle entsprechender räumlicher Anordnungen von Individuen sind schon früh die Klöster mit ihren Zellen, in späteren Entwicklungsstadien dann Internate, Kasernen, Manufakturen, sowie Fabriken und Kliniken. Alles Orte, an denen klare und höchst transparente Regeln mit Formen der Dauerüberwachung und des Wissens um diese Dauerüberwachung aufseiten der Überwachten kombiniert werden, um innerlich möglichst vollständig formierte Subjekte zu erzeugen.

Immer geht es in entsprechenden Einrichtungen darum, die **Körper** zu gefügigen und gehorsamen Instrumenten zu machen, diese abzurichten, indem sie die direkte Zugänglichkeit (Verfügbarkeit) der Körper für beaufsichtigende Blicke und eingreifende Korrekturen sichern. Ziel ist es letztlich, die Individuen dazu zu bringen, schließlich auch ohne dauernde Beaufsichtigung und die Androhung äußeren Zwanges sich so zu verhalten, wie es von Seiten der Herrschenden gefordert wird. Es ist das Wissen um die mögliche Dauerbeobachtbarkeit wie das Nichtwissen um die faktisch aktuelle realisierte Dauerbeobachtung, die die Individuen dazu bringt (bringen soll), sich stets so zu verhalten, als würden sie beobachtet. Entsprechende Überlegungen hatten bereits Max Weber und Norbert Elias formuliert. Weber argumentierte, dass die Puritaner aufgrund des objektiven Nichtwissens um die eigene Heilsgewissheit sich alltäglich einem ständig wirksamen Kontrolldruck zur beruflichen Leistung aussetzen, um eine zumindest subjektive Heilsvermutung für sich plausibilisieren zu können (vgl. Kap. 5.4.2). Elias hatte dargelegt, dass das hohe gesellschaftliche Ansehen der höfischen Avantgarde dazu führt, dass die von ihr betriebene Affektkontrolle und Selbstbeherrschung Nachahmung in allen gesellschaftlichen Schichten findet und so zur Figur des sich selbst im Bestreben um gesellschaftlicher Anerkennung disziplinierenden Individuums führt (vgl. Kap. 8.4.2; dazu auch: Breuer 1987).

Stets geht es Foucault um die Analyse der Techniken zur Herstellung perfekter **Dressur.** Diese findet ihren Ausdruck insbesondere in rigiden Zeitplänen (Tagesabläufen) und vorgeschriebenen Körperhaltungen (beim Marschieren, Essen oder Schreiben). Insofern bildet die Entwicklung des Gefängniswesens nur ein herausragendes Beispiel der Entwicklung hin zu einer systematischen, von Experten betriebenen Dauerüberwachung und Dauerkontrolle der Individuen wie sie in vormodernen gesellschaftlichen Verhältnissen undenkbar gewesen wäre. Für Foucault liegt in der Reform des Strafrechts somit der Ursprung wie Prototyp der für moderne Gesellschaften charakteristischen Ausprägung als Disziplinargesellschaften. Am Ursprung der Entwicklung der Moderne steht damit für Foucault eine strukturelle Ambivalenz, insofern „die Aufklärung, welche die Freiheit entdeckt hat, […] auch die Disziplin erfunden" hat (1975: 285).

Die „Disziplinargesellschaft" schafft durch die Ausübung von „Disziplinargewalt" über vielfältige „Disziplinarprozeduren" und vielseitige „Disziplinarinstanzen" das „Disziplinarindividuum" (1975: 279, 286, 287, 290, 291). Insgesamt vollzieht sich, so Foucault, „die Formierung der **Disziplinargesellschaft** […] innerhalb breiter historischer Prozesse, die ökonomischer, rechtlich-politischer und wissenschaftlicher Art sind" (1975: 279):

> Das Eigenartige der Disziplinen ist, daß sie versuchen, angesichts der Vielfältigkeiten eine Machttaktik zu definieren, die drei Kriterien entspricht: die Ausübung der Macht soll [1] möglichst geringe Kosten verursachen [...]; die Wirkung der gesellschaftlichen Macht soll [2] möglichst intensiv sein und sich so weit wie möglich erstrecken [...]; schließlich soll sich diese „ökonomische" Steigerung der Macht [3] mit der Leistungsfähigkeit der Apparate verbinden, innerhalb derer sie ausgeübt wird. (1975: 280) [...] Wir können sagen, daß die Disziplin das einheitliche technische Verfahren ist, durch welches die Kraft des Körpers zu den geringsten Kosten als „politische" Kraft zurückgeschraubt und als nutzbare Kraft gesteigert wird" (1975: 284).

Es ist diese Analyse, die Foucault zu einer methodologischen Reflexion nötigt und seinen Untersuchungen ein reflexives Profil verleiht: Denn seiner Auffassung zufolge sind es eben gerade die Humanwissenschaften, welche aufgrund der Einrichtung entsprechender Disziplinierungsinstitutionen entstehen (können), da erst diese Institutionen die Möglichkeit bereit stellen, durch Dauerbeobachtung Erkenntnisse über das Verhalten von Menschen systematisch zu sammeln und zu erheben. Und dieses wissenschaftlich erhobene Wissen wird dann wiederum als Kontroll- und Herrschaftswissen zur Disziplinierung der Individuen verwandt – und verschärft somit diese Prozesse. So identifiziert Foucault gerade im Zuge des Entstehungsprozesses der Humanwissenschaften zugleich die Entwicklung machtförmiger Zugriffsmöglichkeiten auf das Humane, d. h. die Individuen. Diese Disziplinen sind also ihrerseits Mechanismen der Verlagerung von Kontrollmechanismen ins Innere der Individuen.

(1) Subjektivierung, Biopolitik und Gouvernementalität

Im Zuge seiner Beschäftigung mit der Disziplinarmacht orientierte sich Foucault zunächst an den Konzepten von Unterdrückung und Krieg (vgl. 1978: 74; dazu auch: Lemke 1997: 126ff.). Diese Orientierung problematisiert und erweitert Foucault in seinen anschließenden Arbeiten: Die Repressionshypothese wird mit „Der Wille zum Wissen" zum Thema. In diesem ersten Band der Reihe „Sexualität und Wahrheit", der in gewisser Weise die Programmschrift des geplanten Forschungsvorhabens über die Sexualität darstellt, das Foucault dann später mit dem Fokus auf Subjektivierungsprozesse neu konzipiert, stellt Foucault entgegen der vermeintlichen Unterdrückung der Sexualität (die er bereits mit der Überschrift des ersten Kapitels „Wir Viktorianer" konterkariert) stattdessen ein Wuchern der Diskurse über den Sex seit dem ersten Jahrhundert fest, das wahres Wissen über diesen produziert. Die Vorstellung von Machtbeziehungen als vornehmlich strategisches Verhältnis kontextualisiert Foucault dagegen historisch. Er verortet sie in der Klassik und lässt ihr in der Moderne ein medizinisches, produktives Modell der Biopolitik und der Gouvernementalität folgen.

In der **Biopolitik** wandelt sich der Fokus von der „politischen Anatomie des menschlichen Körpers" hin „zur Unterwerfung der Körper und zur Kontrolle der Bevölkerung" (1976: 167), d. h. das Augenmerk liegt auf der Bevölkerung als Ganzes, als Gesellschaftskörper und die Biopolitik verwaltet diesen Körper bzw. übt Macht auf ihn aus durch die Mittel der „Demographie, [...] die Abschätzung des Verhältnisses zwischen Ressourcen und Einwohnern, die Tabellierung der Reichtümer und ihrer Zirkulation, der Leben und ihrer wahrscheinlichen Dauer" (1976: 167). Das in „Der Wille zum Wissen" untersuchte **Sexualitätsdispositiv** und die *scientia sexualis* der westlichen Gesellschaften mit ihrer humanwissenschaftlichen Erschließung des Menschen und dessen Sex als zentrales Element seiner selbst (im Gegensatz zu einer vermeintlich in der (orientalischen) Antike vorhandenen *ars erotica*, auf die Foucault im Kontext seiner Beschäftigung mit den Techniken des Selbst zurückkommen wird) bilden die Grundlage dieser Biopolitik. Foucault fasst den Charakter der Biopolitik im Kontrast zur souveränen Macht des Mittelalters und der Renaissance folgendermaßen zusammen:

> Man könnte sagen, das alte Recht, sterben zu machen und leben zu lassen, wurde abgelöst von einer Macht, leben zu machen oder in den Tod zu stoßen. (1976: 165)

Eine anders gelagerte Perspektive, doch mit gleicher Zielsetzung, nimmt das Konzept der **Gouvernementalität** ein. Dieser Begriff beschreibt die Ausübung von Macht in der Form normativer Anforderungen, die sich an der gesellschaftlichen Normalität orientieren und die in die zu Regierenden eingebettet sind. Gouvernementalität meint somit eine aus der Distanz sowie über die Vorstellung von Freiheit (anknüpfend an die Entwicklung des Liberalismus als Rationalität des Regierens) und zugleich durch diese den Individuen einverleibte Selbstführung (vgl. Singelnstein/Stolle 2008: 71), die die Regierten zu Unternehmern ihrer selbst macht. Dabei verdeutlicht Foucault, dass mit „Regieren" nicht zwangsläufig nur das politische Regieren gemeint ist. Er führt aus, dass das „Problem der Regierung" vom 15. bis zum 18. Jahrhundert allgemeiner gefasst ist und die Gouvernementalität auf dieses breitere Verständnis von Regierung zurückgreift, das zusammengefasst werden kann als „die richtige Anordnung der Dinge" (1977–79: I.145). Regierungsformen beziehen sich bei ihm somit auf „die Gesamtheit der Institutionen und Praktiken [...] [die] Gesamtheit von Prozeduren, Techniken [und] Methoden, welche die Lenkung der Menschen untereinander gewährleisten" (2001–05: IV.116). Sein letztlich dreifaches Verständnis von Gouvernementalität fasst Foucault folgendermaßen zusammen:

> Ich verstehe unter „Gouvernementalität" die aus den Institutionen, den Vorgängen, Analysen und Reflexionen, den Berechnungen und den Taktiken gebildete Gesamtheit, welche es erlauben, diese recht spezifische, wenn auch sehr komplexe Form der Macht auszuüben, die als Hauptzielscheibe die Bevölkerung, als wichtigste Wissensform die politische Ökonomie und als wesentliches technisches Instrument die Sicherheitsdispositive hat. Zweitens verstehe ich unter „Gouvernementalität" die Tendenz oder die Kraftlinie, die im gesamten Abendland unablässig und seit sehr langer Zeit zur Vorrangstellung dieses Machttypus geführt hat, den man über alle anderen hinaus die „Regierung" nennen kann: Souveränität, Disziplin, und die einerseits die Entwicklung einer ganzen Serie spezifischer Regierungsapparate [und andererseits] die Entwicklung einer ganzen Serie von Wissensarten nach sich gezogen hat. Schließlich denke ich, daß man unter „Gouvernementalität" den Vorgang oder vielmehr das Ergebnis des Vorgangs verstehen sollte, durch den der mittelalterliche Staat der Gerichtsbarkeit, der im 15. und 16. Jahrhundert zum Verwaltungsstaat wurde, sich nach und nach „gouvernementalisiert" hat. (1977–79: I.162f.)

Die Regierungsformen der Gouvernementalität stellen also – vergleichbar mit der Disziplinarmacht – Subjektivierungsweisen dar, die jedoch weniger direkt und zwanghaft, sondern mittelbar über die Selbstführung der Regierten zur Geltung kommen und dabei ebenso Subjekte fabrizieren wie die Effizienz der Machtausübung zugleich optimieren.

(2) Subjektivierung und Techniken des Selbst

Formen der Subjektivierung geht Foucault auch in seiner letzten Werkphase nach. Im Kontrast zur Beschäftigung mit der Herstellung des Subjekts durch Machtwirkungen in seinen genealogischen Arbeiten fokussiert Foucault nun allerdings eine Ethik des Selbst als genuine **Selbstformung** der menschlichen Lebensführung. Anstatt sich also seinem ursprünglichen Plan folgend weiter mit dem Thema der Sexualität zu befassen, konzentrieren sich der zweite und dritte Band von „Sexualität und Wahrheit" (und mutmaßlich auch der fertiggestellte, aber aufgrund testamentarischer Festlegung posthum nicht herausgegebene vierte Band „Die Geständnisse des Fleisches") sowie die Vorlesung „Hermeneutik des Subjekts" (1981/82) stattdessen auf Selbsttechniken:

> Ich muss gestehen, dass ich mich weit mehr für die von den Selbsttechniken oder den Dingen aus diesem Bereich aufgeworfenen Probleme interessiere als für die der Sexualität [...] Die Sexualität, das ist ziemlich monoton! (2001–05: IV.747)

Folglich wird in Teilen der Foucault-Rezeption von einer schlussendlichen Abwendung Foucaults vom (post-)strukturalistischen Paradigma hin zu einer Besinnung auf das Subjekt als zentraler Kategorie ausgegangen – eine Lesart, die im Licht der zuvor dargestellten beständigen Beschäftigung Foucaults mit Subjektivierungsprozessen (wenn auch in anderer Perspektive) zumindest verkürzt erscheint.

In seiner Beschäftigung mit den **Techniken des Selbst** geht Foucault der Frage nach, wie – entgegen üblicher Annahmen gar nicht so unterschiedliche – Normen im Zeitverlauf unterschiedlich angeeignet bzw. subjektiviert werden. Dabei wendet sich Foucault historischen Epochen zu, die bislang nicht in seinem Fokus lagen: die klassische, griechische Antike um das 4. Jahrhundert v.Chr., die römische Antike im 2. Jahrhundert n.Chr. und das frühe Christentum im 4. Jahrhundert n.Chr. Er vergleicht die in diesen Epochen jeweils zur Geltung kommenden Subjektivierungsweisen. So stellt Foucault im Vergleich zwischen griechischer und römischer Antike bspw. eine Entwicklung von einer „Ästhetik der Existenz", die den rechten Gebrauch der Lüste als Selbstzweck einer ästhetischen Lebensführung konzipiert, zu einer „Kultur des Selbst" fest, die die Anforderungen an das Individuum zwar nicht enger strickt, aber eine „Intensivierung des Selbstbezuges, durch den man sich als Subjekt seiner Handlungen konstituiert" (1984: 57), mit sich bringt:

> Was man auf den ersten Blick für überhöhte Schärfe, vermehrte Strenge, striktere Anforderung halten mag, ist tatsächlich nicht als Straffung der Verbote zu interpretieren; der Bereich dessen, was sich verbieten ließ, hat sich mitnichten erweitert, und man hat nicht versucht, autoritärere

und wirksamere Prohibitionssysteme einzurichten. Weit eher betrifft die Änderung die Weise, in der das Individuum sich als Moralsubjekt konstituieren soll. Die Entwicklung der Kultur seiner selber hat sich nicht in der Verstärkung dessen, was das Begehren absperren kann, ausgewirkt, sondern in gewissen Modifikationen, die die konstitutiven Elemente der moralischen Subjektivität berühren. Bruch mit der traditionellen Ethik der Selbstbeherrschung? Sicherlich nicht, wohl aber Verlagerung, Ablenkung und unterschiedliche Gewichtung. (1984: 92)

Auch wenn die detaillierte Ausarbeitung der weiteren Entwicklung der Subjektivierungsformen hin zum frühen Christentum in „Die Geständnisse des Fleisches" nicht veröffentlicht wurde, lassen sich aus verschiedenen Quellen doch skizzenhafte Erkenntnisse über Foucaults Fortschreibung dieses Prozesses gewinnen. Foucault sieht in der sich entwickelnden **Pastoralmacht** eine Wandlung der Selbsttechniken hin zu einer Hermeneutik des Subjekts, die eine Wahrheit des Subjekts anvisiert, welche durch die Technik des Geständnisses und der Beichte über das sexuelle Begehren – womit der Kreis zu „Der Wille zum Wissen" geschlossen wäre – offenbart wird. Anstatt einer antiken Selbststilisierung zur Erlangung einer ästhetischen Existenz geht es hier also um eine Hermeneutik des individuellen Begehrens (und nicht etwa der bereits begangenen Tat), um das wahrhafte Erkennen des Subjekts und seiner Natur. Aus dem „Achte auf Dich selbst" einer Ästhetik der Existenz wurde, so Foucault, eine Überbetonung des „Erkenne Dich selbst" des Orakels von Delphi in der Hermeneutik des Subjekts (vgl. 2001–05: IV.966 ff.).

15.5 Gegenwartsdiagnose

Die These der „Fabrikation des Disziplinarindividuums" (1975: 397) und die Vorstellung der Entwicklung einer „Normalisierungsgesellschaft" auch mittels gouvernementaler Regierungsformen bringen den Tenor Foucaults kritischer Analyse der gesellschaftlichen Realität moderner Gesellschaften auf den Punkt. **Disziplinierung** und die **Normalisierung** der Subjekte haben danach den Effekt, dass alle Vorstellungen von individueller Freiheit sich als Fiktionen und Illusionen erweisen. Der Mensch und seine individuelle Freiheit, so betont Foucault, stellen eine moderne Episteme dar, die aber wie alle ihr Vorhergehenden kontingenter Natur ist und daher auch wieder abgelöst werden kann und wird von anderen Epistemai. Zugespitzt formuliert Foucault in einem seiner meistdiskutierten Zitate am Ende von „Die Ordnung der Dinge":

> Wenn man eine ziemlich kurze Zeitspanne und einen begrenzten geographischen Ausschnitt herausnimmt – die europäische Kultur seit dem sechzehnten Jahrhundert –, kann man sicher sein, daß der Mensch eine junge Erfindung ist. [...] Der Mensch ist eine Erfindung, deren junges Datum die Archäologie unseres Denkens ganz offen zeigt. Vielleicht auch das baldige Ende. Wenn diese Dispositionen verschwänden, so wie sie erschienen sind, wenn durch irgendein Ereignis [...] diese Dispositionen ins Wanken gerieten, wie an der Grenze des achtzehnten Jahrhunderts die Grundlage des klassischen Denkens es tat, dann kann man sehr wohl wetten, daß der Mensch verschwindet wie am Meeresufer ein Gesicht im Sand. (1966: 462)

Foucault geht also von der prinzipiellen Erwartbarkeit des **Niedergangs des humanistischen Macht-Wissen-Komplexes** aus, ohne diesen jedoch konkret zu terminieren oder gar auf diesen folgende Epistemai vorherzusagen. Sein Diktum vom „Tod des Menschen" führte jedenfalls zu erbitterten Kontroversen über die vermeintliche Subjektvergessenheit oder gar Subjektfeindlichkeit Foucaults.

15.6 Wirkungsgeschichte

Das Werk von Michel Foucault erfuhr und erfährt eine breite, hochgradig heterogene Rezeption, die sich in der vielfältigen disziplinären Einordnung, Vereinnahmung, aber auch Distanzierung von den von ihm entwickelten Konzepten niederschlägt. Foucaults Werk ist eigentlich erst nach dessen Tod zu einem wichtigen Bezugspunkt der theoretischen Auseinandersetzungen in der Soziologie aufgestiegen. Insgesamt lassen sich v. a. fünf Anknüpfungspunkte für die nachfolgende Diskussion ausmachen: **(1)** Foucaults archäologische Analyse von Diskursen ist von herausragender Bedeutung für die gegenwärtige Diskursanalyse (Reiner Keller). Dabei ist in der „Archäologie des Wissens" die folgenreichste Konzeptualisierung des Diskursbegriffs zu sehen, insofern Foucault in diesem Werk im Zuge einer Reflexion seiner empirischen Arbeiten eine Methodologie der Diskursanalyse skizziert. In „Die Ordnung des Diskurses" erfolgt eine herrschaftssoziologische Zuspitzung der Diskursanalyse, was die Diskursforschung für breitere Teile der Soziologie interessant gemacht hat (Hubert Treiber/ Heinz Steinert, François Ewald). **(2)** Foucaults genealogische Untersuchungen von Machtwirkungen, insbesondere im Hinblick auf Subjektivierungsprozesse durch Disziplinarmacht und Biopolitik bzw. Gouvernementalität, zeigten große Wirkung auf die herrschaftssoziologische Diskussion, was sich bspw. im Entstehen der Governmentality-Studies widerspiegelt (Susanne Krasmann, Thomas Lemke). In Bezug auf die genealogische Arbeit wurde aber auch die deutlichste Kritik an Foucault formuliert. Neben u. a. Nancy Fraser, Charles Taylor und Axel Honneth äußerte Jürgen Habermas die pointierteste Kritik, indem er einen performativen Widerspruch in Foucaults Genealogie herauszuarbeiten suchte und schließlich einen „heillosen Subjektivismus" (Habermas 1985: 324) des genealogischen Projekts feststellte (vgl. auch: Lemke 1997: 13ff.). **(3)** Foucaults spätere Beschäftigung mit den Techniken/der Ethik des Selbst wurde im Vergleich mit seinen archäologischen und genealogischen Analysen dagegen bislang nur zurückhaltend rezipiert, was nicht zuletzt in der Unabgeschlossenheit des Projekts „Sexualität und Wahrheit" durch Foucaults Tod und die erst deutlich spätere Edition der Vorlesungen am Collège de France begründet liegt. **(4)** Foucaults empirische Analysen wurden zudem in verschiedenen Spezialdiskursen/-disziplinen stark rezipiert. Dies gilt insbesondere für seine Beschäftigung mit Wahnsinn und Psychiatrie („Wahnsinn und Gesellschaft"), mit der Medizin („Die Geburt der Klinik") und mit dem Gefängnis („Überwachen und Strafen"). **(5)** Schließlich wurde Foucaults Arbeit auch in kritisch-zeitdiagnostischen (Bröckling et al.) sowie in politisch-aktivistischen Zusammenhängen rezipiert, was nicht zuletzt seiner eigenen politischen

Aktivität neben seiner akademischen Tätigkeit geschuldet ist. Dabei standen v. a. Foucaults genealogische Arbeiten im Fokus.

15.7 Zusammenfassende Übersicht

In diesem zusammenfassenden Abschnitt werden entsprechend der in der Einleitung dargelegten Kriterien zunächst die angesprochenen wesentlichen Aspekte des dargestellten Ansatzes in tabellarischer Form zusammengestellt (vgl. Tab. 15.4), anschließend werden die zentralen Begrifflichkeiten des Ansatzes nochmals knapp erläutert. Unter der Rubrik Literaturhinweise werden dann die zentralen Werke sowie ausgewählte Sekundärliteratur für das weitere Studium angegeben sowie schließlich unter dem Titel „Übungsaufgaben" einige Fragen zur Rekapitulation des Erarbeiteten zusammengestellt.

Tab. 15.4: Tabellarische Zusammenfassung Michel Foucault

Aspekt	Foucault
Ansatz	strukturale Machtanalyse
Soziologieverständnis	Aufklärung über die Kontingenz und Machtförmigkeit von Diskursen und (institutionellen) Praktiken
Methodik	Archäologie, Genealogie
Erklärungsvorstellung	historische (genealogische) Analyse von Machtformen
Gesellschaftsbegriff	historische Formierung des Sozialen durch Diskurse (Epistemai) und Dispositive (diskursive und nicht diskursive Praktiken)
Gesellschaftstypen	Diskurs- und Dispositivformationen als Epochenschwellen
Macht und Herrschaft	Überwachung (soziale Kontrolle), Disziplinierung, Gouvernementalität und Biopolitik
Soziale Ungleichheit	Regulierung des Zugangs zu Diskursen (Macht) und Strukturierung sozialer Wirklichkeit durch Raum-Zeit-Sozial-Regime
Sozialer Wandel	Wandel von Diskursformen (von Epistemai) und Dispositiven
Soziale Differenzierung	Diskurse (Epistemai), Macht (Dispositive)
Soziale Integration	(Normalisierung, Subjektivierung) qua ‚internalisierter' sozialer Kontrolle; historische (institutionelle, diskursive) Formierung
Gegenwartsdiagnose	Niedergang des humanistischen Macht-Wissen-Komplexes; evtl. Ende des Menschen als Episteme der Moderne

15.7.1 Grundbegriffe

Archäologie (archéologie): Foucaults historische Analyse der Denk- und Wissensformen; Beschäftigung mit der Formierung von diskursiven Praktiken, dort realisierten Aussagen und den Bedingungen ihres Bestehens im Archiv; Bezeichnung der ersten Phase in Foucaults Schaffen („Wahnsinn und Gesellschaft" bis „Die Ordnung des Diskurses").

Diskurs: Eine Formation von Aussagen bzw. diskursiven (verbalen) wie nicht diskursiven Praktiken, die gesellschaftliche Wirklichkeit und Wahrheit herstellen. Das Verhältnis zwischen Diskurs und Macht changiert dabei im Laufe von Foucaults Werk: während der Diskurs in der archäologisch zu bezeichnenden Phase zunächst alleine steht und die Herstellung von Wirklichkeit rein diskursiv geschieht, wird die Bedeutung von Machtwirkungen auf diskursive Konstellationen in der genealogischen Phase stärker betont.

Dispositiv: Verknüpfung zunächst heterogener diskursiver und nicht diskursiver Elemente, die im Sinne eines strategischen Machtmodells auf Notstände reagiert und so neues Macht-Wissen schafft.

Episteme: Jeweilige Logik/Bedingung/Positivität eines historischen Denksystems, die die darin stattfindenden Diskurse ordnet, Wahrheit festlegt, Sagbares von Unsagbarem trennt und so den Charakter der Epoche maßgeblich prägt.

Genealogie: Historische Analyse der unterschiedlichen Formen der Macht, Machtwirkungen und dem Zusammenspiel von Macht und Wissen; Bezeichnung der zweiten Phase in Foucaults Schaffen (von „Die Macht der Psychiatrie" bis „Geschichte der Gouvernementalität").

Gouvernementalität (gouvernementalité; Regierungsweisen, -techniken): Mit der Biopolitik verknüpfter Machtmodus der Moderne, der auf das Sicherheitsdispositiv aufbauend Führung/Regierung über Freiheit in die Eigenmotivation des Individuums verlegt und dieses so zum selbstständigen Anpassen an Normalitätserwartungen bringt (Selbstführung).

Macht: Zentrale Untersuchungskategorie in Foucaults Werk; beschreibt die Ausformung der sozialen Beziehungen und Subjektivierungsweisen; Foucault unterscheidet unterschiedliche historische Formen der Macht: souverän/juridisch, disziplinär/strategisch, gouvernemental/Bio-Macht.

Subjektivierung: Formierung des Menschen als Subjekt mit den damit zusammenhängenden Normalitätserwartungen durch Machtwirkungen (Disziplin, Gouvernementalität) und Selbsttechniken. Auch wenn Subjektivierungsprozesse ein durchgängiges Thema bei Foucault sind, steht die spezifische Beschäftigung mit den Techniken/einer Ethik des Selbst doch im Zentrum der dritten Werkphase; vgl. „Hermeneutik des Subjekts", Sexualität und Wahrheit II („Der Gebrauch der Lüste") und III („Die Sorge um sich").

Wissen: Wird in verschiedenen diskursiven Konstellationen und je nach Episteme unterschiedlich formiert und als sagbares (relevantes, zum Diskurs zugehöriges, wahres) Wissen reproduziert oder als unsagbares Wissen aus dem Diskurs fern gehalten; (vor allem nach Foucaults früher archäologischer Phase) eng verbunden mit Machtwirkungen, sodass Foucault auch von Macht-Wissen spricht, was die gegenseitige Konstituierung beider Aspekte verdeutlicht.

15.7.2 Literaturhinweise

Werke: 1961: Historie des la folie à l'âge classique (dt.: Wahnsinn und Gesellschaft), 1963: Naissance de la clinique (dt.: Die Geburt der Klinik), 1966: Die Ordnung der Dinge, 1969: L'archéologie du savoir (dt.: Archäologie des Wissens), 1970: L'ordre du discours (dt.: Die Ordnung des Diskurses), 1975: Surveiller et punir (dt.: Überwachen und Strafen), 1976: Histoire de la sexualité I: La volonté de savoir (dt.: Sexualität und Wahrheit I: Der Wille zum Wissen), 1984: Histoire de la sexualité II: L'usage des plaisirs/III: Le souci de soi (dt.: Sexualität und Wahrheit II: Der Gebrauch der Lüste/ III: Die Sorge um sich), 1994: Dits et Ecrits I–IV (dt.: Schriften in vier Bänden 1954– 1988), 1996 ff.: Publikation der Vorlesungen am Collège de France, bisher u.a. „Die Strafgesellschaft" (1972/73), „Die Anormalen" (1974/75), „Geschichte der Gouvernementalität I und II" (1977/78 bzw. 1978/79), „Hermeneutik des Subjekts" (1981/82), „Die Regierung des Selbst und der anderen I und II" (1982/83 bzw. 1983/84).

Breuer, Stefan (1987) Foucaults Theorie der Disziplinargesellschaft. Eine Zwischenbilanz, in: Leviathan 15, S. 319–337.
Eribon, Didier (1989) Michel Foucault. Eine Biographie, Frankfurt/M.: Suhrkamp 1991.
Ewald, François (1986) Der Vorsorgestaat, Frankfurt/M.: Suhrkamp 1993.
Honneth, Axel/Saar, Martin (Hg.) (2003) Zwischenbilanz einer Rezeption. Frankfurter Foucault-Konferenz 2001, Frankfurt/M.: Suhrkamp.
Kammler, Clemens/Parr, Rolf/Schneider, Ulrich Johannes (Hg.) (2008) Foucault-Handbuch. Leben – Werk – Wirkung, Stuttgart: Metzler.
Keller, Reiner (2008) Michel Foucault, Konstanz: UVK.
Kleiner, Marcus S. (Hg.) (2001) Michel Foucault. Eine Einführung in sein Denken, Frankfurt/M./New York: Campus.
Lemke, Thomas (1997) Eine Kritik der politischen Vernunft. Foucaults Analyse der modernen Gouvernementalität, Hamburg: Argument.
Raffnsøe, Sverre/Gudmand-Høyer, Marius/Thaning, Morten S. (2011) Foucault. Studienbuch, München: Fink.
Ruoff, Michael (2009) Foucault-Lexikon. Entwicklung – Kernbegriffe – Zusammenhänge, München: Fink, 2. durchges. Auflage.
Treiber, Hubert/Steinert, Heinz (1980) Die Fabrikation des zuverlässigen Menschen. Über die „Wahlverwandtschaft" von Kloster- und Fabrikdisziplin, Münster: Westfälisches Dampfboot, 2. überarb. und erw. Auflage 2005.

15.7.3 Übungsaufgaben

(1) Erläutern Sie Foucaults Konzepte des Diskurses und des Dispositivs.

(2) Was versteht Foucault unter „Subjektivierung"?

(3) Erläutern Sie die Bedeutung der Begriffe „Archäologie" und „Genealogie" bei Foucault.

(4) Was meint Foucault, wenn er in „Die Ordnung der Dinge" schreibt „dann kann man sehr wohl wetten, daß der Mensch verschwindet wie am Meeresufer ein Gesicht im Sand" (1970: 462)? Welche Epistemai gehen der des Menschen voraus?

(5) Mit welchen Machtformen befasst sich Foucault und wie unterscheiden sich diese? Erläutern Sie die unterschiedlichen Formen anhand von Beispielen Foucaults.

16 Pierre Bourdieu: Allgemeine Ökonomie der Praxis

> Die Soziologie ist eine esoterische Wissenschaft [...], die aber den Anschein vermittelt, exoterisch zu sein. (1987: 72)

Die Kehrseite dieses Urteils von Bourdieu ist seine Einschätzung der Rezeption seiner Soziologie:

> Ich habe das Gefühl ziemlich wenig verstanden worden zu sein, und dies gewiß zum Teil aufgrund der Vorstellung, die man sich, ausgehend von [...] unglücklichen Begegnungen mit den am besten vermarkteten Vertretern der Zunft, häufig von der Soziologie macht. (1997: 16)

Diese Spitze gegen soziologische Marktschreier hat ihren Grund in der konzeptionellen Anlage seiner Soziologie, die ihr theoriestrategisches Ziel in der Überwindung der Opposition von subjektivistischen und objektivistischen Ansätzen sieht. Dabei heißen mit Bezug auf die Philosophie in Frankreich die ‚Gegner' auf der einen Seite Jean-Paul Sartre und auf der anderen Seite Claude Lévi-Strauss. Als erforderlich erachtet Bourdieu für dieses Reflexionsprojekt vor allem auch einen Bruch mit dem Alltagsdenken.

Blickt man auf Bourdieus intellektuelle Biografie, dann lassen sich vier „Werkphasen", oder – und mit Bourdieu gesehen – *vier Akzentuierungen*, also weniger diachron, als vielmehr synchron mit unterschiedlicher Intensität verfolgte Forschungsinteressen in seinem Werk unterscheiden: *erstens* die ethnologischen Untersuchungen und das Studium der **Logik des symbolischen Tauschs** von frühen, in den 1950er-Jahren erfolgenden Feldstudien in Algerien bis zu Gegenwartsanalysen Frankreichs, also von „Sociologie de l'Algérie" (1958) über „Esquisse d'une Théorie de la Pratique" (1972) bis zu „Le Sens Pratique" (1980); *zweitens* die Analyse der kulturellen und sozialen **Reproduktionsprozesse und -logiken** insbesondere der französischen Gegenwartsgesellschaft – vorrangig des französischen Bildungssystems und der Verwaltungselite – in den 1960er-Jahren in den Studien „Les Héritiers" (1964) über „Homo Academicus" (1984) bis zu „La Noblesse d'État" (1989) und der ersten Fassung von „La Domination Masculine" (1990); *drittens* die umfassenden **Analysen der Lebensstile** der Sozialschichten Frankreichs, also die Ungleichheits- und Kultursoziologie der französischen Gesellschaft besonders in den 1970er-Jahren in den Arbeiten von „Un Art Moyen" (1965) über „L'Amour de l'art" (1966) zu „La Distinction" (1979) und *viertens* die Phase der entschiedenen Hinwendung zu einer **Kritik der Ökonomisierung des Sozialen** ab Anfang der 1990er-Jahre bis zu seinem Lebensende wie sie sich vornehmlich in „La Misere du Monde" (1993), den beiden Bänden „Contre-feux" (1998 und 2001) sowie dem dritten und vierten Band der „Interventionen" (2002) dokumentiert. Diese Stationen der intellektuellen Biografie Bourdieus verdeutlichen den kontinuierlichen Forschungsbezug seiner akademischen Arbeit, dem konzeptionell ein sogenannter A-Theoretizismus entspricht.

16.1 Grundzüge

Konstitutiv für Bourdieus Soziologie ist ihr Bezug auf empirische Forschung. Deshalb wird man in seinen Schriften mit dem kontinuierlichen Fortschreiben und Verändern seiner Grundbegriffe konfrontiert, deren Aussagekraft im Prinzip jeweils kontextabhängig beurteilt werden muss. Bourdieu erläutert diese Eigenart seines Werkes folgendermaßen:

> Wenn ich mir dieselben Themen vornehme und abermals vornehme, wenn ich immer wieder auf dieselben Gegenstände und Analysen zurückkomme, so stets, wie mir scheint, in einer Art Spiralbewegung, die mir ermöglicht, jedesmal einen höheren Grad des Formulierens und Verstehens zu erreichen und unbemerkt gebliebene Beziehungen und verborgene Eigenschaften aufzudecken. (1997: 16)

Zentraler Gegenstand der Forschungen Bourdieus ist die **Klassen- und Herrschaftsordnung** sowie ihre Reproduktion in der französischen Gegenwartsgesellschaft. Im Unterschied zu anderen Autoren arbeitet Bourdieu dabei nicht mit dem Gesellschaftsbegriff, sondern zieht diesem den Begriff des „sozialen Raumes" vor. „Soziale Räume" sind für Bourdieu **symbolische Räume**, also durch sozial als spezifisch bedeutungstragend ausgezeichnete Zeichen aufgebaute Ordnungen. Die Bedeutung von Zeichen ist typischerweise gebunden an die soziale Position der sie jeweils auszeichnenden Akteure. Die Analyse von Kultur als symbolischer Ordnung erfolgt bei Bourdieu somit stets im Hinblick auf und im Horizont der Produktion, Transformation und Reproduktion der gesellschaftlichen Herrschaftsordnung.

16.2 Biografie

Pierre Bourdieu wird am 1. August 1930 in Denguin bei Pau in den Ausläufern der Pyrenäen geboren. Nach dem Schulabschluss studiert er in Paris (Sorbonne, ENS) und schließt das Studium mit dem Agrégé de philosophie 1954 ab. Nach einer kurzen Zeit als Philosophielehrer in Moulins (1954/55) und dem Militärdienst in Algerien von 1955 bis 1958, zu dem Bourdieu parallel ethnologische Studien betreibt, erhält er 1958 bis 1960 eine Assistenzprofessur in Algiers (Algerien). Im Anschluss an eine Lehrprofessur („Maitre de conferences") in Lille (1960 bis 1964) bekleidet er 1964 bis 1982 eine Professur an der Ecole Pratique des Hautes Etudes in Paris, bevor er 1982 auf eine Professur für Soziologie am Collège de France berufen wird. Seit 1975 fungiert Bourdieu zudem als Gründer und Herausgeber der Zeitschrift „Actes des la Recherche en Sciences Sociales". Am 23. Januar 2002 stirbt Bourdieu in Paris.

16.3 Methodologisch-methodische Grundlegung: Strukturalistischer Konstruktivismus

Charakteristisch für Bourdieus revidierte Fassung einer struktural(istisch)en Analyse ist ein Denken in Verhältnissen, eine **relationale Methode:** Eine Betrachtungsweise sozialer Wirklichkeit, die jede Fixierung auf „Substantielles", auf eine vermeintliche „Dinghaftigkeit" sozialer Wirklichkeit aufhebt und statt dessen soziale Wirklichkeit konsequent – wie schon Simmel (vgl. Kap. 4.3) und Elias (vgl. Kap. 8.3) – als ein Geflecht von Verhältnissen zu interpretieren sucht. Diese relationale Methodologie wird konzeptionell flankiert von einer dispositionellen Handlungstheorie (vgl. 1994a: 7), also von einer Handlungstheorie, die nicht von individuellen Akteuren ausgeht, sondern die Praktiken als Niederschlag einer dialektischen Vermittlung von Struktur und Praxis versteht; einer Vermittlung, deren Grundfigur mit den Begriffen des „Habitus" und des „Feldes" bezeichnet ist. Für das Bourdieu leitende Praxisverständnis schlägt sich die relationale Methodik in einer Dialektik von „Positionen" und „Dispositionen" nieder.

Für diesen Typus strukturalen Denkens ist die relationale Perspektive der Sprachtheorie von Ferdinand de Saussure (1857–1913) richtungweisend, der zufolge Sprache als System von miteinander in Beziehung stehenden Zeichen zu verstehen ist. Ein relationaler Ansatz, der seinen Ausgang nicht von der Annahme feststehender Eigenschaften einzelner Elemente nimmt. Leitend ist Saussures Vergleich von Sprache und Schachspiel: „Der Wert der einzelnen Figur hängt von ihrer jeweiligen Stellung auf dem Schachbrett ab, ebenso wie in der Sprache jedes Glied seinen Wert durch sein Stellungsverhältnis zu anderen Gliedern hat" (1967: 105). Insofern die einzelnen Elemente ihre Bedeutung erst durch ihre Beziehung zu anderen Elementen wie auch durch ihre Stellung im gesamten Beziehungsgeflecht erhalten, ist von einer potenziellen Bestimmungsoffenheit von Zeichen auszugehen und sowohl die (subjektiv-intentionale) Unveränderbarkeit des Systems als auch dessen kontinuierliche (sozialkonventionale) Veränderbarkeit zugleich zu denken. Für diese relationale Perspektive ist menschliche Rede (langage) sowohl Sprache (langue) wie Sprechen (parole), d.h. sowohl grammatikalisch-lexikale (soziale) Norm als auch jeweils situativ-konkrete (individuelle) Aktualisierung dieses Systems. Das sprachliche Zeichen verbindet in sich also nicht Name und Sache, sondern Lautform (das Bezeichnende: signifiant [Signifikant]) und Vorstellungselement (das Bezeichnete: signifié [Signifikat]). Deren Verhältnis beruht auf Konventionen und ist somit prinzipiell ermessensabhängig, also nicht substantiell fixiert oder ontologisch notwendig. Somit ist die Sprache in strukturalistischer Optik nicht Substanz, sondern Form der Verknüpfung bilateraler Einheiten.

In struktureller Analogie zu diesem Ansatz geht es Bourdieu um eine Vermittlung von Phänomenologie und Strukturalismus: weder also – sozusagen Strukturvergessen – ein Ansatz nur bei den individuellen Akteuren und ihren subjektiven Intentionen, noch ausschließlich – sozusagen Akteur-vergessen – bei den objektiven Sozialstrukturen. Vielmehr geht es Bourdieu um die Vermittlung dieser beiden jeweils

für sich ungenügenden, weil verkürzenden Perspektiven über ein von den Akteuren relativ unabhängiges, aber eben ausschließlich in ihren Praktiken präsentes handlungsstrukturierendes Prinzip: eben ihrem **„Habitus"**. Um diese theoretische Grundposition sowohl forschungspragmatisch als auch grundbegrifflich adäquat umsetzen zu können, bedarf es Bourdieu zufolge einer Reihe von „Brüchen" mit in der soziologischen Tradition in der Regel für selbstverständlich Gehaltenem. Zu diesen Brüchen zählt Bourdieu:
- Bruch mit der Differenz von Objektivismus und Subjektivismus: Habitus-Konzept,
- Bruch mit dem Denken in Substanzen: Relationalität,
- Bruch mit dem Ökonomismus: Generalisierung des Kapitalbegriffs,
- Bruch mit dem „Alltagsdenken", der „Doxa": Objektivierung des Objektiven,
- Bruch mit den wissenschaftlichen Vorbegriffen: reflexive Soziologie.

Bourdieu versteht seinen Ansatz als „genetischen" oder „konstruktivistischen Strukturalismus" oder als **„strukturalistischen Konstruktivismus"** (1987: 135). Das erklärte Ziel dieser analytischen Perspektive ist es, eine Vermittlung der sich im Grunde genommen ausschließenden erkenntnistheoretischen Grundhaltungen einer subjektivistischen Philosophie unter Absolutsetzung des Subjekts und einer objektivistischen Philosophie ohne Subjekt zu erarbeiten, denn: „von allen Gegensätzen, die die Sozialwissenschaften künstlich spalten, ist der grundlegendste und verderblichste der zwischen Subjektivismus und Objektivismus" (1980: 49). Dieser „Gegensatz von Objektivismus und Subjektivismus bildet das Epizentrum" von Bourdieus Projekt (Wacquant 1992: 19 Anm. 4). Der Begriff des „Objektivismus" fungiert dabei als Etikett für die mit den Namen Durkheim, Saussure, Lévi-Strauss, Althusser und Chomsky verbundene Denk- und Forschungstradition:

> Die hier objektivistisch genannte Erkenntnisweise (wovon die strukturalistische Hermeneutik nur einen Sonderfall bildet) erstellt die – gewöhnlich ökonomischen oder linguistischen – objektiven Beziehungen, die die verschiedenen Praxisformen und deren Repräsentationen, d.h. im besonderen die praktische und stillschweigende primäre Erfahrung der vertrauten Welt, strukturieren – freilich um den Preis des Bruchs mit dieser primären Erfahrung, folglich mit den stillschweigend übernommenen Voraussetzungen, die der sozialen Welt ihren evidenten und natürlichen Charakter verleihen. (1972/76: 147)

Der Begriff des „Subjektivismus" (vgl. Wacquant 1992: 9f., 12f.) dient Bourdieu demgegenüber als ebenso verallgemeinernder Sammelbegriff für die sogenannte ‚phänomenologische Soziologie' im Gefolge von Edmund Husserl, also insbesondere für das Werk von Alfred Schütz (vgl. Kap. 9) und im Anschluss an ihn für Harold Garfinkel und die Ethnomethodologie sowie für Erving Goffman und die interaktionistische Soziologie (damit insgesamt die Vertreter des sogenannten interpretativen Paradigmas). Darüber hinaus gilt sie aber zum Teil auch für die handlungstheoretische Soziologie von Alain Touraine (so 1972/76: 177 Anm. 58) und den methodologischen Individualismus der Rational-Choice-Theorie u.a. von Raymond Boudon und James S.

Coleman (vgl. Kap. 14) (so bspw. 1980: 86f.). Innerhalb der Philosophie sieht Bourdieu diesen „Subjektivismus" exemplarisch im Werk von Jean-Paul Sartre repräsentiert:

> Die Erkenntnisweise, die wir die phänomenologische nennen wollen (oder, wenn man in Begriffen gegenwärtig existierender Schulen sprechen möchte: die „interaktionistische" oder „ethnomethodologische"), expliziert die Wahrheit der primären Erfahrung mit der sozialen Welt, d.h. das Vertrautheitsverhältnis zur vertrauten Umgebung. Sie begreift die soziale Welt als eine natürliche und selbstverständlich vorgegebene Welt, sie reflektiert ihrer Definition nach nicht auf sich selbst und schließt im weiteren die Frage nach den Bedingungen ihrer eigenen Möglichkeit aus. (Bourdieu 1972/76: 147; vgl. 1993: 365–368; 1992: 73f.)

Im Anschluss an diese *erkennbar* aus theoriepolitischen Motiven vorgenommene Ordnung des theoretischen Feldes betont Bourdieu für sein Vermittlungsanliegen, dass es im Gegenzug zum Subjektivismus ebenso wenig angehe, die wissenschaftliche Beschreibung der Praxis mit der Sicht der Akteure auf die von ihnen realisierte Praxis zu identifizieren, wie dies die Strategie des Objektivismus sei. Denn gegenüber der **„Doxa"**, also den alltäglich als fraglos gegeben unterstellten Vorbegriffen, ist eine Strategie der „Objektivierung des Objektiven" (1994a: 164, 167) zu wählen. Gleichwohl geht es Bourdieu – nunmehr gegen den Objektivismus – auf der anderen Seite um eine neue Weise des Ins-Spiel-Bringens der Akteure, da „die Erfahrung des Sinnes der [objektiven] Beziehungen zum vollständigen Sinn der Erfahrung gehört" (1968: 24 Anm. 11). Denn die „objektiven" gesellschaftlichen Beziehungen existieren nur aufgrund des *„Systems der Dispositionen"*, also der relativ stabilen, verinnerlichten individuellen Geschmacks- und Handlungsausrichtungen der Akteure (1968: 39f.):

> Die Gesellschaftstheorie muß ein ihr vorausliegendes praktisches Wissen von Gesellschaft unterstellen und ihrem Gegenstand integrieren – dies der Tatsache zum Trotz, daß sie sich in einem ersten Stadium gegen die damit gegebenen partiellen und interessegeleiteten Vorstellungen zu konstituieren hat. (1979: 728)

Ein Vermittlungsanliegen, das bei Bourdieu in der Konzeption des **„Habitus"** seinen Ausdruck findet. Einer Forschungsperspektive, die davon ausgeht, dass es darauf ankommt, „dem Gegenstand das Wissen der Akteure von diesem [einzufügen] und den Beitrag zu integrieren, den dieses Wissen zur Wirklichkeitskonstitution des Gegenstandes leistet" (1979: 728; vgl. 1968: 40). Und diese Reflexivität des Wissens um die interpretative Konstitution alltäglicher Erfahrungsgegenstände, die Bourdieu mit der verstehenden Soziologie Webers (vgl. Kap. 5) und der phänomenologisch fundierten Soziologie (vgl. Kap. 9) teilt, wird von ihm dann im Sinne der Legitimierungstheorie Berger und Luckmanns (vgl. Kap. 10.4.1) noch um den weiteren selbstreflexiven Grundsatz verlängert (vgl. Endreß 2008), wonach „die Objektivierung der allgemeinen Beziehungen des Beobachters zum Beobachtungsgegenstand" als methodologische Richtschnur für eine „reflexive Soziologie" als „das Hauptprodukt [s] eines ganzen Unterfangens" (1980: 33) zu betrachten sei.

Insgesamt lässt sich Bourdieus Soziologie also als Neuformulierung und strukturtheoretische Verlängerung des Konzepts des „sinnhaften Aufbaus der sozialen Welt" bei Schütz mit den Begriffen der Kapitaltheorie in gesellschaftskritischer Absicht charakterisieren: Während Schütz bei der fraglos gegebenen Welt (sozusagen herrschaftssoziologisch naiv) ansetzt und nach ihren allgemeinen Strukturverhältnissen, d. h. im Prinzip universalen Konstitutionsprinzipien fragt (vgl. Kap. 9), interessiert Bourdieu die historische Logik ihrer Konstitution und damit die implizierten Machtverhältnisse sowie die Logik ihrer Reproduktion. Das ist der objektive Sinn von Bourdieus gelegentlicher Kennzeichnung seines Unternehmens als „Sozialphänomenologie" (1987: 142). Und im Sinne einer solchen durch und durch historischen sowie herrschaftssoziologisch ansetzenden Phänomenologie bezeichnet es Bourdieu als wesentliches Ziel seiner Forschungen „transhistorische Invarianten oder Relationenbündel zwischen relativ stabilen und dauerhaften Strukturen aufzudecken" (1992: 108). Auch die unterstellten mehr oder weniger invarianten Grundstrukturen der sozialen Welt werden innerhalb von Netzen sozialer und historischer Ereignisse konstituiert, auf die Handelnde sich mit der Vorstellung von Praxis häufig vereinfachend beziehen.

Deutlich treten in dieser Forschungsperspektive weitere Einflusslinien der klassischen Soziologie hervor: So arbeitet Bourdieu mit einer Generalisierung des Kapitalbegriffs von Marx, er nimmt mit Weber eine kultursoziologische Erweiterung der Untersuchung der Differenzierung gesellschaftlicher Lebensordnungen (Klasse und Stand) vor und er versteht mit Durkheim und Mauss sozialen Tausch nicht nur in archaischen, sondern auch in modernen Gesellschaften als den grundlegenden Mechanismus der Strukturierung sozialer Räume.

16.4 Zentrale sozial- und gesellschaftstheoretische Konzepte

16.4.1 Nicht ökonomische Ökonomie der Praxis

Das spezifische Erklärungsproblem für eine Wissenschaft vom Sozialen sieht Bourdieu in der Entwicklung einer „Möglichkeit, all die Praktiken aufzuklären, die vernünftig sind, ohne das Produkt einer vernunftgetragenen Absicht oder gar eines bewußten Kalküls zu sein" (1992: 152, vgl. 162). Entsprechend dieser Ausrichtung des Forschungsinteresses der Soziologie gilt dann:

> Das eigentliche Objekt der Sozialwissenschaft ist nicht das Individuum, [...] sondern die Relation zwischen zwei Realisierungen des historischen Handelns. [...] es ist jenes geheimnisvolle Doppelverhältnis zwischen den Habitus [...] und den Feldern. (1992: 160)

Damit sind die beiden zentralen Begriffe der Soziologie Bourdieus benannt: **Habitus und Feld**. Beide werden von ihm als „Relationenbündel" verstanden. Handeln wird als durch und durch geschichtliches und körperliches Produkt verstanden und konzeptualisiert, d.h. als Materialisierung einer doppelten Geschichte: der Geschichte in den Dingen und Positionen bzw. Institutionalisierungen der sozialen Wirklichkeit „objektivierten" Geschichte einerseits und der Geschichte in den Dispositionen, also den im Habitus als „inkorporierter" Geschichte verinnerlichten und relativ stabilen individuellen Geschmacks- und Handlungsausrichtungen der Akteure andererseits. Soziales Handeln bzw. soziale „Praxis" wird damit verstanden als „der Ort der Dialektik von *opus operatum* und *modus operandi*, von objektivierten und einverleibten Ergebnissen der historischen Praxis, von Strukturen und Habitusformen" (1980: 98).

> Die Handlungstheorie, die ich (mit dem Begriff Habitus) vorschlage, besagt letzten Endes, daß die meisten Handlungen der Menschen etwas ganz anderes als die Intention zum Prinzip haben, nämlich erworbene Dispositionen, die dafür verantwortlich sind, daß man das Handeln als zweckgerichtet interpretieren kann und muß, ohne deshalb von einer bewußten Zweckgerichtetheit als dem Prinzip dieses Handelns ausgehen zu können. (1994a: 167f.) Der Habitus ist das generative und vereinheitlichende Prinzip, das die intrinsischen und relationalen Merkmale einer Position in einen einheitlichen Lebensstil rückübersetzt, das heißt in das einheitliche Ensemble der von einem Akteur für sich ausgewählten Personen, Güter und Praktiken. (1994a: 21)

Das Konzept des **Habitus** steht bei Bourdieu also für die in den Körper eingeschriebenen Denkweisen, Handlungsmuster und Dispositionen. Als strukturierte (kristallisierte) und strukturierende (generative) Struktur umschreibt dieses Konzept jeweils einen Horizont objektiver Möglichkeiten des Handelns (der Sinngrenzen eines Lebensstils). Wider einer immer wieder favorisierten Lektüre seiner Soziologie als eines soziologistischen Determinismus behauptet Bourdieu also: „Der Habitus ist ein Prinzip von – freilich beschränkter – Erfindung" (1987: 104f.). Systematisch gesehen bedeutet das in Abgrenzung zur Position des methodologischen Individualismus, Praxis nicht auf Akteure zurückzuführen. Akteure werden nicht als Autoren von Praktiken oder als ihre Konstitutionsprinzipien (Reduktionismus), sondern als Träger von Praxis oder eines praktischen Sinns begriffen. Diese Absage an die typischerweise leitende Vorstellung eines substantiellen Kerns eines Handelnden zielt darauf, eine Dimension inkorporierter (einverleibter) praktischer Reflexivität – im Unterschied zu Intentionalität – ins Zentrum der Theorie zu rücken: einen **„praktischen Sinn"**, ein „spielerisches Gespür", einen „Spiel-Sinn". Danach ist es „der gekonnte praktische Umgang mit der immanenten Logik eines Spiels, die praktische Beherrschung der ihm innewohnenden Notwendigkeit" (1987: 81), die den Kern sozialer Praxis ausmacht. Mit dem Habitus-Konzept wird somit eine Dialektik von Verinnerlichung und Entäußerung (von Internalisierung und Externalisierung) auf den Begriff gebracht. Der Soziologie muss es gelingen, den Habitus als das nicht gewählte Prinzip allen Wählens zu identifizieren und seine Bedeutung für die Reproduktion gesellschaftlicher (Herrschafts-)Verhältnisse aufzuzeigen. Einer Bedeutung, die gerade darin liegt, dass die ‚objektive' Logik der Wahl dem ‚subjektiven' Bewusstsein verborgen bleibt. Empirisch hat Bourdieu diese strukturierende Bedeutung des Habitus in seiner Studie über „Die feinen Unterschiede" an der Abhängigkeit geschmacklicher Präferenzen von sozialen Lagen dokumentiert (1979). Gerade am Beispiel des vermeintlich so individuellen

Phänomens des Geschmacks belegt Bourdieu dessen gesellschaftliche Prägung wie auch die den gesamten Körper durchziehende und prägende Wirkung des Habitus als einer zum „Körper gewordenen Sprache".

Aus dieser Konstitutionslogik des Habitus folgen für Bourdieu die zwei sozial bedeutsamen „Effekte" der „illusio" (Illusion) und der „hysteresis" (Beharrung). Der **Illusionseffekt** verweist darauf, dass der „Sinn für das Spiel", der ausgeprägte Glaube an die Bedeutung des sozialen Spiels eine „Anpassung des Habitus an die mit dem [jeweiligen] Feld gegebenen Notwendigkeiten und Wahrscheinlichkeiten" impliziert und auf diese Weise die Illusion erzeugt, „die Zukunft [sei] richtig antizipiert worden" (1992: 158; 1987: 164, 1982: 75). Im Zuge dieses Effektes geht das Bewusstsein verloren, es mit einem sozialen und damit immer schon machtförmigen (herrschaftlich strukturierten) Erzeugungsprozess zu tun zu haben. Der **Beharrungseffekt** bringt den Umstand zum Ausdruck, dass sich der Habitus vor Krisen und Infragestellungen (objektiv) durch eine ausprägte Veränderungsträgheit schützt und so eine strukturelle (Selbst-)Immunisierungstendenz impliziert.

Damit wird die herrschaftssoziologische bzw. machtanalytische Pointe dieses analytischen Zugriffs deutlich: Die qua Habitus ausgebildete „praktische Komplizenschaft" der Beherrschten mit der Herrschaft (1991: 486) wird als eine „nicht bewußte Form von Konformismus" (1991: 487) einsichtig. Dieser Zusammenhang von Habitus und gesellschaftlicher Reproduktionslogik gibt auch Mertons Konzept der „anticipatory socialization", wonach Personen sich selbst (zumindest teilweise) aufgrund der ihnen entgegengebrachten Erwartungen sozialisieren, eine herrschaftsanalytische Zuspitzung (vgl. Kap. 7).

Das zweite konzeptionelle Standbein der Soziologie Bourdieus bildet das **Feld**-Konzept und – damit unmittelbar zusammenhängend – das Konzept des sozialen Raumes. Das Konzept des sozialen Raums soll dabei den klassischen Begriff der „Gesellschaft" ersetzen (1984: 32, 1994a: 49). Dabei werden geografischer und sozialer Raum von Bourdieu niemals als „deckungsgleich" aufgefasst (1984: 43). Bourdieus Blick auf die soziale Welt ist – wie bereits erläutert – ein relationaler:

> Das Wirkliche ist relational: Was in der sozialen Welt existiert, sind Relationen – [...] objektive Relationen. (1992: 126)

Denn auch wenn „die Vorstellung des Raums [...] an sich bereits das Prinzip einer relationalen Auffassung von der sozialen Welt" enthält (1994a: 48), so wird der soziale Raum von Bourdieu gerade auch deshalb konstruktionslogisch als „Feld" eingeführt, um „eine dynamische Analyse von Erhalt und Veränderung" der Verteilungsstruktur innerhalb des sozialen Raums entwickeln zu können (1994a: 49). Aber nicht nur für die Analyse der inneren Dynamik sozialer Räume aufgrund von Kapitalverteilungen ist eine relationale Analyse konstitutiv, sondern auch das Verhältnis des sozialen Raums zu den ‚in ihm' historisch jeweils aufgespannten „Feldern" (und nicht zuletzt auch zu den in diesen wiederum lokalisierten Positionen) wird als relational konzipiert, insofern es die Logiken der Felder sind, die die Grenzen und die spezifische Konfiguration eines sozialen Raumes bestimmen.

„In Feldbegriffen denken heißt relational denken" – so lautet Bourdieus Credo (1992: 126). Das Konzept des Feldes meint dabei *erstens* einen theoretisch-konstruktionslogischen Begriff, der auf das Konzept der relationalen Analyse verweist; er bedeutet sodann *zweitens* ein Differenzierungsprinzip des sozialen Raums, insofern Felder als Teilräume, als „Spiel-Räume" innerhalb des sozialen Raums zu verstehen sind (1984: 11, 27). Mit dem Feldbegriff wird also Bourdieus Variante einer soziologischen **Differenzierungstheorie** der sozialen Welt zum Thema: „‚Feld' nenne [ich] [...] autonome Sphären, in denen nach jeweils besonderen Regeln ‚gespielt' wird" (1987: 187). Dabei sind die Grenzen der Felder die Grenzen ihrer Effekte (vgl. 1987: 266). Dieser Differenzierungskonzeption zufolge sind Felder als **Kampfarenen** in relationaler Anordnung aufzufassen:

> Die sozialen Felder bilden Kraftfelder, aber auch Kampffelder, auf denen um Wahrung oder Veränderung der Kräfteverhältnisse gerungen wird. (1982: 74) Jedes Feld stellt den Schauplatz dar eines mehr oder minder offen deklarierten Kampfes um die Definition der legitimen Gliederungsprinzipien des Feldes. (1984: 27 f.)

Ein Feld als „ein Kraftfeld, das für die in ihm engagierten Akteure eine zwingende Notwendigkeit besitzt" (1994a: 49), lässt sich im Rahmen von Bourdieus kultursoziologisch angelegter Herrschaftssoziologie also als „Spannungsfeld" deuten (ein Begriff, der ja seinerseits frei ist von jeder geometrischen Implikation). Die von Bourdieu nicht mehr ausgeführte „allgemeine Theorie der Ökonomie der Felder" (1997: 73) versteht also das Konzept „Feld als [...] eine Konfiguration von objektiven Relationen zwischen Positionen" (1992: 127). Dem herrschaftssoziologischen Grundansatz folgend ist jedes „Feld [...] ein Ort von Kräfte- und nicht nur Sinnverhältnissen und von Kämpfen um die Veränderung dieser Verhältnisse, und folglich ein Ort des permanenten Wandels" (1992: 134 f.). Deshalb sieht Bourdieu mittels seiner Feld-Konzeption zugleich eine „Überwindung des Gegensatzes von Struktur und Geschichte, [von] Erhalt und Veränderung" konzeptionell realisiert (1992: 119).

Wie in anderen Differenzierungstheorien findet sich auch bei Bourdieu eine Unterscheidung einer Pluralität von Feldern: Sein Augenmerk richtet sich insbesondere auf das „ökonomische Produktionsfeld", auf das „politische Feld" [Der Staatsadel] , das „religiöse Feld" sowie auf Analysen zum „akademischen Feld" [Homo Academicus] und zum „literarischen Feld" [Die Regeln der Kunst] (1987: 156). Dabei gibt es Bourdieu zufolge zwar „kein transhistorisches Gesetz der Verhältnisse zwischen Feldern" (1992: 141), aber gleichwohl sind typische Regelmäßigkeiten identifizierbar, zu denen bspw. die relative Dominanz des ökonomischen Feldes insbesondere in kapitalistischen Gesellschaften gehört. Demgegenüber auf einer anderen Ebene angesiedelt (vergleichbar dem Verhältnis der drei primären Kapitalformen in ihrem Verhältnis zum symbolischen Kapital, s. u.) ist das sogenannte **Macht-Feld**. Das „Feld der Macht" betrachtet Bourdieu insbesondere als Raum des Kampfes der beiden Fraktionen der herrschenden Klasse, also der ökonomischen und der geistig-intellektuellen Fraktion – eines Kampfes, der letztlich dauerhaft um die Definitions- und Deutungsmacht über die soziale Wirklichkeit „tobt", insofern Bourdieu diese eben als symbolische Ordnung versteht:

> Das Feld der Macht [...] ist kein Feld wie die anderen: Es ist der Raum der Machtverhältnisse zwischen verschiedenen Kapitalsorten oder, genauer gesagt, zwischen Akteuren, die in ausreichendem Maße mit einer der verschiedenen Kapitalsorten versehen sind. (1994a: 51)

„Alle Gesellschaften", so Bourdieu, stellen sich „als soziale Räume dar, das heißt als Strukturen von Unterschieden" (1994a: 49). Strukturen von Unterschieden, die sich aus der Verteilung von Kapitalformen (und zwar nach Volumen, Struktur und Laufbahn) herleiten lassen (vgl. Kap. 16.4.2). Insofern stellt sich der soziale Raum „als ein Kraftfeld [dar], das für die in ihm engagierten Akteure" aufgrund der objektiv-materiellen Kapitalverteilung „eine zwingende Notwendigkeit besitzt" (1994a: 49). Und diese objektiv-materiellen Strukturen im sozialen Raum funktionieren im Sinne von „sich ‚spontan' abzeichnende[n] Differenzen [...] auf der symbolischen Ebene als Raum von Lebensstilen" (1984: 21).

Insofern die Soziologie für Bourdieu „die Aufgabe [hat], die Bedingungen zu untersuchen, unter denen [die] Dispositionen [der Akteure] sozial konstituiert, tatsächlich aktiviert und politisch wirksam werden" (1992: 111), stellt sich die Frage nach dem Verhältnis der beiden Konzepte „Habitus" und „Feld". Da Bourdieu Felder als „Räume" objektiver Möglichkeiten versteht, deren „Logik" durch den Spielraum der für sie jeweils konstitutiven Regularitäten und Regeln bestimmt ist (1992: 134; vgl. 1987: 79 ff.), fasst er das Verhältnis von Habitus und Feld als ein dialektisches: Es ist einmal eines der Konditionierung, insofern ein Feld den Habitus strukturiert; es ist aber zugleich auch eines der Konstruktion, insofern der Habitus das Feld mit erzeugt (1992: 160 f.). Dieser Zusammenhang, der analytisch aus Bourdieus Verständnis des Habitus als eines ebenso gesellschaftlich strukturierten wie soziale Praxis strukturierenden Prinzips folgt, bedeutet letztlich, dass der Habitus sich sozusagen immer auch selbst begegnet, wenn er ein Verhältnis zur sozialen Welt eingeht: Es ist dieser Umstand der „unmittelbaren Übereinstimmung zwischen Habitus und Feld", der die unmittelbare Erfahrung der Selbstverständlichkeit eingewöhnter Praxis hervorruft (1992: 161 f.). Felder bestehen aufgrund der faktisch *in actu* von den in ihnen engagierten Positionsinhabern immer schon ihrer im Wahrnehmen, Denken und Handeln vollzogenen Unterstellung ihrer Existenz („als ob"), also des spezifischen Wirklichkeitsglaubens eines unhinterfragten Für-wahr-Haltens. So dient der Begriff des Feldes dazu, die objektiven Beziehungen zu verdeutlichen, die den Sinn eines Handelns konstituieren: die **Dialektik von Positionen und Dispositionen** als der Dialektik, die den Kosmos des Selbstverständlichen, des für „natürlich", des für „fraglos gegeben" Gehaltenen, der „Doxa" bzw. des feldspezifischen Glaubens konstituiert. Die integrative Pointe des Theorieanliegens von Bourdieu lautet demnach:

> Ich meine, daß das von mir vertretene Modell der Beziehung von Habitus und Feld die einzig stringente Art und Weise darstellt, die einzelnen Akteure mit ihren singulären Handlungen wieder einzuführen. (1987: 64)

Damit sind drei Momente für die Analyse von Feldern in Bourdieus Soziologie zu unterscheiden (1992: 136): *erstens* die Analyse der Position des Feldes im Verhältnis zum Feld der Macht; *zweitens* die Analyse der objektiven Struktur der Relationen zwischen den Positionen der im Feld engagierten Positionsinhaber (Akteure) und den Institutionen eines Feldes; *drittens* die Analyse des Habitus der Positionsinhaber und ihrer Dispositionssysteme im Rahmen eines Feldes. In allen drei Hinsichten verweist die relationale Perspektive auf die in den Feldern kontinuierlich stattfindenden Kämpfe, in denen es stets um „Kapital" geht.

Bourdieu nimmt von einer Engführung des Begriffs des „Kapitals" auf Geld und Eigentum Abstand, insofern er auch kulturelle und soziale Ressourcen als **Kapital** versteht. Zudem steht der Begriff der „Ökonomie" bei ihm als Synonym für die Vorstellung „einer immanenten Vernunft" (1992: 152), d.h. für die ‚objektive' Vernunft einer Konstellation formal ‚geordneter' Verhältnisse und somit – insbesondere im Unterschied zu Theorien rationaler Wahl (vgl. Kap. 14) – nicht für eine subjektive, sich Intentionen verdankende Vernünftigkeit.

Wesentlich für ein Verständnis von Bourdieus Kapitaltheorie sind zunächst zwei grundlegende Unterscheidungen: *Erstens* die Unterscheidung von **Kapitalarten** (ökonomisches, kulturelles, soziales) mit dem Oberbegriff des „symbolischen Kapitals". Unter symbolischem Kapital versteht Bourdieu „die Form [von Kapital], die eine dieser Kapitalsorten annimmt, wenn sie über Wahrnehmungskategorien wahrgenommen wird, die seine spezifische Logik anerkennen" (1992: 151). *Zweitens* die Unterscheidung von drei **„Dimensionen"** der Kapitaltheorie: Positionen im sozialen Raum und auf den Feldern unterscheiden sich nach Kapitalvolumen, Kapitalstruktur und nach Kapitallaufbahn (1997: 107, 111). Der Begriff „Kapitalvolumen" steht für den Gesamtumfang des Kapitals (quantitativ), der Begriff „Kapitalstruktur" steht für das spezifische Gewicht einzelner Kapitalsorten in der Zusammensetzung des Kapitalvolumens (qualitativ) und der Begriff der „Kapitallaufbahn" für die individuelle oder kollektive Entwicklung von Kapitalvolumen und Kapitalstruktur im Zuge einer sozialen Laufbahn („trajectory") im sozialen Raum (Aufsteiger, Absteiger). Alle drei Dimensionen der Kapitalanalyse sind zentrale Einheiten der Bestimmung der gesellschaftlichen Anerkennungsstruktur, d.h. der Erkennung und Zuerkennung von symbolischem Kapital (Prestige). Damit wird nochmals deutlich, dass Bourdieu hier einerseits im Anschluss an Marx' Kapitalbegriff und sein Konzept der Kapital-Akkumulation argumentiert (vgl. Kap. 2.4), er dabei aber zugleich eine Erweiterung des Kapitalbegriffs über den Bereich des Ökonomischen hinaus vornimmt. Relevant für die Verbindung von Feldkonzept und Kapitalbegriff ist, dass die Hierarchie der drei unterschiedenen Kapitalsorten von Feld zu Feld variiert, auch wenn in einigen Feldern von einer tendenziellen Dominanz des ökonomischen Kapitals auszugehen ist. Machtpositionen konstituieren sich Bourdieu zufolge aufgrund der unterschiedlichen

Verteilung der Kapitalsorten (ökonomisches, kulturelles, soziales – symbolisches) und ihres spezifischen Verhältnisses zueinander im Rahmen eines jeweiligen Kapitalvolumens, d. h. also der Kapitalstruktur, im Rahmen seiner Wertschätzung in einem Feld. In diesem Sinne kann Bourdieu von einer „Ökonomie der Felder" sprechen.

Damit ergibt sich folgender Überblick über den ungleichheitsanalytischen Ansatz von Bourdieu: **Klassen** als „Ensembles von Akteuren mit ähnlichen Stellungen" im sozialen Raum (1984: 12) bilden objektive soziale Lagen, denen subjektiv symbolische Präferenzen aufgrund dieser Klassenlagen, d. h. spezifische **„Lebensstile"** mit ihren Klassifikations- und Distinktionspraktiken entsprechen (vgl. Tab. 16.1). **Distinktionspraktiken** sind zu verstehen als bewusste und v. a. unbewusste Betonungen des eigenen Lebensstils und seiner Abgrenzung von den Lebensstilen anderer Klassen. In der Studie „Die feinen Unterschiede" arbeitet Bourdieu drei Typen von Klassifikations- und Distinktionspraktiken, also Logiken der Geschmacksaneignung heraus: den „Sinn für Distinktion" der herrschenden Klasse (zur Abgrenzung des eigenen, als legitim gesetzten Geschmacks vom als illegitim betrachteten Geschmack der anderen Klassen), den „prätentiösen" Geschmack der Mittelklasse (der sich am legitimen Geschmack der herrschenden Klasse beflissenen und angestrengt orientiert) sowie aus der Not geborener Geschmack, die „Entscheidung für das Notwendige" der unteren Klassen (vgl. 1979: 405ff., 500ff., 585ff.). Der Habitus vermittelt durch Ausbildung dieser Klassifikations- und Distinktionspraktiken zwischen Klassenlage und Lebensstil; er bildet die den sozialen Lagen bzw. sozialen **Positionen** entsprechenden Orientierungsschemata und Geschmackstypen als ‚individuelle' **Dispositionen** (Habitusformationen) aus. Diese sind relationaler Ausdruck der von Individuen im Feld eingenommenen Stellung. Dabei unterscheiden sich die Positionen auf den sozialen Feldern nach Kapitalvolumen, Kapitalstruktur und Kapitallaufbahn. Diese drei Dimensionen sind die zentralen Bestimmungsgründe einerseits von konkreten Praxisformen, andererseits von gesellschaftlichen Anerkennungsprozessen, d. h. sie bilden die Grundlagen der Zuerkennung von symbolischem Kapital und damit die Basis der gesellschaftlichen Hierarchie (Herrschaft).

Bourdieu hat verschiedentlich die Aufgabe der Soziologie dahingehend bestimmt, „eine allgemeine Ökonomie der Praktiken aufzustellen" (1994a: 162). Eine solche Theorie stellt eine verallgemeinerte, **nicht ökonomisch verengte Tauschtheorie** dar, die von der Annahme ausgeht, dass es möglich ist, „mit denselben Instrumenten" sowohl „den Tausch von Ehre in einer vorkapitalistischen Gesellschaft" als auch „die Transaktionen auf den Märkten der symbolischen [...] Güter" in einer kapitalistischen Gesellschaft zu untersuchen (1994a: 161). Die angesprochene Verallgemeinerung sowohl des Kapital- als auch des Ökonomiebegriffs verdankt sich also dem Ansinnen, „die vorkapitalistischen Ökonomien und die Ökonomien ganzer Sektoren innerhalb der sogenannten kapitalistischen Ökonomien [...] dem Zugriff des [...] Ökonomismus zu entziehen" (1994a: 162). Voraussetzung wie Hintergrund dieses analytischen Zugriffs ist es, Gesellschaften generell als symbolische Ordnungen zu betrachten, und zwar sowohl traditionale als auch moderne Gesellschaften. Diese Ausgangsannahme motiviert Bourdieus Versuch, „die allgemeinen Prinzipien einer Ökonomie der sym-

Tab. 16.1: Bourdieus Modell des sozialen Raums

objektiv-materielle Ebene	symbolische Ebene	
(Sozial-)Struktur	Habitus (Dispositionen) Felder (Positionen)	Praxis
Klassen	Klassifikationen	Lebensstile
Kapitalvolumen Kapitalstruktur Kapitallaufbahn	positions- bzw. klassenspezifische Wahrnehmungs-, Denk- und Handlungsschemata	Geschmackstypen: Distinktion (herrschende Klasse) Prätention (Mittelklasse) Notwendigkeit (untere Klasse)
Sozialer Raum	Raum der Lebensstile	

bolischen Güter" (1994a: 162) zu explizieren. Das Gesellschaftsformationen-übergreifende Prinzip sozialer Wirklichkeit ist diesem Verständnis zufolge eine „symbolische Alchimie", also der Versuch, das ‚Rohmaterial' des jeweils eigenen, positionsspezifischen Kapitalbesitzes (Volumen/Struktur/Laufbahn) zu symbolischem Kapital zu veredeln, d.h. also die eigene, feldspezifische Kapitalausstattung in ein möglichst hohes Maß an sozialer Anerkennung transformiert zu sehen.

Will Bourdieu mit diesem Ansatz nun nicht einfach in die Bahnen einer Theorie rationalen Handelns und rationaler Wahl zurückfallen, dann muss er eine Erklärung dafür anbieten, warum die sozialen Felder „die objektiven Bedingungen dafür schaffen, dass das ‚interessefreie' Handeln im Interesse der sozialen Akteure liegt" (1994a: 162); warum also nicht kollektiv bewusste Verschleierung, sondern kollektiv implizit bleibende Verkennung den Anschein einer „nicht ökonomischen Ökonomie" aufrecht erhält. Um dies leisten zu können bedarf es einer Unterscheidung von **zwei Formen des Tausches**: einerseits des in vorkapitalistischen Gesellschaften realisierten symbolischen Gütertauschs (Gabe – Gegengabe), andererseits des in kapitalistischen Gesellschaften realisierten marktförmigen Gütertauschs über Preise. Danach steht der traditionelle Gabentausch im Gegensatz zur Logik des *„do ut des"* (des „ich gebe, damit du gibst") in modernen Gesellschaften.

Bourdieu stellt zur Begründung dieser für seine Analyse zentralen Unterscheidung auf „die entscheidende Rolle des zeitlichen Intervalls zwischen Gabe und Gegengabe" ab (1994a: 163); einer „zeitlichen Verschiebung", die den Gabentausch zu allererst vom *„do ut des"* unterscheidet. Dieses Zeitintervall hat „die Funktion [...], Gabe und Gegengabe gegeneinander abzuschirmen und zwei vollkommen symmetrische Handlungen als unverbundene Einzelhandlungen erscheinen zu lassen" (1994a: 163). Die Existenz dieser zeitlichen Verschiebung muss sozial etabliert, also mehr oder weniger institutionalisiert sein, von Generation zu Generation tradiert werden, um den Status einer elementaren Regel des sozialen Verkehrs einnehmen zu können. Sie muss aber nicht nur als Regel institutionalisiert sein, sondern es muss darüber hinaus auch noch ihr ‚impliziter' Status institutionalisiert und kollektiv legitimiert sein:

> Die Existenz des zeitlichen Intervalls ist nur zu verstehen, wenn man von der Hypothese ausgeht, dass der Gebende und der Empfangende, ohne es zu wissen, gemeinsam an einer Verschleierung arbeiten, die der Verneinung der Wahrheit des Tauschs dient, jenes do ut des, das die Vernichtung des Gabentauschs wäre. (1994a: 164)

So zeigt sich an dieser theoriestrategisch bedeutsamen Stelle die unabdingbare Notwendigkeit des bei der Charakterisierung der methodologischen Grundposition von Bourdieu herausgestellten Bruches mit „objektivistischen" bzw. „positivistischen" alltäglichen oder wissenschaftlichen Beschreibungen, die bei Oberflächenphänomenen stehen bleiben. Denn jede Reduktion des Tausches symbolischer Güter auf die Logik eines marktförmigen Tausches würde seine spezifische Logik zerstören:

> Also ist das Wichtige am Gabentausch eben diese Tatsache, dass beide am Tausch beteiligten Personen mit Hilfe des eingeschobenen zeitlichen Intervalls, ohne es zu wissen und ohne sich abzusprechen, an der Verschleierung oder Verdrängung der objektiven Wahrheit ihres Tuns arbeiten. (1994a: 164)

Zusammenfassend lassen sich damit zwei zentrale „Merkmale der **Ökonomie des symbolischen Tauschs**" festhalten: Es handelt sich *erstens* um „Praktiken, bei denen es stets zwei Wahrheiten gibt" (also das Faktische und seine geheime Logik) und es handelt sich deshalb *zweitens* um Praktiken, für die das „Tabu der expliziten Formulierung" gilt (1994a: 164 f.). Entsprechend ist „der Preis [...] das ureigenste Merkmal der Ökonomie des ökonomischen Tauschs im Gegensatz zur Ökonomie der symbolischen Güter" (1994a: 166). Denn eine solche „explizite Form [...] ist [...] der Ruin der ganzen Ökonomie des symbolischen Tauschs" (1994a: 166). Und es gibt, so Bourdieu, „eine Unzahl von objektiven und in jedem Akteur inkorporierten sozialen Mechanismen, die bewirken, dass schon der Gedanke, dieses Geheimnis unter die Leute zu bringen [...], soziologisch undenkbar ist" (1994a: 167). Auch hier bestätigt sich die von Bourdieu propagierte Umstellung der Handlungstheorie von Intentionen auf „Dispositionen" (1994a: 167 f.). Und ein herausragendes Beispiel für eine Disposition ist eben „der Sinn für das Spiel" (1994a: 168), der „praktische Sinn", der hinsichtlich der Logik des symbolischen Tausches die konstitutive Bedeutung des Impliziten inkorporiert hat, die ihm einverleibt, also habituell geworden ist.

16.4.2 Symbolische Ordnung, Macht und Gewalt

Bourdieus Soziologie ist in ihrem Kern Macht- bzw. Herrschaftssoziologie, insofern die soziale Welt als „Ort ständiger Kämpfe um den Sinn dieser Welt" zu betrachten ist

(1992: 101). Der soziale Raum ist für ihn wesentlich durch **Kämpfe um Machtpositionen** in den verschiedenen „Feldern" gekennzeichnet:

> Gegenstand der Sozialwissenschaft ist eine Wirklichkeit, die alle individuellen und kollektiven Kämpfe umfaßt, welche die Wirklichkeit bewahren oder verändern wollen, und besonders die, bei denen es um Durchsetzung der legitimen Definition der Wirklichkeit geht und deren symbolische Wirkung dazu beitragen kann, die bestehende Ordnung [...] zu erhalten oder zu untergraben. (1980: 258, 1987: 375)

Entsprechend dieser Vorstellung sucht Bourdieu eine „genetische Soziologie" zu entwickeln,

> die die jeweiligen Zustände der untersuchten Struktur immer zugleich als das Produkt der früheren Kämpfe um den Erhalt und die Veränderung dieser Struktur und als den Ursprung der aus ihnen resultierenden Veränderungen [...] anhand von konstitutiven Widersprüchen, Spannungen und Machtverhältnissen [darstellt]. (1992: 121)

Dabei ist nicht empiristisch bei der Frage anzusetzen, „wer herrscht", sondern (strukturell) bei von Akteuren unabhängigen (materiellen oder symbolischen) Herrschaftsstrukturen (1991: 483). Leitend ist die Einsicht, dass menschliche Beziehungen nicht auf die direkt beobachtbaren und evtl. messbaren Interaktionen zu reduzieren sind:

> Herrschaftsbeziehungen [sind] [...] in die fundamentalsten Strukturen der sozialen Welt insgesamt [...] eingeschrieben [und orientieren] ständig [die] Strategien [...] und Interaktionen und Austausch[beziehungen] der Akteure. (1991: 483 f.)

Danach verfolgen Akteure bzw. Positionsinhaber in den Machtkämpfen wesentlich unbewusste Strategien, d.h. aufgrund eines unbewussten Konformismus dem Kräftespiel des jeweiligen Feldes angepasste Handlungen. Insofern Bourdieu Gesellschaften bzw. soziale Räume als symbolische Ordnungen begreift, lautet sein Schlüsselkonzept zur Erfassung dieser Kämpfe um legitime Macht konsequent: **„symbolische Macht"**. Diese symbolische Macht wird verstanden als Macht zur Durchsetzung von Bedeutungen, von legitimen Benennungen und den institutionellen Bedingungen ihres Gebrauchs, insofern diese die Wahrnehmungsweise der sozialen Welt organisieren. Systematisch betrachtet versucht Bourdieu damit die bei Berger und Luckmann analytisch auseinander gezogenen Prozesse der Institutionalisierung und der Legitimierung zu herrschaftssoziologischen Zwecken erneut zusammen zu denken (vgl. Kap. 10.4). Symbolische Macht als „eine Macht, die derjenige, der ihr untertan ist, in demjenigen, der sie ausübt, anerkennt und ihm zuerkennt" (1981: 504), ist ein „Vermögen des worldmaking", ist eine „Konstitutionsmacht", sie ist „die Macht, Dinge mit Wörtern zu schaffen" (1987: 151 ff.):

> Symbolische Macht ist eine Macht, die jedesmal ausgeübt wird, wenn eine Macht (oder ein Kapital) [...] in die Hände von Akteuren gelangt, deren Wahrnehmungs- und Bewertungskategorien

den Strukturen dieser Macht [...] angepaßt sind und die daher dazu neigen, sie als natürlich, als selbstverständlich wahrzunehmen und die ihr zugrunde liegende willkürliche Gewalt zu verkennen, sie also als legitim anzuerkennen. (1991: 484; vgl. 1982: 82; 1987: 151, 153)

Symbolische Macht als die Macht auf legitime Benennung (1987: 149) beruht somit auf zwei Dingen: *Erstens* muss sie auf symbolisches Kapital gegründet sein, *zweitens* muss sie in der Wirklichkeit hinreichend fundiert sein (1987: 152). Der (implizite oder explizite) Glaube an die Legitimität bestimmter Denk-, Sprech-, Handlungs- und Wahrnehmungsschemata ist die Grundlage symbolischer Macht. Dieser herrschaftssoziologischen Analyse von sozialen Räumen als symbolischen Ordnungen zufolge sind „sprachliche Verhältnisse [...] immer Verhältnisse der symbolischen Macht" (1992: 177), d. h. „jeder sprachliche Austausch enthält die Virtualität eines Machtaktes" (1992: 179), da – aufgrund unterschiedlicher Verteilung von Kapital – „der Zugang zur legitimen Sprache völlig ungleich" ist (1992: 181). Denn die institutionellen Bedingungen des Gebrauchs von Sprache liegen in den spezifischen strukturellen Bedingungen des Zugangs zum Sprachraum – mit seinen Unterscheidungen in legitime/ illegitime Sprache, in vornehm-gebildete/vulgär-ungebildete Sprache und den entsprechenden Zuweisungen von Sprecherstatus aufgrund symbolischen Kapitals.

Im Unterschied zum Konzept der symbolischen Macht, die ein Strukturphänomen bezeichnet, also auf die objektive Beschreibung einer Möglichkeit zielt, nutzt Bourdieu den Begriff der **„symbolischen Gewalt"** gelegentlich für die Bezeichnung konkreter Formen der – verkannter Weise selbst mit produzierten – Oktroyierung von Deutungsmustern: Die „Theorie der symbolischen Gewalt" expliziert jene „Verkennung, die auf der unbewußten Anpassung der subjektiven an die objektiven Strukturen beruht" (1992: 203):

> Die symbolische Gewalt ist [...] jene Form der Gewalt, die über einen sozialen Akteur unter Mitwirkung dieses Akteurs ausgeübt wird. (1992: 204)

Der Begriff der symbolischen Gewalt soll auf den Umstand zielen, dass die faktische Willkür der Machtverteilung durch eine symbolische Ordnung und ihre über die Logik der „Komplizenschaft" konstituierte und aufrecht erhaltene Ordnung verschleiert und damit zugleich in Legitimität verwandelt wird. Der Begriff der **„symbolischen Herrschaft"** (z. B. 1994: 171) steht demgegenüber eher für das Phänomen der Etablierung bzw. Transformation einer objektiv materiellen Macht mittels symbolischer Strategien in eine als legitim anerkannte Macht. Dabei beruhen diese Anerkennungsprozesse erneut in der unbewussten Anpassung der prä-reflexiven Strukturen des Habitus an die objektiven Strukturen.

Die Logik (des Funktionierens) des Typus der symbolischen Macht verdeutlicht Bourdieu exemplarisch an dem, was er die „männliche Herrschaft" nennt:

> Die [...] Komplizenschaft mit der bestehenden Ordnung ist eine [den Akteuren] selbst nicht bewußte Form des Konformismus: Nichts zeigt das besser als das Beispiel der maskulinen Herrschaft [...], deren Effekte das Entstehen eines kritischen Bewußtseins überdauern können, so etwa

bei jener Art sozial bedingter Agoraphobie, die die Frauen recht oft dazu veranlaßt, sich von den sozialen Spielen auszuschließen, von den[en] sie ohnehin ausgeschlossen werden, wie denen der Politik. (1991: 486)

„Männliche Herrschaft" hat man sich danach „als einen besonderen Fall eines ganz allgemeinen Modells von Herrschaft [vorzustellen], das sich als symbolische Herrschaft bezeichnen lässt", und für den „ein anderer Sonderfall [...] z. B. die sprachliche Herrschaft" ist (1994b: 219). Für Bourdieu bildet „das Geschlecht [...] eine ganz fundamentale Dimension des Habitus" (1994b: 222) – ungeachtet der Tatsache, dass „man [...] wissenschaftlich nicht auseinanderhalten [könne], was der Klasse und was dem *gender* zukommt", da diese Frage „ideologische Interessen ins Spiel" bringe (1994b: 225). Unabhängig von dieser Frage aber, hat, so Bourdieu, „die männliche Herrschaft, die die Frau als symbolisches Objekt konstituiert, dessen Sein (esse) ein Wahrgenommen-Sein (percipi) ist, [...] den Effekt, daß die Frauen in einen Zustand ständiger körperlicher Unsicherheit oder besser symbolischer Entfremdung versetzt sind" (1994b: 229):

> Nicht mystifiziertes Bewußtsein bildet das Fundament der symbolischen Gewalt, sondern Dispositionen, die an Herrschaftsstrukturen angepaßt sind, deren Produkte sie sind. Daß die Beziehung der Komplizenschaft aufgebrochen wird, die das Opfer der symbolischen Herrschaft dem Herrschenden zugesteht, kann man daher nur von einer radikalen Umgestaltung der gesellschaftlichen Produktionsbedingungen jener Dispositionen erwarten, die die Dominierten dazu bringen, den Herrschenden und sich selbst gegenüber einen Standpunkt einzunehmen, der kein anderer als der der Herrschenden ist. (1994b: 230)

Jenseits dieser begrifflichen Differenzierungen bleibt aber festzuhalten, dass sich in den Arbeiten Bourdieus keineswegs ein konsistenter Gebrauch der Machtbegrifflichkeit ausmachen lässt. Die Thematisierung des Geflechts von symbolischer Macht, symbolischer Gewalt und symbolischer Herrschaft führt bei Bourdieu dann auch zu einer spezifischen Deutung staatlichen bzw. administrativen Handelns. Denn den Staat versteht Bourdieu als „ein Ensemble von Machtfeldern, in denen sich Kämpfe abspielen, deren Objekt das *Monopol auf die legitime symbolische Gewalt* ist" (1992: 143). Der Staat ist somit als „eine Art Zentralbank für symbolisches Kapital" (1991: 486) und damit als „Realisierung der symbolischen Macht par excellence" (1991: 487; vgl. 1987: 150 f.) aufzufassen. Dabei besteht die eigentliche staatliche Macht in einer Art „Meta-Kapital, mit dem sich Macht über die anderen Kapitalsorten ausüben lässt" (1992: 146). Eine soziologische Analyse, die Vergesellschaftungen als soziale Räume symbolischer Ordnungen begreift, ist damit für eine Analyse der Reproduktionszusammenhänge dieser Ordnung immer auch als politische bzw. Herrschaftssoziologie zu entfalten und hat als diese insbesondere auch die Benennungsmacht des Rechts in modernen Gesellschaften zum Gegenstand.

16.5 Gegenwartsdiagnose

Bourdieus Werk ist gekennzeichnet durch (a) eine politisch motivierte Themenwahl in kritischer Absicht und (b) zeitdiagnostische Deutungen moderner Gesellschaften, die begleitet werden durch politische und publizistische „Interventionen" (vgl. Fuchs-Heinritz/König 2011: 297 ff.). Beide Aspekte lassen sich durch die unterschiedlichen Akzentuierungsphasen seines Werkes hindurch verfolgen.

(a) Bereits in den frühen Studien zur algerischen Gesellschaft in der Transformation von einer traditionalen zu einer modernen, kapitalistischen Gesellschaft nutzt Bourdieu seine Analysen, um auf politisch brisante Verhältnisse der Gegenwart hinzuweisen. Ein Beispiel für eine explizite Nutzung Algeriens als Fall stellen die Analysen in „Die männliche Herrschaft" dar (1998), vor deren Hintergrund die verdeckten **Aspekte der männlichen Herrschaft** in der Gegenwart umso deutlicher hervortreten. Die algerische Erfahrung bildet die Kontrastfolie um das Eigene (d.h. die französische Gegenwartsgesellschaft) befremden zu können. Diese Stoßrichtung seiner Arbeiten setzt Bourdieu sowohl mit Blick auf die Reproduktionsprozesse im französischen Bildungssystem als auch mit Blick auf sozial Randständige der Gesellschaft Frankreichs fort. Hier geht es ihm zum einen um das Aufdecken verdeckter Reproduktionslogiken im Bildungssystem wie in der Rekrutierung von Staatsbeamten (1970, 1989) und zum anderen um die Identifizierung und das Zum-Wort-kommen-Lassen von sozial Ausgegrenzten und der in ihrer Arbeit nicht gewürdigten Sozialarbeiter (1993).

(b) Im Gefolge dieser Arbeiten richtet sich Bourdieus Interesse in den späten Schriften zunehmend auf eine Kritik des ‚Neoliberalismus' durch eine Generalisierung des ökonomischen Vokabulars zur **Propagierung eines Anti-Ökonomismus**. Diese Auseinandersetzung mit Tendenzen fortschreitender Globalisierung zielt auf die Exzesse einer deregulierten Ökonomie ebenso wie auf die damit einhergehende Unterwanderung sozialstaatlicher Absicherungssysteme (1998–2001). In diesen Zusammenhang gehört sodann Bourdieus Kritik an der **Manipulationsmacht der Massenmedien** (1996). Kritisch wird zum Teil gegen die späten Arbeiten Bourdieus eingewandt, dass die Kritik des Neoliberalismus eine Verschiebung der Akzente von einer empirisch reichhaltigen Forschung hin zu einer politischen Praxis darstellt. Die Untersuchungen und Schriften erreichen nicht mehr die analytische Schärfe und empirische Breite wie „Die feinen Unterschiede" (1979). Das trifft im Einzelfall vielleicht zu, übersehen wird dabei jedoch, dass es keine Phase im Werk Bourdieus gibt, in der die wissenschaftliche Arbeit nicht von politisch motivierten Interventionen in verschiedenster Form begleitet wird (vgl. insges. 1961–2001). Gleichwohl hat insbesondere der kritische Impetus von Bourdieus Soziologie zu konträren Reaktionen geführt.

16.6 Wirkungsgeschichte

Die deutsche wie internationale Bourdieu-Rezeption hat sich nach seinem Tod nochmals exponentiell entwickelt (vgl. insges. Fröhlich/Rehbein 2009: 373 ff.). Großflächig setzt sie im Anschluss an die Publikation „Die feinen Unterschiede" Anfang der 1980er-Jahre ein, in deren Zuge dann auch die frühen bildungssoziologischen Studien ins Blickfeld rücken. Dieser Auftakt der Rezeption nahm Bourdieu vor allem als Kultursoziologen, als Bildungssoziologen und Soziologen sozialer Ungleichheit wahr (vgl. Eder 1989). Diese Wahrnehmung von Bourdieus Soziologie als Bindestrich-Soziologie entbehrt nicht einer gewissen Ironie, da Bourdieu sich nicht um etablierte innerdisziplinäre Differenzierungen kümmert. Im Zuge dieser spezifischen Rezeptionskontexte kam es zunächst vielfach zu Zuspitzungen, die aus heutiger Perspektive problematisch erscheinen wie bspw. die Entwicklung einer strikt kulturalistischen Lebensstilanalyse in der deutschsprachigen Ungleichheitssoziologie. Grundsätzlich stellt sich in diesem Zusammenhang auch immer wieder die Frage nach der Generalisierbarkeit der von Bourdieu am empirischen Material der französischen Gesellschaft gewonnenen Erkenntnisse. Eine zweite Phase der Rezeption ist stark von Bourdieus politischem Engagement in den 1990er-Jahren geprägt, bevor eine die ganze Breite seines Werkes umfassende Rezeption einsetzt und zu Weiterentwicklungen im Bereich der theoretischen Soziologie, der Raumsoziologie, der Körpersoziologie, der Bildungssoziologie, der Geschlechterforschung und einer distinktionssensiblen Kultursoziologie führt. Im französischen Raum hat sich Bourdieu zwischenzeitlich zu einer polarisierenden Figur entwickelt. Das ist an der Hypostasierung der Unterschiede zwischen kritischer Soziologie à la Bourdieu und einer „Soziologie der Kritik" ablesbar, die maßgeblich von ehemaligen Mitgliedern von Bourdieus Forschungsteam entwickelt wird, von denen Luc Boltanski zu den auch in Deutschland prominenteren zu zählen ist (vgl. Boltanski 2010).

Eine zentrale Schwierigkeit der Rezeption seines Werkes ist darin begründet, dass Bourdieu Begrifflichkeiten stets im Zuge empirischer Studien entdeckt, entwickelt und verändert, sodass diese immer im Kontext ihres Verwendungszusammenhangs verstanden werden müssen. Es ist vornehmlich diese fortgesetzte Reformulierung und Re-Situierung, die sie besonders anfällig für vereinseitigende Lesarten und Fokussierungen macht.

16.7 Zusammenfassende Übersicht

In diesem zusammenfassenden Abschnitt werden entsprechend der in der Einleitung dargelegten Kriterien zunächst die angesprochenen wesentlichen Aspekte des dargestellten Ansatzes in tabellarischer Form zusammengestellt (vgl. Tab. 16.2), anschließend werden die zentralen Begrifflichkeiten des Ansatzes nochmals knapp erläutert. Unter der Rubrik Literaturhinweise werden dann die zentralen Werke sowie ausgewählte Sekundärliteratur für das weitere Studium angegeben sowie schließlich unter dem Titel „Übungsaufgaben" einige Fragen zur Rekapitulation des Erarbeiteten zusammengestellt.

Tab. 16.2: Tabellarische Zusammenfassung Pierre Bourdieu

Aspekt	Bourdieu
Ansatz	strukturalistischer Konstruktivismus
Soziologieverständnis	Aufklärung über das scheinbar Selbstverständliche
Methodik	Analyse gesellschaftlicher Reproduktions- und Anerkennungsprozesse
Erklärungsvorstellung	historisch-genetisch
Gesellschaftsbegriff	sozial und symbolisch strukturierter Raum unterschiedlicher Machtfelder
Gesellschaftstypen	frühe und moderne Gesellschaften (Tausch)
Macht und Herrschaft	symbolische Macht; Herrschende und beherrschte Klassen mit klassenspezifischen Habitus und Lebensstilen
Soziale Ungleichheit	Klassenstruktur aufgrund ungleichen Kapitalvolumens und ungleicher Kapitalstruktur
Sozialer Wandel	Veränderungen der feldspezifischen Konvertierungsregeln für Kapitalien durch Positionskämpfe mit Veränderungen der Wirkungsgrenzen von Feldern
Soziale Differenzierung	Kapitalvolumen, Kapitalstruktur und Kapitallaufbahn in sozialen Feldern; Distinktion über Geschmack als Abgrenzungsprinzip von Lebensstilen
Soziale Integration	klassenspezifische Strukturierung der Habitus; illusio- und hysteresis-Effekte; symbolisches Kapital und Herrschaft
Gegenwartsdiagnose	Ökonomisierung des Sozialen

16.7.1 Grundbegriffe

Distinktion: Mit der jeweiligen Klassenlage verbundene (nicht unbedingt bewusste) Abgrenzungspraktik des eigenen Lebensstils von denen der anderen Klassen; drei Typiken der Distinktion (und damit der eigenen Geschmacksaneignung) werden unterschieden: der „Sinn für Distinktion" der herrschenden Klasse, der „prätentiöse" Geschmack der Mittelklasse sowie die „Entscheidung für das Notwendige" der unteren Klassen.

Feld: Sozialer und institutioneller ‚Kontext', in dem Akteure unter Einsatz ihres verfügbaren Kapitals um Positionen kämpfen: gegeneinander – um relative Machtpositionen im Verhältnis zueinander – und ggf. miteinander – um die relative Machtposition „in einem Feld" gegenüber anderen im Feld (oder „ihres Feldes" gegen „anderen Feldern"); Grenzen eines Feldes sind die Grenzen seiner Wirksamkeit.

Habitus: Bündel von Handlungs-, Denk- und Wahrnehmungsmustern, das als klassenspezifischer, also struktureller Mechanismus der Erzeugung situativ-konkreter Praktiken wirkt (Habitus als Vermittlung zwischen Struktur und Praxis).

Hysteresis (Beharrungseffekt): Die grundlegende Eigenschaft des Habitus, weitgehende Beharrungstendenzen aufzuweisen, also über ein erhebliches Maß an Veränderungsresistenz zu verfügen.
Illusio (Illusionseffekt): Die Art und Weise der Teilhabe an einem feldspezifischen Spiel in Form der ebenso latenten wie implizit bleibenden Vorstellung von der Geltung der feldspezifischen Sinnregeln, die die Form fraglosen Glaubens annimmt.
Kapital: Begriff für die einem Akteur verfügbaren Ressourcen; drei Kapitalsorten werden unterschieden: ökonomisches Kapital (Geld), kulturelles Kapital (Bildung) und soziales Kapital (Beziehungen).
Kapital, symbolisches: Prestigewert des Kapitals, der aus gesellschaftlichen (Raum- und Feld-spezifischen) Bewertungsprozessen resultiert; d.h. der Wert der sozialen Anerkennung der einem Akteur verfügbaren Kapitalsorten, ihres Volumens und dessen Struktur.
Praktischer Sinn: Das spontane, absichtslose, d.h. ebenso intentionsfreie wie zweckfreie Entstehen und Vollziehen von Praktiken, die den jeweiligen Erfordernissen des Feldes angemessen sind, in dem dieser Sinn ausgebildet wurde.
Sozialer Raum: Sozialer Bereich, in dem sich aufgrund der akteursspezifischen Kapitalverteilung die Produktion und Reproduktion der gesellschaftlichen (sozio-strukturellen) Herrschaftsordnung vollzieht.
Symbolische Macht/Herrschaft/Gewalt: Umstand, dass die faktische Willkür der Machtverteilung durch eine symbolische Ordnung aufrechterhalten, verschleiert und damit in Legitimität verwandelt wird; d.h. Phänomen der „Verkennung" aufgrund einer unbewussten Anpassung der subjektiven Bewusstseinsstrukturen an die objektiven Sozialstrukturen.

16.7.2 Literaturhinweise

Werke: 1958: Sociologie de l'Algérie, 1964: Les héritiers (dt.: Die Erben), 1970: Die Illusion der Chancengleichheit, 1970: Zur Soziologie der symbolischen Formen, 1972: Entwurf einer Theorie der Praxis, 1979: La Distinction (dt.: Die feinen Unterschiede), 1980: Le Sense Pratique (dt.: Sozialer Sinn), 1984: Homo Academicus, 1989: Noblesse d'Etat (dt.: Staatsadel), 1992: Reflexive Anthropologie (mit Loïc Wacquant), 1993: La Misère du Monde (dt.: Das Elend der Welt), 1997: Méditations Pascaliennes (dt.: Meditiationen), 1998: La Domination Masculine (dt.: Die männliche Herrschaft), 2002: Ein soziologischer Selbstversuch, 2008: Esquisses algériennes (dt.: Algerische Skizzen).

Barlösius, Eva (2006) Pierre Bourdieu, Frankfurt/M./New York: Campus.
Boltanski, Luc (2010) Soziologie und Sozialkritik. Frankfurter Adorno-Vorlesungen 2008, Berlin: Suhrkamp.

Eder, Klaus (Hg.) (1989) Klassenlage, Lebensstil und kulturelle Praxis. Theoretische und empirische Beiträge zur Auseinandersetzung mit Pierre Bourdieus Klassentheorie, Frankfurt/M.: Suhrkamp.
Fröhlich, Gerhard (1994) Kapital, Habitus, Feld, Symbol. Grundbegriffe der Kulturtheorie bei Pierre Bourdieu, in: Ingo Mörth/Gerhard Fröhlich (Hg.), Das symbolische Kapital der Lebensstile. Zur Kultursoziologie der Moderne nach Pierre Bourdieu, Frankfurt/M./New York: Campus, S. 31–54.
Fröhlich, Gerhard/Rehbein, Boike (Hg.) (2009) Bourdieu-Handbuch. Leben – Werk – Wirkung, Stuttgart: Metzler.
Fuchs-Heinritz, Werner/König, Alexandra (2014) Pierre Bourdieu. Eine Einführung, 3. überarb. Aufl., Konstanz: UVK.
Lenger, Alexander/Schneickert, Christian/Schumacher, Florian (Hg.) (2013) Pierre Bourdieus Konzeption des Habitus. Grundlagen, Zugänge, Forschungsperspektiven, Wiesbaden: Springer VS.
Müller, Hans-Peter (2014) Pierre Bourdieu. Eine systematische Einführung, Berlin: Suhrkamp.
Rehbein, Boike (2016) Die Soziologie Pierre Bourdieus, Konstanz: UVK.
Wacquant, Loïc J. D. (1992) Auf dem Weg zu einer Sozialpraxeologie. Struktur und Logik der Soziologie Pierre Bourdieus, in: Bourdieu 1992, S. 17–93.

16.7.3 Übungsaufgaben

(1) Bestimmen Sie die von Bourdieu unterschiedenen Kapitalformen. Welche Erscheinungsweisen dieser Kapitalformen kennt Bourdieu? Welche Bedeutung und Stellung kommt im Rahmen von Bourdieus Kapitalanalyse der Form des „symbolischen Kapitals" zu?

(2) Inwiefern unterscheidet Bourdieu zwischen einer objektiv-materiellen und einer symbolischen Ebene der gesellschaftlichen Reproduktionslogik? Erläutern Sie dabei das Verhältnis von Feld und Habitus, von Positionen und Dispositionen.

(3) Inwiefern kann Bourdieus Soziologie als Herrschaftssoziologie bezeichnet werden? Wie zeichnet sich Herrschaft Bourdieu zufolge aus?

(4) Bourdieus Soziologie erhebt den Anspruch zwischen objektivistischen und subjektivistischen Ansätzen zu vermitteln. Welche Rolle spielen dabei die Begriffe des Habitus und des Feldes?

(5) Was versteht Bourdieu unter „praktischem Sinn"?

17 Komparative Übersicht

Für jede Beschäftigung mit soziologischen Theorien bilden die Vielzahl der in der Geschichte der Disziplin entwickelten Ansätze als auch die vielfach kaum aneinander anschließbar scheinenden Begrifflichkeiten eine erhebliche Verständnishürde. Diesem Umstand wird im vorliegenden Band durch die jeweils identische Gliederung für die Behandlung der verschiedenen Autoren, durch das durchgängige Hinzuziehen von Originalzitaten sowie schließlich durch die auf identische Aspekte bezogenen zusammenfassenden Tableaus für die einzelnen Darstellungen versucht entgegenzuwirken.

Die in diese Übersichten aufgenommenen Aspekte gliedern sich zu vier Gruppen: **(I)** die jeweils vier ersten Aspekte dienen der grundlegenden Einordnung der behandelten Werke und legen ihre **Grundlagen** dar: Ansatz, Soziologieverständnis, Methodik und Erklärungsvorstellung. **(II)** Die jeweils folgenden beiden Aspekte nehmen den zentralen **Gegenstand** des jeweiligen soziologischen Ansatzes in historischer Perspektive auf: das leitende Verständnis von sozialer Wirklichkeit bzw. Gesellschaftsbegriff und Gesellschaftstypen. **(III)** Im folgenden Block sind die fünf zentralen **Grundprobleme** aufgeführt, mit denen sich die Soziologie seit ihren Anfängen beschäftigt: Macht und Herrschaft, Soziale Ungleichheit, Sozialer Wandel, Soziale Differenzierung und Soziale Integration. Die analytische Aufmerksamkeit der vorliegenden Darstellung liegt also primär auf sog. gesamtgesellschaftlichen Prozessen und Strukturen. Diese sind: (1) Fragen nach den Konfliktpotenzialen bzw. -konstellationen in Gesellschaften: soziale Konflikte; (2) Fragen nach Gleich- bzw. Ungleichverteilung von Lebenschancen insgesamt und in verschiedenen gesellschaftlichen Handlungsbereichen: soziale Ungleichheit; (3) Fragen nach den Reproduktionsstrukturen und -dynamiken gesellschaftlicher Rahmenbedingungen (in materieller wie in symbolisch-kultureller Hinsicht): sozialer Wandel; (4) Fragen nach elementaren Gliederungsprinzipien für den Aufbau von Gesellschaften: soziale Differenzierung; sowie (5) Fragen nach den Integrationsprinzipien und sozialen Ordnungsprozessen und -formen in Gesellschaften: soziale Integration und soziale Ordnung. **(IV)** Der abschließende Aspekt zur vergleichenden Einordnung der behandelten Beiträge fokussiert Entwicklungen in modernen Gesellschaften: **Gegenwartsdiagnose.**

Die behandelten Ansätze lassen analytische Schwerpunktsetzungen erkennen: Doch die als klassisch verstandenen theoretischen Ansätze der Soziologie zeichnen sich dadurch aus, dass sie im Kern Perspektiven für jede der zentralen Problemstellungen des Faches bereitstellen. Das soll in der folgenden vergleichenden Übersicht nochmals verdeutlicht werden, die die zusammenfassenden Übersichten der vorhergehenden Einzeldarstellungen aufnimmt. Diese Übersicht wird ergänzt durch eine Reihe komparativer Übungsaufgaben.

Aspekt	Marx	Durkheim	Simmel	Weber	Parsons
Ansatz	Historischer Materialismus (Analyse ökonomischer Strukturen und sozialer Prozesse)	Emergenz sozialer Tatbestände	Formale Soziologie	Verstehende Soziologie (methodologischer Individualismus)	Handlungsanalytische Systemtheorie
Soziologieverständnis	(sozialphilosophischer Vorläufer)	Wissenschaft von den Institutionen (Zwang)	Analyse von Vergesellschaftungsprozessen und -formen	Wissenschaft vom sozialen Handeln	Gesellschaftstheorie und Theorie der Sozialwissenschaften
Methodik	Dialektik (Denken in notwendig zu überwindenden Widersprüchen)	Soziologische Tatbestände wie Dinge betrachten	Analyse von Wechselwirkungen	Erklären und Verstehen (idealtypische Begriffe)	Funktionsanalyse sozialer Systeme
Erklärungsvorstellung	dialektisch im Ausgang von ökonomischen Strukturen	Soziales durch Soziales erklären (Dreischritt: kausal, funktional, pathologisch)	Verursachungskonstellationen	ursächlich Erklären (Wahlverwandtschaften, z. B. Calvinismus und Kapitalismus)	Erklären über die Identifizierung notwendig zu lösender Funktionsprobleme
Gesellschaftsbegriff	Klassengesellschaft: Besitz – Besitzlosigkeit	moralische Tatsache (Realität sui generis); zugleich Arbeitsteilungs- und Solidaritätszusammenhang	prozessual: komplexe Verflechtung von Wechselwirkungen	prozessual: Vergesellschaftung und Vergemeinschaftung; das Nebeneinander von Wertsphären	normativ integrierter Funktionszusammenhang; funktional stabilisiertes ‚Ganzes' (AGIL)
Gesellschaftstypen	Klassenlose, Sklavenhalter-, Feudal-, kapitalistische und kommunistische Gesellschaft	segmentär differenzierte (traditionale) und funktional differenzierte (moderne) Gesellschaften	traditionale und moderne Gesellschaft	(frühe, vormoderne – moderne Vergesellschaftungstypen)	primitive, hochkulturelle, vormoderne und moderne Gesellschaft

Fortsetzung

Aspekt	Marx	Durkheim	Simmel	Weber	Parsons
Macht und Herrschaft	Herrschende – Beherrschte (antagonistische Klassenverhältnisse)	normierender Zwang von Institutionen	Macht stets ein Phänomen sozialer Wechselwirkung; Über- und Unterordnung in sozialen Gruppen	Herrschaftstypen (charismatische, traditionale, rational-legale) als Institutionalisierungsformen von Macht	Politisches System (theoretisch: nicht übergeordnet); Medium: Macht
Soziale Ungleichheit	Arbeitsteilung und Ausbeutung (Besitz – Besitzlosigkeit)	Ausdruck gesellschaftlicher Klassifikationssysteme	von formaler Ungleichheit mitunter substantiell vergleichbarer Lebensweisen zur formalen Gleichheit zunehmend material ausgeprägter Ungleichheiten	Klassenlagen und ständische Lagen; Besitz- und Erwerbsklassen, Soziale Klassen	Einkommen, Macht, Prestige
Sozialer Wandel	Materialistische Geschichtstheorie: Teleologisch; Widersprüche zwischen Produktivkräften und Produktionsverhältnissen führen (sofern bewusst) zu revolutionären Umbrüchen	offener Prozess; dynamisierende Faktoren: Volumen und Dichte der Bevölkerung; Arbeitsteilungsformen	von einer Konzentrik zur Kreuzung sozialer Kreise; dynamisierender Faktor: fortschreitende Individualisierung	ambivalenter, offener Prozess; kulturelle Rationalisierung (Entzauberung) und gesellschaftliche Rationalisierung (Bürokratisierung)	Evolution: gerichteter und unumkehrbarer Prozess; evolutionäre Universalien führen zur Steigerung gesellschaftlicher Anpassungsfähigkeit
Soziale Differenzierung	Klassen: Besitz – Besitzlosigkeit an Produktionsmitteln – antagonistische Klassenverhältnisse	segmentäre Differenzierung – funktionale Differenzierung	Pluralisierung sozialer Kreise	Differenzierung kultureller Wertsphären	fortschreitende Teilsystembildung als Problemlösungsmechanismus

Fortsetzung

Aspekt	Marx	Durkheim	Simmel	Weber	Parsons
Soziale Integration	Klassenbewusstsein („Klasse für sich")	Produktion von Kollektivbewusstsein: Mechanische Solidarität qua Geburt, Organische Solidarität qua Arbeitsteilung	Soziologische Apriori, Kreuzung sozialer Kreise in komplex differenzierten Gesellschaften	Legitimitätsglaube an Herrschaftsordnungen, Zurechnungsmodi (Fachschulung, bürokratische Prozesse)	Institutionalisierung (Rollen) – Internalisierung (Normen) – Sozialisierung (Motive); Erwartungsstrukturen; wechselseitige intersystemische Austauschbeziehungen (double interchanges) und Kontrollhierarchie
Gegenwartsdiagnose	ökonomisch begründete Ausbeutung und Entfremdung (Zwangsphänomene)	Individualisierung führt zu Anomie und Demoralisierung (Desintegration)	Individualisierung sowie Auseinandertreten von subjektiver und objektiver Kultur	kulturelle Pluralisierung und Ausprägung eines „Gehäuses der Hörigkeit"	Folgeprobleme funktionaler Differenzierung (bspw. keine Regelung von Verteilungsfragen)

17 Komparative Übersicht — 297

Aspekt	Merton	Elias	Schütz	Berger und Luckmann	Habermas
Ansatz	Theorien mittlerer Reichweite	Prozess- und Figurationssoziologie	phänomenologisch fundierte Sozial- und Wissenstheorie	wissensanalytische Sozial- und Gesellschaftstheorie	kritische Gesellschaftstheorie
Soziologieverständnis	Analyse der funktionalen und dysfunktionalen Effekte institutionalisierter Strukturmuster sozialen Handelns	Wissenschaft der Verflechtungszusammenhänge	reflexive Analyse der (Sinn-)Strukturen der Lebenswelt	reflexive Analyse der Konstruktionsprozesse sozialer Sinnzusammenhänge	Aufklärung, Gesellschaftstheorie
Methodik	funktional-strukturelle Analyse	historische Analyse	phänomenologisch sowie wissens- und handlungsanalytisch	sozialkonstruktivistisch (wissens- und handlungsanalytisch)	rekonstruktive Analyse (normativer Implikationen)
Erklärungsvorstellung	sozio-strukturelle Bahnungseffekte	Identifizierung historischer Entwicklungsmuster (Strukturen)	verstehend-rekonstruktiv	verstehend-rekonstruktiv	verstehend-rekonstruktiv
Gesellschaftsbegriff	Statusordnung	Verflechtungszusammenhang (Handlungsketten, Figurationen)	Geflecht von Wirkensbeziehungen und Wissensordnungen	Geflecht von Wirkensbeziehungen und Wissensordnungen in wechselseitiger Formierung von Institutionalisierungs- und Legitimierungsprozessen	systemisch stabilisierter Zusammenhang sozial integrierter Gruppen
Gesellschaftstypen	funktional gering oder komplex differenzierte Gesellschaften	monozentrische – multizentrische Gesellschaften	(frühe – moderne Gesellschaften)	(frühe – moderne Gesellschaften)	frühe, hochkulturelle, moderne Gesellschaften

Fortsetzung

Aspekt	Merton	Elias	Schütz	Berger und Luckmann	Habermas
Macht und Herrschaft	Statushierarchien	Figurationen als historisch spezifische Machtkonstellationen	Wissensformierung	Wissensformierung, Deutungsmacht und soziale Kontrolle	politische und administrative Systeme und Eliten
Soziale Ungleichheit	positionsspezifische Ressourcenverfügung	Ausschließungsprozesse: Etablierte – Außenseiter	ungleiche Verteilung von Wissen	ungleiche Verteilung von Wissen als Ressource für politische Beteiligung und die Akkumulation von Lebenschancen	ungleiche materielle Reproduktion
Sozialer Wandel	Dysfunktionalitäten und funktionale Äquivalente als dynamisierende Faktoren	offener Prozess: Konkurrenzkampf, Wandel von Figurationen aufgrund nicht intendierter Handlungsfolgen; Zivilisierungsprozess: vom Fremd- zum Selbstzwang	grundlegende Prozessperspektive: fundamentale Dialektik; Habitualisierung – Typisierung – Institutionalisierung	grundlegende Prozessperspektive: fundamentale Dialektik; Habitualisierung – Typisierung – Institutionalisierung	Rationalisierung (Versprachlichung des Sakralen, Systemausdifferenzierung)
Soziale Differenzierung	rollenspezifische Positions- bzw. Statusdifferenzierung	Figurationen, Machtungleichgewichte	Sinndifferenzierung in mannigfaltige Wirklichkeiten	symbolische Sinnwelten als soziale Konstruktionen kommunikativer Prozesse; Institutionalisierung von Wissensmodi und Wissensakteuren	Lebenswelt in institutionelle Ordnungen, System in Teilsysteme gegliedert

Fortsetzung

Aspekt	Merton	Elias	Schütz	Berger und Luckmann	Habermas
Soziale Integration	Orientierung an gesellschaftlich institutionalisierten Erwartungsstrukturen	Zwang: qua fortschreitender Affektkontrolle vom Fremdzwang zum Selbstzwang; Zunahme langer Handlungsketten: Interdependenzen	geteiltes Wissen	nomosbildender Prozess qua kommunikativer Praktiken und Konstruktionen	Sozialintegration (kommunikativ, Lebenswelt) und Systemintegration (strategisch, System), Recht und Solidaritäten
Gegenwartsdiagnose	strukturelle Ambivalenz	individuell: Über-Ich-Dominanz gesellschaftlich: Monopolisierungen	Sinnpluralisierung	kulturelle Pluralisierung	Kolonialisierung der Lebenswelt durch systemische Imperative aufgrund der fortschreitenden Entkopplung von System und Lebenswelt; dieser Prozess führt zu Sinn- und Freiheitsverlusten

Aspekt	Luhmann	Giddens	Coleman	Foucault	Bourdieu
Ansatz	Systemtheorie	Strukturationstheorie	Rational-Choice-Theorie	strukturale Machtanalyse	strukturalistischer Konstruktivismus
Soziologieverständnis	Theorie der Gesellschaft	Theorie der Sozialwissenschaften und Gesellschaftstheorie	Aufklärung über Kausalzusammenhänge	Aufklärung über die Kontingenz und Machtförmigkeit von Diskursen und (institutionellen) Praktiken	Aufklärung über das scheinbar Selbstverständliche
Methodik	konstruktivistisch (Beobachtungen zweiter Ordnung) – Koevolution von Sozialstruktur und Semantik	Theorie der Strukturierung als Raum-Zeit-Analytik	nutzenkalkulatorisch (allgemeine Theorie)	Archäologie	Analyse gesellschaftlicher Reproduktions- und Anerkennungsprozesse
Erklärungsvorstellung	Erklären durch Verweis auf die Strukturen gesellschaftlicher Differenzierungsformen (funktionale Analyse)	verstehend-rekonstruktiv (doppelte Hermeneutik)	deduktiv-nomologisch; Makro-Mikro-Makro-Erklärungen	Genealogie	historisch-genetisch
Gesellschaftsbegriff	soziales System als Kommunikationssystem (kommunikative Erreichbarkeit = Weltgesellschaft)	Strukturierungstypen mit historisch veränderlichen Raum-Zeit-Schwellen	soziales System als Tauschsystem	historische (genealogische)	sozial und symbolisch strukturierter Raum unterschiedlicher Machtfelder
Gesellschaftstypen	segmentäre, stratifizierte, funktional differenzierte Gesellschaften	Stammes-, klassengegliederte, (kapitalistische) Klassengesellschaften	traditionale (symmetrische), moderne (asymmetrische) Gesellschaften	Analyse von Machtformen	frühe und moderne Gesellschaften (Tausch)

Fortsetzung

Aspekt	Luhmann	Giddens	Coleman	Foucault	Bourdieu
Macht und Herrschaft	moderne Gesellschaften als der Idee nach enthierarchisierte Gesellschaften	Macht als Handlungsmacht	Herrschaftsbeziehungen aufgrund von Verfügungs- und Tauschrechten; strukturelle Dominanz korporativer Akteure qua Ressourcenakkumulationschancen	historische Formierung des Sozialen durch Diskurse (Epistemai) und Dispositive (diskursive und nicht diskursive Praktiken)	symbolische Macht; herrschende und beherrschte Klassen mit klassenspezifischen Habitus und Lebensstilen
Soziale Ungleichheit	Ausschluss aus gesellschaftlichen Teilsystemen (Exklusion)	Klassenstrukturen	Bildung und Verfügen über Ressourcen	Diskurs- und Dispositivformationen als Epochenschwellen	Klassenstruktur aufgrund ungleicher Kapitalvolumens und ungleicher Kapitalstruktur
Sozialer Wandel	Differenzierungsdynamik	Verhältnis zwischen existentiellen und strukturellen Widersprüchen	Asymmetrisierung sozialer Beziehungen	Überwachung (soziale Kontrolle), Disziplinierung, Gouvernementalität und Biopolitik	Veränderungen der feldspezifischen Konvertierungsregeln für Kapitalien durch Positionskämpfe mit Veränderungen der Wirkungsgrenzen von Feldern
Soziale Differenzierung	segmentäre, stratifikatorische, funktionale Differenzierung	Regionalisierungsweisen	Schichten	Regulierung des Zugangs zu Diskursen (Macht) und Strukturierung sozialer Wirklichkeit durch Raum-Zeit-Sozial-Regime	Kapitalvolumen, -struktur und -laufbahn in sozialen Feldern; Distinktion über Geschmack als Abgrenzungsprinzip von Lebensstilen

Fortsetzung

Aspekt	Luhmann	Giddens	Coleman	Foucault	Bourdieu
Soziale Integration	Kontingenzreduktion qua Stabilisierung von Erwartungsstrukturen; gleichzeitige Unter- und Überintegration	Sozial- und Systemintegration (Raum-Zeit-Strukturierungen)	normative Integration und Tausch	Wandel von Diskursformen (von Epistemai) und Dispositiven	klassenspezifische Strukturierung der Habitus; illusio- und hysteresis-Effekte; symbolisches Kapital und Herrschaft
Gegenwartsdiagnose	Weltgesellschaft, Risiko Entdifferenzierung, Ökologie, Massenmedien, Exklusionsprozesse	Entbettung sozialer Beziehungen (aus Raum und Zeit) und Enttraditionalisierung	Asymmetrische Gesellschaft	Diskurse (Epistemai)	Ökonomisierung des Sozialen

17.1 Komparative Übungsaufgaben

(1) Erläutern Sie Webers Unterscheidung von „Klasse" und „Stand" und grenzen Sie sein Verständnis von demjenigen bei Marx ab.

(2) Inwiefern versucht Simmel mit dem Konzept der Wechselwirkungen einen Mittelweg zwischen der auf die Emergenz sozialer Phänomene abstellenden methodologischen Position von Durkheim und dem am sozialen Handeln ansetzenden methodologischen Individualismus von Weber zu gehen?

(3) Inwiefern schließt Bourdieu an Marx' Kapitaltheorie an und inwiefern verändert und erweitert er dessen Ansatz?

(4) Die Soziologie kennt unterschiedliche Varianten der Analyse des Entwicklungsprozesses hin zum Typus moderner Gesellschaften. Paradigmatisch sind diese, unterschiedliche analytische Schwerpunkte setzenden Konzeptionen sozialen Wandels in den klassischen soziologischen Grundlegungen bei Marx, Durkheim und Weber ausgebildet. Stellen Sie die jeweiligen zentralen Überlegungen dieser Autoren und die in diesem Zusammenhang bei ihnen jeweils zur Anwendung kommenden zentralen Konzepte heraus. Vergleichen Sie diese zudem sowohl hinsichtlich ihrer Akzentsetzungen als auch hinsichtlich ihres wechselseitigen Verhältnisses zueinander.

(5) Stellen Sie die gegenwartsdiagnostischen („zeitanalytischen") Überlegungen von Habermas, Foucault und Coleman im Zusammenhang ihrer soziologischen Ansätze dar und vergleichen Sie diese sowohl hinsichtlich ihrer Akzentsetzungen als auch in Bezug auf ihre wechselseitige Bedeutung.

(6) Vergleichen Sie die Beiträge von Marx, Durkheim, Weber und Elias mit Blick auf ihre Vorstellungen von sozialer (gesellschaftlicher) Differenzierung. Verdeutlichen Sie in diesem Zusammenhang zugleich das bei diesen Klassikern jeweils leitende Verständnis von „Gesellschaft".

(7) Wie fassen die Ansätze von Elias, Parsons, Habermas und Foucault den Zusammenhang von – klassisch gesprochen – „Individuum" und „Gesellschaft"?

(8) In welcher Hinsicht stellt das Verständnis der Sinnsetzungsprozesse bei Berger und Luckmann eine integrative Perspektive in Bezug auf die Ansätze von Durkheim und Weber dar?

(9) Weber und Schütz schlagen jeweils einen differenzierten Handlungsbegriff vor. Erläutern Sie die für beide Autoren spezifischen Handlungstypologien sowie deren unterschiedliche Differenzierungsprinzipien.

(10) Die Beiträge von Weber und Parsons favorisieren unterschiedliche konzeptionelle Zugänge für und formulieren voneinander abweichende Antworten auf die Frage nach dem Differenzierungsprofil moderner Gesellschaften. Skizzieren Sie die jeweiligen Grundeinsichten der beiden Beiträge kurz und vergleichen Sie diese.

(11) Die Beiträge von Parsons und Luhmann haben die Ausarbeitung einer differenzierungstheoretischen Perspektive in der Soziologie in besonderem Maße vorangetrieben. Skizzieren Sie (a) die jeweiligen Grundeinsichten der beiden Beiträge, (b) vergleichen Sie diese und stellen Sie dabei insbesondere die jeweiligen Stärken

und Schwächen beider Zugriffe dar und (c) diskutieren Sie abschließend die sich daraus ergebenden weiteren Arbeitsaufgaben für eine Differenzierungsanalytik.

(12) Die Frage nach der leitenden Vorstellung des Verhältnisses von ‚Individuum' und ‚Gesellschaft' gehört zu den zentralen Bezugspunkten eines Vergleichs der Perspektiven und der Erklärungskraft verschiedener soziologischer Ansätze der Gesellschaftsanalyse – auch und gerade unter makrosoziologischen Vorzeichen. Sie hat Folgen u. a. für den jeweils leitenden Begriff von Gesellschaft ebenso wie die Differenzierungsvorstellung und den Blick auf die Integrationsfrage. Die Beiträge von Durkheim, Weber und Elias favorisieren mit Blick auf diese Fragestellung unterschiedliche konzeptionelle Zugänge. Skizzieren Sie die jeweiligen Grundeinsichten ihrer Ansätze kurz und vergleichen Sie diese mit Rücksicht auf die angeführten Hinsichten.

(13) Erläutern Sie die zentralen Unterschiede zwischen einer verstehenden Soziologie im Sinne von Weber, Schütz und Berger und Luckmann auf der einen und erklärender (Rational-Choice-)Ansätze (bspw. Coleman) auf der anderen Seite.

(14) Arbeiten Sie die Unterschiede zwischen Foucaults und Habermas' Verständnissen des Diskurs-Begriffes heraus.

(15) Inwiefern lassen sich zwischen Foucaults Konzeptualisierung der Disziplinarmacht und Bourdieus Habitus-Begriff Anknüpfungspunkte im Hinblick auf die Bedeutung des Körpers herausarbeiten?

(16) Vergleichen Sie die Überlegungen zum Zusammenhang von sozialer Differenzierung und sozialer Integration von Simmel und Luhmann.

(17) Erläutern Sie das Verständnis von Habitualisierung bei Berger und Luckmann und die Konzeption des Habitus bei Bourdieu und vergleichen Sie beide Konzepte anschließend miteinander.

(18) Erörtern Sie die Aufnahme des Lebenswelt-Konzeptes bei Schütz und bei Habermas und vergleichen Sie die jeweilige Verwendung dieses Konzeptes in beiden Theorien miteinander.

(19) Rechtfertigungen bzw. Legitimierungen spielen im Ansatz von Berger und Luckmann als auch in der Kritischen Gesellschaftstheorie von Habermas eine zentrale Rolle. Klären Sie die jeweilige Bedeutung des Bezuges auf Legitimationen, erörtern Sie die jeweilige Bedeutung für die Theorieverständnisse beider Positionen und vergleichen Sie diese kritisch miteinander.

(20) Vergleichen Sie die differenzierungsanalytische Vorstellung, die sich mit Simmels Konzeption der „Kreuzung sozialer Kreise" verbindet mit der differenzierungsanalytischen Perspektive, die für Schütz' Idee der „multiplen Sinnprovinzen" grundlegend ist.

(21) Vergleichen Sie die Anomie-Konzeptionen von Durkheim und Merton.

(22) Diskutieren Sie die Vorstellungen sozialen Zwangs von Durkheim und Giddens.

(23) Inwiefern grenzt sich Merton in seinem methodologischen Selbstverständnis von dem Anliegen von Parsons ab?

(24) Inwiefern lassen sich bei Giddens Anschlüsse an die grundlagentheoretischen Überlegungen von Marx ausmachen?

(25) Vergleichen Sie die Überlegungen zum Verhältnis von Struktur und Handeln bei Giddens und Bourdieu.

Literatur

In dieses Verzeichnis sind lediglich klassische Werke der behandelten theoretischen Ansätze aufgenommen. Spezifische Hinweise auf Arbeiten, die die behandelten Ansätze diskutieren oder weiterführen, finden sich jeweils im achten Abschnitt eines Kapitels. Zitationserläuterung: Im nachfolgenden Verzeichnis verweist die Jahreszahl unmittelbar nach der Namensnennung auf das Jahr der Erstpublikation. Die ggf. am Ende einer Literaturangabe angeführte weitere Jahresangabe verweist auf das Jahr des Erscheinens der im vorliegenden Band benutzten und zitierten Ausgabe. Die herangezogene Literatur wird also unter Angabe der Jahreszahl ihrer Erstpublikation gleichwohl mit der Seitenzahl der benutzten Ausgabe zitiert. Diese Zitationsweise ermöglicht es, sich im Rahmen des Lehrbuches bei der Angabe von Zitaten stets das Jahr der jeweiligen Erstveröffentlichung mit zu vergegenwärtigen.

Berger, Peter L. (1963) Invitation to Sociology; dt.: Einladung zur Soziologie, München: Olten 1969.
Berger, Peter L. (1997) Allgemeine Betrachtungen über normative Konflikte und ihre Vermittlung, in: ders. (Hg.), Die Grenzen der Gemeinschaft. Konflikt und Vermittlung in pluralistischen Gesellschaften, Gütersloh: Bertelsmann Stiftung, S. 581–614.
Berger, Peter L. (1999) The Desecularization of the World: A Global Overview, in: ders. (Hg.), The Desecularization of the World. Resurgent Religion and World Politics, Washington D.C.: Ethics and Public Policy Center, S. 1–18.
Berger, Peter L./Berger, Brigitte/Kellner, Hansfried (1973) The Homeless Mind. Modernization and Consciousness; dt.: Das Unbehagen in der Modernität, Frankfurt/M./New York: Campus 1975.
Berger, Peter L./Kellner, Hansfried (1964) Marriage and the Construction of Reality; dt.: Die Ehe und die Konstruktion der Wirklichkeit, in: Soziale Welt 16, 1965, S. 220–235.
Berger, Peter L./Kellner, Hansfried (1981) Sociology Reinterpreted. An Essay on Method and Vocation; dt.: Für eine neue Soziologie. Ein Essay über Methode und Profession, Frankfurt/M.: Fischer 1984.
Berger, Peter L./Luckmann, Thomas (1966) The Social Construction of Reality. A Treatise in the Sociology of Knowledge; dt.: Die gesellschaftliche Konstruktion der Wirklichkeit. Eine Theorie der Wissenssoziologie, Frankfurt/M.: Fischer 1969.
Berger, Peter L./Luckmann, Thomas (1995) Modernität, Pluralismus und Sinnkrise. Die Orientierung des modernen Menschen, Gütersloh: Bertelsmann.
Berger, Peter L./Neuhaus, Richard (1977) To Empower People, Washington: AEI Press (Enlarged Edition ed. by Michael Nowak 1996).
Bohler, Karl Friedrich/Kellner, Hansfried (2004) Auf der Suche nach Effizienz. Die Arbeitsweisen von Beratern in der modernen Wirtschaft, Frankfurt/M./New York: Campus.
Bourdieu, Pierre (1961–2001) Interventions; dt.: Interventionen. Bd. 1–4, Hamburg: VSA.
Bourdieu, Pierre (1970) Die Illusion der Chancengleichheit, Stuttgart: Klett-Cotta.
Bourdieu, Pierre (1972/76) Entwurf einer Theorie der Praxis, Frankfurt/M.: Suhrkamp 1976.
Bourdieu, Pierre (1979) La distinction. Critique sociale du jugement; dt.: Die feinen Unterschiede. Kritik der gesellschaftlichen Urteilskraft, Frankfurt/M.: Suhrkamp 1982.
Bourdieu, Pierre (1980) Le sens pratique; dt.: Sozialer Sinn. Kritik der theoretischen Vernunft, Frankfurt/M.: Suhrkamp 1987.
Bourdieu, Pierre (1983) Ökonomisches Kapital – Kulturelles Kapital – Soziales Kapital, in: Soziale Welt – Sonderband 2, S. 183–198 [auch in: ders., Die verborgenen Mechanismen der Macht. Schriften zu Politik & Kultur 1, Hamburg: VSA 1997, S. 49–79].
Bourdieu, Pierre (1984) Sozialer Raum und Klassen, in: ders., Sozialer Raum und Klassen. Leçon sur la leçon. Zwei Vorlesungen, Frankfurt/M.: Suhrkamp 1985, S. 7–46.
Bourdieu, Pierre (1985) Von der Regel zu den Strategien, in: ders., Rede und Antwort, Frankfurt/M.: Suhrkamp 1992, S. 79–98.

Bourdieu, Pierre (1987) Choses dites; dt.: Rede und Antwort, Frankfurt/M.: Suhrkamp 1992.
Bourdieu, Pierre (1989) La noblesse d'État; dt.: Der Staatsadel, Konstanz: UVK 2004.
Bourdieu, Pierre (1991) Politisches Feld und symbolische Macht. Gespräch mit Pierre Bourdieu, in: Berliner Journal für Soziologie 1, S. 483–488.
Bourdieu, Pierre (1992) (mit Loïc J. D. Wacquant) An Introduction to Reflexive Sociology; dt.: Reflexive Anthropologie, Frankfurt/M.: Suhrkamp 1996.
Bourdieu, Pierre (1993) (mit Patrick Champagne et al.) La misère du monde; dt.: Das Elend der Welt. Zeugnisse und Diagnosen alltäglichen Leidens an der Gesellschaft, Konstanz: UVK 1997.
Bourdieu, Pierre (1994a) Raisons pratiques. Sur la théorie de l'action; dt.: Praktische Vernunft. Zur Theorie des Handelns, Frankfurt/M.: Suhrkamp 1998.
Bourdieu, Pierre (1994b) Eine sanfte Gewalt. Pierre Bourdieu im Gespräch mit Irene Dölling und Margareta Steinrücke, in: Irene Dölling/Beate Kreis (Hg.), Ein alltägliches Spiel. Geschlechterkonstruktionen in der sozialen Praxis, Frankfurt/M.: Suhrkamp 1997, S. 218–230.
Bourdieu, Pierre (1996) Sur la télévision; dt.: Über das Fernsehen, Frankfurt/M.: Suhrkamp 1998.
Bourdieu, Pierre (1997) Der Tote packt die Lebenden. Schriften zu Politik & Kultur 2, hg. v. Margarete Steinrücke, Hamburg: VSA.
Bourdieu, Pierre (1998) La domination masculine; dt.: Die männliche Herrschaft, Frankfurt/M.: Suhrkamp 2005.
Bourdieu, Pierre (1998–2001) Contre-Feux 1–2; dt.: Gegenfeuer, Konstanz: UVK 2004
Bourdieu, Pierre (2002) Ein soziologischer Selbstversuch, Frankfurt/M.: Suhrkamp.
Bourdieu, Pierre (2008) Esquisses algériennes; dt.: Algerische Skizzen, Berlin: Suhrkamp 2010.
Breuer, Stefan (1995) Die Gesellschaft des Verschwindens. Von der Selbstzerstörung der technischen Zivilisation, Berlin: Rotbuch.
Coleman, James S. (1961) The Adolescent Society, New York: Free Press.
Coleman, James S. et al. (1966) Equality of Educational Opportunity, Washington D.C.: U.S. Government Printing Office.
Coleman, James S. (1974) Power and the Structure of Society; dt.: Macht und Gesellschaftstruktur, Tübingen: Mohr 1979.
Coleman, James S. (1982) The Asymmetric Society; dt.: Die asymmetrische Gesellschaft. Vom Aufwachsen mit unpersönlichen Systemen, Weinheim/Basel: Beltz.
Coleman, James S. (1990) Foundations of Social Theory; dt.: Grundlagen der Sozialtheorie, 3 Bde., München: Oldenbourg 1991–1994.
Dahrendorf, Ralf (1960) Homo Sociologicus. Ein Versuch zur Geschichte, Bedeutung und Kritik der Kategorie der sozialen Rolle, Opladen: Westdeutscher Verlag, 15. Aufl. 1977.
Durkheim, Émile (1888a) Einführung in die Sozialwissenschaft, in: ders., a.a.O. 1981, S. 25–52.
Durkheim, Émile (1888b) Einführung in die Soziologie der Familie, in: ders., a.a.O. 1981, S. 53–76.
Durkheim, Émile (1893) De la division du travail social; dt.: Über soziale Arbeitsteilung. Studie über die Organisation höherer Gesellschaften, Frankfurt/M.: Suhrkamp, 2. überarb. Aufl. 1988.
Durkheim, Émile (1895) Les Règles de la méthode sociologique; dt.: Regeln der soziologischen Methode, hg., eingel. u. übers. v. Rene König, Darmstadt/Neuwied: Luchterhand, 6. Aufl. 1980.
Durkheim, Émile (1897) Le suicide; dt. Der Selbstmord, Frankfurt/M.: Suhrkamp 1973.
Durkheim, Émile (1907) Vorwort zur zweiten Auflage: Einige Bemerkungen über die Berufsgruppen, in: ders., a.a.O. 1893, S. 41–75.
Durkheim, Émile (1912) Les formes élémentaires de la vie religieuse; dt.: Die elementaren Formen des religiösen Lebens, Frankfurt/M.: Suhrkamp 1981.
Durkheim, Émile (1914) Der Dualismus der menschlichen Natur und seine sozialen Bedingungen, in: Hans Jonas, Geschichte der Soziologie. Mit Quellentexten, Opladen: Westdeutscher Verlag 1968, Bd. II, S. 368–380.
Durkheim, Émile (1981) Frühe Schriften zur Begründung der Sozialwissenschaft, hg., eingel. u. übers. v. Lore Heisterberg, Darmstadt/Neuwied: Luchterhand.

Durkheim, Émile/Mauss, Marcel (1903) De quelques formes primitives de classification; dt.: Über einige primitive Formen der Klassifikation. Ein Beitrag zur Erforschung der kollektiven Vorstellungen, in: Émile Durkheim, Schriften zur Soziologie der Erkenntnis, Frankfurt/M.: Suhrkamp 1987, S. 169–256.
Elias, Norbert (1939) Über den Prozess der Zivilisation. Soziogenetische und psychogenetische Untersuchungen, 2 Bde., Frankfurt/M.: Suhrkamp 1976.
Elias, Norbert (1970) Was ist Soziologie? München: Juventa.
Elias, Norbert (1977) Zur Grundlegung einer Theorie sozialer Prozesse, in: Zeitschrift für Soziologie 6, S. 127–149.
Elias, Norbert (1986) Artikel „Figuration", „Prozesse, soziale" und „Zivilisation", in: Bernhard Schäfers (Hg.), Grundbegriffe der Soziologie, Opladen: Leske+Budrich, 8. Aufl. 2003, S. 88–91, 270–277, 446–450 (ab 9. überarb. Aufl. 2006 ohne den Artikel „Zivilisation").
Elias, Norbert (1987) Die Gesellschaft der Individuen, Frankfurt/M.: Suhrkamp.
Elias, Norbert (1989) Studien über die Deutschen. Machtkämpfe und Habitusentwicklung im 19. und 20. Jahrhundert, Frankfurt/M.: Suhrkamp.
Elias, Norbert/Scotson, John L. (1965) Etablierte und Außenseiter, Frankfurt/M.: Suhrkamp.
Foucault, Michel (1961) Historie des la folie à l'âge classique; dt.: Wahnsinn und Gesellschaft. Eine Geschichte des Wahns im Zeitalter der Vernunft, Frankfurt/M.: Suhrkamp 1973.
Foucault, Michel (1963) Naissance de la clinique; dt.: Die Geburt der Klinik, Frankfurt/M.: Fischer 1988.
Foucault, Michel (1966) Les mots et les choses; dt.: Die Ordnung der Dinge. Eine Archäologie der Humanwissenschaften, Frankfurt/M.: Suhrkamp 1974.
Foucault, Michel (1969) L'archéologie du savoir; dt.: Die Archäologie des Wissens, Frankfurt/M.: Suhrkamp 1981.
Foucault, Michel (1971) L'ordre du discours; dt.: Die Ordnung des Diskurses, Frankfurt/M.: Fischer 1991, S. 7–49.
Foucault, Michel (1974/75) Die Anormalen. Vorlesung am Collège de France, Frankfurt/M.: Suhrkamp 2003.
Foucault, Michel (1975) Surveiller et punir; dt.: Überwachen und Strafen. Die Geburt des Gefängnisses, Frankfurt/M.: Suhrkamp 1977.
Foucault, Michel (1976) Histoire de la sexualité I: La volonté de savoir; dt.: Der Wille zum Wissen: Sexualität und Wahrheit 1, Frankfurt/M.: Suhrkamp 1977.
Foucault, Michel (1977–79) Geschichte der Gouvernementalität. Vorlesungen am Collège de France, 2 Bde., Frankfurt/M.: Suhrkamp 2004.
Foucault, Michel (1978) Dispositive der Macht. Über Sexualität, Wissen und Wahrheit, Berlin: Merve.
Foucault, Michel (1981/82) Hermeneutik des Subjekts. Vorlesung am Collège de France, Frankfurt/M.: Suhrkamp 2004.
Foucault, Michel (1982/83) Die Regierung des Selbst und die anderen. Vorlesung am Collège de France, Frankfurt/M.: Suhrkamp 2009.
Foucault, Michel (1984) Histoire de la sexualité III: Le souci de soi; dt.: Die Sorge um sich, Frankfurt/M.: Suhrkamp 1986.
Foucault, Michel (2001–05) Dits et Ecrits. Schriften I–IV, Frankfurt/M.: Suhrkamp 2001–2005.
Giddens, Anthony (1973) The Class Structure of Advanced Societies; dt.: Die Klassenstruktur fortgeschrittener Gesellschaften, Frankfurt/M.: Suhrkamp 1979.
Giddens, Anthony (1976) New Rules of Sociological Method. A Positive Critique of Interpretative Sociologies; dt.: Interpretative Soziologie. Eine kritische Einführung, Frankfurt/M./New York: Campus 1984.
Giddens, Anthony (1979) Central Problems in Social Theory. Action Structure and Contradiction in Social Analysis, Berkeley/Los Angeles: University of California Press.

Giddens, Anthony (1981/95) A Contemporary Critique of Historical Materialism, Stanford, CA: Stanford University Press, 2. Ed.
Giddens, Anthony (1984) The Constitution of Society. Outline of the Theory of Structuration, Berkeley/Los Angeles: University of California Press.
Giddens, Anthony (1988a) Die Konstitution der Gesellschaft. Grundzüge einer Theorie der Strukturierung, Frankfurt/M./New York: Campus.
Giddens, Anthony (1998b) Die „Theorie der Strukturierung". Ein Interview (von Bernd Kießling), in: Zeitschrift für Soziologie 17, S. 286–295.
Giddens, Anthony (1990) The Consequences of Modernity, Stanford, CA: Stanford University Press.
Giddens, Anthony (1995) Die Konsequenzen der Moderne, Frankfurt/M.: Suhrkamp 1991.
Habermas, Jürgen (1962) Strukturwandel der Öffentlichkeit. Untersuchungen zu einer Kategorie der bürgerlichen Gesellschaft. Mit einem Vorwort zur Neuauflage, Frankfurt/M.: Suhrkamp 1990.
Habermas, Jürgen (1971) Einige Schwierigkeiten beim Versuch, Theorie und Praxis zu vermitteln. Einleitung zur Neuausgabe, in: ders., Theorie und Praxis. Sozialphilosophische Studien, Frankfurt/M.: Suhrkamp 1978, S. 9–47.
Habermas, Jürgen (1973) Legitimationsprobleme im Spätkapitalismus, Frankfurt/M.: Suhrkamp.
Habermas, Jürgen (1979) Interview (mit Detlef Horster und Willem van Reijen), in: Detlev Horster, Habermas zur Einführung, Hamburg: Junius NA 1995, S. 97–126.
Habermas, Jürgen (1980) Moderne als unvollendetes Projekt, in: ders., Kleine Politische Schriften I–IV, Frankfurt/M.: Suhrkamp 1981, S. 444–464.
Habermas, Jürgen (1981a) Theorie des kommunikativen Handelns, 2 Bde., Frankfurt/M.: Suhrkamp.
Habermas, Jürgen (1981b) Dialektik der Rationalisierung, in: ders., Die Neue Unübersichtlichkeit. Kleine Politische Schriften V, Frankfurt/M.: Suhrkamp, S. 167–208.
Habermas, Jürgen (1982) Erläuterungen zum Begriff des kommunikativen Handelns, in: ders., Vorstudien und Ergänzungen zur Theorie des kommunikativen Handelns, Frankfurt/M.: Suhrkamp 1984, S. 571–606.
Habermas, Jürgen (1983) Moralbewusstsein und kommunikatives Handeln, Frankfurt/M.: Suhrkamp.
Habermas, Jürgen (1985a) Die Neue Unübersichtlichkeit Kleine Politische Schriften V, Frankfurt/M.: Suhrkamp.
Habermas, Jürgen (1985b) Der philosophische Diskurs der Moderne, Frankfurt/M.: Suhrkamp.
Habermas, Jürgen (1990) Vorwort zur Neuauflage 1990, in: ders., Strukturwandel der Öffentlichkeit. Untersuchungen zu einer Kategorie der bürgerlichen Gesellschaft, NA Frankfurt/M.: Suhrkamp 1990, S. 11–50.
Habermas, Jürgen (1992) Faktizität und Geltung. Beiträge zur Diskurstheorie des Rechts und des demokratischen Rechtsstaats, Frankfurt/M.: Suhrkamp.
Habermas, Jürgen (1995) Die Normalität einer Berliner Republik. Kleine Politische Schriften VIII, Frankfurt/M.: Suhrkamp.
Habermas, Jürgen (1996) Die Einbeziehung des Anderen. Studien zur politischen Theorie, Frankfurt/M.: Suhrkamp.
Habermas, Jürgen (2001) Die Zukunft der menschlichen Natur. Auf dem Weg zu einer lieberalen Eugenik?, Frankfurt/M.: Suhrkamp.
Habermas, Jürgen (2001) Glauben und Wissen, Frankfurt/M.: Suhrkamp.
Habermas, Jürgen (2005) Zwischen Naturalismus und Religion. Philosophische Aufsätze, Frankfurt/M.: Suhrkamp.
Habermas, Jürgen (2011) Zur Verfassung Europas. Ein Essay, Berlin: Suhrkamp.
Hegel, Georg Wilhelm Friedich (1821) Grundlinien der Philosophie des Rechts, in: Werke in zwanzig Bänden, Bd. 7, Frankfurt/M.: Suhrkamp.
Hobbes, Thomas (1642/58) De cive/De homine; dt.: Vom Menschen. Vom Bürger (Elemente der Philosophie II/III), Hamburg: Meiner.

Hobbes, Thomas (1651) Leviathan, Or The Matter, Forme, & Power of a Common-Wealth Ecclesiasticall and Civill; dt.: Leviathan oder Stoff, Form und Gewalt eines kirchlichen und bürgerlichen Staates, übers. v. Walter Euchner, Frankfurt/M.: Suhrkamp 1984.
Hobbes, Thomas (1668) Behemoth oder Das Lange Parlament. Hg. mit einem Essay v. Herfried Münkler, Frankfurt/M.: Fischer 1991.
Horkheimer, Max (1937) Traditionelle und kritische Theorie, in: ders., Traditionelle und Kritische Theorie. Vier Aufsätze, Frankfurt/M.: Fischer 1968, S. 12–64.
Horkheimer, Max (1947) Eclipse of Reason, dt.: Zur Kritik der instrumentellen Vernunft, hg. v. Alfred Schmidt, Frankfurt/M.: Fischer 1985.
Horkheimer, Max/Adorno, Theodor W. (1947) Dialektik der Aufklärung. Philosophische Fragmente, Frankfurt/M.: Fischer 1969.
Husserl, Edmund (1913) Ideen zu einer reinen Phänomenologie und phänomenologischen Philosophie. Erstes Buch, in: Gesammelte Schriften Bd. 5, Hamburg: Meiner 1992.
Husserl, Edmund (1931) Méditations Cartésiennes, dt.: Cartesianische Meditationen. Eine Einleitung in die Phänomenologie, in: Gesammelte Schriften Bd. 8, Hamburg: Meiner 1992, S. 1–164.
Kant, Immanuel (1781/87) Kritik der reinen Vernunft, neu hg. v. Raymund Schmidt, Hamburg: Meiner 1976.
Kellner, Hansfried (1969) Einleitung, in: George Herbert Mead, Philosophie der Sozialität. Aufsätze zur Erkenntnisanthropologie, Frankfurt/M.: Suhrkamp, S. 7–35.
Kellner, Hansfried/Heuberger, Frank (1988) Zur Rationalität der „Postmoderne" und ihrer Träger, in: Soziale Welt – Sonderband 6, S. 325–337.
Kellner, Hansfried/Heuberger, Frank (Hg.) (1992) Hidden Technocrats. The New Class and New Capitalism, New Brunswick/London: Transaction.
Kellner, Hansfried/Heuberger, Frank (1999) Die Einheit der Handlung als methodologisches Problem. Überlegungen zur Adäquanz wissenschaftlicher Modellbildung in der sinnverstehenden Soziologie, in: Ronald Hitzler et al. (Hg.), Hermeneutische Wissenssoziologie. Standpunkte zur Theorie der Interpretation, Konstanz: UVK, S. 71–96.
Luckmann, Thomas (1967) The Invisible Religion; dt.: Die unsichtbare Religion, übers. u. eingel. v. Hubert Knoblauch, Frankfurt/M.: Suhrkamp 1991.
Luckmann, Thomas (1975) The Sociology of Language; dt. Fassung: Soziologie der Sprache, in: René König (Hg.), Handbuch der empirischen Sozialforschung. Bd. 13, Stuttgart: Enke 2. überarb. Aufl. 1979.
Luckmann, Thomas (1980) Lebenswelt und Gesellschaft. Grundstrukturen und geschichtliche Wandlungen, Paderborn/München/Wien/Zürich: Schöningh.
Luckmann, Thomas (1992) Theorie des sozialen Handelns, Berlin/New York: deGruyter.
Luckmann, Thomas (2002) Wissen und Gesellschaft. Ausgewählte Aufsätze 1981–2002, hg., übers. u. eingel. v. Hubert Knoblauch/Jürgen Raab/Bernt Schnettler, Konstanz: UVK.
Luckmann, Thomas (2006) Die kommunikative Konstruktion der Wirklichkeit, in: Dirk Tänzler et al. (Hg.), Neue Perspektiven der Wissenssoziologie, Konstanz: UVK, S. 15–26.
Luckmann, Thomas (2007) Lebenswelt, Identität und Gesellschaft. Schriften zur Wissens- und Protosoziologie, hg. v. Jochen Dreher, Konstanz: UVK.
Luhmann, Niklas (1967) Soziologie als Theorie sozialer Systeme, in: ders., Soziologische Aufklärung 1, Opladen: Westdeutscher Verlag, S. 113–136.
Luhmann, Niklas (1975) Soziologische Aufklärung I: Aufsätze zur Theorie der Gesellschaft, Opladen: Westdeutscher Verlag.
Luhmann, Niklas (1980) Gesellschaftliche Struktur und semantische Tradition, in: ders., Gesellschaftsstruktur und Semantik 1, Frankfurt/M.: Suhrkamp, S. 9–71.
Luhmann, Niklas (1981) Wie ist soziale Ordnung möglich? in: ders., Gesellschaftsstruktur und Semantik. Studien zur Wissenssoziologie der modernen Gesellschaft 2, Frankfurt/M.: Suhrkamp, S. 195–285.

Luhmann, Niklas (1984) Soziale Systeme. Grundriß einer allgemeinen Theorie, Frankfurt/M.: Suhrkamp.
Luhmann, Niklas (1986) Ökologische Kommunikation. Kann die moderne Gesellschaft sich auf ökologische Gefährdungen einstellen?, Opladen: Westdeutscher Verlag.
Luhmann, Niklas (1987) Paradigmenwechsel in der Systemtheorie. Ein Paradigma für Fortschritt?, in: Reinhart Herzog/Reinhart Koselleck (Hg.), Epochenschwelle und Epochenbewußtsein (Poetik und Hermeneutik 12), München: Fink, S. 305–322.
Luhmann, Niklas (1990) Die Wissenschaft der Gesellschaft, Frankfurt/M.: Suhrkamp.
Luhmann, Niklas (1991/92) Einführung in die Systemtheorie, Heidelberg: Auer 2002.
Luhmann, Niklas (1992/93) Einführung in die Theorie der Gesellschaft, Heidelberg: Auer 2005.
Luhmann, Niklas (1996) Die Realität der Massenmedien, Opladen: Westdeutscher Verlag.
Luhmann, Niklas (1997) Die Gesellschaft der Gesellschaft, 2 Bde., Frankfurt/M.: Suhrkamp.
Marx, Karl (1845) Thesen über Feuerbach, in: Marx-Engels-Werke Bd. 3, Berlin: Dietz 1958, S. 5–7.
Marx, Karl (1852) Der Achtzehnte Brumaire des Louis Bonaparte, in: Marx-Engels-Werke Bd. 8, Berlin: Dietz 1960, S. 111–207.
Marx, Karl (1859) Zur Kritik der Politischen Ökonomie, in: Marx-Engels-Werke Bd. 13, Berlin: Dietz 1961, S. 3–160.
Marx, Karl (1867) Das Kapital. Bde. 1–3, in: Marx-Engels-Werke Bd. 23–25, Berlin: Dietz 1962/63.
Marx, Karl/Engels, Friedrich (1845/46) Die deutsche Ideologie, in: Marx-Engels-Werke Bd. 3, Berlin: Dietz 1968, S. 9–530.
Marx, Karl/Engels, Friedrich (1848) Manifest der Kommunistischen Partei, in: Marx-Engels-Werke Bd. 4, Berlin: Dietz 1959, S. 457–493.
Mead, George Herbert (1934) Mind, Self, and Society from the Standpoint of a Social Behaviorist; dt.: Geist, Identität und Gesellschaft aus der Sicht des Sozialbehaviorismus, hg. v. Charles S. Morris, Frankfurt/M.: Suhrkamp 1968.
Merton, Robert K. (1936) Unanticipated consequences of purposive social action; dt.: Die unverhergesehenen Folgen zielgerichteter sozialer Handlung, in: Hans-Peter Dreitzel (Hg.), Sozialer Wandel. Zivilisation und Fortschritt als Kategorien soziologischer Theorie, Neuwied/Berlin: Luchterhand 1967, S. 169–183.
Merton, Robert K. (1965) On the Shoulders of Giants. A Shandean Postscript; dt.: Auf den Schultern von Riesen. Ein Leitfaden durch das Labyrinth der Gelehrsamkeit, Frankfurt/M.: Syndikat 1980.
Merton, Robert K. (1968) Social Theory and Social Structure. 1968 Enlarged Edition, New York/London: The Free Press.
Merton, Robert K. (1985) Entwicklung und Wandel von Forschungsinteressen. Aufsätze zur Wissenschaftssoziologie, Frankfurt/M.: Suhrkamp.
Merton, Robert K. (1995) Soziologische Theorie und soziale Struktur, hg. u. eingel. v. Volker Meja/Nico Stehr, Berlin/New York: de Gruyter.
Parsons, Talcott (1937) The Structure of Social Action. A Study in Social Theory with Special Reference to a Group of Recent European Writers, 2 Bde., New York: Free Press 1968.
Parsons, Talcott (1951a) The Social System, New York/London: Free Press 1964.
Parsons, Talcott (1951b) Some Fundamental Categories of the Theory of Action: A General Statement; dt.: Einige grundlegende Kategorien einer Handlungstheorie, in: Claus Mühlfeld/Michael Schmid (Hg.), Soziologische Theorie, Hamburg: Hoffmann&Campe 1974, S. 94–121.
Parsons, Talcott (1958) An Outline of the Social System; dt.: Grundzüge des Sozialsystem, in: ders., Zur Theorie sozialer Systeme, hg. v. Stefan Jensen, Opladen: Westdeutscher Verlag 1976, S. 161–274.
Parsons, Talcott (1964) Social Structure and Personality; dt.: Sozialstruktur und Persönlichkeit, Frankfurt/M.: Europäische Verlagsanstalt 1968.

Parsons, Talcott (1965) Struktur und Funktion der modernen Medizin. Eine soziologische Analyse, i.n: Kölner Zeitschrift für Soziologie und Sozialpsychologie – Sonderheft 3, S. 10–57
Parsons, Talcott (1966) Societies. Evolutionary and Comparative Perspectives; dt.: Gesellschaften. Evolutionäre und komparative Perspektiven, Frankfurt/M.: Suhrkamp 1975.
Parsons, Talcott (1971) The System of Modern Societies; dt.: Das System moderner Gesellschaften, Weinheim/München: Juventa 1985.
Rousseau, Jean-Jacques (1755) Discours sur l'inégalité; dt.: Diskurs über die Ungleichheit/Discours sur l'inégalité, hg. und übers. v. Heinrich Meier, Paderborn/Stuttgart: Schöningh/UTB 2008.
Rousseau, Jean-Jacques (1762) Du contrat social; ou Principes du droit politique; dt.: Du contrat social ou Principes du droit politique. Vom Gesellschaftsvertrag oder Grundsätze des Staatsrechts. Französisch/Deutsch, Stuttgart: Philipp Reclam jun. 2010.
Schütz, Alfred (1972) Gesammelte Aufsätze Bd. 2: Studien zur soziologischen Theorie, hg. v. Arvid Brodersen, Den Haag: Nijhoff.
Schütz, Alfred (2003a) Theorie der Lebenswelt 1: Die pragmatische Schichtung der Lebenswelt (Alfred Schütz Werkausgabe Bd. V.1), hg. v. Martin Endreß/Ilja Srubar, Konstanz: UVK.
Schütz, Alfred (2003b) Theorie der Lebenswelt 2: Die kommunikative Ordnung der Lebenswelt (Alfred Schütz Werkausgabe Bd. V.2), hg. v. Hubert Knoblauch/Ronald Kurt/Hans-Georg Soeffner, Konstanz: UVK.
Schütz, Alfred (2004 [1932]) Der sinnhafte Aufbau der sozialen Welt. Eine Einleitung in die verstehende Soziologie (Alfred Schütz Werkausgabe II), hg. v. Martin Endreß/Joachim Renn, Konstanz: UVK.
Schütz, Alfred (2010) Zur Methodologie der Sozialwissenschaften (Alfred Schütz Werkausgabe IV), hg. v. Thomas S. Eberle/Gerd Sebald, Konstanz: UVK.
Schütz, Alfred/Luckmann, Thomas (1973/84) Strukturen der Lebenswelt, Konstanz: UVK, 2. überarb. u. erg. Aufl. 2017.
Schütz, Alfred/Parsons, Talcott (1977) Zur Theorie sozialen Handelns. Ein Briefwechsel, hg., eingel. u. übers. v. Walter M. Sprondel, Frankfurt/M.: Suhrkamp.
Simmel, Georg (1890) Über die Kreuzung socialer Kreise, in: ders., Über sociale Differenzierung. Sociologische und psychologische Untersuchungen, in: ders., Gesamtausgabe Bd. 2, hg. v. Heinz-Jürgen Dahme, Frankfurt/M.: Suhrkamp 1989, S. 237–257.
Simmel, Georg (1894) Das Problem der Soziologie, in: ders., Gesamtausgabe Bd. 5, hg. v. Heinz-Jürgen Dahme/David P. Frisby, Frankfurt/M.: Suhrkamp 1992, S. 52–61 [nahezu identisch erneut abgedruckt in Grundfragen der Soziologie, vgl. Simmel 1917, S. 62–87.]
Simmel, Georg (1900) Philosophie des Geldes, in: ders., Gesamtausgabe Bd. 6, hg. v. David P. Frisby/Klaus Christian Köhnke, Frankfurt/M.: Suhrkamp 1989.
Simmel, Georg (1903) Die Großstädte und das Geistesleben, in: ders., Gesamtausgabe Bd. 7, hg. v. Rüdiger Kramme/Angela Rammstedt/Otthein Rammstedt, Frankfurt/M.: Suhrkamp 1995, S. 116–131.
Simmel, Georg (1908) Soziologie. Untersuchungen über die Formen der Vergesellschaftung, in: ders., Gesamtausgabe Bd. 11, hg. v. Otthein Rammstedt, Frankfurt/M.: Suhrkamp 1992.
Simmel, Georg (1910) Fragment einer Einleitung, in: ders., Gesamtausgabe Bd. 20, hg. v. Torge Karlsruhen/Otthein Rammstedt, Frankfurt/M.: Suhrkamp 2004, S. 304–305.
Simmel, Georg (1917) Grundfragen der Soziologie (Individuum und Gesellschaft), in: ders., Gesamtausgabe Bd. 16, hg. v. Gregor Fitzi/Otthein Rammstedt, Frankfurt/M.: Suhrkamp 1999, S. 59–149.
Smith, Adam (1759) Theorie der ethischen Gefühle, hg., eingel. u. übers. v. Walther Eckstein, Hamburg: Meiner ND 1985.
Smith, Adam (1776) Der Wohlstand der Nationen. Eine Untersuchung seiner Natur und seiner Ursachen, hg. v. Horst Claus Recktenwald, München: dtv 1978.

Thomas, William Isaac (1965) Person und Sozialverhalten, hg. v. Edmund H. Volkart, Neuwied/Berlin: Luchterhand.
Thomas, William Isaac/Dorothy S. Thomas (1928) Die Definition der Situation, in: Heinz Steinert (Hg.), Symbolische Interaktion. Arbeiten zu einer reflexiven Soziologie, Stuttgart: Klett 1973, S. 333–335.
Wacquant, Loïc J. D. (1992) Auf dem Weg zu einer Sozialpraxeologie. Struktur und Logik der Soziologie Pierre Bourdieus, in: Bourdieu (1992), S. 17–93.
Weber, Max (1904) Die „Objektivität" sozialwissenschaftlicher und sozialpolitischer Erkenntnis, in: ders., Gesammelte Aufsätze zur Wissenschaftslehre, hg. v. Johannes Winckelmann, Tübingen: Mohr, 7. überarb. Aufl. 1988, S. 146–214.
Weber, Max (1904/05) Die protestantische Ethik und der Geist des Kapitalismus, in: ders., Gesammelte Aufsätze zur Religionssoziologie I, Tübingen: Mohr 1920, S. 17–206.
Weber, Max (1913/17) Der Sinn der „Wertfreiheit" der soziologischen und ökonomischen Wissenschaften, in: ders., Gesammelte Aufsätze zur Wissenschaftslehre, hg. v. Johannes Winckelmann, Tübingen: Mohr, 7. überarb. Aufl. 1988, S. 489–540.
Weber, Max (1915) Die Wirtschaftsethik der Weltreligionen: Vorbemerkung, Einleitung, Zwischenbetrachtung, in: ders., Gesammelte Aufsätze zur Religionssoziologie I, Tübingen: Mohr 1920, S. 1–16, 163–205, 237–275, 536–573.
Weber, Max (1920/21) Wirtschaft und Gesellschaft. Grundriß der verstehenden Soziologie, hg. v. Johannes Winckelmann, Tübingen: Mohr, 5. überarb. Aufl. 1976.
Weber, Max (1984) Soziologische Grundbegriffe [Auszug: 1920/21, S. 1–30], als Separatdruck hg. v. Johannes Winckelmann, Tübingen: Mohr.

Personenregister

Adorno, Theodor W.   180 f.
Alexander, Jeffrey C.   107
Althusser, Louis   274
Archer, Margaret   233
Aristoteles   1
Austin, John L.   182

Baecker, Dirk   218
Bales, Robert F.   110
Barber, Elinor   130
Bauman, Zygmunt   64
Beck, Ulrich   128, 233, 235
Bell, Daniel   26
Bendix, Reinhard   84
Benhabib, Seyla   195
Bentham, Jeremy   6
Berger, Peter L.   15, 26, 60, 107, 159, 164–176, 178, 181, 203, 241, 275, 285, 303 f.
Bergson, Henri   53, 147, 158
Bertalanffy, Ludwig v.   202
Blumer, Herbert   182
Bohler, Karl Friedrich   164, 175
Boltanski, Luc   289
Bottomore, Tom   26
Boudon, Raymond   128, 274
Bourdieu, Pierre   16, 26, 59, 159, 166, 203, 221, 224, 227, 272–290, 292, 303–305
Breuer, Stefan   20, 261
Bröckling, Ulrich   266
Burgess, Ernest W.   64

Castells, Manuel   233
Chomsky, Noam   274
Cicourel, Aaron V.   182
Coleman, James S.   237–249, 251, 275, 303 f.
Collins, Randall   26, 64
Comte, Auguste   30, 201
Cooper, David   255
Coser, Lewis A.   26, 64, 107, 126
Cromwell, Oliver   3
Croneberg, Clemens   248

Dahrendorf, Ralf   26, 38, 64, 107
Damiens, Robert-François   260
Darwin, Charles   30, 255
De Berg, Henk   216
Deleuze, Gilles   255
Derrida, Jacques   181

Deutsch, Karl W.   84
Deutschmann, Christoph   64
Dewey, John   158
DiMaggio, Paul   107
Dunning, Eric   145
Durkheim, Émile   3, 15, 30–48, 50, 53 f., 56–58, 60–62, 64, 70, 83 f., 89, 91 f., 96, 100, 113 f., 118, 141, 163 f., 168 f., 181, 185, 190, 194, 201, 210, 212, 228, 274, 276, 303 f.

Eder, Klaus   289
Elias, Norbert   26, 84, 133–143, 145, 229, 261, 273, 303 f.
Elster, Jon   128
Endreß, Martin   5, 9, 123, 128, 275
Engels, Friedrich   12, 23, 29
Eribon, Didier   255
Esser, Hartmut   159, 242, 248
Ewald, François   266

Feuerbach, Ludwig   13, 28
Foucault, Michel   26, 84, 143, 176, 203, 254–270, 303 f.
Fourier, Charles   13, 30
Fraser, Nancy   266
Freud, Sigmund   96, 255
Fröhlich, Gerhard   289
Fuchs-Heinritz, Werner   288

Garfinkel, Harold   107, 181, 274
Gehlen, Arnold   163
Giddens, Anthony   128, 133, 221–231, 233 f., 300–302, 304
Göbel, Andreas   204
Goethe, Johann W. v.   52, 133
Goffman, Erving   107, 181, 185, 274
Grathoff, Richard   158

Habermas, Jürgen   16, 26, 83 f., 107, 158 f., 180–198, 218, 228, 259, 266, 303 f.
Hardt, Michael   26
Hegel, Georg F. W.   11–14, 22, 201
Heidegger, Martin   181
Henning, Christoph   26
Heuberger, Frank   164, 175
Hitzler, Ronald   175

Hobbes, Thomas 2–8, 30f., 37, 59, 89, 96, 201
Homans, George Caspar 113, 115
Honneth, Axel 195, 266
Horkheimer, Max 180–182
Husserl, Edmund 133, 147f., 155f., 160, 186, 274
Hutcheson, Francis 5

James, William 158
Jaspers, Karl 133
Jonas, Friedrich 3

Kant, Immanuel 1, 52, 55
Keller, Reiner 176, 266
Kellner, Hansfried 164f., 174f., 177f.
Kierkegaard, Søren 155
Knoblauch, Hubert 175
König, Alexandra 288
Kopernikus 255
Krasmann, Susanne 266

Laing, Ronald D. 255
Lamla, Jörn 229
Lash, Scott 235
Lassalle, Ferdinand 30
Lazarsfeld, Paul F. 238
Lemke, Thomas 262, 266
Lévi-Strauss, Claude 274
Lipset, Seymour Martin 238, 250
Lockwood, David 26, 107, 228
Luckmann, Thomas 15, 26, 60, 107, 158f., 161, 163–176, 178, 181, 203, 241, 275, 285, 303f.
Ludwig XIV. 138
Luhmann, Niklas 14, 26, 46, 55, 60, 62, 84, 107, 159, 180f., 194, 197, 199–219, 303f.

Mannheim, Karl 26, 64, 133, 135
Marcuse, Herbert 84
Marshall, Alfred 89, 91
Marx, Karl 7, 11–30, 38, 41, 45f., 53, 63, 75–78, 83f., 91, 123, 133, 141, 163, 171, 192, 201, 210, 226, 276, 281, 303
Maturana, Humberto R. 202, 217
Mauss, Marcel 32, 49, 276
McCarthy, Thomas 195
Mead, George Herbert 31, 36, 58, 96, 106, 137, 151, 158, 163–165, 168, 173, 181, 185

Merton, Robert King 2f., 107, 112–129, 131, 238, 278, 304
Merz-Benz, Peter-Ulrich 216
Meyer, John W. 107
Michels, Robert 247
Mills, C. Wright 26
Montesquieu 35
Müller, Hans-Peter 47
Münch, Richard 107, 142

Negri, Antonio 26
Nelson, Benjamin 84
Neuhaus, Richard 175, 177
Nietzsche, Friedrich 52, 255f.

Oevermann, Ulrich 125, 175
Offe, Claus 195

Pareto, Vilfredo 26, 89, 91
Park, Robert E. 64
Parsons, Talcott 3, 26, 38, 47, 62, 82, 84, 88–115, 117, 142, 181, 185, 187, 194, 199–201, 206, 210, 223, 237, 303f.
Peters, Bernhard 195
Platt, Gerald M. 110
Plessner, Helmuth 163f.
Popper, Karl 125, 185
Psathas, George 158

Reckwitz, Andreas 233
Rehbein, Boike 289
Ricardo, David 13
Rousseau, Jean-Jacques 2, 4–8, 30

Saint-Simon, Henri de 13, 30
Sartre, Jean-Paul 275
Saussure, Ferdinand de 273f.
Scheler, Max 26, 158, 163
Schimank, Uwe 212–214
Schluchter, Wolfgang 84
Schmid, Michael 47
Schmidt, Johannes 216
Schmoller, Gustav 30
Schütz, Alfred 57, 107, 147–164, 166–168, 175, 177f., 181, 186, 203, 206, 241, 274, 276, 303f.
Scotson, John L. 134, 144
Searle, John R. 182
Seyfarth, Constans 84

Simmel, Georg   26, 36, 38, 51–67, 73, 83,
    106, 117, 142, 273, 303f.
Singelnstein, Tobias   263
Smelser, Neil J.   110
Smith, Adam   2f., 5–8, 13, 30f., 37f., 59, 201
Soeffner, Hans-Georg   175
Sorokin, Pitirim   113
Spencer, Herbert   30, 200
Srubar, Ilja   157, 159, 175
Steinert, Heinz   266
Stolle, Peer   263
Suber, Daniel   48

Taylor, Charles   266
Thomas, Dorothy Swaine   123, 154
Thomas, William Isaac   123, 154
Tönnies, Ferdinand   92
Touraine, Alain   26, 274
Treiber, Hubert   266

Varela, Francisco J.   202, 217
Vierkandt, Alfred   64

Wacquant, Loïc J. D.   274, 291
Wagner, Gerhard   216
Wagner, Peter   233
Weber, Alfred   133
Weber, Max   1, 14, 21, 26, 45, 54f., 64, 69–87,
    89–92, 100, 105, 107, 135, 141, 147f.,
    163f., 175, 181, 185, 192–194, 201, 206,
    210, 241–243, 247, 261, 275f., 303f.
Weizsäcker, Carl F. v.   182
Wiese, Leopold von   64
Winckelmann, Johannes   84
Wirth, Louis   64
Wittgenstein, Ludwig   182
Wrong, Dennis H.   107

Zijderveld, Anton   178

Sachregister

Aggregation/Aggregationsregeln 242
AGIL-Schema 97f., 103, 105, 108
Akkumulation 19, 22, 27, 140, 176, 245, 249, 281
Akteur/Aktor 15, 19, 21, 86, 91f., 94, 96, 108f., 147, 150f., 156, 159, 161, 169f., 173f., 186, 188–190, 195, 237–243, 245f., 249f., 259, 273–275, 277, 279–286, 290f.
– Akteure, korporative 240f., 244–249, 251
Alltag 71, 146, 149, 153, 156, 173, 204
Alltägliche Wirkwelt („paramount reality") 155, 160
Ambivalenz 51, 59, 61–65, 83, 85, 128, 141, 157, 188, 215, 245, 248
Ambivalenz, strukturelle 52, 82, 113, 127, 129, 157, 184, 227, 232, 261
Anomie 42–45, 47–49, 113, 118f., 127, 129, 131, 174, 296
Anpassung 30, 42, 96–98, 100, 115, 117, 119–121, 131, 138, 207, 278, 286, 291
Anticipatory socialization 59, 121, 278
Arbeit 11, 13f., 16–19, 22, 27f.
– Arbeitsteilung 13, 16, 27, 32, 34, 36, 38–43, 45–49, 56, 62f., 66, 134, 140, 210, 212, 296
Archäologie 257–259, 265–269
Asymmetrische Gesellschaft 246f., 249f.
Ausdifferenzierung 39, 82–84, 90, 100–102, 187, 196, 201, 210f., 217
Autogenese 5
Autopoiesis 107, 201f., 205–208, 210, 212, 214–218

Bahnungseffekte 2, 8, 128f., 225, 297
Basis-Überbau-Modell 14f., 29
Beobachtung erster/zweiter Ordnung 203f., 217
Bewusstsein 11, 14–16, 22f., 26, 28, 34, 36, 41, 46, 55, 57, 60, 167, 174, 256, 258, 278
Bildung 82, 100, 102f., 238, 243f., 248f., 251, 288f., 291
Bio-Macht/Biopolitik 259, 262f., 266–268
Bourgeoisie 18, 21f., 25
Brückenhypothese 242
Bürokratie 45, 80f., 83, 105, 174, 187

Code 102, 105, 189, 212f., 219

Definition der Situation 124, 154
Deliberative Politik 190f.
Demokratieprinzip 190
Desintegration 45, 48, 52, 144, 193, 213, 296
Devianz 48, 118, 120f., 128
Dialektik, dialektisch 11, 13f., 16, 22f., 25, 27, 51f., 58, 65, 107, 160, 166f., 172, 176f., 180f., 184, 188, 190, 225–227, 233, 259, 273, 277, 280, 294, 298
Differenzierung 18, 27, 38–40, 48, 50, 61f., 65f., 75, 83–85, 87, 98, 100f., 103–105, 108, 141, 143f., 153–156, 159f., 168, 170, 173, 176, 180, 184, 192, 196, 199, 201–203, 205–207, 209–212, 214, 216–219, 234, 249, 267, 276, 279, 287, 289f., 301, 303f.
– Differenzierung, funktionale 39, 42, 46, 48, 83, 100, 108, 136, 139, 197, 200, 208, 210–215, 217, 219, 296
– Differenzierung, segmentäre 39, 48, 210f., 217
– Differenzierung, stratifikatorische 211, 217
– Differenzierungsform 41, 200, 210f., 217, 219
Diskurs 180, 182f., 186, 189–191, 193, 197, 255–259, 262, 266–269, 304
– Diskursanalyse 176, 257–259, 266
Disposition 35, 93, 96, 265, 273, 275, 277, 280–282, 284, 287, 292
Dispositiv 257f., 267–269
Distinktion 282, 289f.
Disziplin/Disziplinierung 38, 49, 139, 141, 143, 244, 256, 259–263, 265, 267f.
– Disziplinargesellschaft 84, 261
– Disziplinarmacht 262, 264, 266, 304
Doppelte Kontingenz 97, 108, 206
Doxa 274f., 280
Dualität von Struktur 222, 224, 226f., 229f., 234, 236

Eigenorientierung 93, 109
Emergenz 30, 48, 93, 137, 241
Entbettung 234
Entfremdung 17, 20, 25, 27, 45, 63, 83, 287, 296
Entkopplung 63, 83, 107, 171, 192
Enttraditionalisierung 232–234
Entzauberung 68, 80, 85, 295

Episteme 257, 265–268, 270
Epoché 148, 155
Erkenntnisinteresse 182, 195
Erklärung/Erklären 17, 27, 32, 34–36, 38, 43, 48, 50, 65, 70, 75, 79, 85–87, 89, 92, 108, 137f., 142f., 160f., 176, 184, 196, 210, 217, 234, 239–243, 249–251, 267, 276, 283, 290, 300, 304
– Erklärung, deduktiv-nomologische 239, 249
Erwartung 37f., 60, 63, 66, 91, 94–98, 108f., 113, 117, 120f., 124, 127, 129, 148, 151, 153, 169, 191f., 212, 217, 237, 268, 278, 296
Erwartungsstruktur 63, 91, 108, 113, 209, 212, 217, 296
Ethnomethodologie 107, 158, 222, 274
Evolution 26, 30, 35, 103f., 108, 172, 200, 205, 207–209, 211, 214
– Evolutionäre Universalien 90, 104, 108f.
– Evolutionäre Veränderungsprozesse 103
Exklusion 56, 215, 217
Externalisierung 165f., 168, 176, 277

Feld 273, 276, 278–283, 285, 290–292
Figuration 133–136, 141–145
Freiheitsverlust 45, 62, 83f., 193, 246
Fremdzwang 138f., 143–145
Funktion 31, 33f., 38–40, 46f., 57, 62, 71f., 89f., 93, 97–101, 103–109, 111, 136, 157, 160, 184, 187–189, 191, 201, 208f., 212–216, 218, 241, 244, 283, 286
– Funktional diffus 92f., 109
– Funktional spezifisch 92f., 109, 201
– Funktionsteilung 139
Funktional-strukturelle Analyse 114f., 124, 129, 217

Gabe/Gabentausch/do ut des 283f.
Gebrauchswert 18–20, 22, 28f., 210
Gefangenendilemma 238
Geldwirtschaft 19, 52, 62, 139
Gelegenheitsstruktur 121, 128
Geltungsanspruch 183f., 195, 198
Genealogie 22, 257–259, 264, 266–269
Geschlecht 14, 55, 93, 138, 211, 287, 289
Geschmack 275, 277f., 282, 290
Gesellschaftliche Konstruktion 175, 177, 259
Gesellschaftsformation/Gesellschaftstypen 16–18, 20, 22–25, 27–29, 48, 50, 65, 85, 108, 143, 160, 176, 196, 217, 234, 249, 267, 283, 290, 300

Gewalt 138–140, 144, 286
– Gewalt, symbolische 284, 286f., 291
Globalisierung 22, 231, 234, 288
Gouvernementalität 254, 262–265, 267–269
Gruppe 65

Habitualisierung 160, 168f., 174, 176–178, 304
Habitus 59, 138f., 141, 144, 153, 273–278, 280–282, 284, 286f., 290–292, 304
Handeln 14f., 33f., 37f., 49, 52f., 58, 70–72, 74, 77, 79f., 86, 88f., 91–93, 95–99, 108, 110, 117f., 121–123, 125, 128f., 134, 148–153, 155, 160–162, 169, 176, 178, 183, 185–188, 206, 210, 222, 237–242, 245, 247f., 250, 276f., 280, 283, 287
– Handeln, dramaturgisches 185
– Handeln, kommunikatives 183–189, 192f., 195–197
– Handeln, soziales 70–72, 84–86, 89, 97, 107, 113, 175f., 189, 238, 243, 277
– Handeln, strategisches 185f., 188, 192, 196
Handlung 89, 92, 152, 160, 162, 176, 184, 200, 224, 238
– Handlungsbezugsrahmen („action frame of reference") 89–91, 93, 98, 110
– Handlungskette 136, 141, 143, 153
Handlungsfolgen 122–124, 186
– Handlungsfolgen, nicht intendierte 122, 136, 143, 224
Hermeneutik 107, 147, 166, 181, 195, 222, 256, 264f., 268f., 274
– Hermeneutik, doppelte 147, 222, 234
Herrschaft 14f., 18, 21, 26f., 46, 48, 65, 73–77, 81f., 84–87, 105, 107f., 124, 133, 135, 139, 142–144, 160, 171, 176, 196, 217, 234, 239f., 243, 246–251, 254, 256, 258, 262, 266f., 276–279, 282, 284–288, 290–292, 296, 301
– Herrschaft, charismatische 72, 75, 81, 85f.
– Herrschaft, legitime 72, 74f., 86
– Herrschaft, rationale 72, 75, 81, 85
– Herrschaft, symbolische 286f., 290f.
– Herrschaft, traditionale 72, 75, 81, 85
Historizität 2, 14f., 137, 232, 253–255
Hysteresis (Beharrungseffekt) 278, 290f.

Idealismus 11, 13, 28, 89
Idealtypus 14, 70–73, 75, 84–87, 149f., 155
Ideen 15, 26, 31, 73f., 76f., 91

Illusio (Illusionseffekt) 278, 290 f.
Individualisierung 38, 41, 43, 48, 59, 61, 65, 67, 79, 296
Individuierung 96, 137, 142, 259 f.
Inklusion 56, 103–105, 216
Institution 37 f., 40, 47 f., 73 f., 76 f., 89, 91, 95, 138–140, 169 f., 174, 181, 183, 188, 190, 196, 257, 260, 262 f., 281
– Institutionalisierung 76, 85, 91, 94 f., 107–109, 160, 165, 168 f., 174, 176–178, 190, 212, 214, 259, 277, 285, 296
Integration 27, 31, 36, 38–40, 42–44, 46–48, 52, 57, 62, 65, 85, 91, 95, 97 f., 100 f., 104, 108 f., 143 f., 160, 170, 176, 186–188, 193 f., 196, 201, 210, 213–215, 217, 234, 249, 251, 258, 267, 290, 302, 304
Interaktion 16, 21, 39, 56, 62, 91, 93–96, 98, 101–103, 107 f., 136, 138, 142, 169, 181, 184–186, 188 f., 205, 209, 217, 239, 274 f., 285
– Interaktionsmedien 102, 106 f., 109
Interessen 13, 40, 47, 61, 73 f., 76–78, 91, 93, 99, 105, 109, 146, 154 f., 173, 182, 195–197, 238 f., 246, 256, 283, 287
Intermediär 104
– Intermediäre Institutionen, Organe 46 f., 114, 175, 244, 248
Internalisierung 31, 38, 91, 94–96, 107–109, 165–167, 173 f., 177, 187, 267, 277, 296
Intersubjektivität 165 f., 168–170, 182, 195, 250

Kapital 12, 19 f., 22, 25, 27, 29, 77 f., 274, 276, 278–283, 285–287, 290–292, 303
– Kapital, kulturelles 281 f., 291
– Kapital, ökonomisches 281 f., 291
– Kapital, soziales 247, 281 f., 291
– Kapital, symbolisches 279, 281–283, 286 f., 290–292
– Kapitalismus 11, 18–22, 24–29, 63, 76–80, 85 f., 90, 185, 197, 242 f., 279, 282 f., 288
– Kapitallaufbahn 280–283, 290
– Kapitalstruktur 280–283, 290 f.
– Kapitalvolumen 280–283, 290 f.
Kausaladäquanz 71 f.
Klasse/Klassenlage 11, 15 f., 18, 20–29, 38, 42, 75 f., 85, 92, 276, 280, 282, 287, 290, 303
– Klasse, soziale 76, 85

Klassifikation 37
Kollektivbewusstsein 31, 33, 36, 39–41, 46, 48 f., 53, 56, 91
Kommunikation 16, 21 f., 41, 90 f., 101–103, 107, 141, 148, 155, 160, 173, 175, 181 f., 184, 186 f., 189–192, 199 f., 202–213, 215, 217–219
– Kommunikationsmedien 90, 101–103, 107, 200, 208 f., 212
– Kommunikative Rationalität 184–186
Kommunismus 12, 22, 24, 27–29, 171
Komplexität 38, 49, 63, 100 f., 109, 171, 200–202, 204, 206, 209, 214, 218
Konflikt, sozialer 13, 17, 20, 25 f., 38, 51 f., 61, 64–66, 99, 107, 139, 143, 145
Konstruktionen erster/zweiter Ordnung 160
Kontraktualismus 31 f., 59
Kontrollhierarchie 101, 103, 108, 296
Konvention 72, 86, 170, 273
Konvergenzthese 91
Konzentrik sozialer Kreise 61 f.
Körper/Körperlich 16, 25, 138, 153, 160 f., 176, 225, 228, 261 f., 276–278, 287, 289, 304
Kreuzung sozialer Kreise 51, 61 f., 65 f., 296, 304
Kritische Theorie 84, 107, 181, 194 f.
Kultur/Kultursystem 25, 52, 55, 61, 63–67, 78, 91, 93–96, 104, 187, 191 f., 196, 201, 213, 257, 264 f., 296

Lebensstil 52, 61, 63, 83, 277, 280, 282, 289 f.
Lebenswelt 107, 146–151, 153–156, 158–162, 175, 177 f., 184, 186–189, 191–193, 196, 198, 304
– Kolonialisierung der Lebenswelt 180, 188 f., 192, 194, 196
Legitimierung/Legitimation 5, 25, 40, 82, 99, 104, 107, 165, 168–174, 176–178, 180, 190, 197, 218, 240, 243, 275, 285, 304
– Legitimierungen ersten/zweiten Grades 170–173, 177 f.
Liberalismus 30, 190

Macht 15, 22, 26–28, 34, 37, 48, 56, 65, 73, 76, 83, 85, 99, 102, 104, 108 f., 117, 120 f., 133–135, 139 f., 143–145, 160, 176, 187, 189, 191–194, 196, 213, 217, 225, 234,

244–247, 249f., 254, 257–260, 262–268, 270, 276, 278–281, 284–288, 290f., 301
– Macht, symbolische 284–287, 290f.
Makro-Mikro-Makro-Erklärung 240, 242, 249f.
Materialismus 11, 27f., 91
– Materialismus, dialektischer 23
– Materialismus, historischer 13, 23, 197
Matthäus-Effekt 126f.
Medien, Massenmedien 61, 99, 101, 174, 189, 192, 199, 209, 215, 217f., 225, 231, 288, 302
Mehrwert 17–21, 27f.
Methodologischer Individualismus 85, 136, 241, 274, 277, 303
Milieu 35, 41, 43, 45f., 59, 65, 69, 78, 97f., 158, 244, 255
Moderne/Modernisierung 45, 62–64, 77, 83f., 105f., 174f., 180, 183, 185, 189, 192f., 197, 212, 218, 247, 256, 261f., 267f.

Nebenfolgen 21, 122f., 126, 128, 130f., 137, 215
Normen 16, 25, 37, 44, 49, 81, 89, 91f., 95–97, 99f., 108f., 189, 193, 195, 239, 241, 244, 247, 264, 273, 296
Nutzenmaximierung 196, 239, 250

Objektivierung 15, 166f., 169, 177, 274f.
Objektivismus 164, 167, 274f.
Öffentlichkeit 82, 181, 189–192, 196f., 260
Ökonomie 13, 27, 98–100, 187, 197, 201, 239, 260, 263, 276, 279, 281–284, 288
Operative Geschlossenheit/Schließung 202, 218
Organisation 11, 17, 74, 96, 99, 205, 209, 213, 217f., 223, 225, 229f., 243f., 249, 255–257, 259

Partikularismus 93
Pathologisch 33, 35, 38, 41f., 46–48, 185
Persönlichkeitssystem 93–95, 98, 109
Phänomenologie 14, 56f., 107, 147–149, 158–160, 164, 175, 181, 212, 273–276
Pluralisierung 45, 52, 65, 82–85, 104, 109, 170, 173f., 176, 193, 296
Politische Ökonomie 13, 29, 59
Position 49, 59, 109, 133, 195, 245, 247, 273, 277–282, 290, 292
Positivismus 88, 91, 180, 284
Praktischer Sinn 277, 284, 291f.

Praxis/Praktiken 23, 121, 176, 183f., 189, 192, 196f., 222–226, 235, 255–259, 263, 267f., 273–277, 280, 282, 284, 288, 290f.
Problemlösung 108
Produktionsverhältnisse 14, 16f., 21, 23–25, 27–29, 46
Produktivkräfte 14, 16f., 23–25, 27–29, 46, 75
Proletariat 18, 22, 25
Protestantismus/Protestantische Ethik 43f., 77–80, 86, 242
Psychogenese 136f., 141, 145

Rational Choice 159, 248, 250
Rationalisierung 63, 76f., 80, 82, 84–86, 184f., 196, 210
Rationalität 72, 77, 82, 88, 102, 105, 149, 184, 186, 188, 193, 218, 238, 250, 255, 257
Realität sui generis 35, 48f., 136
Recht 15f., 18, 25, 31, 34, 40, 55, 63, 72, 80, 83, 86, 93f., 98–100, 109, 138, 169, 187–191, 193, 196f., 213f., 240, 245–247, 249, 261, 263, 287
Reflexivität 2, 8, 152, 180, 204, 224, 226, 232f., 235, 275, 277
Regeln 35–38, 40, 46, 70, 81, 96, 107, 109, 118f., 138, 177, 209, 212f., 226f., 235, 239, 242, 256, 261, 279, 290f., 301
Regionalisierungsweisen 228f., 234, 236, 301
Rekonstruktive Analyse 181, 183, 195f.
Rekursiv/Rekursivität 3, 8, 140, 202, 207, 209, 222, 226
Relationalität 2f., 8, 19, 54, 58, 60, 64, 96, 99, 142f., 150, 174, 202, 204, 207, 211, 227, 260, 273f., 276–279, 281f.
Relevanz 93, 101, 146f., 150, 153f., 156, 158, 160–162, 174
Religion 28, 32, 36, 43–45, 49, 53, 69, 77–80, 82f., 86, 100, 155f., 161, 171, 174f., 177, 188, 193, 195, 197, 211, 213, 242, 279
Repressionshypothese 262
Reproduktion 16, 18, 22, 25, 38, 47, 105f., 165, 167, 187f., 193, 196–198, 206, 208, 222–227, 229, 235, 244, 247, 276f., 287f., 290–292, 300
Ressourcen 11, 14, 25, 28, 76, 98, 100, 103, 113f., 129, 133, 187f., 192, 225f., 229, 235, 238–240, 244, 246f., 249, 262, 281, 291, 301

Restabilisierung 208
Revolution 11f., 21, 23f., 26f., 76, 82
Reziprozität der Perspektiven 57, 148
Routine 24, 122, 148f., 189

Sedimentierung 103, 153, 167f., 174
Selbsterzeugung 5, 202
Selbstmord 32, 43–45, 48–50
Selbsttechnik 264f., 268
Selbstzwang 138f., 143–145
Selektion 92, 96, 100, 205–209, 213, 215, 219, 242
Sexualitätsdispositiv 263
Sicherheitsdispositiv 263, 268
Sinn 14, 62, 70–72, 79, 83f., 86, 89, 91, 146–148, 152, 155–161, 164, 166–172, 174, 178, 193, 203, 205–209, 211f., 219, 256, 275, 277–280, 282, 284, 290f., 303
– Sinnadäquanz 71f.
– Sinndifferenzierung 155, 160
– Sinndimensionen 206–209, 214
– Sinnprovinzen 154–157, 160–162, 304
– Sinnverlust 45, 83f., 193, 205
– Sinnzusammenhang 70, 146, 148f., 154–156, 176
Sitte 72, 74, 138, 142, 188
Situation 21, 44, 92, 96f., 141, 149, 152–154, 156, 166f., 170, 206, 238, 240, 242f., 246
Solidarität 13, 31, 36, 38–40, 42f., 46–48, 50, 91, 98–100, 187, 189, 191–194, 196
– Solidarität, mechanische 39–41, 48f., 210, 296
– Solidarität, organische 39–41, 48f., 210, 296
Soziale Kontrolle 43–45, 65, 91, 97, 144, 176f., 267
Soziale Ordnung 3, 6, 31, 36, 47, 49, 57, 59f., 89, 91f., 94, 96f., 168, 187, 196, 200, 239, 251
Soziale Prozesse 13, 25–27, 54, 65, 93, 101, 103, 106, 127f., 136f., 141, 144, 165, 169, 238
Soziale Rolle 38, 49, 57f., 60f., 63f., 66, 93–100, 104, 107–109, 113, 168f., 210f., 237, 296
Soziale Ungleichheit 4f., 26f., 42, 48, 56, 61, 65, 73, 75f., 85, 108, 129, 143, 154, 160, 174, 176, 196, 211, 215, 217, 231, 234, 243f., 249, 267, 282, 289f., 301

Soziale Wirklichkeit 15, 32f., 36, 54f., 57, 70, 73, 86, 96f., 100, 102, 133, 135, 147f., 155f., 165–169, 173–175, 177, 199, 243, 254, 256f., 267, 273, 277, 280, 283
Sozialer Aufstieg 139f.
Sozialer Raum 191, 196, 278–282, 291
Sozialintegration 107, 188f., 192, 196, 228f., 234f., 302
Sozialisierung/Sozialisation 31, 59, 91, 95f., 100, 109, 173f., 181, 187, 192f., 296
Sozialität 2, 42, 72, 92, 137, 155, 204, 259
Sozialphilosophie 2
Sozialsystem 93–95, 97–100, 103f., 207, 246
Soziogenese 136f., 139, 141, 145
Soziologie, reflexive 274f.
Soziologie, verstehende 26, 70–72, 84–87, 147, 158, 164, 166, 275, 304
Soziologische Apriori 36, 56–60, 65–67, 296
Soziologischer Tatbestand 32–35, 47, 49
Sprache 33, 63, 71, 104, 147, 156, 167–170, 172, 177, 189, 199, 242, 273, 278, 286
Staat 3–8, 13, 15, 21, 31, 69, 77, 80, 86, 133, 138–140, 142, 181, 190, 222, 228, 230–232, 244, 246–248, 254, 260, 263, 279, 287f., 291
– Staatenbildung 140
Stand/Ständische Lage 76, 85, 276, 303
Standardhebung („adaptive upgrading") 103f.
Steuerung 100, 103, 105, 139, 188, 214, 258
– Steuerungsmedien 186–188, 193
Struktur
– Strukturerhaltung 97, 101
Struktur/Strukturen 14, 16, 19f., 27, 35, 46, 55–61, 74, 82, 91, 93f., 96, 99f., 103, 105, 107, 134f., 143f., 148f., 153–155, 158, 160f., 166, 174f., 177f., 185, 187–189, 201, 207–209, 211, 217, 243, 247, 254, 256f., 273, 276f., 279–281, 285f., 290
Strukturalistischer Konstruktivismus 273, 290, 300
Strukturelle Kopplung 213–215, 218
Subjektivierung 173, 259, 262, 264–269
Subjektivismus 159, 167, 266, 274f.
Symbolische Sinnwelt 170–174, 176f.
System 22, 25, 37, 81, 84, 90–92, 94–100, 102–105, 107–110, 142, 159, 181, 184–

189, 191f., 194, 196f., 199–208, 210–213, 215–218, 238, 240, 246, 273
– System, soziales 89–91, 94f., 97f., 100–102, 108f., 111, 199, 201–204, 206, 217f., 238, 240f., 245, 249
– Systemintegration 107, 188, 196, 228f., 234f.

Tausch 17–21, 28, 66, 102, 237–240, 249f., 276, 282–284, 290
– Tauschwert 18–20, 28f., 210
Theorien mittlerer Reichweite 112, 115f., 129–131
Typen/Typisierung 33f., 36, 39f., 43, 57f., 71–75, 84, 86, 92, 148–150, 154, 157, 160f., 166–170, 172–174, 176–178, 182, 192, 196, 282

Um-zu-Motive 153, 161f.
Umwelt 91, 98, 100, 149f., 158, 165, 199, 201–203, 205–208, 210, 212, 215, 217f., 238
Universalismus 93, 212
Utilitarismus 30f., 38, 59, 89

Verflechtung 65, 133–137, 140–144
Vergemeinschaftung 72f., 85, 92
Vergesellschaftung 51–54, 56f., 60, 65f., 72f., 76, 85, 92, 96, 137, 142, 196, 287
Verhalten 33, 36–38, 45, 48f., 57, 66, 70, 74, 91, 97f., 109, 113, 138f., 152f., 165, 177, 206, 240
Verrechtlichung 80, 84, 86, 180, 188, 193, 197
Verstehen 70, 84f., 147, 149f., 166f., 209, 222, 258
Vertrag 4f., 7, 31, 40, 49, 53, 190, 213f.
Vertrauen 79, 102f., 117, 127, 155, 231–233, 235f., 239

Wahlalternativen des Handelns („pattern variables") 90, 92f., 109f.
Wahlverwandtschaft 78, 85, 134
Warenfetischismus 22, 28
Wechselwirkung 51–56, 60, 65–67, 91, 113, 133, 137, 153, 240f., 303
Weil-Motive 153, 161f.
Welt in Reichweite 150f.
Weltgesellschaft 22, 204f., 209, 217, 300
Wertbeziehungsfreiheit 73
Wertgeneralisierung 109
Wertrationalität 72, 74
Werturteilsfreiheit 69, 73
Wertverallgemeinerung 103–105
Widerspruch 13, 17, 20–25, 27, 285
Wirken 151–153, 155, 161
Wirtschaft 11, 13, 26, 42, 69f., 73, 76–80, 83, 86, 99, 104, 135, 171, 174, 192, 210, 213–215, 219
Wissen 14–16, 22, 33, 49, 57, 103, 146–148, 150, 152–154, 156, 160–162, 166f., 169, 171f., 176–178, 181, 184–187, 197, 204, 207, 213, 256f., 260–263, 265–269, 275
– Wissenssoziologie 4, 15, 26, 32, 48, 60, 64, 141, 145, 165, 167, 171, 173, 175, 178

Zielverwirklichung 97
Zivilgesellschaft 191f.
Zivilisation(sprozess) 84, 133, 136, 138–142, 144f., 156
Zwang/Zwangsmoment 15, 31, 33, 37, 48f., 63, 78, 83, 133, 138, 143, 188, 223, 227f., 238, 261, 264, 296
Zweckrationalität 72, 74, 84, 86